1997 中国区域发展报告

陆 大 道 等著
薛 凤 旋

商 务 印 书 馆
1997年·北京

图书在版编目(CIP)数据

1997中国区域发展报告/陆大道,薛凤旋等著. – 北京:商务印书馆,1997
ISBN 7 – 100 – 02620-2

I. 19… II. ①陆… ②薛… III. 地区经济 – 经济发展 – 研究 – 中国 IV. F127

中国版本图书馆 CIP 数据核字(97) 第 03829 号

1997 中国区域发展报告

陆大道 薛凤旋 等著

商 务 印 书 馆 出 版
(北京王府井大街36号 邮政编码 100710)
新华书店总店北京发行所发行
河北三河市艺苑印刷厂印刷
ISBN 7-100-02620-2/K·551

1997年12月第1版	开本 787×1092 1/16
1997年12月北京第1次印刷	字数 466 千
印数 3 000 册	印张 22¼

定价:59.00元

《1997 中国区域发展报告》

编写组人员

顾　问：

　　孙鸿烈　陈宜瑜　甘师俊　孙　枢　吴传钧
　　陈述彭　叶大年　聂振邦　石玉林　刘燕华
　　李泊溪　徐国弟　胡序威　陈栋生

课题组　组　长：　陆大道　　中国科学院

　　　　副组长：　张家源　　国家科学技术委员会
　　　　　　　　　薛凤旋　　香港大学

　　　　成　员：　樊　杰　　中国科学院
　　　　　　　　　刘　毅　　中国科学院
　　　　　　　　　金凤君　　中国科学院
　　　　　　　　　谷树忠　　中国科学院
　　　　　　　　　刘　慧　　中国科学院
　　　　　　　　　庞效民　　中国科学院
　　　　　　　　　刘卫东　　中国科学院
　　　　　　　　　傅伯杰　　中国科学院
　　　　　　　　　李雅芹　　中国科学院
　　　　　　　　　蔡建明　　香港大学
　　　　　　　　　王辑宪　　香港大学
　　　　　　　　　卢佩莹　　香港大学
　　　　　　　　　李煜绍　　香港大学
　　　　　　　　　林初升　　香港大学
　　　　　　　　　杜　平　　国家计划委员会
　　　　　　　　　杨朝光　　国家计划委员会
　　　　　　　　　刘　虹　　国家计划委员会
　　　　　　　　　黄　晶　　国家科学技术委员会
　　　　　　　　　周宏春　　国家科学技术委员会

序 一

80年代以来，随着中国改革开放的顺利发展和社会主义市场经济的逐步确立，中国区域经济发展出现了异常活跃的局面。在总体上，各地区均取得了快速经济增长，综合国力大幅度提高。但是，在取得令人鼓舞的经济发展成就的同时，许多地区发展与环境之间的矛盾也愈加突出了，地区之间的发展差距明显扩大。为了使经济得以快速、稳定、健康的发展，各地区都高度重视发展战略和发展政策问题。这个问题已经成为各地区政府工作决策的核心，也成为学术界和社会各界关注和讨论的"热点"之一。而要做到决策科学化就需要了解全国发展的总态势、本地区及其它地区的发展基础、实施的政策及效果。这本《1997中国区域发展报告》正是根据这个背景和客观需要而编制的。

中国的地学科学工作者几十年来进行了大规模的地区性综合考察、区域开发与规划以及区域可持续发展研究。在这些研究中，对各地区的资源、环境及社会经济发展积累了大量的资料和认识。80年代末，中国科学院设立了"区域开发前期研究"基金，此后又成立了"中国科学院区域持续发展研究中心"。通过"中心"的组织，已经进行了两期共20个项目，即20个不同类型和大小的重点区域的综合开发研究，其研究成果在国家宏观战略决策中和编制地区性发展规划中发挥了积极的作用。目前，正在进行第三期项目的研究。《1997中国区域发展报告》（以下简称《报告》）就是其中之一。这项工作得到了国家科委社会发展司的支持，并与香港大学合作。

这本《报告》是作者们长期计划中的第一本，以中国区域经济发展为主体。《报告》以丰富翔实的资料，概括了中国宏观区域发展政策的演变以及实施的成就与负面效应，对90年代全国各省区市的发展状态按科学的指标体系进行了类型的划分，分析评价了各地区"八五"期间和1996年实施的产业政策、对外开放政策、扶贫政策、区域合作政策及1994年以来实施的分税制对区域经济发展的作用，还阐述了在高速经济增长的情况下各地区生态环境的变化。《报告》以中国及各地区的资源、环境、社会经济发展基本特点分析作基础，跟踪国家和各地区实施的发展政策。横向上视野广阔，纵向上也较有深度。各省区市都可以在其中找到自己的位置。

实事求是的科学态度是本《报告》的一个明显特点。我们知道，改革开放以来，中国先后实施了沿海地区发展战略、"三个地带"发展战略以及近年来的地区协调发展战略，取得了巨大的成功。但是沿海地区发展战略、"三个地带"发展战略也带来了地区间发展差距的扩大，地区间利益的冲突及地方保护主义几度盛行，在某种程度上影响了区域经济的健康发展；地区协调发展战略可以缓解地区间发展差距扩大的趋势，但也加重了部分发达地区持续发展的困难。部分地区在制定和实施自己的发展战略和政策中，如确定投资分配与重点投资方向、支柱产业、基础设施方案、发展与环境的协调关系以及引进目标等，也出现不少的失误，使各地区发展不仅在增长速度上而且在实现结构合理化和增长方式转变方面都相当不平衡。对于这些,《报告》力图做出客观的评价,同时对某些问题和现象发生的原因也进行必要的分析。

这本《报告》可以为各级政府的决策提供信息和咨询,帮助决策者知己知彼。同时,为从事有关中国区域可持续发展研究以及地理学、经济学的教学、社会各界提供一本比较系统的区域发展分析资料。海外投资者以及关心中国发展的机构和人士也可从中得到有益的参考。

作者们为编制《报告》作出了长期的努力,部分作者一直从事国家和区域的发展战略的研究、咨询和规划。工作中广泛应用了中国科学院院内外有关单位的研究成果。尽管如此,由于中国的区域发展问题非常复杂,这份报告还存在不少需要进一步完善的地方,希望得到读者的批评和指正。

孙 鸿 烈
1997 年 11 月 20 日

序 二

在中国跨世纪发展过程中,区域发展问题始终是国家决策和整个社会都非常关注的重大问题之一。因为它直接关系到中国发展第三步战略目标的实现,关系到中国资源的合理开发利用、生态环境的保护以及社会经济的可持续发展。

长期以来,中国地理学的发展始终遵循着为国家经济建设服务的方针,在国土开发整治、农业区划与土地利用、城市规划、区域发展等方面进行了大量的研究,在生产实践中发挥了重要的作用。中国地域辽阔,各地区的自然环境和社会经济发展水平有很大的差异。改革开放以来,全国及各地区的经济在总体上都有很快的发展,但地区之间不平衡问题更加突出了,生态环境状况也愈来愈令人担忧了。为了使本地区的经济得到更好的发展和在国内外的竞争中处于有利的地位,各级政府和领导人都非常重视制定各自的区域发展战略和政策。但是,实践证明,区域社会经济发展涉及到很多方面。制定科学的区域发展战略和区域政策,需要深刻地认识本地区自然条件特点、地缘的优势与劣势、现有经济结构的优势和薄弱环节,还要了解国家的发展政策、其它区域的发展经验与不足等。在这方面,地理学可以充分发挥学科的特长,通过对区域发展历史、现状的调查研究和综合分析,可为各级政府的决策提供信息和咨询。本《报告》就是一种提供信息和咨询的重要方式。

《报告》的作者们长期从事国土开发整治和区域发展的研究,组织和参与了一系列国家的和地区的战略研究和规划工作,具有较扎实的实践经验和理论基础。这份报告,比较全面地阐述了中国自然基础和经济特征的地域差异,从国家和各省区市政府决策的高度,在全国、大地带、省区市以及重要的行业、发展领域等多个层面上揭示了中国90年代实施的区域发展战略、政策及其效果,并以丰富的资料,论证了以下主要观点:第八个五年计划以来,全国经济持续高速增长,没有出现大的经济波动;中央政府实施的宏观区域发展政策和经济布局战略符合中国现阶段的国情特点,取得了巨大的成功;经济发展地带性差距大幅度增加,但1994年以后已趋于稳定;在东中西地带性差异扩大的同时(近年来中部地带部分省区经济增长已快于全国平均水平),南北间地带性发展差异显著扩大,值得重视;省区市间经济发展的"量"和"质"的差异非常明显,部分地区发展活力很差;全国性产业结构调整和大部分地区产业政策获得了成功,而部分地区的决策却有失误;经济特区和开放城市继续保持不同程度的发展,正面临着第二次创业的重大调整;全国性扶贫脱贫取得重大成就,各具特点的地区政策和措施创造了许多经验;利用外资和对外贸易在全国和地区经济发展中的作用愈来愈重要,但要继续调整外向型经济发展的战略;地区间经济技术合作取得很大进展,但障碍也很多;大多数地区粮食生产持续增加,但一些地区的粮食安全问题严峻;全国及大多数地区的交通通信系统正由低级向中高级发展,但水平和结构的地区差异很大;经济高速增长导致多数地区生态环境问题愈来愈严重;分税制的实施在一定程度上加强了中央财力,但促进地区协调发展的若干目标并没有实现。通过对上述问题的分析和诊断,《报告》对今后的政策和措施提出了相应的建议。我们相信,这些论述和建议,对于政府部门今后的决策和制订科学的区域发展政策和战略规划,对于学术界、社会各界以及海外关注中国发展的人士,都是有益的参考。

编制《报告》是这批中青年地理学家们的一次有意义的尝试,他们计划将这项工作长期坚持下去。他们与国家有关主管部门相结合,共同组成课题组,进行了大量的调查研究和资料分析工作。这项工作得到了国家科委、国家计委、中国科学院、香港大学以及其它许多单位和部门的大力支持。中国区域发展问题非常复杂,这份《报告》难免还有不足之处,诚望能够得到各方面的指正,以使随后将陆续发表的报告的质量得到进一步的提高。这是我的愿望。

吴 传 钧

1997 年 11 月 4 日

前　言

一

改革开放以来,中国及各地区的经济和社会获得了巨大的发展。经济的迅速增长和现代技术手段的运用,正在改变着各地区的社会经济结构和生态环境结构。在地区经济实力增强的同时,省区市之间特别是东西部和南北部的地带性差距正在拉大;人与自然相互关系的区域性矛盾愈加突出。在这种趋势下,地区经济与社会发展战略、政策和措施问题具有特别重要意义。区域发展问题已成为中国跨世纪发展中的重大社会经济问题。

自 1993 年下半年起,中央政府对国民经济实行了一系列宏观调控措施,至 1996 年顺利实现了国民经济的"软着陆"。与此相应的,中国各地区在实施中央调控方针、实现地区经济的快速、稳定、健康发展方面出台了众多的政策和措施,取得了丰富的经验与不同程度的效果。

今年 9 月召开的中国共产党第十五次全国代表大会提出了中国社会主义初级阶段的基本路线和纲领,强调"必须在社会主义条件下经历若干相当长的初级阶段,去实现工业化和经济的社会化、市场化、现代化。这是不可逾越的历史阶段"。同时还指出社会主义初级阶段的一系列社会经济和产业结构特征,"是由地区经济文化很不平衡,通过有先有后的发展,逐步缩小差距的历史过程"。这是考察中国区域发展问题最重要的理论基础和原则。

在社会主义市场经济确立的过程中,区域发展政策已经成为各地区政府工作决策的核心。决策的科学化直接关系到区域发展的大局和在区域发展竞争中的成败。为了区域发展决策的需要,各级政府需要把握全国发展的总态势,本地区实施的政策及其效果,相邻区域发展的基础、政策、结构的优势与缺陷等。在知己知彼的基础上,确定本区域的发展战略思路、产业重点、基础设施建设方案,作出关于合理开发和利用资源、吸引资金、开辟原料来源和产品市场的竞争决策。

区域开发和区域发展问题在受到各级政府重视的同时,也成为地理学、经济学、区域科学等学科愈来愈重要的研究对象,成为高等学校教学和对全社会进行国情教育的重要课题。多年来,已有不少关于区域发展方面的专门著作问世,但多数是专题性的或理论性的,缺乏对中国近年来国家和地方区域发展政策和实施效果的系统阐述,更没有提供这方面的系统资料和数据。随着中国经济在愈来愈大的程度上走向国际市场,许多国家的政府人士、企业界和学术界也愈来愈关注中国的区域发展政策和实施结果。

《中国区域发展报告》正是在上述背景下,适应以下几个方面的需要而问世的:

1. 适应政府关于区域发展决策科学化的客观要求,为决策提供信息和政策建议。在区域发展这个"热点"问题上持续、系统地提供科学咨询;

2. 为从事区域开发、区域发展以及可持续发展方面的科学研究和教学的机构、人士提供关于中国区域发展的系统信息和分析结论；

3. 为关注中国社会经济发展、特别是关注中国各地区经济发展和投资环境的国外政府人士、企业界、学术界提供感兴趣的地区政策和发展信息，并以此发展与境外的学术交流。

我们计划每2~3年出版一本《中国区域发展报告》，在2002年出版《20世纪90年代中国区域发展报告》。

二

《1997中国区域发展报告》以区域经济发展为主体。在分析和编写过程中，我们遵循了以下基本原则：

1. 客观刻画和反映区域发展的状态及其变化，诊断存在的问题。其中，突出了对区域政策的跟踪与评价。按"政策—行动—效果"的思路进行分析，并得出相应的结论。对全国及各地区有关区域发展政策及实施效果进行有褒有贬的阐述。

2. "九五"计划开始，国家更加重视中西部地区的发展，实施一些有利于缓解差距扩大趋势和加快中西部地区发展的政策。提倡地区经济要合理分工、优势互补、协调发展，即确立了地区协调发展的目标模式。因此，我们加强了对宏观区域发展政策、地区经济合作、沿海经济特区和开放城市的带动作用、扶贫、中央与地方关系等方面的探讨。

3. 1995年中国共产党十四届五中全会将可持续发展作为中国现代化建设中的一项重大战略。中国的资源正在加速消耗，生态环境问题日趋严重，人口压力越来越大。因此，可持续发展战略，是一项必然的选择。也是中国经济体制和经济增长方式转变的重要组成部分。在各个区域层次上按照可持续发展的原则制定和实施科学的发展目标、产业结构政策、资源利用方式和生态环境政策是实施中国可持续发展战略的重要基础。本报告加强了对全国及各地区经济发展与生态环境关系方面的分析。

4. 本报告是我们计划编制的《中国区域发展报告》的第一本，重点是对1995~1996年的中国区域发展状态及政策效果进行跟踪。但为了给读者以中国区域发展状态的演化轨迹和中国有关政策的变化及实施效果的总体印象，我们用了一部分篇幅叙述了第八个五年计划(1991~1995年)以来的发展概况，对某些领域的问题和政策变化甚至还追溯到80年代乃至改革开放以前的年代。

三

在改革开放前的传统计划经济时期，受"全国一盘棋"和"政治挂帅"的影响，区域发展及其政策主要是中央政府决策层关心的问题。这一时期，最重要的区域发展指导方针是毛泽东1956年在《论十大关系》中对"沿海"和"内地"的论述以及1965年根据毛泽东的指示制订的

"三线"战略。当时国内学术界主要精力在诠释决策层的思想以及如何运用布局手段贯彻这些思想和决策,真正对区域问题的学术研究则比较少见。反而国外一些学者的研究涉及了中国的区域问题,如 Donnithrone(1964,1967,1972),Lardy(1975)等。

改革开放后,随着地区经济的不断活跃以及区域问题的日趋突出,中国区域研究也日见活跃。从 80 年代初期对特区和沿海开放城市的争辩,到 80 年代中期对全国国土开发宏观布局战略的讨论(如 T 字型战略,梯度推移战略等),到 80 年代后期对地区产业结构和政策以及三大地带的研究,无不渗透着区域发展的影子。与此同时,学术界围绕区域发展的"效益与公平"进行了广泛的讨论,一些学者也对地区收入差距进行了初步研究(如杨开忠,1989)。

进入 90 年代,由于区域问题,特别是区域经济发展差距越来越突出,区域发展及其政策受到了政府和学术界空前的重视。概括起来,近年来国内有关区域问题的研究大致可分为 3 类:

一种是代表官方或半官方、从协调地区发展角度的研究,如马洪、房维中主编的《中国地区发展与产业政策》(1991)、周叔莲等的《中国地区产业结构》(1991)、孙尚清、李泊溪等的《中国区域协调发展战略》(1994)、国家计委国土地区司和国土开发与地区经济研究所主编的《中国地区经济发展报告》(1994,1996)等。这类研究以专题性("条条"和"块块")研究或战略研究为主,对问题研究比较深入,对政府政策阐述得也比较清晰,但综合程度往往不足(受制于"条块"),而且对中央政府区域政策实施效果的评价也比较谨慎。

一种以理论性探讨为主线、兼有实证研究,如陆大道的《区域发展及其空间结构》(1995)、杨开忠的《迈向空间一体化》(1993)、魏后凯的《区域经济发展的新格局》(1995)等。这些著作着力于建立中国区域研究的理论框架,但对当前区域问题和区域政策本身的揭示并不充分和全面。

另一种则是纯实证性研究,特别是对地区经济发展状态及差距的实证剖析,如刘树成、李强、薛天栋主编的《中国地区经济发展研究》(1994)、胡鞍钢等的《中国地区差距报告》(1995),以及大量散见于各类学术杂志上的论文。这类研究力求深入、客观地反映中国当前区域发展的问题及其机制,但在"深入"的过程中不免"只见树木,不见森林"。另外,不少研究对区域差异的刻画,要么停留在"东、中、西三大地带"或"沿海"和"内地"的描述细度上,要么所使用的指标不够系统、缺少对指标内涵间相互关系的比较深刻的理解。

此外,伴随着中国经济的高速发展以及在世界经济格局中的地位日益重要,海外学者和国际组织对中国区域问题也越来越关注。如香港学者赵晓斌(1994,1995)、李思明(1996)、薛天栋(1994)、崔启源(1992,1994)、胡敦霭(1996)以及英国学者 Terry Cannon(1990)、日本学者 Toyojiro Maruya(1997)等均对中国区域差异和区域政策从不同角度提出了各自的见解。例如,崔启源和 Cannon 都提出过中国区域类型的划分(即三大地带)过于粗糙,难以真正刻画区域差异的实际状况;赵晓斌和 Cannon 分别提出过改革开放前中国区域政策主要是基于军事和国防因素。然而,可能由于对中国国情了解不够深入,他们的研究结果难免有"隔靴搔痒"之感。

正是在这一背景下,我们决定从"政策—行动—效果"的角度对中国区域发展及差异问题进行一项综合性研究。本书第一部分着重论述宏观区域政策、发展状态与差异以及不同区域单元的发展，力求提供一个以空间单元分析为主的、具有多个层面的理解中国现阶段区域(差异)问题的总框架；第二部分主要阐述对认识和解决区域问题有重要作用的一些要素。

第一部分首先回顾了1949年以来中国区域政策的演化(第一章)，并以1995～1996年发展状况为基础划分了区域发展类型区(第二章)，其次对省区市经济发展政策方针及其实施效果进行了分析(第三章)，而后从新的角度对地带性差异做了剖析(第四章)，最后对经济特区及沿海开放城市的发展与区域作用、主要贫困区的脱贫政策及效果分别给予了分析评价(第五章和第六章)。第二部分则分别阐述了外资外贸对区域经济发展差异形成的影响(第七章)、中央政府所倡导的解决区域差异问题的重要手段——区域合作的现状与效果(第八章)、作为可持续发展基础环节的农业(粮食)问题的区域差异与潜力(第九章)、省区市在基础设施发展方面的政策及形成的发展差异(第十章)、从可持续发展角度出发的区域生态环境差异(第十一章)和变化中的中央地方关系及其对地区差距的可能影响(第十二章)。

区域政策是导致或调整区域发展差异的"指挥棒"。近年来对中国区域问题的研究或多或少都要提到或分析中国区域政策的转变，即从改革开放前的所谓"平衡增长战略"到其后的"沿海战略"，并以此作为研究和评论的出发点。但是，它们都不同程度地忽视了不同时期区域政策出现和制订的历史背景，导致理解和评价的偏差。本书第一章的分析表明，1949年以来，中国宏观区域政策可划分为4个阶段，即1949～1972年从属于国防安全目标下的政策(以往通常被理解为"平衡增长"战略)、1973～1978年的第一次调整性政策、1979～1992年以加快全国经济整体增长为目标的政策和1992年后的第二次调整性政策。其中，改革开放前的区域政策只能说是"客观上"的平衡增长战略，因为决策动机并不主要是为了平衡各地区人均国民收入的差距。第一次区域政策的调整主要是经济因素，运作方式以引进项目的布点来进行的；而第二次则是由区域发展差异导致的社会压力推动的，主要依靠改善政策来运作。1978年以来伴随改革开放的区域政策并非"地区偏爱"，而是中央政府对世界经济国际化和全球化趋势的客观及时的反映，是国家整体利益的体现。也就是说，中央政府实施的宏观区域政策和经济布局战略符合中国现阶段的国情特点。区域发展的不平衡是许多国家经济快速增长难以避免的副作用；中国无法逾越这个阶段。

伴随宏观区域政策的变化，中国宏观区域经济格局(区域类型区)也有数次变动，即沿海和内地→"一、二、三线地区"→沿海和内地→东、中、西三大地带。对近10多年来中国区域差异的研究大多采用三大地带或沿海和内地的区域划分方法。由于各地区发展状态日趋多元化，这种类型区划分显得过于简单化。正如第二章指出的，沿海地区内部的差异程度几乎相当于全国东、中、西地带的差异。根据区位条件、资源禀赋、经济发展水平、发展活力与竞争力、社会发展水平、居民生活质量和基础设施水平等指标，本书将全国省区市发展状态划分为5种基本类型和10种亚类型(详见第二章)。研究结果表明，省区市间经济发展的"量"和"质"的差异非常明显，部分地区发展活力很差。由于近两年广东、浙江、江苏、山东等增长"明星"省份经济增长速度已退居"第二梯队"，而河北、湖北、河南、安徽、江西等起而代之，下一阶段将可能出现区域经济增长的新格局。另外,区域绝对差异正在迅速扩大而相对差异却逐渐缩小的事实表明,近20年来增长最快的省份不是人均收入水平最高的地区(1992~1994年除外);理论上,只有大部分发达省份出现辽宁那样的相对衰退,省际人均收入绝对差异才会缩小。

80年代以来,随着中央政府的简政放权和地区经济实力的增强,省区市政府的决策水平和产业发展策略的正确性越来越多地影响地区经济的发展。尽管目前还无法量化地区自身优势和决策水平(以及中央政策和外资等因素)对经济增长和区域差异形成的贡献程度,剖析各省区市的产业政策及其实施效果无疑对理解区域发展差异具有重要价值。本书第三章在分析影响省区市经济增长的主要要素的基础上,阐述了地区产业政策及其形成的产业结构和发展状态。由于资料的限制,我们未能给出十分系统的分析。但是,从一些典型省份的经验看,仍可窥见地区产业政策的合理性对经济增长的影响。例如,河南的"走资源开发和深加工增值的发展道路"、江西的"下更大力气发展多种经营和乡镇企业"、安徽的"强化自身,呼应浦东,迎接辐射,带动全省"等,都取得了较好的经济增长效果。总的来看,全国性产业结构调整和大部分地区产业政策获得了成功,部分地区的决策有失误。另外,省区市间的"产业同构"问题也比较严重。

中国经济发展的地带性差异比较突出。其中,东、中、西3个地带的差异是近年来一部分实际工作者、学者和媒体着力宣传的内容。由于夸大政策性因素的作用,忽视自然基础、历史、区位等因素,这种宣传起到了一定的负面作用,不利于理性地认识中国经济发展的地带性差异。第四章着重阐述形成经济发展东西和南北地带性差异的客观基础,分析了东中西地带性差异扩大的原因,并提出中央政府的物力财力已不可能实施经济建设的地带性战略转移,近期内缩小东中西部的绝对差异是不现实的,应正确看待地区经济发展绝对差距的扩大。1994年以来,经济发展的地带性差异已趋于稳定。东部沿海地区目前的发展只能说为实现现代化奠定了一个基础;进一步发展面临着许多问题和困难。中央政府提出的地区协调发展战略将促进中西部地带的经济增长。此外,本章还分析了一直存在但却长期被忽视的"南北"地带性差异。受国防因素和资源分布的影响,新中国成立后相当长的时期内,中国人均收入水平和经济实力是"北强南弱"的南北差异,并主要体现为"结构差异"(北重南轻)。而80年代以来则转化为"南强北弱",而且主要表现为发展水平的差异。

沿海特区及开放城市和贫困区无疑是中国目前两种最极端的区域类型,也是获得中央政府特殊政策最多的两类地区。80年代初,国家批准设立特区和沿海开放城市之时,除了希望以此促进吸引外资和发达国家的技术转移外,也赋予特区和开放城市"生长极"的使命,即在发展壮大后向其它地区扩散技术、信息、资金等,发挥区域中心的作用。第五章的分析表明,10多年来经济特区和沿海开放城市获得了巨大的经济发展,经济实力大幅度提高,在省域经济中的地位越来越重要。但是,在发挥区域作用方面却差别极大。深圳、大连、天津、上海和广州都起到了大区域范围内的"龙头"作用;厦门、北海和连云港成为跨省区对外联系的"窗口";其它城市则基本上在省内或省内亚区域发挥作用。由于90年代以来政策优惠削减和开放优势淡化,经济特区和沿海开放城市面临着"二次创业"的重大调整,而发挥区域中心的作用正是"二次创业"成败的关键。

贫困地区是不发达地区的典型代表,也是区域发展水平差异的极端体现。消灭贫困是解决区域差异的重要环节,是中央政府的一项重要政治任务。本书第六章在概括贫困人口的分布特征和类型特征基础上,重点检验了国家扶贫政策和主要贫困类型区脱贫途径及其效果。新中国成立以来,国家扶贫政策经历了由"输血式"扶贫(80年代以前)、到扶持贫困地区经济发展为主的"开发式"扶贫、再到"九五"以来的面对贫困人口的"开发式"扶贫的转变过程。目前主要的扶贫措施包括以工代赈、科技扶贫、横向联合与对口扶贫、劳务输出、异地搬迁、政府机关定点扶贫等。全国性扶贫脱贫取得了重大成就,但扶贫成效存在明显的地区差异,即东部地区最好,中部省区次之,而西部省区将难以完成扶贫目标。在西部地区中,贵州的"坡改梯"和"开发非耕地资源"、宁夏的"窖水节灌旱作农业"和"吊庄移民"等因地制宜的措施起到了很好的作用。但是,扶贫中也存在"重硬件、轻软件",重视完成扶贫目标,忽视贫困地区的可持续发展,中央政府扶贫投入不足等问题。

改革开放以来,中国沿海地区一直处于持续快速发展状态中,发展速度较大幅度超过内陆省区,导致区域发展水平绝对差异迅速扩大。不少学者和实际工作者将此完全归结于中央政府的沿海倾斜政策,失之于偏颇。正如第一章、第二章和第四章已经反复指出的,如果没有70年代以来大规模的全球资本和技术转移这个机遇,沿海地区不会获得如此高的发展速度。第七章的研究一定程度上论证这个观点。外资外贸与中国经济增长具有高度相关性;沿海大部分省市1995年利用外资额占GDP的比重都在10%以上。分析还证明,外资的地区选择不完全依赖于优惠政策,而且不同国别(地区)外资的地区偏好不同,投资动机也千差万别。例如,香港资本主要投向广东、广西等具有相同或相近文化传统的邻近地区,日本投资则偏向辽东半岛和长江三角洲,台湾投资重点在福建和江浙,欧美投资主要在华北和长江三角洲地区。优惠政策在利用外资和外向型经济发展的启动阶段起到了很大作用,但保持对外商的吸引力则主要在于地区经济发展的活力。理解这些因素有助于理性地认识中国的地区差异问题。

在中国目前既非传统计划经济又非完全市场经济的状况下,生产要素的流动很大程度上受到"条块分割"的制约,地区优势难以充分发挥。而且,区域发展差异日趋突出,而中央政府财力已明显不足。在此情况下,加强地区经济技术合作成为中央政府倡导、许多地区积极响应的促进地区均衡发展、提高市场效益的重要途径。目前,对于这一措施在解决区域差异问题上的地位和作用及其宏观目标的合理性存在着广泛的学术争议。本书第八章着重对"八五"以来国家和地区有关地区经济技术合作的政策及其实施效果进行了客观的剖析和评价。研究结果表明,除了中央政府下达的硬性合作任务(如对口支援等)外,许多地区基于各种各样的动机有强烈的合作愿望,地区合作对区域经济发展的作用越来越大。区域合作的效果主要取决于区域间优势互补的程度和要素流通渠道的通畅程度。但是,在促进区域均衡增长方面,尽管区域合作在"软"的方面(如信息交流、市场意识的传播等)有着重要作用,但尚未有足够的证据显示它在"硬"的方面(如不发达地区的经济增长)有较大的贡献。反而中西部的生产要素有向沿海地区进一步集中的趋势。省际产业转移进展也不很大。

食物供应是中国乃至各地区持续发展的基础环节,而粮食问题是其中的关键。布朗的"炸弹"("谁来养活中国")已经激起国内学术界和政府机构广泛而强烈的反应。中国政府的《中国的粮食问题》白皮书再一次重申将依靠自己的力量实现粮食基本自给,但也不排除利用国际资源作补充。在现阶段省长负责"米袋子"的机制下,粮食问题成为重要的区域性问题。另外,由于区域间在粮食供需平衡和生产潜力方面存在极大差异,省区市间就粮食问题的合作将有可能成为地区经济技术合作的重要内容。本书第九章比较详细地分析了近年来耕地资源变化以及粮食供需的区域差异,并对各省区市的农业发展状态及潜力进行了剖析。北京、天津、上海、江苏、浙江、广东和广西等省区市耕地资源将继续减少,再加上各地区农业政策的差异,使粮食生产重心北移和东南沿海地区产量比重下降不可避免。未来缺粮区将主要分布在东南沿海地区和西北、西南综合自然条件较差的省区,余粮区主要在中部地带和沿海的河北、山东和江苏以及西北的新疆。但是,就农业总的发展状态而言,农业发展与地区经济增长基本上呈正相关,即近年来经济增长速度快、经济状况好的省区市,农业发展状况亦较好。

基础设施是经济发展的内容和结果,也是进一步发展的基础和保障。换言之,它既是区域发展差异的体现,也是区域发展差异形成的原因之一。80年代以前,中国基础设施建设的投资渠道比较单一,基本上都是国家投资,中央政府主导区域基础设施的改善。80年代以来,投资渠道日趋多元化。除中央政府的投资外,地方、外资乃至国内私人资本纷纷加入基础设施建设领域,形成基础设施发展水平的巨大区域差异。本书第十章的研究表明,由于中央投资所占比重越来越低以及市场需求的拉动,区域基础设施的发展呈现出"优者更优"的模式。即经济较发达的省区需求强烈、投资能力也强(包括外资也愿意进入),因而基础设施发展速度快,投资硬环境改善明显,这反过来又促进和保障了地区经济快速增长。根据综合评价,"八五"期间基础设施改善比较大的地区集中在沿海省份(除了广西和海南)以及中部地带增长最快的安徽、河南和湖北3省,发展较为缓慢的省份主要在西北和西南地区。但是,在基础设施高速发展的同时,管理及后勤服务系统特别是联合运作和整体配合相对滞后,导致基础设施的效益不能充分发挥,影响经济系统的运作效率。对此问题尚需进一步研究。

中国近10多年来的高速经济增长付出了巨大的生态环境代价,构成对持续发展的威胁。地区发展策略的选择再也无法回避生态环境问题了。面对严峻的生态环境挑战,近年来国家和地方出台了不少新的环境政策和法规,加强了管理力度。本书第十一章在阐述重点地区的环境和生态问题及其治理措施的基础上,分析评估了1995~1996年国家和地方实施的主要环境政策和措施的效果。研究结果显示,经济持续高速增长的地区、以资源型产业为主的地区以及自然生态脆弱而开发又不合理的地区目前的生态环境问题最为严重。大部分地区的水体污染和大气污染仍在加重,特别是大中城市及城市聚集区。生态质量持续衰退,水土流失、荒漠化、河流断流、草原生态功能退化等问题未得到根本性改善。生态系统自身调节和缓冲功能较强的东部地区面临着土地资源退化和环境恶化等问题;而生态十分脆弱的西部地区生态恶化趋势则十分严重。但是,就整体工业结构而言,没有证据显示正在向污染密集型结构的长期性转移;污染加重主要是生产总量的迅速增加造成的。研究还表明,由于一些措施的不够完善,近年来实际排污收费水平下降,而且对污染大户触动较轻。生态环境问题的现实与基本改变环境恶化状况的目标还有相当大的差距;有必要对现行环保政策和措施继续进行改革。另外,也要尽快提高公众的环境意识和参与意识。

中央地方关系直接涉及经济利益的区域分配,是国家制订区域政策的基础环节。在"全国一盘棋"的年代,中央地方关系相对比较简单,中央政府对地方的调控也相对比较容易。但是,自80年代以来,由于"放权"、中央财力持续下降以及一些地方经济实力迅速增长,再加上还未摸索出规范的和法制化的机制,使中央地方关系变得异常复杂,直接影响了国家对区域发展的调控能力和手段。正如本书第十二章指出的,这导致了不少区域性问题,如地方保护主义、地区产业同构等。为了规范中央与地方的财政关系,"八五"期间国家出台了财税体制改革,即实行分税制。这是新中国成立以来中央与地方财政关系最重大的变化,是逐步以规范的财政转移支付制度作为调控地区差距主要手段的基础。第十二章详细阐述了实施分税制的背景、基本原则、实施的效果以及缺陷。虽然实施分税制以来全国财政收入占GDP的比重下降的趋势得到遏制,中央调控能力也得到加强(地方依赖中央型财政关系),但中央财政仍未具有充分实施财政转移支付的能力,促进地区协调发展的若干目标尚没有实现。而且,税收基数返还的做法也还不够规范和公平。此外,正在变化中的中央地方关系(特别是分税制的实施)对地区经济发展和调控地区差距的作用和影响,还没有系统的证据,有待进一步观察。

总之,本书的研究结果表明,中国的区域发展和区域差异问题展现出复杂的多面性,而且也处于剧烈变化过程中。这里既有整体与局部的关系,也有近期利益与长远利益的协调,还有理性与情感的平衡,更有内因与外因的结合。正确认识区域问题的多面性,对中央和地方政府的科学决策十分重要。我们希望这本书能为正确看待和认识中国的区域发展及问题提供有益的帮助。

四

由于本报告以区域经济发展为主线,第八个五年计划中若干重要问题,如资源大规模开发与地区社会经济的发展,人口大规模流动,城镇化迅速发展等,暂未包括。也就是说,这一本报告并没有将中国区域发展的所有重要问题都包含在一起。我们计划在下一本《中国区域发展报告》中,对中国社会发展的若干重要领域予以特别的重视。

1997年,香港回归祖国,全国人大批准将重庆设立为中央直辖市。行政版图这两大改变,正使中国区域经济格局发生变化。由于本报告跟踪描述的是第八个五年计划(1991~1995年)以来、特别是1995~1996年间的中国区域发展状态,在1996~1997年间编制完成,因此,没有对香港进行相应的描述,重庆的社会经济发展仍包含在四川省之中。

台湾省是中国领土不可分割的一部分。考虑到其社会经济发展的一系列特殊性,加上数据和资料来源的困难,本报告暂未包括台湾省。

五

《中国区域发展报告》被列为国家社会发展科技计划项目和中国科学院区域持续发展研究中心第三期特别支持项目,全部工作得到了国家科委社会发展司和中国21世纪议程管理中心、国家计委国土与地区经济司和国土规划研究所、中国科学院资源环境局的非常重视,给予了资金、资料以及其它方面的大力支持。

我们非常荣幸的是:一批国内外知名的科学家和政府机构领导同志应允作我们此项工作的顾问。在报告稿的编写过程中,得到了他们的悉心指导。

在报告编写开始的初期,我们编写人员在中央若干部门和部分省区市作了比较系统的调查研究,得到了他们的热情接待和多方面的支持。

在此,我们代表课题组向国家科委、国家计委、中国科学院、中央和部分省区市有关部门表示衷心的感谢。

编制国家区域发展报告,对我们来说是第一次。虽然我们长期进行国土开发和区域发展的实践研究和理论研究,对党和政府的方针政策也给予特别重视,但由于80年代以来中国区域发展的进展、变化异常迅速,许多资料和情况没有及时掌握,对各方面的政策了解不全、理解不深。因此,对一些政策、问题的分析和褒贬可能很不准确,希望得到各级政府领导和学术界以及各方面的人士的批评指正。

本报告的另一特色是内地与香港学者的紧密合作,使它除保持中国特色外,还加入了一些国际学术界及政府智囊机构惯用的分析方法和概念。它是区域发展研究上一个新尝试。

本报告各章之作者如下:

* 第一章——陆大道　薛凤旋　　　* 第七章——薛凤旋　蔡建明
* 第二章——刘卫东　　　　　　　* 第八章——庞效民　卢佩莹
* 第三章——樊　杰　　　　　　　* 第九章——谷树忠　卢佩莹
* 第四章——陆大道　　　　　　　* 第十章——金凤君　王缉宪
* 第五章——樊　杰　李煜绍　　　* 第十一章——傅伯杰　李雅芹
* 第六章——刘　慧　　　　　　　* 第十二章——刘　毅　林初升

陆大道　薛凤旋　谨识
一九九七年十一月

目 录

第一章 中国区域发展政策的简要回顾 ………………………………………… 1
  自然地理基础与发展背景 …………………………………………………… 2
  从属于国防安全目标下的区域发展政策:1949～1972 年 ………………… 4
  中国区域政策的第一次调整:1973～1978 年 ……………………………… 7
  以发挥优势、加快全国经济整体增长为目标的区域政策:1979～1992 年 … 8
  中国区域发展政策的第二次调整:1992 年后 ……………………………… 10
  评价与结论 …………………………………………………………………… 12

第二章 区域发展状态及其类型 ……………………………………………… 15
  1949 年以来中国区域发展差异历史回顾 ………………………………… 16
  1990～1996 年区域发展状态与差异分析 ………………………………… 24
  区域发展状态类型区的划分 ………………………………………………… 43
  评价与结论 …………………………………………………………………… 48

第三章 省区市产业发展政策及实施效果 …………………………………… 52
  省区市经济增长的主要影响因素 …………………………………………… 53
  省区市产业结构变化和产业发展 …………………………………………… 59
  省区市产业结构类型与产业发展政策的实施效果 ………………………… 66
  省区市"九五"计划新的发展思路 …………………………………………… 79
  产业布局政策(战略)与产业布局变化 ……………………………………… 86
  评价与结论 …………………………………………………………………… 96

第四章 经济发展大地带性差异及展望 ……………………………………… 102
  东中西三个地带的发展差异 ………………………………………………… 103
  南北地带性发展差异 ………………………………………………………… 110
  大地带发展的展望和建议 …………………………………………………… 114
  评价与结论 …………………………………………………………………… 116

第五章 沿海特区及开放城市的发展与区域作用 …………………………… 121
  "八五"时期沿海特区与开放城市的发展 …………………………………… 121

  主要类型区的开发建设 …………………………………………………… 126
  发展战略与区域作用 …………………………………………………… 131

第六章 主要贫困区脱贫政策与经济发展 ……………………………………… 135
  贫困人口的分布及变化 ………………………………………………… 136
  国家脱贫政策的实施效果 ……………………………………………… 144
  主要贫困类型区脱贫途径及效果 ……………………………………… 155
  评价与结论 ……………………………………………………………… 162

第七章 利用外资与对外贸易 ………………………………………………… 166
  利用外资格局 …………………………………………………………… 166
  中国对外贸易格局 ……………………………………………………… 171
  利用外资、对外贸易与中国区域经济发展 …………………………… 175
  利用外资及外向型经济发展战略 ……………………………………… 184

第八章 地区经济技术合作的政策和实践 …………………………………… 193
  地区经济技术合作政策框架 …………………………………………… 195
  地区经济技术合作的主要目标和形式 ………………………………… 201
  地区经济技术合作的总体进展 ………………………………………… 208
  区域合作组织的深入发展及其困境 …………………………………… 213
  评价与结论 ……………………………………………………………… 217

第九章 中国区域粮食供需与农业政策 ……………………………………… 222
  全国粮食供需与农业政策 ……………………………………………… 222
  耕地资源变化的区域差异 ……………………………………………… 225
  粮食供需关系的区域差异 ……………………………………………… 229
  "九五"区域农业规划和政策 …………………………………………… 234
  区域农业状态比较 ……………………………………………………… 238
  评价与结论 ……………………………………………………………… 244

第十章 交通通信基础设施与区域投资环境 ………………………………… 246
  "八五"时期发展态势 …………………………………………………… 246
  地域差距的扩大 ………………………………………………………… 250
  特征明显的地域发展类型 ……………………………………………… 256
  优势突出的基础设施地带 ……………………………………………… 260

		评价与结论…………………………………………………………………	264
第十一章	环境政策与区域环境………………………………………………………	269
	环境政策与管理制度改革…………………………………………………	270
	重点地区环境污染状况与治理……………………………………………	272
	区域生态状况与生态工程建设……………………………………………	277
	各省区市环境治理投资效果与政策效应分析……………………………	289
	评价与结论…………………………………………………………………	292
第十二章	分税制:90年代中央与地方财政关系的重大变化………………………	297
	财政关系的变化历史及主要问题…………………………………………	297
	分税制及其实施效果………………………………………………………	308
	评价与结论…………………………………………………………………	313
后记………………………………………………………………………………………	316
附录………………………………………………………………………………………	317

第一章 中国区域发展政策的简要回顾

1979年7月15日,中共中央和国务院原则同意广东省、福建省的两个报告,决定对两省的对外经济活动实行特殊政策和灵活措施,即从1980年起,两省在外贸、外汇、财政及计划、物资供应、物价政策等都实行新的经济体制和灵活措施。在当时,有些人对这个开放搞活的政策的重要性并没有给予特别的估计。但18年来中国经济持续高速增长、综合国力大大增强的事实,说明了当时的决定成了大发展的序幕,也说明了国家(或地区)实行不同区域政策的重要性。

所谓区域政策,是中央和地方政府为了调整地区间发展状态、差异和分布而制定的对社会经济发展过程施加影响的政策和措施。在区域政策的目标和目标体系中,区域经济发展的基本宏观格局是最为重要的。按西方学者的观点,区域政策的最终目标有3种范畴:快速增长、稳定增长和平衡增长。一个时期区域政策目标的确定,要考虑国家的发展阶段、发展水平和社会经济发展的总目标。

自本世纪60年代,国际上区域政策研究获得了较快的发展。其背景是部分发达国家内经济发展的不平衡加剧,许多区域经济衰退,劳动力市场供需严重不平衡,造成区域经济状况紊乱及社会乃至政治冲突。这样的区域被称之为"有问题的地区"或"问题地区"。这些问题的发展受到国家政府和学术界的重视。70年代初,日本首相田中角荣所著《列岛改造论》是国家领导人在高层次上论述国家区域发展政策的范例。

在德国、法国、日本和英国,国家的区域政策大约经历了2个阶段,即以缩小地区间发展差距为目标的区域政策阶段和以实施(促进)技术开发为目标的区域政策阶段。80年代西方对区域政策的研究已经发展成为一门独立的学科——"区域政策学"。该门学科的主要研究内容包括:区域政策的理论基础,区域政策的目标及评价区域发展基础的方法等。对区域政策研究作出重要贡献的学者有:区域科学的创始人艾萨德(W. Isard)对区域政策理论基础的研究,罗伯特·索洛对区域经济增长机制的研究,鲍尔·克莱默(P. Klemmer)的区域政策类型和作用机制的研究,等等。

中华人民共和国建国以来,进行了大规模的自然资源开发和经济建设,建立起了总量巨大、结构比较完整、布局已广为展开的经济体系和生产地域体系。在全国经济获得巨大发展的同时,国家曾经几度将促进中国地区经济发展及解决不平衡问题作为中国社会经济发展重大战略问题之一,付出了很大的努力,取得了巨大的成就。中国在制定和实施区域政策方面取得了丰富的实践经验,也作出了相应的理论发展。1956年毛泽东主席《论十大关系》的报告是中国改革开放以前区域政策的宣言。改革开放以来,学术界围绕中国区域发展的"东西问题"中的"效益与公平"、如何看待发展差距、促进西部地带发展的政策设计等进行了大量的研究和讨论。最具有代表性的学者和著作有:陈栋生的《经济布局的理论与实践》(1989年)、周叔莲等的《中国地区产业结构》(1991年)、杨开忠的《中国区域发展研究》(1989年)和胡鞍钢等的《中国地区差距报告》(1995年)、魏后凯的《区域经济发展的新格局》(1995年)和孙尚清、李泊溪、李善同等的《中国区域协调发展战略》(1994年)。

但是,以往的研究基本上都忽视了不同时期中国区域政策出现和制定的历史背景,因而对这些区域政策的评价也就不够完善。本章概略地回顾新中国成立以来各主要发展时期国家制定的区域政策,分析其制定的历史条件,并对其效果和影响作简要的评述。这也是本《报告》的基础之一。

自然地理基础与发展背景

在以往近半个世纪的发展中,中国经历了工业化的准备阶段、初期阶段,现已基本进入工业化的中期阶段。在这个发展过程中,中国所面临的全球地缘经济和地缘政治形势也经历了许多的变化。另外,由于中国各地区的自然基础相差很大,不同地区在不同阶段的发展过程中会受到不同程度的重视和有不同的发展经历。

> 三大自然区和地势的三大阶梯

中国是全球自然地理环境最丰富多采的国家之一。其形成是由于地带性因素和非地带性因素的作用。特别是气候(地带性因素)和地貌(非地带性因素)两个基本因素最为重要。

全国自然地理环境的空间差异可以三大自然区和地势的三大阶梯来概括。其中,青藏高原是中国最高一级地形阶梯。大兴安岭、太行山和伏牛山以东是中国地势最低的一级阶梯,是中国的主要平原和低山丘陵分布地区。中间为第二级阶梯。三大自然区和地势的三大阶梯在相当程度上控制了中国区域经济发展的宏观框架,是影响中国区域政策目标的关键性因素。

专栏1.1

三大自然区

(1)东部季风气候区。其西部界限是:从大兴安岭西麓,经辽西山地和燕山山地的北部、鄂尔多斯高原的中部,往西至青藏高原的东缘。它包括主要的平原:东北平原、华北平原、长江三角洲和珠江三角洲,约占全国陆地面积的45%、总人口的96%、工农业总产值的95%。夏季海洋性季风影响显著,气候湿润;

(2)西北干旱区。是欧亚大陆草原和荒漠区的一部分,约占全国国土面积的30%,大部分是海拔1000米左右的高原和内陆盆地,气候干旱,水资源缺乏。人口和工农业总产值不到全国的4%;

(3)青藏高原区。是全球的一个独特的自然地理区域,平均海拔高度在4000米以上,自然条件对人类的生产和生活限制很大。面积约占全国的25%,人口不到全国的1%。

经济管理体制

【计划经济管理体制】

中国是个社会主义国家,国家的管理体制,特别是经济管理体制对区域发展产生重大的影响。1979年以前,中国实行的是中央集权的计划经济管理体制。"在高度集中的计划经济体制和大一统的行政性资源配置方式下,投资主体单一(基本上是中央政府),建设项目统一安排,布局蓝图一笔独绘,产品统购统销,原材料统一调拨供应,财政统收统支"。在这种经济管理体制下,加上地区经济实力的薄弱,各地区难以制定和组织实施自己的发展战略,地区发展目标完全融合到国家的目标中。但1980年以来,地方政府在决策权和财权上日益强化,加上其它一些重要因素的影响,导致了中国地区间的不平衡发展。

【现代市场经济模式的逐步确立】

"1978年底,我国政府在深刻总结国内经济建设经验和分析国际经济形势的基础上,把实行对外开放确定为基本国策"(国务院特区办公室,《中国沿海开放地带介绍》,1991年3月)。在此之后,中国政府实行了10多年改革开放政策,并使现代市场经济的目标模式逐步确立。地区的管理权限一再扩大,地区的经济实力大幅度增强,成为计划经济管理的主体。地区之间的竞争日益发展,社会经济发展差距明显扩大。在这种情况下,国家制定的区域发展政策,必须既考虑到国家的整体利益,也要适应地区经济发展的需要。区域政策问题成了党和国家决策的核心问题之一。

【区域政策——与市场力量的短期行为相抗衡】

在中央集权的计划经济体制下,全国及大多数地区以重化工业为主体,生产力接近原料地布局成为主导倾向。随着改革开放和现代市场经济的逐步确立,"市场"的力量正在愈来愈强烈地影响着中国经济的发展。但是,市场力量在许多情形下代表的是短期的行为和行业、企业的经济利益,很少照顾到社会的公平。在这种情况下,更需要政府的长期行为,即制定和实施科学的区域发展政策。

地缘政治和地缘经济形势

近半个世纪以来,中国面临的地缘政治和地缘经济形势发生了几次大的变化:

【两大阵营】

1945年波茨坦宣言和雅尔塔会议协定后,世界上形成了"两大阵营"。1950年6月25日朝鲜战争爆发,6月27日美国宣布要用武力阻止我对台湾的解放,并对中国实行经济封锁。50年代末,中苏关系破裂,中印边界发生战争。中国面临十分严峻的东西两极化的地缘政治环境,受到严重的军事威胁。

【中美关系正常化】

1972年2月28日中美两国在上海发表联合公报,标志两国在对立了20多年后,开始走向关系正常化。此后,地缘政治发生重大变化,中国的对外政策开始作重大调整。

【全球产业与资本转移】

1973年世界石油危机后,西方发达国家由于国内市场和经济不景气的压力,加上生产技术和劳动需求的变化,愈来愈多地向国外转移资本、生产和技术。70年代末至80年代,香港、澳门和台湾成为新兴的工业化地区,也产生了向外开拓贸易和投资市场的强烈需求和条件。

【地缘经济关系愈来愈重要】

80年代末和90年代初,随着"冷战"的结束,国际间的政治斗争和军事斗争逐步让位于经济斗争,经济全球化和区域化趋势日益发展。外资与外贸成为中国发展越来越重要的动力。中国一旦加入世界贸易组织,对中国不同区域产业发展与贸易将带来不同的机遇。

上述地缘政治和地缘经济形势的变化构成了各主要时期区域政策制定的主要背景,也是认识、评价各主要时期中国实施的区域政策实质、效果的重要基础。

从属于国防安全目标下的区域发展政策:1949～1972年

1949～1972年的20多年间,中国制定和实施的区域发展政策,在很大程度上以分析全球的及中国与周边国家的政治、军事冲突危险为基础,从属于国防安全目标。这个时期可以再分为1949～1964年和1965～1972年两个阶段。这两个阶段的区域政策的总倾向是一致的,但在区域政策制定的背景和空间上有一定的差别。

1949～1964年,以"156项"建设布局所代表的区域政策——建设内地

【战略思想】

在三年经济恢复时期(1949～1952年),国家要求"改变旧中国遗留下来的生产力分布不平衡状况",将一部分工厂迁移到接近原料的地区。在从1953年开始实行的第一个五年计划中规定:"为了改变原来地区分布不合理状况,必须建立新的工业基地,而首先利用、改造和扩建原来工业基地是创造新的工业基地的一种必要条件"。这一平衡生产力分布、加强内地建设的区域发展政策得到了有效的实施。

【总体布局】

三年恢复时期,国家工业建设重点在老重工业基地东北地区,其次是华东与华北。"一五"期间,进行了以"156"项为中心的工业基本建设(在"156"项原计划中,有4项在"一五"期间没有实施,2项重复计算,实际施工建设的是150项),同时包括国内自行设计建设的(投资在1000万元以上)694项限额以上重点工程。这是初步奠定中国工业化基础的重要时期。"一五"时期基本建设的重点已从沿海地区转到了内地。按照当时划分的大区统计,分布如表1—1。

表1—1 "一五"时期重点建设项目的大区分布

地 区	项 目 数	占全部项目数的百分比(%)
东北区	56	37.3
西北区	33	22.0
华北区	27	18.0
中南区	18	12.0

(续表)

地　区	项　目　数	占全部项目数的百分比(%)
西南区	11	7.3
华东区	5	3.4

以当时的沿海和内地划分(沿海地区包括:辽宁、河北、天津、北京、山东、江苏、上海、安徽、浙江、福建、广东、广西,其余为内地),150项中沿海占32项,只占全部项目的1/5;国内建设的694个项目,内地占68%。由于用于沿海工业的改造、扩建、新建的投资少了,老工业基地的作用,特别是以上海为中心的长江三角洲及华北沿海工业的作用、潜力未得到加强和发挥,没有大型的原材料项目及其配套项目,以致使沿海地区的经济增长速度低于内地。例如,1952~1957年,全国工业平均增长15.5%,其中内地为17.8%,沿海为14.4%。

【战略思想】

1965~1972年,向"大三线"地区实施"战略转移"

由于对战争爆发的可能性和紧迫性作了过分的估计,国家采取了两项重大的区域发展战略决策,即突击进行"三线"建设(图1—1),实施"战略转移"和进一步强调建立地区独立的工业体系。其标志是1964年8月中旬中央书记处召开会议,讨论内地建设问题。毛泽东同志指出:要准备帝国主义可能发动侵略战争。新建的项目都要摆在内地。沿海所有部门要求增加的投资一律要顶

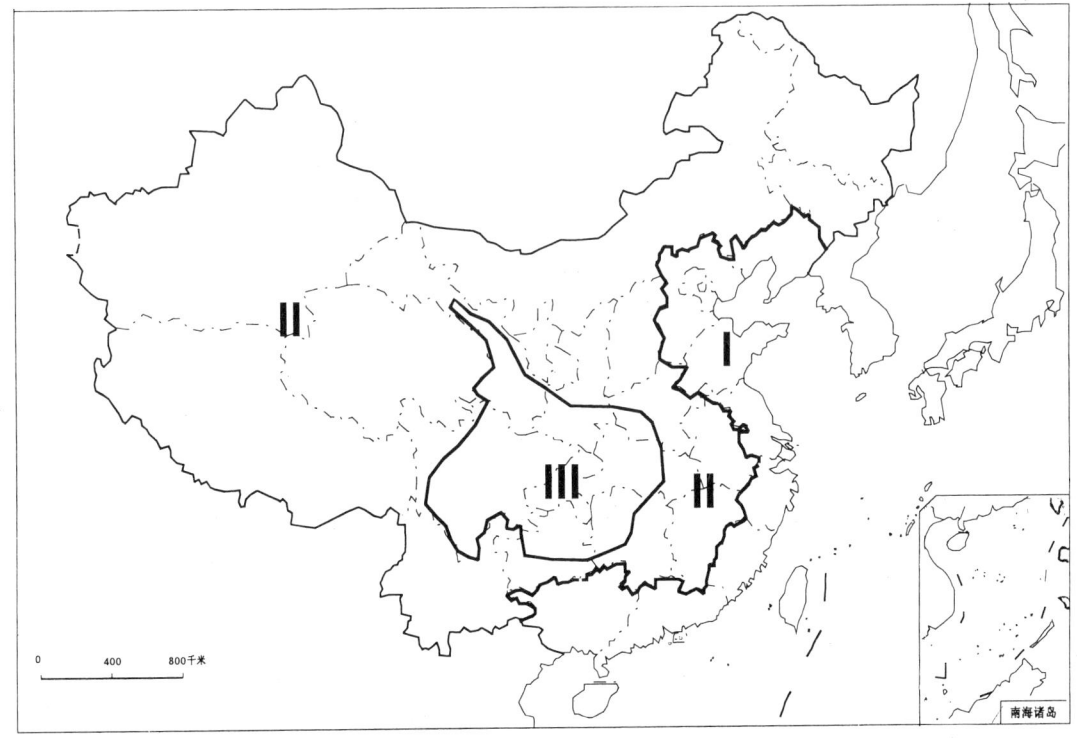

图1—1　中国一线、二线、三线地区的划分

住。这是大规模实施"战略转移"的总动员。根据毛泽东主席的指示精神,1965年8月国家建委召开全国搬迁会议。会议提出,要从准备大打、准备早打出发,对少数国防尖端项目,要按照"分散、靠山、隐蔽"的原则建设,有的要"进洞"。这一原则成为其后一段时间的主导经济建设原则。

【战略转移的方向与地区】

根据毛主席指示拟定的"三五"计划设想,确定投资重点要向既不是沿海也不靠近北方的"大三线"地区转移。重点是四川、贵州和"三西"地区(豫西、鄂西和湘西),其中特别要加快以攀枝花、酒泉和重庆为中心的工业建设。"三五"(1966~1970年)时期内地基本建设投资占全国的比例达到为66.8%(表1—2)。

1970年3月召开的全国计划会议上提出"四五"(1971~1975年)期间要建立不同水平、各有特点、各自为战、大力协同的经济协作区;要将内地建设成为一个部门比较齐全、工农业协调发展的强大战略后方;内地的工业建设(已不限于国防尖端项目了)要大分散、小集中,不搞大城市,工厂布点要"靠山、分散、隐蔽",有的要"进洞"。

表1—2 1952~1975年全国基本建设投资在大区域间的分配(%)

时　　　期	沿　　海	内　地	
		总　　计	其中"三线"地区
"一五"	41.8	47.8	30.6
"二五"	42.3	53.9	36.9
调整时期	39.4	58.0	38.2
"三五"	30.9	66.8	52.7
"四五"	39.4	53.5	41.1
1952~1975	40.0	55.0	40.0

注:沿海、内地的数字总计不等于100.0,因为统一购置的运输工具等不分地区的投资,未划入地区内。

【地区投资对比】

国家在经济基础差的西南、西北投资所占比重,由"一五"时期占全国的16.9%上升到"三五"时期的35.1%。在东部发达地区中,同期上海的投资仅占全国的3.6%,居全国的第13位,天津居第21位。在"三线建设"的高潮时期,"三线"地区和沿海地区的投资分配见表1—3。

表1—3 1969~1972年部分省、市基本建设投资占全国总投资的比例(%)

"三线"地区		沿海地区	
四川	12.09	辽宁	5.13
湖北	7.38	上海	2.38
陕西	6.07	天津	1.62
河南	4.87	江苏	2.40
贵州	4.22	广东	3.44

中国区域政策的第一次调整:1973～1978年

历史背景 　1973～1978年间是中国区域发展政策的第一次调整时期,即是中国经济建设布局的战略重点由沿海地区向中西部地区推进转而由中西部地区向东部沿海地区推进的过渡时期。出现此次调整的历史背景是:

【"三线建设"中的困难与严重损失】

新中国成立后直至70年代初期,国家将大量的人力、物力投入到内地和较不发达地区的建设,增强了内地的发展实力,取得了举世瞩目的成就。但由于"对内地建设要求过急,投入了过多的力量",加上选厂定点的大量失误,导致了严重的浪费和损失。在1953～1980年间,在全国形成的4000亿元的固定资产中,真正发挥效益的仅2500亿元。即使在这2500亿元的固定资产中,由于外部供应条件差和厂址问题,还有一部分在长时期内不能充分发挥作用。

【外交政策调整】

自1972年2月中美两国关系开始走向正常化。中国对外关系开始改善。战争的危险并不是迫在眉睫。引进设备、引进技术,发展与发达国家的经济技术合作开始提到议事日程上来。

【发展国民经济的需要】

多年的"文化大革命"使国民经济处在崩溃的边缘。国家建设必须考虑经济效益,发展经济,改善民生,以促进社会稳定和发展。

大型项目的建设重点被置于东部地带 　1973年1月,国家主管部门制定了"关于增加设备进口,扩大经济交流"的计划,开始了以引进项目为中心的经济建设。这时期产业布局总的特征是由内地向东部特别是沿海的社会经济发达区域逐渐转移。

【新项目布局的主要地区】

东部及中部地带主要的发达地区是新项目布局的主要地区。在70年代两批引进的47个主要成套项目中,位于东部沿海地带的有24个,中部与西部分别为12个和11个。在东部地带中,又主要集中在辽宁中部(辽阳化纤总厂、辽河化肥厂、清河电厂)、京津唐(燕山石化总厂、北京化工二厂、大港电厂、陡河电厂、天津化纤厂、沧州化肥厂)、长江三角洲及长江下游沿岸(上海金山化纤一期和二期工程、栖霞山化肥厂、南京烷基苯厂、安庆化肥厂、宝钢、仪征化纤厂、仪征石化厂)、胶东(淄博胜利第二化肥厂、石油化工厂、烟台合成革厂)、江汉平原(武汉一米七轧钢厂、湖北化肥厂、洞庭化工厂)。在西部地带中,主要集中在四川盆地的南部。上述地区发展石油化工、钢铁工业等原材料工业,前后配套协作条件相当好。

大部分重点项目配置在海岸带和长江沿岸,靠近海水及淡水水源,其中部分企业利用水运,提高了企业的投资和运营效果。在1973～1980年期间建成投产10个大型炼油厂和4个扩建的炼油厂中,位于长江沿岸6个(不包括上海)。这是中国国土开发与经济布局在总结以往经验教训基础上取得的重大进步。

基础设施建设	【改变港口面貌】
重点逐步东移	

1973年周恩来总理指示,要"三年改变港口面貌"。70年代的中后期,着手新建日照、鲅鱼圈、北仑等,大连、营口、秦皇岛、天津、宁波、厦门、广州等港口得到较大规模的扩建;

【加强铁路通道与枢纽】

1965~1975年间全国新建铁路9000多千米,主要分布在京广线以西地区。该范围的铁路由1949年的3900千米发展到1975年的2万多千米,占全国铁路建设总投资的65~70%。但这个阶段中国铁路运量增长的80%在京广铁路以东地区,致使东部既有干线长期处于"不发棉衣过冬"状态。70年代中后期,开始加强晋煤外运铁路通道(大同—北京间的复线电力化等)、港口集疏运铁路建设(其中包括新建了兖石铁路),实施了胶济、津浦等线路以及一系列铁路枢纽的改扩建。

以发挥优势、加快全国经济整体增长为目标的区域政策:1979~1992年

重大转折	70年代末,在十一届三中全会精神指引下,中国经济发展发生了一个重大转折。1979年中央确定在广东、福建两省实行"特殊政策、灵活措施",自此,开始了改革开放的新时期。1980年8月,五届人大常委会15次会议批准了"广东省经济特区条例",随即深圳、珠海、厦门、汕头4个经济特区的建设全面展开。

沿海地区发展战略:1981~1985年	"六五"(1981~1985年)计划指出,要积极利用沿海地区的现有基础,"充分发挥他们的特长,带动内地经济的进一步发展。"国家采取了一系列措施,实施了向沿海地区倾斜的区域发展政策。

【不断扩大的对外开放】

1984年初,中央决定进一步开放沿海14个港口城市:大连、秦皇岛、天津、烟台、青岛、连云港、南通、上海、宁波、温州、福州、广州、湛江、北海。1985年初至1987年底,国务院决定把珠江三角洲、长江三角洲、闽南漳-泉-厦三角地区及山东半岛、辽东半岛等开辟为沿海经济开放区。这些特区和开放城市组成了中国沿海开放地带和工业城市群,是中国经济最发达的精华地区,具有工业、农业、交通、贸易、信息、科技和教育方面的优势。

【政策与资金倾斜】

国家加强了对经济特区、沿海开放城市的能源工业、高新技术工业、港口、航空机场与城市建设、公路以及通信系统的建设。对东部沿海开放地区从财政、税收、信贷、投资等方面进一步给予优惠。

1981~1985年间,沿海地带11个省区市的工业基本建设投资占全国的比重由"五五"期间的44.0%提高到46.0%。1984年在全国基本建设总投资中,广东省首次居第一位。长期

以来居后的上海,其工业基本建设投资占全国9.6%,居第一位。广东与福建2省通过大量利用外资,使轻型的制造工业得到迅速发展。上海、苏南、青岛、天津、大连等都对原有部分工业企业进行了大规模的设备更新和技术改造。

【内地投资比重下降】

1965~1967年第一次"三线"建设高潮时在四川省的投资占全国的14.5%,1984年降为4.4%。中部地带工业建设的主要方向是能源基地(山西、黑龙江、豫西、安徽、内蒙古、葛洲坝等)和有色金属基地(铝—山西、河南,铜—江西、安徽,铅、锌—湖南)。

西部地带中建设条件较好的关中、黄河上中游沿岸、川南川西、乌鲁木齐地区等也进行了重点开发,新建和扩建了一些工业项目。

【发展差异】

第六个五年计划期间,全国的GDP的年增长速度达到9%以上,几乎为"五五"期间的2倍。其中,东部沿海地区的经济增长更为迅速。14个开放城市1984年的人口占全国的7.7%,工业产值却占全国的23.1%,人均工业产值为全国平均的3倍。工业固定资产占全国的12%,但提供的利税占全国的26.2%。

"三大地带"发展战略:1986~1992年

【指导思想】

至80年代中期,全国生产力布局已经展开,沿海内地划分过于笼统,不能适应生产力地区布局的要求。

国务院领导1982年10月在《应当注意研究"世界新的工业革命"和我们的对策》的讲话中,使用了沿海、中部和西部的提法。由此,国家计委就提出"三个地带"。当时的指导方针是:

'七五'和90年代,全国生产力布局不再搞一次战略展开,而是在东中两大块上做文章。即首先促进沿海地区的大发展,同时把建设重点逐步转移到中部。

【区域政策目标】

"七五"(1986~1990年)计划提出,中国经济发展水平客观上存在东、中、西三大地带的差异。发展的总目标是:"我国地区经济的发展,要正确处理东部沿海、中部、西部三个经济地带的关系。'七五'期间以至90年代,要加速东部沿海地带的发展,同时把能源、原材料建设的重点放到中部,并积极做好进一步开发西部地带的准备。把东部沿海的发展同中、西部的开发很好地结合起来,做到互相支持、互相促进"。要"继续鼓励一部分地区、一部分企业和一部分人先富起来。"

90年代的初期,中国区域发展政策开始酝酿调整。但在实际上仍继续实行了第七个五年计划提出的"三个地带"的宏观战略。

1987年国家制定和启动了《八七扶贫攻坚计划》,是作为这一阶段实施"三个地带"发展战略的重要补充,更是本世纪内中国一项重大的区域发展任务。

【主要措施与发展差异】

沿海地区在加强能源、钢铁、石油化工、机械制造、汽车、造船等重工业的同时,大力发展了电子、家电、通信等新的工业部门和行业。在出口工业品的生产方面有了大幅度的增加。

各种类型的经济技术开发区、高新技术园区以及沿海地区的经济特区等,成为各地区经济的主要增长点,也是技术创新的主要基地。

西北和西南的广大地区,特别是能源富集地区,重点发展的是能源开发。主要是陕甘宁地区的天然气,晋陕及内蒙古的煤炭,黄河上游、长江上游主要支流和红水河的水能。其次,是发展了一批基础原材料的生产。其中包括,酒钢和攀钢等钢铁厂的扩建,在水能比较丰富的地区新建和扩建了一批有色金属的冶炼和加工,等等。

中国区域发展政策的第二次调整:1992年后

历史背景

【地区间经济增长差异扩大】

1979~1992年全国GDP的年增长速度达到9.0%。但是,在全国经济取得连续10多年的快速增长的同时,地区间经济增长的差距迅速扩大了。这种差距同时体现在以下区域范畴:

* 省市自治区之间
* 沿海地区与内陆地区之间
* 东中西3个地带之间
* 少数民族聚集地区与汉民族聚集地区之间
* 城市与乡村地区之间

1978~1990年,全国国民收入的年增长8.5%,其中最快的有:浙江(11.9%)、广东(11.3%)、江苏(11.1%)、福建(10.5%)和山东(9.9%)。但一些老工业基地和欠发达地区增长较慢。

1990~1994年,全国GDP年增长11.7%,大部分西部省、区发展速度低于这个速度2~4个百分点。以人均GDP衡量,1978年贵州省与辽宁省分别为192元和502元,到1990年扩大为779元和2432元。以1992年的人均收入衡量,高收入地区为低收入地区的3倍。

【地区之间的矛盾和冲突】

政策、资金的一系列方面的地区差异,是80年代至90年代初地区之间经济发展差距的重要原因。这些引起了对中央政府"投入上的不平等"、"政策环境的不公平"、"价格上的不公平"以及"竞争不是处于一个起跑线上"等的批评。与此同时,由于地区之间利益的矛盾和冲突,还导致了地区保护主义的再度盛行。因此地区间发展差距过大不利于国家的稳定和发展。

【国民经济长期超高速发展的不可持续性】

10多年的高速发展,为中国的生态环境带来了巨大的负担。特别是,东南沿海地区、长江三角洲地区以及内陆部分资源大规模开发的地区,他们多年GDP的增长率达到15%以上,生态和可持续发展问题更加严重。

目标模式的确立

由于上述理由,"八五"期间,国家并未提出如80年代那样的区域政策,而是酝酿区域发展政策的调整。大约在1992年,在一些领导人的讲话和政府文件中,开始出现"地区协调发展"的提法。这是一个各个地区都可以接受的、同时要求各地区实行利益妥协的主张。

1996年3月17日八届人大四次会议批准的《"九五"计划和2010年远景目标纲要》中首次将地区之间协调发展作为国民经济和社会发展的指导方针之一:

"坚持区域经济协调发展,逐步缩小地区方针差距。从'九五'开始,要更加重视内地的发展,实施有利于缓解差距扩大趋势的政策,并逐步加大工作力度,积极朝着缩小差距的方向努力。"还提出要正确处理发挥地区优势和全国统一规划、沿海与内地、经济发达地区与较不发达地区之间的关系,促进地区经济沿着合理分工、优势互补、协调发展的方向前进。

这样,就确立了现阶段中国地区间协调发展的目标模式。

重要政策、措施

* 1992年中央政府确定了全方位的对外开放方针:13个边境城市对外开放,长江沿岸5个城市对外开放,4个沿边省区的省会、首府、11个内陆省会城市的对外开放。

* 加大了中西部地区优势资源开发、基础设施工程、大型工业项目、农牧业基地建设的总规模。其中包括一些大基地如晋陕及内蒙古能源基地、沿黄火电站群、红水河水电开发、新疆石油勘探与开发,以及新疆的3000万亩棉花工程等;据不完全统计,1996年在建的("八五"期间开工的)国家重点煤炭、石油、电力、水利、铁道、交通、邮电、民航、钢铁、有色金属、化工、石化、林业等建设工程共119项,其中,东中西3个地带分别为46、41和22个,明显以中西部为

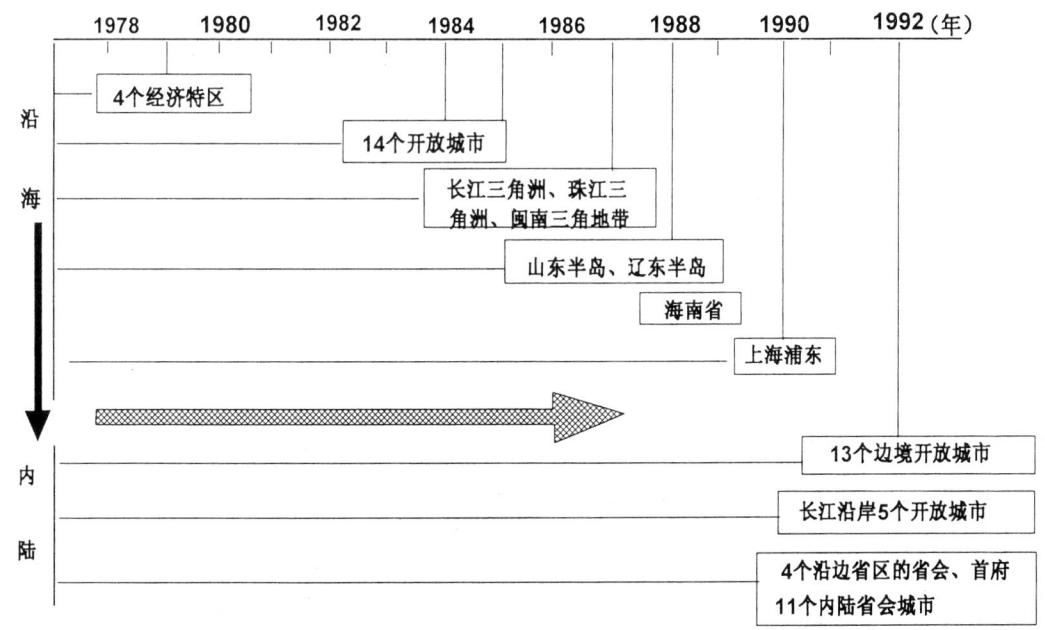

图1—2 全国开放区在时间和空间上的发展

主。另有10项是跨地区的(国家计委国土地区司等编:《国土与区域经济》,1996,第4期)。

* 逐步提高了西部地区大型工程建设中国家投资的比重(表1—4)。自1996年起对某些基础设施和资源开发利用项目取消了拼盘制,全部由中央政府投资。

表1—4　大型工程建设资金来源结构的变化(%)

项　　目	1988年	1992年	1993年
全　国	1.32:1.00	0.79:1.00	0.67:1.00
西　北	1.25:1.00	1.65:1.00	1.43:1.00

注:比值为国家资金与地方资金之比。

* 加大了扶贫的力度。国家每年拿出100亿元的扶贫资金用于全国7000万贫困人口地区的基础设施、资源开发、教育和经济发展;其它,全国农业综合开发资金、乡镇企业发展资金等的大部分都投入到中西部地区。

* 1994年中国开始实行分税制的财政管理体制,在中央和地方之间的税收划分方面迈出了一大步。目的是加强中央财力,扩大和进一步完善对欠发达地区的财政转移支付。

* 提高国家政策性贷款用于中西部地区的比重,引导外资更多的投向中西部地区,国际金融组织和外国政府贷款60%要用于中西部地区。1994年成立国家开发银行,当年向中西部贷款535.5亿元,占全行的65%;1995年向中西部贷款584亿元,占全行的67%。开发银行同时作出决定,国家将减少对沿海地区火电项目的政策性贷款,而对中西部老少边穷地区的电力建设继续给予政策性贷款支持。对长期优惠的国外贷款,如日本海外协力基金贷款、世界银行贷款,主要投向中西部省区。

此外,1996年全面实施对进出口税收的3项改革。淡化各类优惠政策的作用,促进经济特区和沿海开放城市增创新优势;国家正在采取措施,促进东西部之间的合作和联合,实现优势互补,共同发展。引导资源加工型和劳动密集型产业向中西部地区转移,鼓励东部沿海地区向中西部地区投资;还要进一步理顺资源型产品的价格,加大中西部地区资源勘探的力度。

评价与结论

如何全面认识新中国成立以来,特别是改革开放以来中国实行的区域发展战略和政策及其背景和意义,如何看待地区间经济发展差距的扩大,是关系到今后应当实行什么样的区域发展战略和政策、关系到国家发展前景的重大问题。在这里,我们对新中国成立以来国家制订和实施的区域发展政策作出如下小结与评价。

关于区域政策的目标　国家实施区域政策的3个类型的目标:快速增长、稳定增长和平衡增长,无论从理论上还是从实践上考察,对于尚未进入工业化后期阶段的幅员大国来说:

* 谋求快速增长,必然不可能平衡增长。经济史学家杰·威廉逊1965年将库兹涅茨的经济增长与不平衡之间的倒"U"字型相关理论运用于区域发展研究。之后,许多学者进行了大量的实证研究,都证明了这个理论的基本正确。新近,美国新泽西州立大学罗曼·格里克曼教授通过对美国80年代区域发展的实证研究,发现自90年代以来,美国各州的发展差距又扩大了。原因是:全国经济增长较"石油危机"之后的10年要快,还有人口、交通、技术等方面因素的变化。

* 稳定增长与平衡增长可以同时兼顾。

* 1949～1978年,中国实施的是在国防安全目标下的区域政策,客观上是一种平衡增长战略。之所以是"客观上",是因为决策动机并不是为了平衡各地区人均国民收入的差距。

* 中国是发展中的大国,处在大规模工业化和城市化的初期,以基础产业为主体。国家的优先目标必须谋求经济的快速增长。这就决定了这个阶段区域经济的不平衡发展。可以说,区域发展的不平衡是经济快速增长的难以避免的副作用,这个阶段无法逾越。

关于两次区域政策的调整

1973～1978年和1992年之后,是区域政策的两次调整,或是过渡性的区域政策。其不同点在于:

第一次的调整:主要是由经济因素所推动的,运作方式是以引进项目的布点来进行的;

第二次调整:主要由社会因素(社会公正,可持续发展)所推动的,运作方式是以实施政策来进行的。

关于地区发展差距的扩大

* 如何认识、对待改革开放以来中国区域发展差距的扩大,近年来成为社会各界非常关注乃至争论的"热点"。党的十五大论断了"我国社会主义社会仍处在初级阶段",提出了初级阶段的一系列社会经济特征,是"至少需要一百年时间"的历史阶段,"是不可逾越的历史阶段"。其中包括:"是由地区经济文化很不平衡,通过有先有后的发展,逐步缩小差距的历史阶段";"是逐步缩小同世界先进水平的差距,在社会主义基础上实现中华民族伟大复兴的历史阶段。"这是符合中国国情国力的极其科学的论断。我们认为,中国地区发展差距及其扩大是中国社会主义初级阶段的基本特征之一。

* 70年代经济国际化和全球化的趋势迅速发展,发达国家和地区向外大规模转移产业和资本。中国政府实行的改革开放和一系列相关的区域政策是对这一大形势的科学的客观反映,不是"地区偏爱"。在发展外向型经济的动力促进下,沿海地区固有的优势和潜力得到了充分的发挥。这完全符合这一阶段国内外的形势和国家的整体利益;

* 改革开放以来中国地区发展差距并不完全体现为3个地带之间和汉族聚居地区与少数民族聚居地区之间(本报告做了具体的分析和类型划分)的差距。最大的地区差距体现在城乡之间;

* 中国有三大自然区和地势的三大阶梯。还要考虑到经济基础和社会历史等方面的因素。中国今后一个阶段的区域政策的主要目标只能是"缓解差距扩大趋势"、"朝着缩小差距的方向努力"(九五计划和2010年远景目标纲要)。实话实说,现在提"缩小差距"是不实际的。随着社会主义市场经济体制的逐步确立,地区经济实力普遍增强。1995年全国全社会固定资产投资近两万亿元,中央政府所掌握的不到4000亿元。因此,即使想"战略转移",也是难以做到的;

* 在社会主义市场经济条件下,上级政府的支持固然重要,但寻找合作伙伴,也就是通过区域经济合作找资金、找市场、找原料燃料、找设备技术、找人才、找信息等无论对发达地区或欠发达地区都是愈来愈重要了。因此,制定一整套促进地区联合、建立各具特色的(一体化)区域经济的政策和措施,是我们应当努力要做的重要工作。

参考文献

1. Furst, D., Klemmer, P., .Zimmermann K., Regionale Wirtschaftspolitik, Werner Verlag, Duesseldorf, 1976.
2. 陈栋生:"区域经济的几个问题",《国土开发与整治》,第1卷,第1期,1991年。
3. 1993年11月4日中国共产党14届中央委员会第三次全体会议通过的《中共中央关于社会主义市场经济体制若干问题的决定》,人民日报,1993.11.17。
4. 房维中主编,《中华人民共和国经济大事记》(1949～1980)。
5. 李超伯,《基本建设、环境保护与发挥地区优势问题》,1981年。
6. 夏宪民等:"调控我国东中西部地区生产力布局的政策建议",《国土与区域经济》,1995年,第1期。

第二章 区域发展状态及其类型

改革开放近二十年以来,中国取得了举世瞩目的和前所未有的经济增长成就,经济发展水平和综合国力迅速提高,在全球经济格局中的地位日趋重要。与此同时,由于各地区发展状态和水平呈现出极大的差别,区域差异成为各级政府机构、国内外学术界乃至国际组织关注的热点问题。近年来,区域发展不平衡一直是"人代会"上西部地区代表提出和要求中央政府着力解决的重要问题之一。学术界一部分学者认为目前中国区域差异问题已经到了危及国家稳定、必须尽快缩小差距的程度;另一部分学者则认为短期内不可能做到、也不应缩小绝对差距,而只能是减缓差距扩大的趋势;不论哪种观点,都认为中央政府应重视区域差异问题。

在国家"九五"计划中,逐步解决地区差距问题已经被列为一个重要内容,而且也出台了一些配套的、粗线条的政策和措施(见第一章)。但如何将这些政策以及更细致的措施落实到具体的空间上去,无论政府部门还是学术界都还未有一套比较明确的思路。大家讨论最多的仍旧停留在东、中、西三大地带的差距和政策上,对中国区域差异的状况缺少详细的认识,还不能划分出可以对之实施不同政策的区域类型区。这既影响到国家对区域差距问题的解决,也容易使各地区不能准确认识自身的特点。

新中国成立以来,国家对宏观区域经济格局(也可称之为类型区)的划分有过4次大的变动,即沿海和内地→"一、二、三线地区"→沿海和内地→东、中、西三大地带。如第一章所述,前两次划分主要是受军事因素和国防安全目标支配的。改革开放后,为实施沿海开放战略,中央政府于"六五"期间再次将全国划分为沿海和内地,实行不同的区域政策。"七五"时期,将全国划分为东、中、西3个地带。自此,与中央政府政策相呼应,沿海与内地及"三大地带"成为海内外学术界研究中国区域问题采用的最主要的类型区划分。应该说,沿海和内地或者"三大地带"的划分是适合80年代实施的沿海发展战略的。由于中央对沿海地区实施一系列优惠政策,这个格局对促进全国整体经济增长起到了很大作用。但是,随着"八五"后期转向区域协调发展战略以及各地区发展状态的日趋多元化,这种划分显然过于粗线条。Cannon(1990)就曾指出,三大地带的划分过于简单化,中国社会经济变量的复杂性使其不能轻易被划分为几个大区。崔启源(1992)曾计算过,1989年东、中、西3个地带间的差异只能解释全国总差异的50%,结论是三大地带内部的差异是相当大的,不亚于地带间差异。因此,正确、客观地分析和评价各地区近年来经济发展状态、并据此合理划分出不同的类型区显得十分重要。

本章将首先简要回顾1949年以来中国区域差异的历史变化过程,而后利用一系列指标对1990~1996年各省区市的经济和社会发展状态进行跟踪分析和评判,最后以1995~1996年区域发展差异为基础,尝试划分区域发展状态类型区,为中央有关决策部门和各地区制定区域政策和发展战略提供依据。

1949年以来中国区域发展差异历史回顾

正确理解区域差异的历史变化过程是合理判断现阶段区域发展及差异状态的重要基础。关于新中国成立以来省际收入水平差异的变化过程，国内外学者已经做了许多工作。如杨开忠(1988)、魏后凯(1992)、杨伟民(1992)、刘树成(1994)、赵晓斌(1994)等。但这些工作的研究期限仅到80年代末或90年代初，而且大部分研究的标准差没有考虑历年价格的可比性。本节以人均国民收入(NI, 1952～1977)和人均国内生产总值(GDP, 1978～1996)以及居民消费水平(1952～1995)为代表对1949年以来区域差异的变化过程进行简要的回顾和描述。

> 省际经济发展水平差异的历史过程

由于京津沪3个直辖市在面积规模和城镇化水平上与其它省区相差很大，即很大程度上反映的是城乡差异，将其作为同级地域单元与其它省区比较，科学性较差。因此，本节的分析以不含3个直辖市的比较为主。

1. 新中国成立以来省区间经济发展水平的绝对差距一直在扩大，但改革开放前扩大速度极为缓慢，80年代后扩大速度加快。

不计3个直辖市，1952～1977年人均NI标准差仅增加了86%(图2-1)，而且除了"大跃进"期间外变化十分平稳，即1949年以来长达近30年的时间里全国省际经济发展水平绝对

专栏2.1

衡量区域差异历史过程的统计指标

进行区域差异过程分析一般采用统计学方法。假定样本的分布是正态分布，则标准差(S)反映样本远离总体平均值(绝对差距)的综合程度。标准差越大，样本就越分散，样本间平均差距也越大。由于不计京津沪3个直辖市，各省区人均收入水平的概率分布基本符合正态分布，因而可以借用标准差来描述区域间绝对差异的总体水平。

另外，在同样约束条件下，变异系数(V)可反映样本与总体平均值的比值(相对差距)的总水平。区域差异研究的鼻祖 Williamson 1965年对24个国家和地区人均收入水平区域差异的研究还采用了加权变异系数(Vm)和加权离均差系数(M)。中国许多学者的实证研究也采用过这两个指标。二者均以各地区人口比重为权重，其意义在于人口规模越大的地区对差异的贡献也越大。可问题在于以人均收入水平(或人均GDP)反映的区域发展水平差异为什么一定要与人口规模挂钩。发展水平并不完全等同于经济实力。因而，这两个指标意义比较模糊，应慎重使用。

此外，极差(最大值与最小值之比)经常被用来描述极端相对差异。基尼系数(Gi)和地理联系率(G)可以用来表述相对差距的总水平。

差距总体水平变化不大。人均国民收入最高和最低的省区也基本未变(表2—1)。形成这种状况的原因在于"区域平衡发展战略"(尽管该战略的出发点并不主要是经济角度,而是出于备战和国防的考虑)。其代价是地区比较优势不能发挥,整体增长速度很低。这一时期全国国民收入平均增长速度只有6.3%。若包含3个直辖市,则省际绝对差距在70年代有较大扩大,但这很大程度上是城乡差距扩大的反映。

改革开放后,随着中央政府权利下放和沿海倾斜战略的实施,地区优势得到发挥,特别是沿海中、南部地区的潜在增长能量得到释放。同期,人均GDP标准差也有较大幅度增加,1990年该指标比1978年增加了1.1倍(不含3个直辖市)。1978~1990年全国7个快速上升型省区(增长速度大于全国平均水平10%)中,5个在沿海地区,其中广东、福建、江苏和山东均是改革开放前人均国内生产总值较低的省份。而下降型地区主要是老工业基地和"三线"时期重点建设的省份,并不主要是西部各省区。

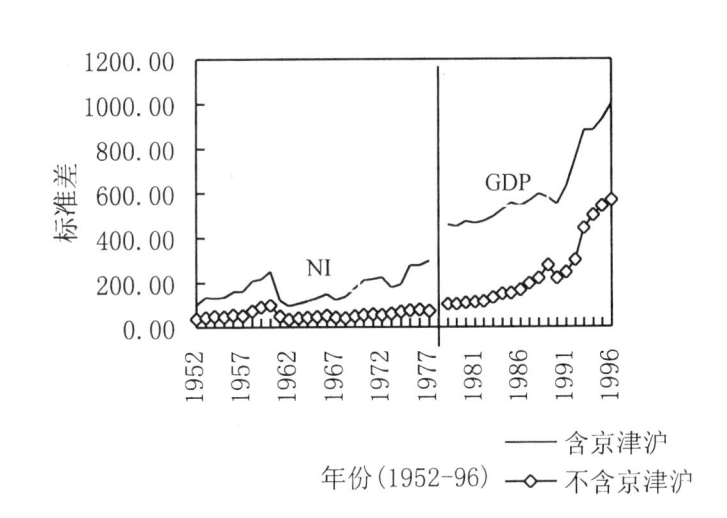

图2—1 中国省际人均NI(1952~1977年)及GDP(1978~1996年)绝对差距
(注:人均NI标准差为1952年不变价,人均GDP标准差为1978年不变价)

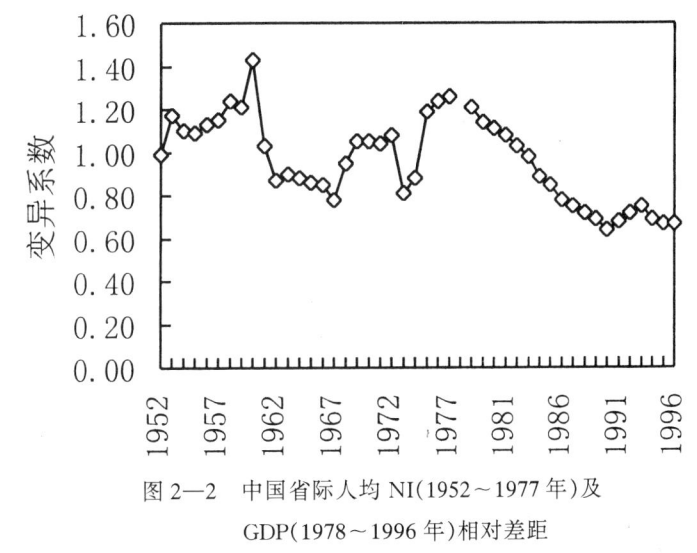

1992年邓小平同志"南巡"讲话后,沿海地区出现了超高速增长,区域间绝对差距迅速扩大。1990~1996年人均GDP标准差增加了1.6倍。同期,沿海地区除了3个直辖市和辽宁外,增长速度都高于全国平均水平20%以上,而下降型地区主要集中到西部地区。

图2—2 中国省际人均NI(1952~1977年)及GDP(1978~1996年)相对差距

因此,中国省际经济发展水平绝对差异正处于迅速扩大过程中。人均NI或GDP标准差由大约 26 年翻一番,到 12 年翻一番,再到 5 年翻一番。加速扩大的原因可分解为两个因素:其一是各省区人均 GDP 都在迅速提高;其二是发展速度的差异。不能完全理解为其中任何一个原因。但是,无论如何,令人直观感觉明显的绝对差距是在迅速扩大。

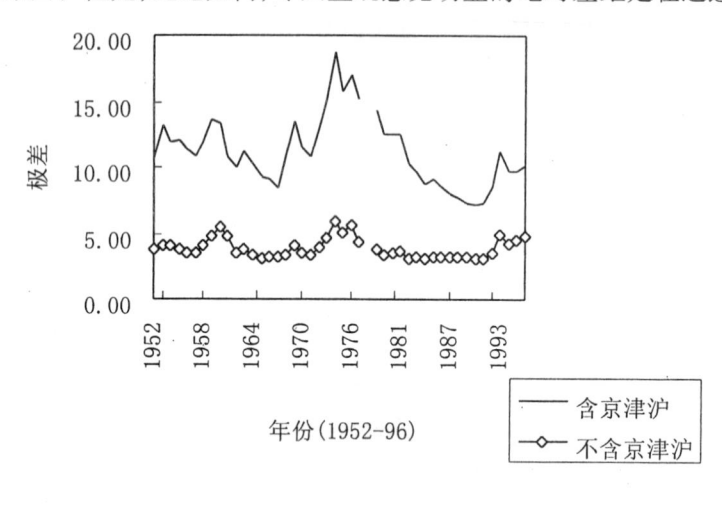

2. 经济发展水平的相对差异波动较大,长期趋势是下降的,说明绝对差异的扩大是一部分原低收入地区有了迅速增长。

从图 2—2 可见,改革开放前中国省际人均 NI 的相对差距(含直辖市)经历了 3 次大的波动,即"大跃进"期间、60 年代后期和 70 年代中期。而 1978 年后除了 1992~1994 年

图 2—3 中国省际人均 NI(1952~1977)及 GDP(1978~1996)极差

间略有回升外一直呈下降趋势。1996 年变异系数值仅为最高峰值(1960 年)的一半左右。另外,包括直辖市的极差也在剧烈波动中呈下降趋势。不包括 3 个直辖市的极差则基本稳定在 4~5 之间(图 2—3)。

表 2—1　中国人均 NI 或 GDP 最高组与最低组的地区分布统计

年份	含京津沪前5个地区	不含京津沪前5个地区	最低5个地区	备注
1952	沪,津,京,黑,辽	黑,辽,新,蒙,吉	贵,川,桂,滇,陕	NI
1960	沪,津,辽,京,黑	辽,黑,新,吉,蒙	桂,川,鲁,云,豫	NI
1970	沪,津,京,辽,黑	辽,黑,吉,青,蒙	贵,桂,云,豫,闽	NI
1980	沪,京,津,辽,黑	辽,黑,苏,青,粤	贵,云,桂,皖,豫	GDP
1985	沪,京,津,辽,苏	辽,苏,黑,粤,吉	贵,桂,云,豫,赣	GDP
1990	沪,京,津,辽,粤	辽,粤,浙,苏,黑	贵,桂,豫,甘,云	GDP
1996	沪,京,津,浙,粤	浙,粤,苏,闽,辽	贵,甘,藏,陕,赣	GDP

资料来源:有关年份的《中国统计年鉴》。

相对差距的下降趋势,特别是 1978 年以来绝对差距迅速扩大而相对差距迅速下降比较令人费解。以往的研究没有作出合理的解释。同时,这也是一部分学者争论区域差异在减小、而另一部分学者认为差距在扩大的原因。事实上,进行数学推导会发现,变异系数很大程度上反映的是发展速度的差异程度和分布特征。若高收入地区都是高速增长而低收入地区都是低增长,则变异系数就会一直升高。反之,则迅速下降。极差更是反映速度的差异。假定人口增长率相同,人均最高值和最低值的两个地区若增长速度相同,则极差不会变化。据此则不难理解

相对差距的下降。它说明上升型省份大多数是原来的低收入地区。"大跃进"期间中央放权，高收入省份基础较好，增长速度快，使变异系数大幅度上升。1992～1994年相对差距的反弹也是由于高收入省份的超高速增长。因此，1978年以来相对差距下降说明，绝对差异的扩大是一部分原低收入地区快速增长造成的。

3. 新中国成立后相当长的时期里中国区域差异的特点是"南北问题"，80年代后才逐渐转化为"东西问题"。

旧中国的工业主要集中在沿海少数原通商口岸城市和日本侵华期间经营的辽宁中部地区，但是在新中国成立初期以人均国民收入衡量的省区间发展水平差异体现的是"南北差异"（见图2—4a）。1952年，东北3省、京津2市、内蒙古和新疆等省区市人均NI均超过全国平均水平25%以上，而南方只有上海是如此。这一方面是当时国民收入主要由农业生产来决定的，另一方面则是三年恢复时期国家重点建设了东北地区的结果。

"一五"和"二五"期间，国家采取了以沿海带动内地、重点建设内地的发展战略（参见第一章）。因而，到目前为止，学术界对此时期研究的主流观点都是分析沿海和内地的差异，注重经济建设向内地的转移。尽管这是事实，但当时最大的差异并非在沿海和内地间，而是在南北方之间。在这10年中，沿海在全国基本建设投资中的比重为41～42%（见第一章），与其人口比重（约40%左右）相当。而"一五"和"二五"期间，"三北"地区（东北、华北和西北）在全民所有制单位固定资产投资可按地区划分的总额中的比重分别为高达58%和46%，远远高出其人口比重（25%和27%）。因此，从人均投资额来看，这一时期经济建设的格局的确有巨大的南北区别。这使新中国成立初期人均国民收入的"南北差异"一直延续到60年代初（见图2—4b）。1962年高于全国平均水平25%以上的9个省区市除了上海外都在北方。

从"三五"开始的"三线"建设，由于过分考虑备战因素，采取"山"、"散"、"洞"的布局原则，经济效益很差。虽然投资巨大却没有改变区域发展水平差异的格局。到1978年，人均GDP高于全国平均水平的省区市仍大部分在北方（图2-5a），但"南北差异"已不明显。中部沿海地区（苏、浙两省）增长较快，区域差异的"东西问题"已露出苗头。改革开放后，"东西差异"在80年代末开始成为中国区域差异的主要特点，到1996年这一特征已经变得十分突出（图2-5b）。近20年来增长最快的几个省区都是在1978年以前受"冷落"的地区。

从上述分析可见，1949年以来中国经济建设的重点由北方到中西部的"三线"地区再到沿海中南部，在版图上"画"出了近似一个"C"字型的轨迹。伴随这个轨迹的移动，区域差异由"南北问题"转为"东西问题"。

> **生活水平区域差异的历史过程**
>
> 在改革开放前"统收统支"的财政体制下，区域经济发展水平不与生活水平完全相关，即人均国民收入（或GDP）区域差异不等同于生活水平的差距。80年代财政包干体制实施后，这种状况得到较大改善，但二者仍不可等同。因而，有必要对生活水平区域差异的变化过程进行分析。在中国统计体系中，只有居民消费水平（按国民收入或GDP分配法计算的）一项是可以获取系列数据的。因此，下面以居民消费水平为代表分析省际生活水平的差异。由于浙江、安徽、青海和广

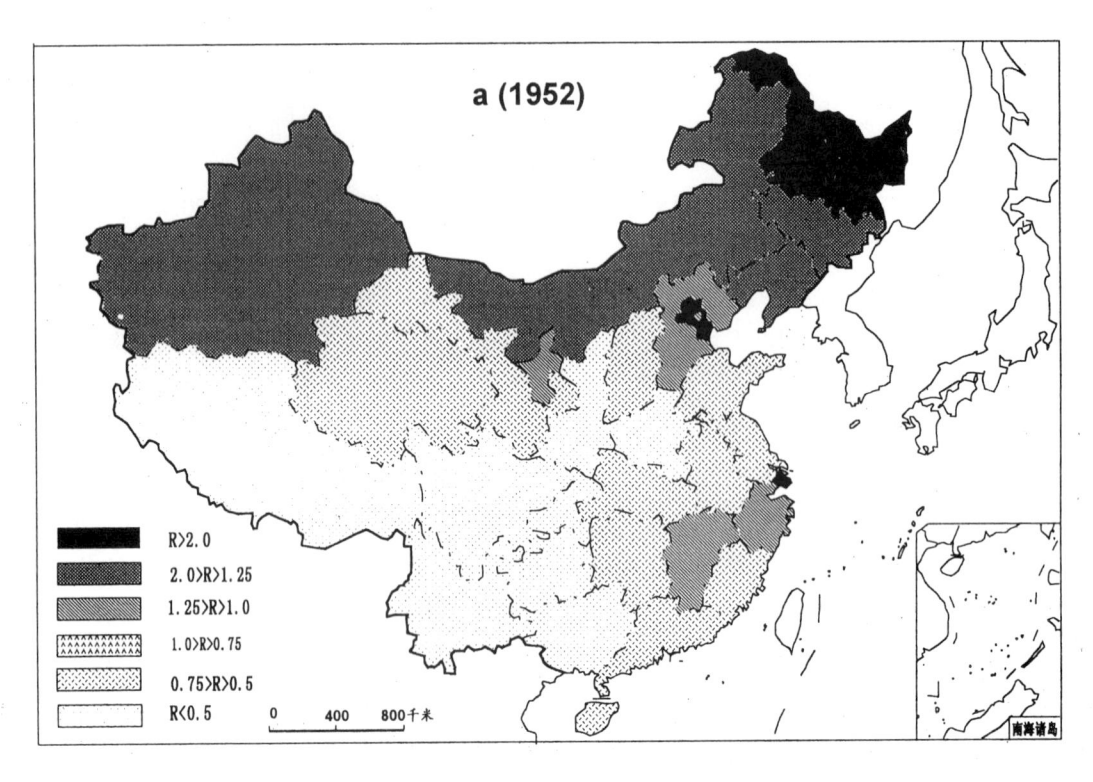

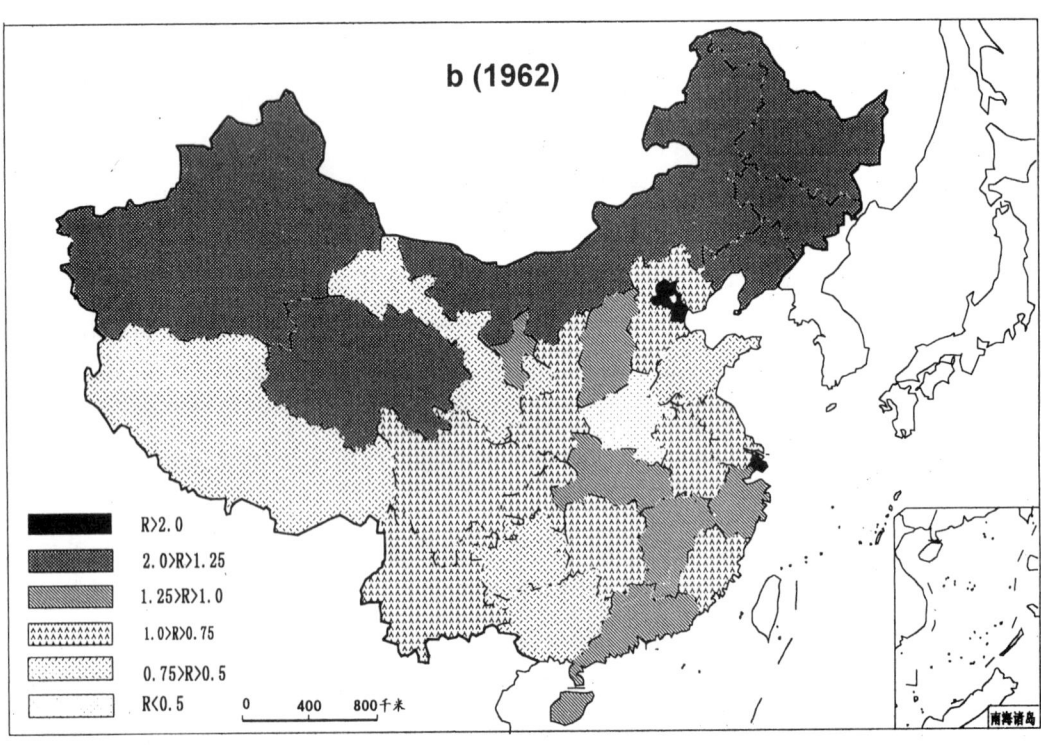

图 2—4 中国人均国民收入区域差异分布图

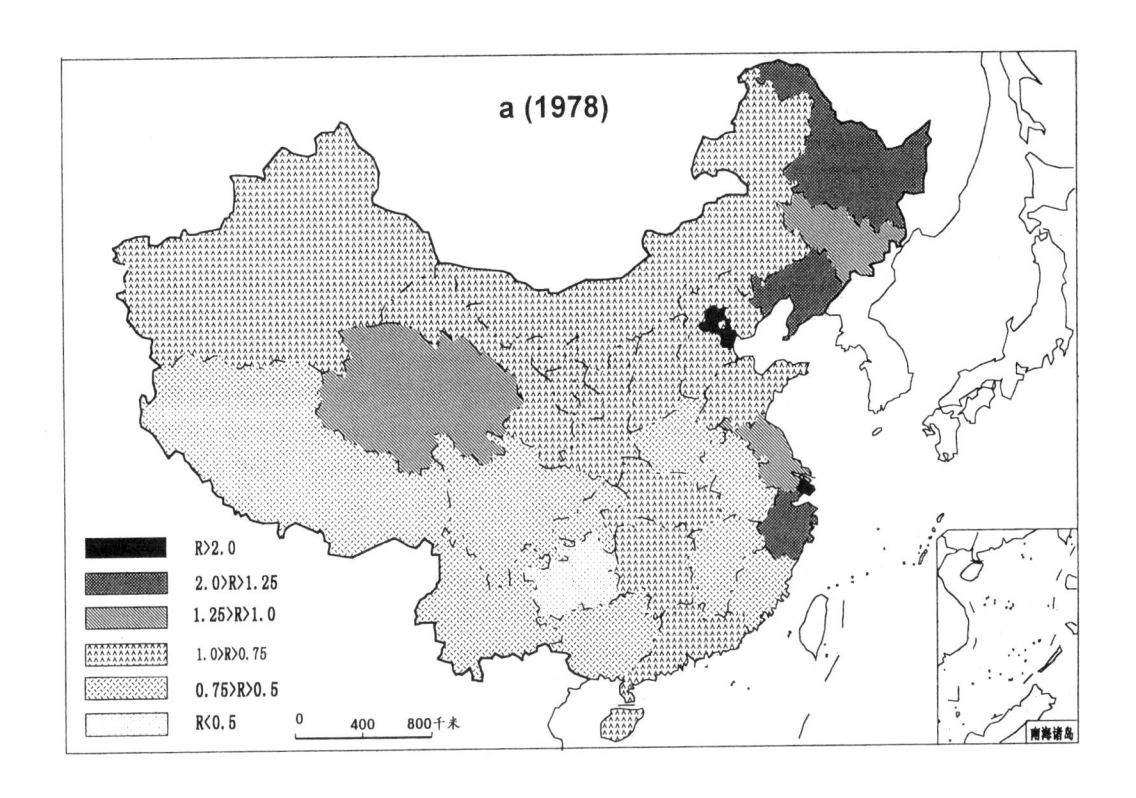

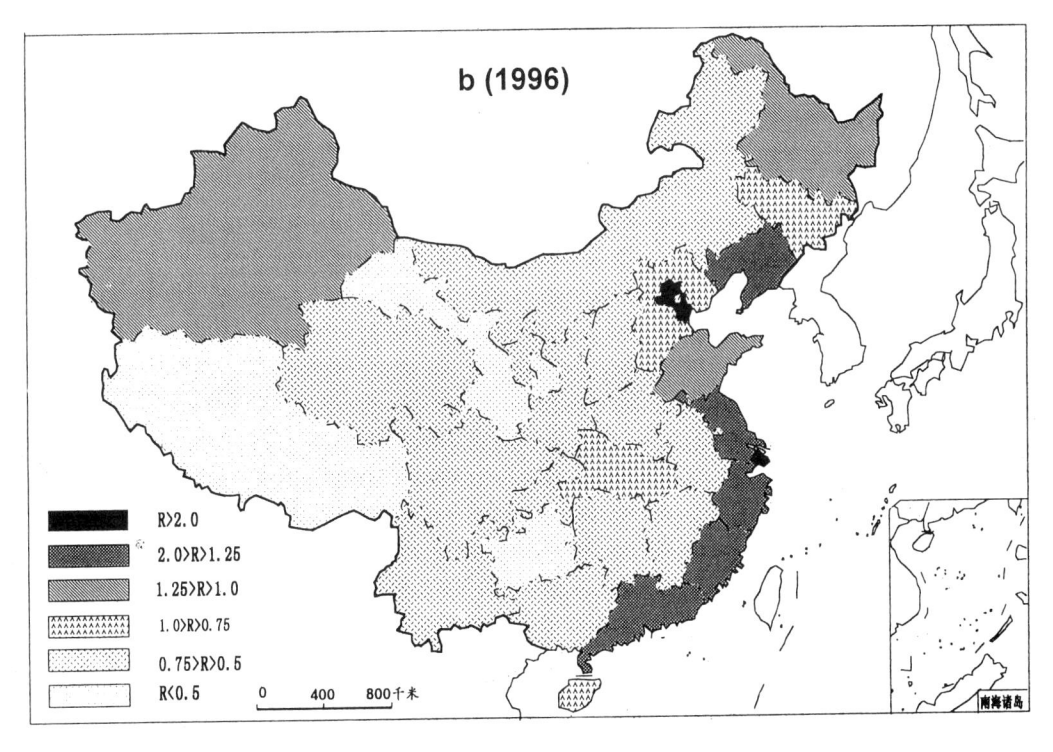

图 2—5 中国人均 GDP 区域差异分布图

21

西缺少系列完整的数据,此指标的标准差和变异系数仅作为参考。

1. 省际生活水平的绝对差异呈现出与人均NI(GDP)基本相同的变化趋势,但差距程度远小于人均NI(GDP)。

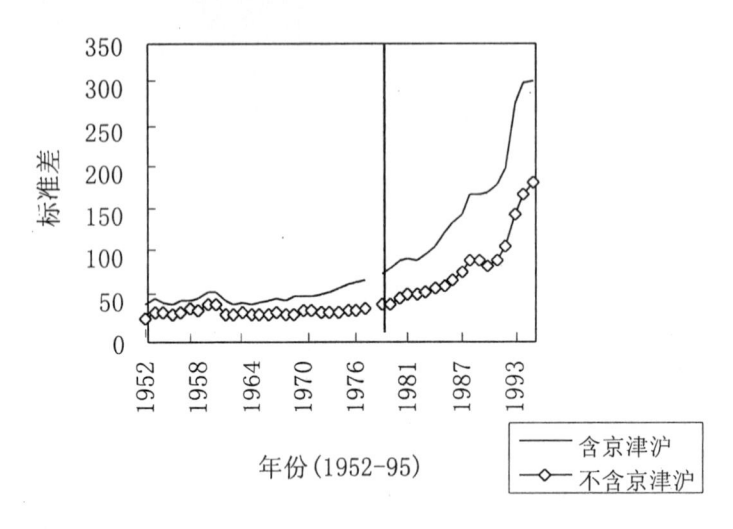

图2—6 中国省际居民消费水平标准差
(1952~1995年)
(注:1952~1977年为1952年不变价,
1978~1995年为1978年不变价)

不含3个直辖市,1952~1977年居民消费水平绝对差距仅增加了50%,增加幅度小于人均NI的差距。表明在中央高度集权和计划经济时期,中央政府从发达省份汲取了大量财政收入用于其它省区。即使在人均NI波动较大的"大跃进"时期,各省区市间居民消费水平绝对差异也没有大的变化。1978年后区域生活水平绝对差异迅速扩大(图2—6)。1995年居民消费水平标准差为1978年的5倍(不含京津沪),与同期人均GDP标准差增长幅度相同(5.2倍)。特别是,仅1991~1995年就增加了1倍多。表明这一时期中央政府对于上升型省区和发达省份采取了宽松的财政政策,鼓励具有优势的地区率先发展。

但是,不论哪个时期,省际生活水平的绝对差异都远小于经济发展水平的差距。1952年二者的比值为0.57,1978年为0.36,1995年为0.34。

2. 省际生活水平相对差

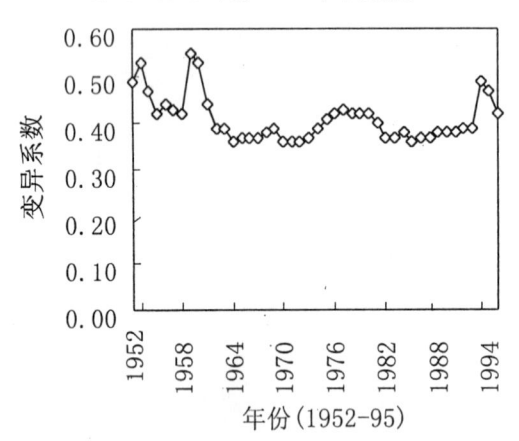

图2—7 中国省际居民消费水平变异系数
(1952~1995年)

异比较稳定,但极差在80年代后期开始有所回升。

从图2—7可见,新中国成立40多年中,居民消费水平变异系数很稳定,基本上在0.4~0.5之间小幅波动,说明省际生活水平的相对差异总水平没有大的变化。但是,在相对差距总水平保持基本稳定的同时,生活水平最高省区市和最低省区市的相对差距在80年代后期有所扩大(图2—8)。如果考虑到改革开放以来地区间物价水平差异越来越明显,则居民消费水平极差回升幅度比图中所示要小得多。另外,以相对差距(变异系数和极差)来衡量,生活水平差异也比经济发展水平的差异小(比较图2—2和图2—7)。

【几点启示】

* 中国省际经济发展水平和生活水平的绝对差异正处于扩大过程中,而且90年代以来扩大幅度较大。但是,从一个较长的时间过程来看,这种扩大并不是发达地区持续快速增长而低收入地区一直缓慢增长造成的,而是一部分原低收入地区以超过其它地区的速度高速增长造成的。广东、福建、江苏和山东都是改革开放前人均国民收入较低的省份。

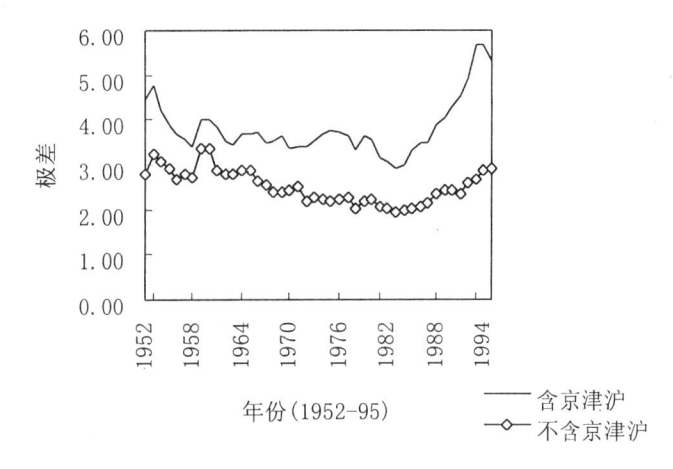

图2—8 中国省际居民消费水平极差(1952～1995年)

除了发展状态的原因,也有各省区市人均GDP(或居民消费水平)在不断升高的因素在其中。在绝对差距扩大的同时,相对差距正呈现缩小的长期趋势,而且,生活水平的差异程度远小于人均GDP的差异。

* 应正确看待"东西差异"问题。新中国成立初期,尽管沿海地区基础条件明显好于其它地区,但受当时世界两大阵营对峙格局的影响,中国人均国民收入区域差异呈现的是"南北问题"。随后的"平衡发展战略",以牺牲全国整体发展速度为代价实现了区域差异一定程度的缩小。改革开放后,在经济全球化趋势下,沿海地区区位优势得以充分发挥,使"东西差异"成为关注的焦点。但是,与其说是中央政府的沿海地区发展战略发挥了作用,还不如说中央政府及时地顺应了经济国际化和全球化的趋势,为全国赢得了发展机遇更为科学。在"东西差异"问题的形成上,市场的力量以及大量外资的进入起了特别主要的作用。

* 应注意区分区域差异和城乡差异。1949年以来中国采取了工农业"剪刀差"的方式为工业发展积累资金;同时,在相当长的时期里城镇居民享有特殊保障权。可以说,城乡不公平现象一直存在。80年代初期,农村经济体制改革的实施使城乡差异有所降低,但随后又呈上升状态。因此,像北京、天津、上海这样以城镇人口为主体的省级地域单元与其它以农业人口为主体(特别是经济以农业为主体)的省区进行区域差异比较时带有很大的城乡差异成份。虽然,城乡差异从广义讲也是空间差异的一种,但是不区分两者就不能准确把握区域差异的真实状态。

* "起跑效应"是区域差异的扩大的重要因素。1949年以来中国经济发展一直是在管理体制"放"与"收"的周期性波动中前进的,即经过一定时期的高速增长就会有一段时间的宏观政策紧缩,而后又是宏观政策放松和高速增长。这一现象在改革开放后更为明显。一般地,在中央宏观政策放松后,一部分基础较好、区位条件有利而市场意识又较强的省区市率先高速增长,其它省区市则落后1年左右;在宏观政策紧缩后各省区市基本上同时减速。这就形成了

"起跑效应"。实证研究发现,人均 GDP 标准差(即区域绝对差异)的扩大速度与全国经济增长速度有很大的相关性。例如,1979～1995 年期间相关系数达到 0.66。即全国经济超高速增长时期,亦是标准差迅速扩大时期;反之亦然(见图 2—9)。

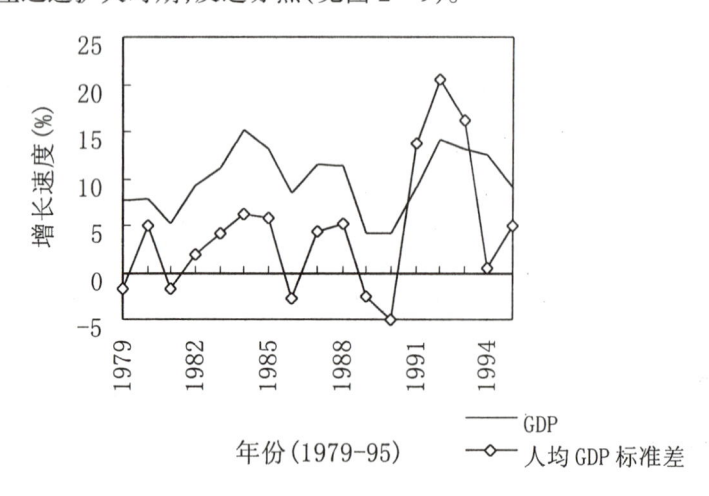

图 2—9 中国 GDP 及人均 GDP 标准差增长速度的比较

1990～1996 年区域发展状态与差异分析

1990～1996 年是中国历史上经济增长最快的时期,同时也是区域发展状态变化最突出的阶段。这 6 年基本上构成一个完整的经济增长周期。1990～1991 年是上一个经济增长高峰后的"低谷"期;1992 年邓小平同志"南巡"讲话引发新一轮超高速增长,1993 年达到高峰;1993 年下半年开始进行宏观调控,对国民经济实施"软着陆"。至 1996 年底"软着陆"获得成功。如前所述,在这个周期中区域发展水平和生活水平的绝对差异大幅度扩大,相对差异也有反弹。下面借助一系列指标对 1990～1996 年中国区域发展状态进行详细的描述和分析,以进行横向比较和类型区的划分。

本节的分析和比较使用的指标值都是相对值,即各省区市指标值与全国平均值的比值(后文中以 R 出现),不反映绝对水平。

专栏 2.2

区域发展状态及差异评价的指标体系

区域发展是一个十分复杂的系统,包括多个侧面,衡量指标至少有上百个。从不同的角度出发,侧重点有所不同,其评价指标也会有所区别。以经济的角度看,区域发展是区域财富增加和生活水平提高的过程。因而,其发展状态应包括财富的存量、创造财富的能力及这种能力的变化、生活质量(财富的分配结构)等内容。相应地,评价指标包括经济发展水平、经济发展活力和竞争力、社会发展水平、基础设施装备水平和生活质量。此外,作为

专栏 2.2(续)

区域经济发展及差异的基础,资源禀赋条件和区位条件也应纳入指标体系。

1. 区位条件:对于区域发展而言,区位综合地反映一个地区与其它地区的空间联系。根据陆大道(1995)从经济国际化的角度提出的影响区位条件的 3 个主要因素,即与海洋的相对位置、与经济核心区的相对位置和地缘政治因素,并考虑量化的可能性,评价区位条件的指标设计为:1.1)到最近的枢纽(海)港的距离;和 1.2)到经济核心区的距离。

2. 资源禀赋条件:自然资源是区域的财富存量之一。虽然伴随着经济发展,它的重要性逐渐下降,但仍是区域发展和产业分工的重要基础。特别是,对于处于工业化初期的地区,自然资源是其比较优势的主要方面。按照与产业部门相对应的原则,并考虑中国资源的特点,资源禀赋条件评价指标设计为:2.1)矿物资源赋存;2.2)农业自然资源;2.3)海洋资源;和 2.4)水资源。

3. 经济发展水平:经济发展水平是区域在某一时期创造财富或获得财富的综合能力,通常以人均国民生产总值(GNP)或国内生产总值(GDP)来衡量。产业结构也是经济发展水平的重要衡量指标。一般地,发展水平较低的地区,财富来自农业的比重较高。另外,在经济全球化的趋势下,区域参与国际分工的能力也一定程度上代表发展水平。因而,经济发展水平评价指标设计为:3.1)人均 GDP;3.2)非农产业在 GDP 中比重;和 3.3)经济外向度。

4. 经济发展活力与竞争力:活力与竞争力是区域创造财富能力的变化,同时也是区域内部最终消费需求和区际比较优势的反映。它与经济发展水平并不一定正相关。活力最直接的表现是经济增长速度,深层次的因素还包括投资能力与效果、经济效益、管理水平和体制因素等。因此,经济发展活力与竞争力的评价指标设计为:4.1)经济增长速度;4.2)固定资产投资;4.3)相对投资效果;4.4)经济运行质量;4.5)外资占投资比重;和 4.6)非国有经济比重。

5. 社会发展水平:社会发展水平实质上是区域财富存量和积累的一种体现,是持续发展的必要条件。它与经济发展水平相关程度较高,但相关程度受区域财富分配结构的影响。概括起来,它可以由以下 6 个指标来衡量:5.1)城镇化率;5.2)社会保障和社会服务设施;5.3)教育条件;5.4)医疗条件;和 5.5)人口素质。

6. 生活质量:生活质量的不断提高是区域发展的主要目的,是经济发展水平的体现。反映生活质量的指标很多,其中居民的实际收入和消费额是最基本的综合指标。根据中国现阶段普遍的发展水平,生活质量由以下 5 个指标来反映:6.1)居民实际收入与消费剩余;6.2)恩格尔系数;6.3)人均居住面积;6.4)人均生活用电量;和 6.5)环境质量。

7. 基础设施:基础设施是以交通运输、邮电通信、教育医疗、供水供电等设施体现的区域财富存量。也经常被称为社会分摊资本,可分为经济性资本(用以保障生产)和纯社会资本(用来改善福利)。后者基本等同于社会发展水平。生产性基础设施可由以下 4 个指标来评价:7.1)交通设施水平;7.2)通信设施水平;7.3)能源供应;和 7.4)供水保障。

| 区位条件 | 区位是经常被应用但又最难以量化的一个概念。对于一个省级区域来讲，区位条件首先受国家宏观政策和地缘政治经济形势的影响。例如，在"抗战"期间或"三线"建设时期，对外交通条件很差的内陆盆地四川省的区位条件却显得很好。而在对外开放政策实施后，沿海地区的区位优势立即变得十分明显。因此，在对外开放政策不变和地缘政治形势稳定的大前提下，与主要出海口和经济核心区的相对位置关系就显得十分重要了。它决定着区域参与国际劳动分工和接受资金、技术、信息等生产要素辐射的方便程度。近年来，"沿边"被很多地区用来描述自身的区位优势。如果毗邻经济发达国家，"沿边"的确是同"沿海"一样重要的区位优势。例如，墨西哥靠近美国边界的地区近年来发展十分迅速。但若不是这种情况，则"沿边"的意义就不是很大了（实践表明中国"沿边开放"的主要结果仅是促进了边境贸易的发展）。

根据各省区市（省区以省会和自治区首府城市代表）到最近的枢纽海港的距离以及到香港、上海和京津的相对距离，对中国各地区区位条件的评价结果见图2—10。枢纽海港以交通部确定的14个枢纽港为标准。香港、上海和京津分别赋予0.5、0.3和0.2的权重。从这个评价结果看，现阶段区位条件最好的5个省份是上海、广东、福建、江苏和浙江。北京、天津、山东和河北列于其后。海南、辽宁和广西的区位条件在沿海省区中是相对较差的，但仍优于内地省区。中部地区的沿江4省（皖赣湘鄂）和河南区位条件明显优于其它省区。西南和西北各省区区位条件总体上都比较差。但南昆铁路建成后，云、贵、川3省区位条件将有一定程度的改善。

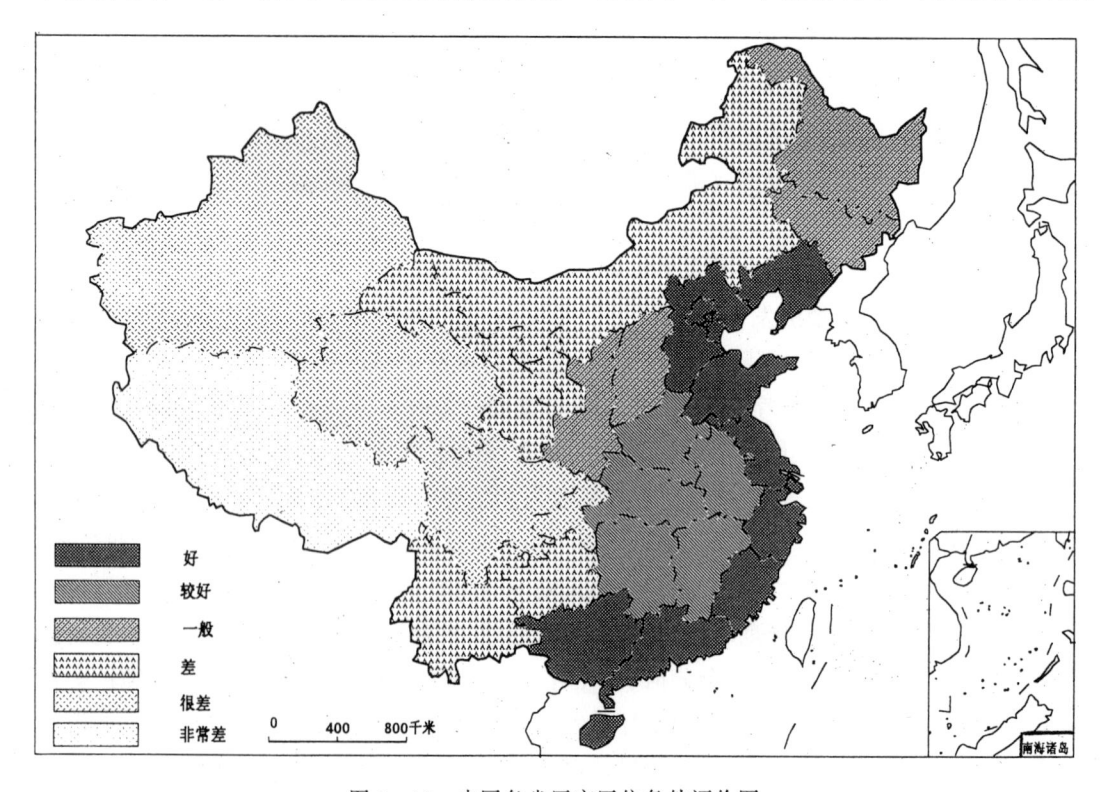

图2—10 中国各省区市区位条件评价图

因此,从经济国际化的角度,各省区市区位条件优劣的格局与东、中、西3个地带的划分基本一致,只是中部地区内部差异较大。

资源禀赋条件

随着经济发展水平和国际化程度的提高,自然资源在中国区域发展中的作用有所下降。但资源综合条件作为区域可持续发展能力的重要基础的地位不会改变。资源禀赋条件以矿物资源条件、农业自然资源条件、水资源条件和海洋资源条件4项指标来评价。京、津含在河北,上海含在江苏。

【矿物资源】

80年代后期,中国科学院地学部曾组织地质学家对中国各省区市45种主要矿产资源潜在价值做过评估。但是,这个评估仅以资源潜在的市场价值为衡量标准,没有区分不同资源及资源组合条件在现阶段经济发展中的作用。实际上,对国民经济发展起关键作用的只有少数几种矿物资源(如煤、铁、石油、铜、铝等)。其他一些学者所做的自然资源丰度评价也没有全面考虑这个因素。这里以地学部的评估结果为基础,结合《中国工业地理》(李文彦、陆大道等,1990)中对中国各省区关键矿产资源在全国的重要性及其资源组合类型的评价,对省际人均矿物资源禀赋条件进行评价。根据这个加权混合评价,矿物资源条件最好的省区为山西和内蒙古,其次为四川、辽宁、新疆、青海、宁夏和云南。其它省区条件一般或较差。若单独考虑能源资源,则西藏、宁夏、内蒙古、山西和新疆条件最佳,陕西、云南、青海和贵州次之,其它省区都较差。西藏以水能资源为主,现阶段开发难度很大,近期的意义不很大。

【农业自然资源】

农业自然资源主要包括光(照)、热(量)、(降)水和土(地)等4项内容,其中前3项也称为气候资源。根据中国科学院自然资源综合考察委员会出版的《中国自然资源手册》中提供的数据,对各省会城市的气候资源进行了评价(以中心城市代表区域)。而后,与人均耕地资源评价值做加权平均,作为农业自然资源的评价结果。人均农业资源最好的5个省区是黑龙江、内蒙古、新疆、广西和广东。比较好的省区还有吉林、福建、江西、宁夏和甘肃。其它省区相对较差。

【水资源】

中国水资源与人口和耕地的空间分布很不匹配。北方地区(秦岭淮河以北)人口占全国的2/5,耕地面积占3/5,而水资源总量仅占全国的1/5。以各省区人均水资源总量与全国平均值的比值为基础,经过干燥度修正后作为水资源条件评价的依据。京津冀地区以及山西、河南、辽宁、江苏、山东和宁夏等省区水资源条件很差,除江苏因有引长江水的便利条件外,均是中国最缺水的地区。地处西北干旱区的新疆和青海人均水资源量实际上很丰富。

【海洋资源】

海洋为人类提供了生存拓展空间。例如,目前海洋渔业和养殖业已经提供中国半数以上的水产品。前几年,辽宁和山东分别提出了建设"海上辽宁"和"海上山东"的口号。因而,拥有海洋资源与否已经构成区域间在资源上的重要差异。受数据所限,这里仅以人均浅海滩涂海湾可养殖面积为依据、并一定程度上考虑各海洋油气田的前景,对各省区的海洋资源进行评价。海洋资源条件最好的是辽宁和广东,其次是山东和福建,第三级为河北、江苏和浙江,广西居后。

【综合评价】

以矿物资源、农业自然资源、水资源和海洋资源的权重分别为0.6、0.2、0.1和0.1综合评价各地区资源禀赋条件,结果见图2—11和附录1—2。条件最好的是山西和内蒙古;其次是四川、云南、新疆、宁夏、青海和辽宁;黑龙江、广东和福建也比较好。其它省区相对较差,其中最差的5个省份是河南、湖北、江苏、吉林和湖南。

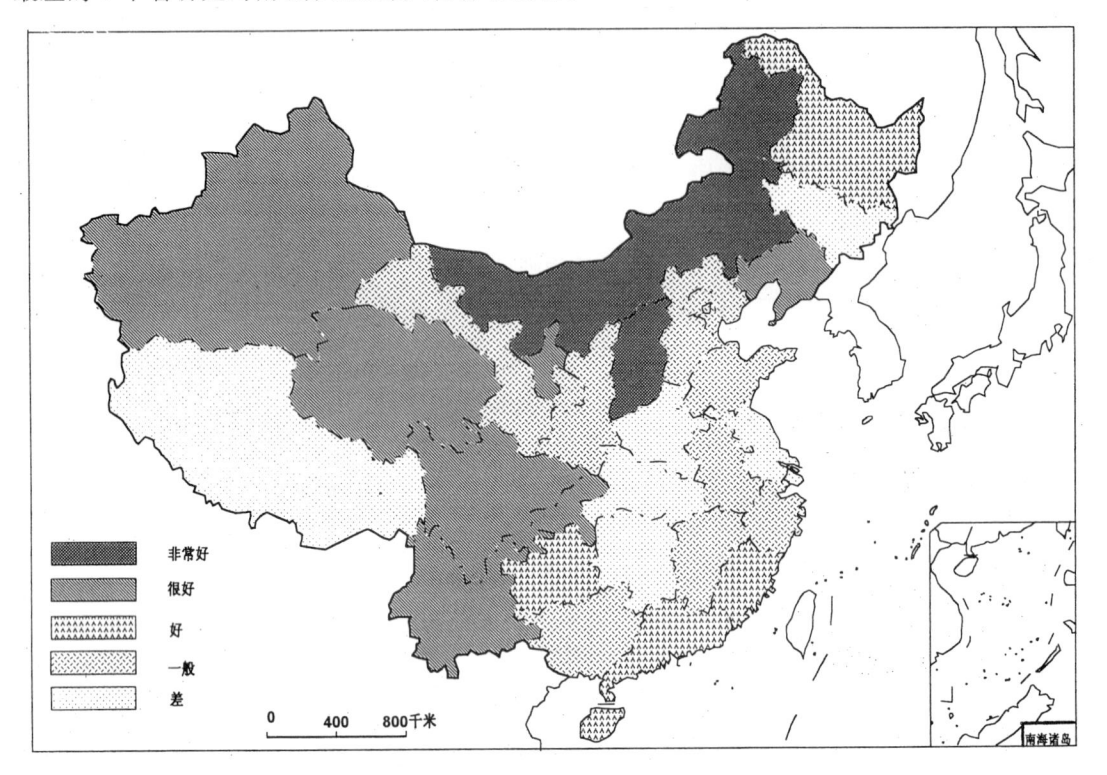

图2—11 中国各省区市资源禀赋条件评价

经济发展水平主要以人均国内生产总值(GDP)或国民生产总值(GNP)来衡量。但产业结构和经济外向度也在一定程度上反映发展水平(特别是对于发展中国家)。GDP是一个国家或地区所有常住单位在某一时期所创造的财富总和,包括分配给国外单位(如外资方)的财富。而GNP指一个国家或地区所有常住单位在某一时期的原始(净)收入的总和,包括来自国外的收入。对于评价地区经济发展水平,GNP更适合些。但由于中国大多数地区只有GDP数值,而且大部分省区GNP与GDP相差无几,本节的评价采用GDP。对于"三资"企业比重较高的广东和上海(占工业总产值的1/3～2/5),人均GDP可能略高估了实际收入水平。

【人均GDP】

1990～1996年6年间,中国人均GDP的分布格局发生了巨大变化。以各地区人均GDP与全国平均值的比值(R)可以将全国划分为超高收入组(>2.0)、高收入组(2.0～1.25)、上中等收入组(1.25～1.0)、下中等收入组(1.0～0.75)、低收入组(0.75～0.5)和超低收入组(<0.5)。其变化具有如下特点：

中等收入组急剧缩小，高收入组和低收入组(含超低组)明显扩大，表明省区间两极分化越来越突出。1990年中等收入组有14个省区，而1996年只剩9个。其中，3个省上升为高收入组(浙江、江苏和福建)，2个下滑为低收入组(青海和宁夏)。超低收入组也由1994年以前的1个(贵州)增加到1996年的3个(贵州、甘肃和西藏)；

"东西差异"越来越明显。1990年沿海9个省区(不含直辖市)中有7个在中等收入组，其中5个低于全国平均水平。而1996年已有5个省列入高收入组(浙江、广东、江苏、福建和辽宁)。同时，1996年人均GDP最低的省区几乎全部落在西北和西南地区(图2-5b)；

大部分北方省区市相对下降，包括北京、辽宁、内蒙古、山西和西北地区除新疆外的其它4省区。可以讲，1990～1996年相对下降的省区市几乎全部在北方；

直辖市与人均GDP最高的省之间的差距越来越小。1990年天津人均GDP超过名列省区第一名的辽宁省40%；1996年天津只比浙江省高出21%。

除上述特点外，海南省人均GDP相对水平的巨大波动引人注目。1990年该省列中下等收入组(R=0.9)，1994年迅速上升至高收入组(R=1.27)，1995年突然下滑到上中等收入组(R=1.06)，1996年退回到下中等收入组(R=0.97)。

> 专栏2.3
>
> **"结构倒流"现象**
>
> 随着经济发展，就业逐渐由第一产业向第二、第三产业转移。这是产业结构演化的一般规律。但是，近几年在黑龙江省却出现了"结构倒流"的现象，即就业由第二产业向第一产业转移。由于相当一部分国有企业持续处于停产和半停产状态(特别是煤炭、林业和森工行业)，大量下岗(失业)职工出路难以解决，在土地资源比较优势的牵动下，黑龙江省委、省政府号召下岗职工务农自救。"充分利用黑龙江省土地资源丰富的优势，组织危困行业和亏损企业职工向着1/3经营主业，1/3向农业分流，1/3从事多种经营的'三三制'方向努力"(摘自该省政府的一份汇报材料)。这并非是一种不合理的做法，而是市场机制下发挥地区比较优势的一个途径。然而，作为解决国有企业困境的出路，它毕竟是一个权宜之计。

【产业结构】

除西藏和3个直辖市外，各省区非农产业占GDP的比重差异并不十分明显，绝大部分在70～80%左右。人均GDP与非农产业比重有明显的相关性(相关系数达到0.82)，即高收入省区市该比重也高，反之亦然。但山西、青海、宁夏、陕西和云南在同收入组中工业化水平较高；海南和福建在同组中相对较低。另外，东北3省非农产业比重在全国的相对水平有大幅度下降。1990～1996年3省该比重都仅增加了1～2个百分点，而全国平均增加了7个百分点。

这与东北地区国有工业企业多年来面临的困境有关。例如,近年黑龙江省开始鼓励下岗职工务农(详见专栏2.3)。

【经济外向度】

经济外向度(进出口额占GDP的比重)的地区差异十分突出。全国体现为东西差异,沿海地区内部则体现为南北差异。受香港工业发展"前店后厂"模式的影响,目前广东省成为全国经济国际化程度最高的省份。1990年该省经济外向度为53.1%,略高于上海(47.1%),而1996年已达153%,远远高出其它省区,也高出3个直辖市(77~81%)1倍左右。在其它省区中,只有海南和福建高于全国平均水平。但海南1996年进口额为出口额的3.9倍。全国经济外向度高(36%)与广东省经济外向度特别高有关。1996年广东省进出口额占全国的38.6%。另外,人均GDP低于全国平均水平的省份经济外向度表现出很强的一致性,绝大部分在10%左右。高收入组的浙江和江苏经济外向度相对较低,分别只有29%和31%,表现出较强的国内市场导向型经济。

【综合评价】

利用加权平均的方法,对1990年和1996年各省区市经济发展水平进行划分,结果见图2—12和附录1—3。根据1996年划分的结果,可聚类为7组:

* 北京、上海、天津3个直辖市最发达(R>2.0);
* 广东和浙江次之(1.79~1.57);
* 江苏、福建和辽宁(1.41~1.31)居第三级;
* 山东和黑龙江略高于全国平均水平(1.15~1.04),为第四级;
* 新疆、海南、河北、湖北和吉林略低于全国平均水平(0.97~0.86),为第五级;
* 河南、内蒙古、宁夏、青海、山西、陕西、安徽、江西、湖南、云南、广西、四川等12个省区为第六级(0.73~0.61);
* 贵州、甘肃和西藏低于全国平均水平一半以上(R<0.5),为最低一级。

在过去的几年中,福建、浙江、江苏、山东、河北、广西和河南经济发展的相对水平上升最快,在全国的位次提高;而甘肃、青海、宁夏、陕西、西藏和贵州的相对水平有较大幅度下降。此外,北京、辽宁、吉林、内蒙古和山西也有不同程度的下降。如果说1990年经济发展水平差异的格局还保留有一点点"南北差异"(北强南弱)的痕迹(图2-12a),那么1996年则完全体现为"东西差异"(图2-12b)。然而,在沿海地区内部正逐渐出现某种程度的"反向""南北差异"(南强北弱)。

| 经济增长活力与竞争力 | 经济活力不仅仅体现为经济增长速度,还体现为增长的质量。它可以由GDP增长速度、投资率、投资效果、经济运行质量、外资占固定资产投资的比重以及非国有经济比重等指标来衡量。 |

【增长速度】

1990~1996年各省区市GDP增长速度差别很大,表现为明显的东西差异。沿海除3个直辖市和辽宁外均高出全国平均速度25%以上,中部的河南、安徽、江西和湖北4省也高于全

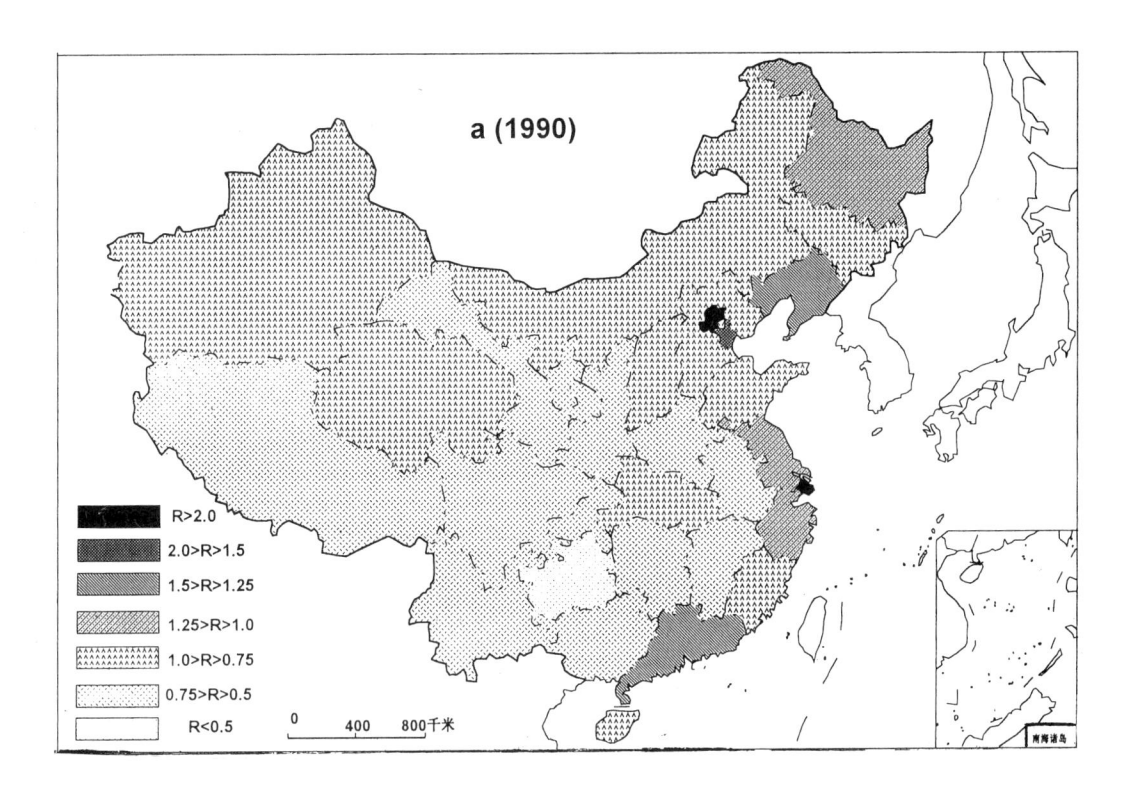

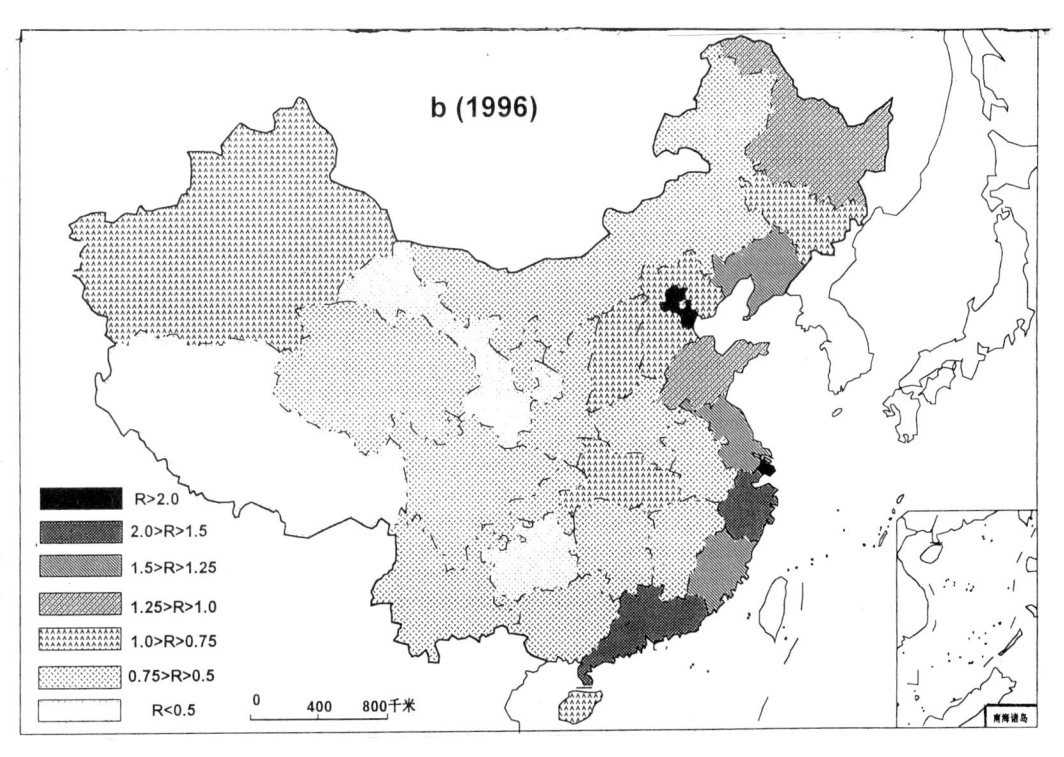

图 2—12 中国各省区市经济发展水平评价

国平均速度 10~20%。其余省区都小于全国平均值,增长最慢的是青海、黑龙江、宁夏和贵州,还不到增长最快的福建省的速度的一半。

若将最近两年(实施"软着陆"政策后的相对低谷期)单独考察,则增长速度的地区差异变小,而且增长较快的省区不再是沿海"一枝独秀",而是明显地表现为沿海和沿(长)江的 T 字型空间分布(图 2—13)。1995~1996 年,河南、安徽、江西和湖北 4 省保持了与沿海高速增长省份大致相同的增长速度,而前几年则慢许多。另外,天津和上海两个直辖市这两年经济增长加快,进入全国增长最快的省市之列。这是改革开放以来首次出现的现象。但是,在沿海其它省区呈现高速增长的同时,海南和辽宁却成为全国增长最慢的省份。1995 年两省 GDP 增长速度分别为 4.3% 和 7.1%;1996 年分别为 5.2% 和 8.5%。辽宁属于改革开放以来一直不很景气的省份,但海南 1994 年以前一直是全国经济增长"明星"省。

若仅从"九五"计划第一年(1996 年)的发展状态来看,"八五"期间经济增长最快的"第一梯队"除福建外都下降到"第二梯队",而原属于增长较快的"第二梯队"的河北、安徽、江西、河南、湖北、湖南、上海和天津成为全国增长最快的省市。另外,山西、内蒙古、甘肃、宁夏、黑龙江和陕西这些"八五"期间增长最慢的省区也有很好的增长成绩,速度超过全国平均水平。

【投资率与投资效果】

投资率和投资效果分别代表投资的量与质。其中,前者以固定资产投资额占 GDP 的比重来计算,后者以上一年全社会固定资产投资额除本年 GDP 增加额来计算。中国近 20 年来经济高速增长很大程度上是由高的投资率带动的。但对国内各地区而言,GDP 增长速度与投资率的相关性并不高,而与投资效果有较大的相关性。因而,从投资角度评价地区经济活力及竞争力,这两个指标都是需要的。

1995~1996 年,各省区市投资率相差比较悬殊,但在空间分布上并不体现为地带性差异。最高是 3 个直辖市和海南、新疆、广东、青海和宁夏 5 省区,其中上海和北京分别是全国平均值的 2.17 倍和 1.9 倍。投资率最低的省区有江西、安徽、湖南、广西和山东,低于 25%。其它省区投资率大部分在 30% 左右。投资效果在省区间的差别也比较明显,但与投资率基本上呈倒相关。最好的省份包括江西、安徽、湖南、河南、广西、湖北、河北、福建和山东,高于全国平均水平 50% 以上。最差的省市是海南和北京,其中海南只有全国平均水平的 1/4。需要说明的是,受指标计算方法的影响,投资效果的好坏不但与投资结构(投资方向选择)有关,而且也与建设周期密切相关。并不能简单地直接判定投资效果差的地区的投资方向存在问题。

【经济运行质量】

经济质量是经济运行状况的反映,此处以工业经济效益综合指数和农业劳动生产率两项指标来代表。其中,工业效益指数以增加值率、资金利税率、成本费用利润率、劳动生产率和流动资金周转次数等指标综合体现。

1995~1996 年工业效益指数表现出很大程度的东中西地带性差异。沿海地区除海南、广西和辽宁外都高于全国平均水平;中部地区的山西、河南、安徽、湖北和湖南工业经济效益接近全国平均值;而西部地区除云南外都小于全国平均值 20% 以上。效益最好的省市是云南、上

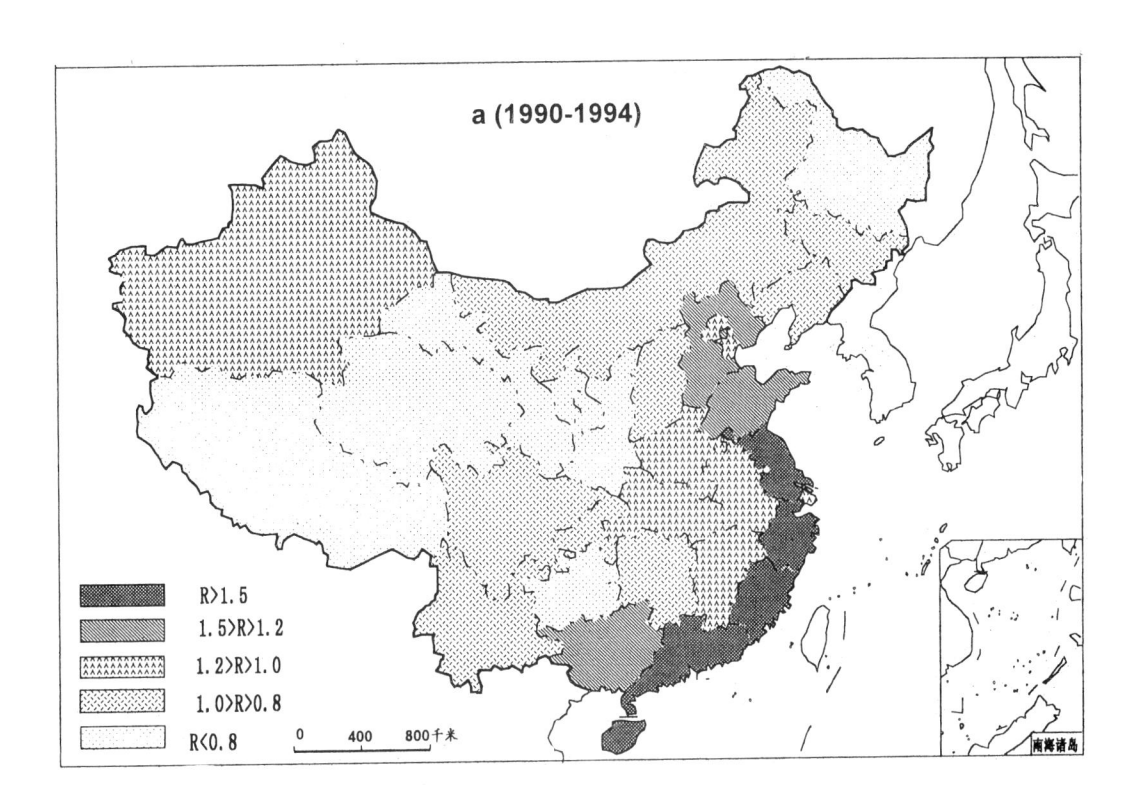

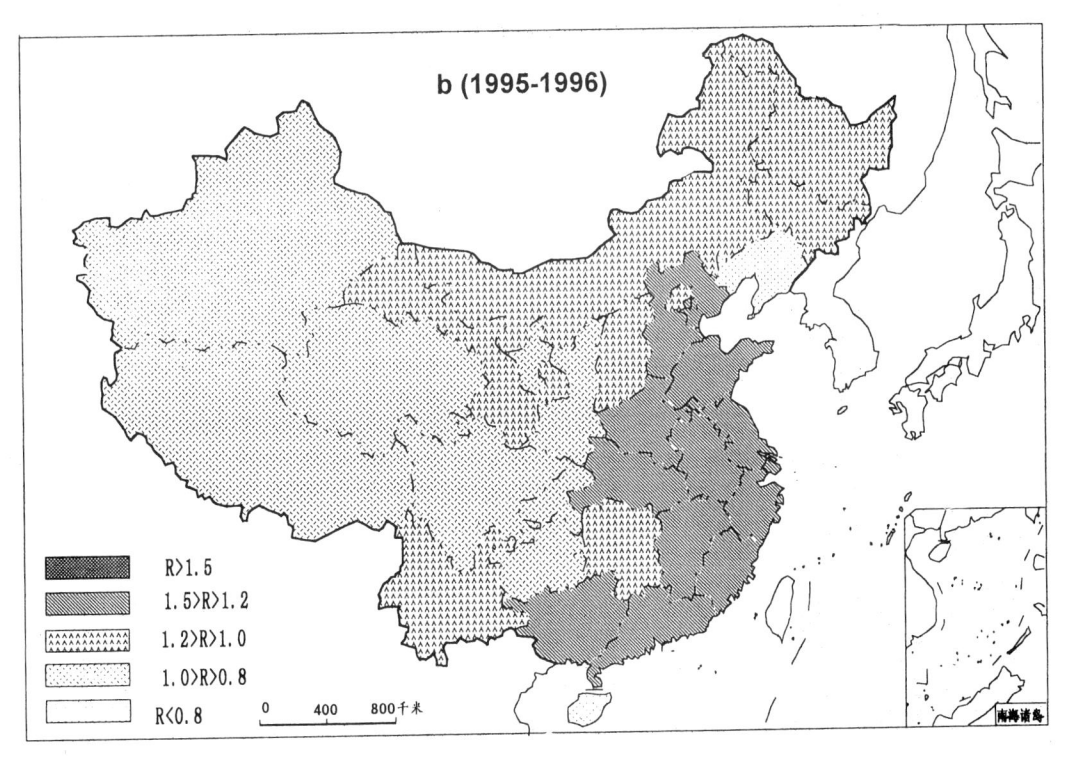

图 2—13 中国各省区市经济增长速度评价

海和黑龙江。其中,云南主要是烟草和卷烟工业带动的,黑龙江是石油工业牵动的,这两个省其它工业部门的效益并不好。最差的省区有青海、陕西和新疆。青海只有全国平均值的17%。另外,作为老工业基地的辽宁省,受国有大中型企业不景气的影响,工业经济效益也很差,仅为全国平均水平的3/4。

各省区市农业劳动生产率两极分化明显,空间上同时体现为东西差异和南北差异。沿海地区(除广西外)和北部的黑龙江、吉林、内蒙古、新疆等4省区都大幅度高于全国平均水平,其它地区除湖北外都大幅度低于全国平均水平。其中,3个直辖市以及黑龙江、辽宁和新疆高于全国平均值1倍以上。而云南和贵州则低于全国平均值一半多。其它农业效益差的省区还有陕西、四川和青海,在全国平均水平的60%左右。

【体制活力】

由于体制的原因,国有企业经济运行状况普遍较差,造成国有经济比重高的省区市经济状况受到一定程度的影响。因而,在国有企业改革未有明显效果之前,非国有经济比重成为地区经济活力和竞争力的重要因素。这里以外资占全社会固定资产投资的比重和非国有工业产值比重两项指标来反映体制活力。

同外资主要分布在沿海少数省份一样,外资占固定资产投资的份额的地区差异也表现为明显的东、中、西地带性差异。1995~1996年,广东、海南、福建和天津外资投资比重都超过全国平均值(15.1%)的1倍多。江苏和山东也大于全国平均值,分别为23.3%和16.5%。而内蒙古、新疆、青海、宁夏、云南、贵州和西藏等省区,外资在投资中的份额微不足道,仅有1—2%左右。其中,青海和宁夏分别只有0.15%和0.45%。大部分中部省区外资份额在全国平均水平的1/2左右,即5~10%。但是,近两年外资地区指向发生了一些明显的变化。以合同利用外资额来衡量,1996年与1995年相比全国平均减少了20%。减幅最大的是广东和海南,分别为全国平均减幅的2倍和4.5倍。而上海、天津、浙江、山东和辽宁则基本没有减少,甚至略有增加。中西部的新疆、内蒙古、山西、河南、宁夏、陕西和贵州1996年合同利用外资额有较大幅度增加(增幅>10%)。其中,山西和内蒙古分别比上年增加430%和102%。合同外资额的增减一定程度上反映了地区竞争力的变化。可以预期,外资将为中西部一些省区注入经济活力。

非国有工业产值比重也体现为东西差异,即沿海省区市普遍较高,而中西部省区除安徽($R=1.01$)外都低于全国平均值。1995~1996年,浙江、广东、江苏和福建等4个"明星"省份非国有工业产值比重已超过70%(全国为54.4%);上海、天津和山东也超过60%。但辽宁、北京、河北和广西仍是国有工业为主导(50~60%)。中西部地区近年增长较快的湖北、安徽、河南和四川非国有工业产值比重已接近或超过一半(45~55%)。其它中西部省区国有工业份额仍在60~70%以上,其中青海和云南分别为85.9%和80.4%。非国有经济份额与GDP增长速度有较大相关性(相关系数0.6)。它既是以往经济活力的表现和结果,也在某种程度上是未来经济活力的标志。

【综合评价】

以GDP增长速度、投资率、投资效果、经济运行质量、外资比重和非国有工业份额的权重

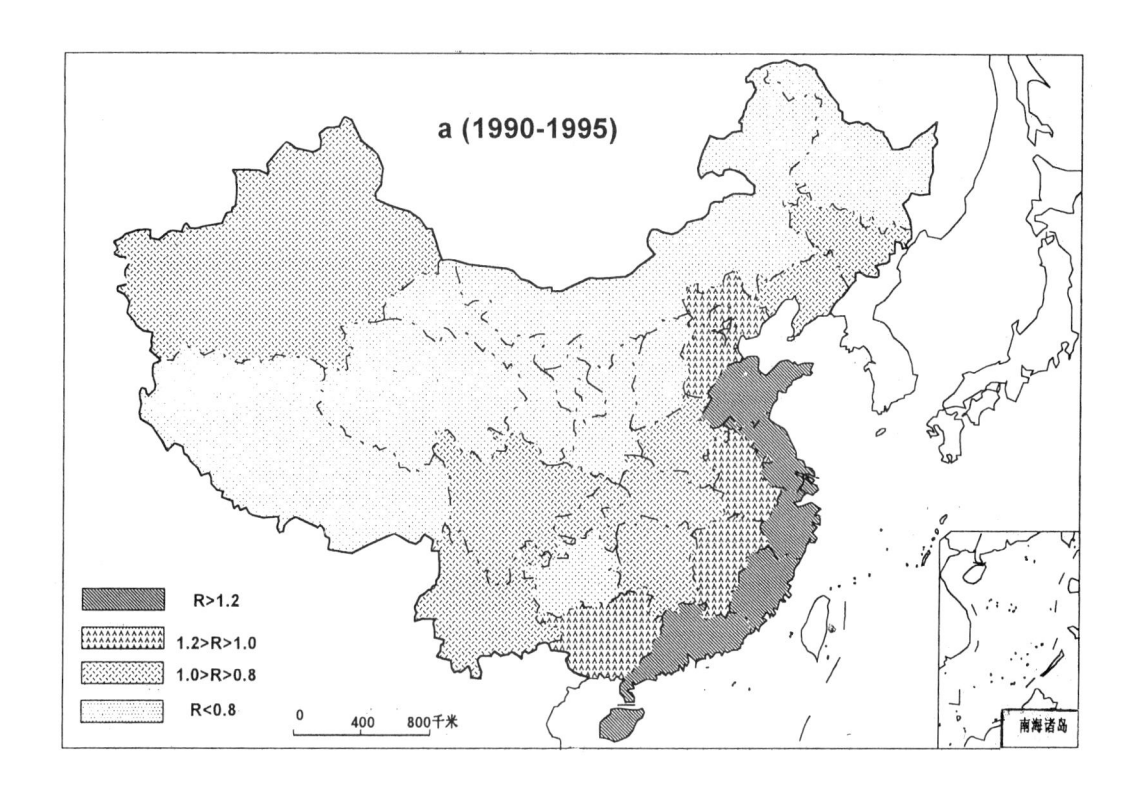

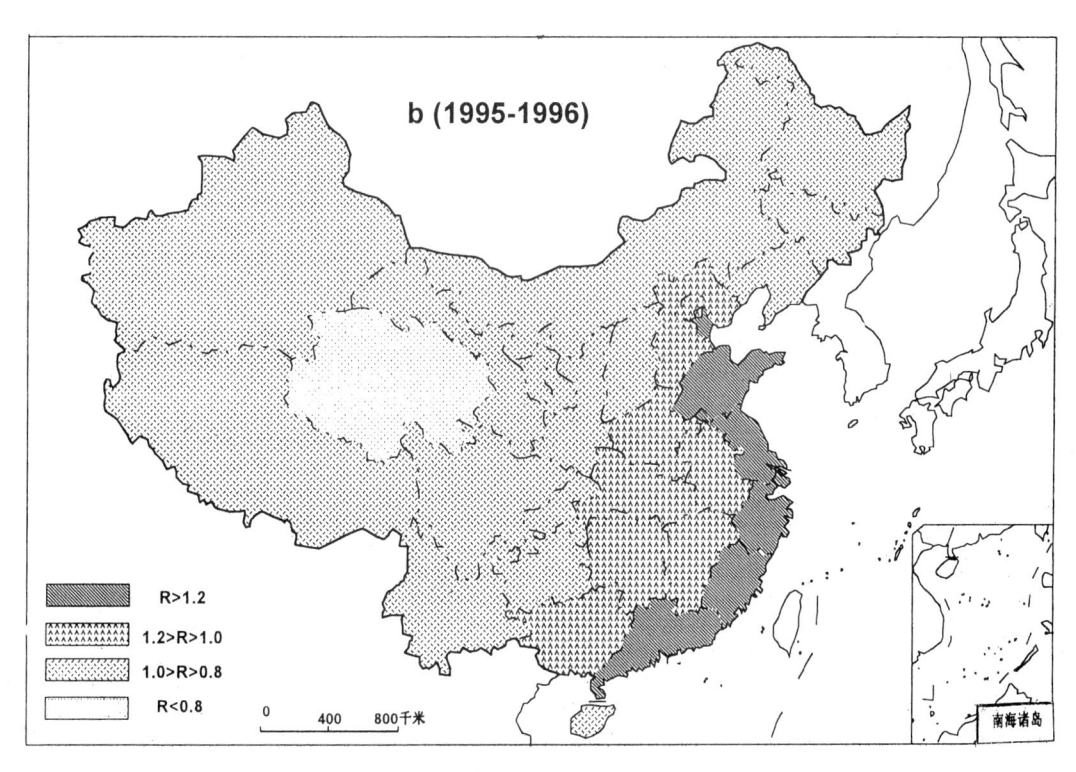

图 2—14 中国各省区市经济增长活力与竞争力评价

分别为0.5、0.1、0.1、0.1、0.1和0.1,对"八五"期间以及1995～1996年经济活力与竞争力进行综合评价,结果见图2—14和附录1—4。1995～1996年,经济活力最佳的省市是福建、天津、上海、广东、江苏、浙江和山东(R＞1.2);其次是河北、湖北、河南、安徽、江西、广西、北京和湖南(1.2～1.0);最差的是青海(R=0.66);其余省区经济活力大部分在0.8(R值)左右。整体上,差异格局同时体现为东、中、西地带性差异和南北差异。不论哪个地带,北方省区市经济活力要比南方省份差。

同"八五"期间的经济活力相比,沿海省区市有所下降,中西部省区有较大上升(R值上升了15～20%),差异逐渐变小。虽然中部地区沿江4个省份和河南省在最近两年保持了与沿海省区市大致一样的增长速度,而且1996年前者超过了后者,但是从6项指标综合衡量,中部地区这几个省份的活力与竞争力仍较沿海省区市差一些。从动态角度而言,经济活力与竞争力正呈现出沿(长)江向内地扩散的趋势。另外,海南省由全国经济活力最佳的省份之一(R=1.43)下滑到大幅度低于全国平均水平(R=0.87)。天津市经济活力由"八五"期间的较好水平(R=1.16)迅速增强至全国最佳水平(R=1.44)。青海省则一直是全国经济活力与竞争力最差的省区。

|社会发展水平| 作为区域财富存量的社会发展水平主要体现在城镇化水平、教育条件、医疗条件、社会保障与社会服务设施以及人口素质等方面。从长期过程来讲,社会发展水平与经济发展水平是密切相关的。但是,由于它的提高是社会公共财富积累的过程(受分配结构的影响),因而社会发展水平与经济发展水平并不完全一致,即经济发展水平高的地区短期内未必社会发展水平也高。

【城镇化水平】

中国城乡划分口径模糊且不连贯,城镇化的量化指标地区可比性较差。1990年第四次人口普查的市镇人口统计口径规定为:市人口为设区的市所辖区的人口和不设区的市所辖街道人口;镇人口为不设区的市所辖镇的非农业人口和县辖镇的非农业人口。但这种统计口径在省区间的可比性较差。作为体现社会发展水平的指标,城镇化率需要反映可以使用城镇基础设施的人口比重,因而这里以城市市区人口和镇非农业人口来度量各省区市的城镇化率。

城镇化水平的差异呈现出一定的东、中、西地带性。城镇化率最高(R＞1.4)的省区市除了3个直辖市外,还有辽宁、吉林、广东和黑龙江等4省。浙江、江苏、山东和湖北也较大程度地高于全国平均水平(R=1.2～1.4)。其它省区除海南(R=1.03)外都低于全国平均水平。其中,青藏高原两省区和云贵高原两省城镇化率最低(＜20%)。福建经济发展水平很高,但城镇化率仅相当于全国平均水平(R=0.99)。湖北和吉林的城镇化水平则大幅度高于其经济发展相对水平。需要指出的是黑龙江的城镇化水平很高(42%)与其大量的国营农场和林场的从事第一产业的"非农业人口"(职工)有关。吉林也有类似的情况。

【教育及医疗条件】

教育条件以初等(小学)、中等(普通中学、职业中学和中等专业技术学校)和高等学校的学校数以及教师数的万人拥有量来综合衡量。基本医疗条件以万人拥有卫生技术人员和万人拥有病床数加权平均来评价。

各省区市的教育条件和基本医疗条件的分布特征十分相似,即省际差异程度小而且表现为一定程度的南北差异。较大幅度超过全国平均水平的省份除了3个直辖市外还包括东北3省、内蒙古、新疆、山西、青海、湖北、宁夏和陕西,基本上都是北方省份。而经济发展水平很高的浙江、广东、福建和山东尚略低于全国平均水平。造成这种特征的原因是教育和医疗条件的改善基本上依靠政府投入(特别是中央政府投入),而近10多年来国家的财政汲取能力大幅度下降(胡鞍钢,1995)使其对教育和医疗的投入相对减少。因此,改革开放前重点建设的省份依靠"旧"的基础,教育和基本医疗条件相对优于其它省份。但是,就教育和医疗设施的新度和水平(质量)来讲,沿海省份显然好得多。

【社会保障与社会服务】

由于社会保障与社会服务在中国是近10多年来才逐渐出现的,其统计数据缺乏而且不系统。这里只能以农村社会保障网络中的社会保障基金会的资金额来代表社会保障,城市社会保险和福利尚没有公开的系统数据。社会服务以城镇社区服务设施的万人拥有量来代表(以市镇非农业人口计)。

各省区市间的社会保障与社会服务水平相差极大,但不体现为东西差异或南北差异。水平最高的(R>2.0)除了北京和上海外,还有湖南。湖南农村人均社会保障基金额高达18元(全国平均为4元),但其城镇社区服务较差。其它较大程度高于全国平均水平的省区有广东、新疆、吉林、江西和西藏。其中,吉林是社区服务水平较高而农村社会保障较差,另外4个省区则相反。天津、江苏、辽宁、福建和山东这些经济发展水平高的省市,社会保障与社会服务却很差(R<0.65)。福建只有全国平均水平的1/3,是水平最低的5个省区之一。其它4个是内蒙古、海南、广西和青海(R<0.3)。经济发展水平低的贵州、甘肃和西藏,在农村社会保障方面却不低。其中,西藏(10元/人)大幅度高于全国平均水平,甘肃接近全国平均水平(R=0.95),贵州为全国平均水平的2/3。

【人口素质】

以大专以上学历人口占总人口的比重来衡量,人口素质的地区差异也很大,但不表现为东西差异。人口素质最高的是3个直辖市(R>2.0),其中北京是全国平均水平的4.56倍。宁夏的人口素质也超出全国平均水平很多(R=1.35)。高于全国平均水平的省区还有辽宁、新疆、吉林和陕西。其余省区都低于全国平均水平。其中,云南、贵州、西藏和广西人口文化程度最低(R<0.25)。广东和福建两省人口文化素质也在全国最低组之列,R值分别为0.36和0.38。除3个直辖市外,经济发展水平高于全国平均水平的7个省份(浙、苏、粤、闽、辽、鲁、黑),只有辽宁人口文化素质较高(R=1.1),其它6个省都很低。经济发展水平与人口文化素质相关性不大,是一个值得深思的现象。

【综合评价】

以城镇化率、教育条件、医疗条件、人口素质和社会保障与社会服务的权重分别为0.3、0.2、0.2、0.2和0.1对社会发展水平进行综合评价,结果见图2—15及附录1—5。社会发展水平的区域差异与经济发展水平不一致,不表现为东西差异,而且不计3个直辖市的省区间差异比较小(1倍左右)。3个直辖市社会发展水平最高(R>1.5),其中北京远远超出其它省区市(R=3.16)。其次是辽宁和吉林(1.37～1.36)。另外,新疆(1.21)、黑龙江(1.15)、广东(1.14)和湖南(1.13)也高于全国平均水平。湖南由于农村社会保障远远高于其它省区,使其在综合评价中的位次也比较高。社会发展水平最低的省区是广西(0.57)、贵州(0.58)、云南(0.61)、安徽(0.66)和四川(0.69)。近10多年来经济高速增长的省份社会发展相对滞后,只有广东略高于全国平均水平。浙江、福建、江苏和山东的社会发展落后于其经济发展水平。这一方面表明这些省份对社会发展未给予足够的重视;另一方面,也说明社会发展水平作为区域财富存量的一种体现,其提高是长期积累的过程。

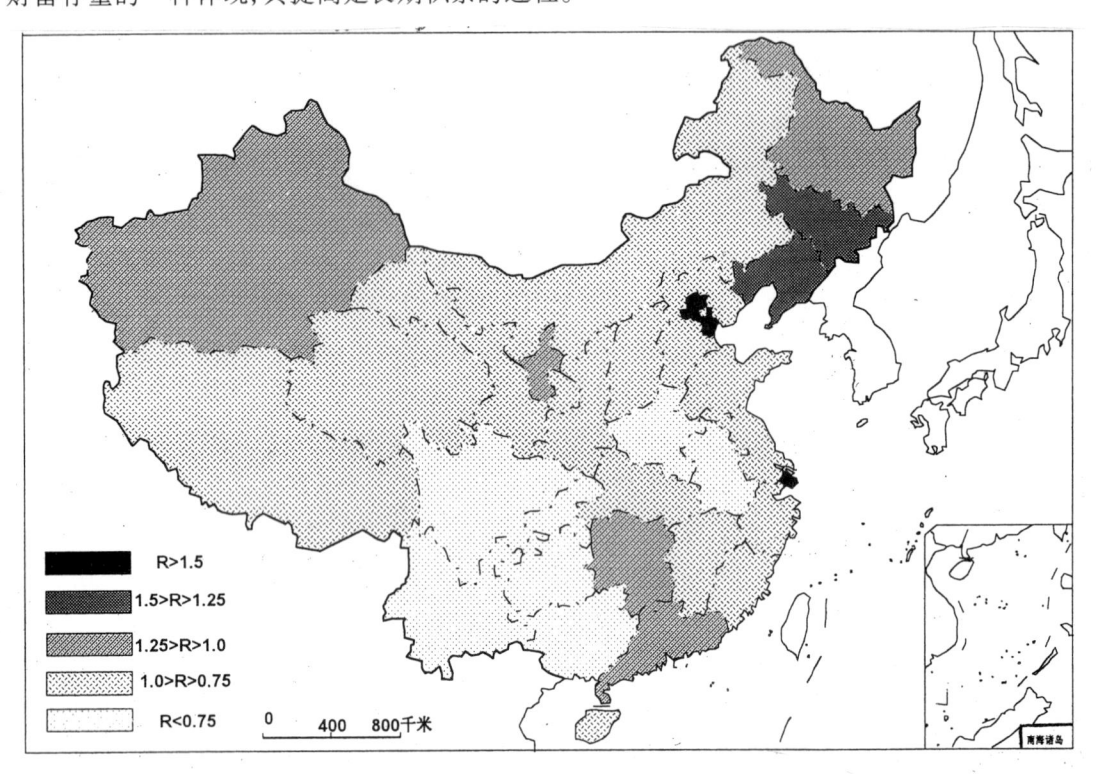

图 2—15 中国各省区市社会发展水平综合评价

居民生活质量 反映生活质量的指标很多,包括日常消费支出、家庭资产拥有量和自然环境等3个大方面。居民消费水平可以反映日常消费支出,但是它是根据国内生产总值分配法计算的,不能完全代表实际消费水平(例如,它不包括居民来自区外和国外的收入),也不反映消费结构,因而需要以居民实际收入及消费剩余和恩格尔系数对其进行修正。另外,生活用电量在某种程度上反映家用电器普及程度,可以与人均居住面积一起反映家庭资产拥有情况。自然环境则用环境质量来代表。

【消费水平】

以1995年居民消费水平衡量,生活水平最高的省市(R>1.25)是上海、北京、天津、广东和辽宁。浙江、福建、黑龙江和江苏也较大程度高于全国平均水平(1.24~1.06)。大幅度低于全国平均水平的省份(R<0.75)包括西南地区的滇、黔、川、藏4省区,西北地区的陕、甘、宁、青4省区,中部地区的河南、安徽、江西和山西4省以及东部地区的河北和广西两省区。其中,西藏、贵州和甘肃只有全国水平的一半左右。因此,居民消费水平的地区差异并不完全表现为东西差异。

以消费支出、恩格尔系数和消费剩余综合衡量,城镇生活水平的地区差距相对较小,农村生活水平地区差距相对很高。前者最高与最低省区市相差不到1倍,而后者相差4倍以上。表明农村生活水平的巨大差异是中国居民生活水平地区差距的主导因素。城镇生活水平最高(R>1.25)的是北京、上海、浙江和广东,其余省区差别很小(R值在1.1~0.8之间),没有低于全国平均水平25%以上的省区。值得注意的是,天津作为直辖市,其城镇生活水平尚低于浙江和广东很多。农村生活水平最高(R>1.25)的是3个直辖市和浙江、广东、江苏3省。另外,辽宁、福建、黑龙江、山东和河北也较大幅度高于全国平均水平。西南的滇、黔、川和西北的陕、甘、宁、青等7个省区的农村生活水平最低(R<0.75)。

辽宁、天津、黑龙江、河北、江苏和福建等6个省市城镇生活水平相对较低,而农村生活水平相对较高。其中,前3个省市属于老工业基地类型,由于国有大中型企业效益不佳造成城镇居民收入较低;后3者属于乡镇企业和农村经济活跃的类型。另外,西藏、甘肃、云南、四川、湖南和贵州等6个省区农村相对生活水平远低于城镇,属于农村经济落后、城乡差异大的类型。其中,云南和贵州也是全国农村经济效益最差的省份。

【环境质量】

良好的自然环境是人类生活质量的重要内容,也是持续发展的重要环节。无论社会经济实际运行中是否重视环境,在评价一个地区居民的生活质量时,环境质量是不应被忽略的。反映环境质量的指标很多,根据数据的可获得性和系列完整性,下面仅以各地区排放的废水、废气和固体废弃物的相对多少来评判其环境质量的相对水平。其中,废水的影响以污净比来反映,废气和固体废弃物则以单位面积承受量来衡量。而后,对评价结果加权平均并调整为正相关数值(即数值越大,环境质量越好)。评价结果仅说明相对水平,并不反映绝对值。

各省区市环境质量呈现出与经济发展水平基本相反的区域差异格局,即西部地区环境质量好而东部地区差。最好的省区(R>1.2)是西藏和青海,污染物排放量少,环境基本处于纯自然状态。另外,西南的云、贵、川3省以及内蒙古、甘肃、新疆、广西、海南和福建的环境质量也很好(1.19~1.1),为第二级。浙江、黑龙江、吉林、湖南和陕西略高于全国平均水平,为第三级。广东、江苏、湖北、安徽和江西略低于全国平均水平(0.99~0.92),为第四级。山东、河北、山西和河南环境质量较差(0.88~0.79),为第五级。环境质量最差的是宁夏、辽宁和3个直辖市。由于宁夏的废水绝大部分排入黄河,其实际环境质量可能较大程度高于评价值(0.66)。3个直辖市环境质量差则是由于人口和经济密度高造成的。除此之外,环境质量差的省份主要是重工业为主而天然水资源量少(稀释能力弱)的地区,如山西、河北、山东和河南等4省。近10多年来增长最快、目前最发达的几个省,即广东、浙江、江苏和福建环境质量并非很糟。需要指出的是,上述评价是对省区的整体性评价,不代表省区内的个别地区或城市。

【综合评价】

若不包括环境质量,各省区市的生活水平表现为东西差异,但差异程度低于经济发展水平的差异。水平最高的是上海市(R>2.0),其次是北京、天津、浙江和广东(1.49~1.34)。高于全国平均水平的还有江苏、福建、辽宁和黑龙江(1.22~1.08)。其它省区都低于全国平均水平,其中接近全国平均水平的有山东、新疆、海南、吉林、河北以及湖北。生活水平最低的是西南4省区以及西北除新疆外的其它4省。不计3个直辖市,生活水平最高的广东与最低的甘肃相差2.76倍,而经济发展水平最高省(广东)与最低省(贵州)相差4.59倍。此外,贵州和西藏的生活水平的相对水平较大幅度高于其经济发展水平,表明有较大量的财政补贴流入。

若包括环境质量(赋予0.2的权重),则生活质量的省际差异要小得多,而且表现为东南沿海与其它地区的差别(图2—16及附录1—6)。生活质量最高的仍然是上海(R=1.8),其次是浙江和广东(1.38~1.36),再次是北京、天津、江苏、福建和黑龙江(1.2~1.08)。其余省区都小于全国平均水平,而且差距不大。新疆、海南、辽宁、山东、吉林、湖北和河北低于全国平均水平10%以内;广西、内蒙古、湖南、青海、安徽、江西以及四川在全国平均水平的80~90%;其它省区较差一些(R<0.8)。不计直辖市,生活质量最高的广东省与最低的甘肃省(R=0.66)相差2.1倍。

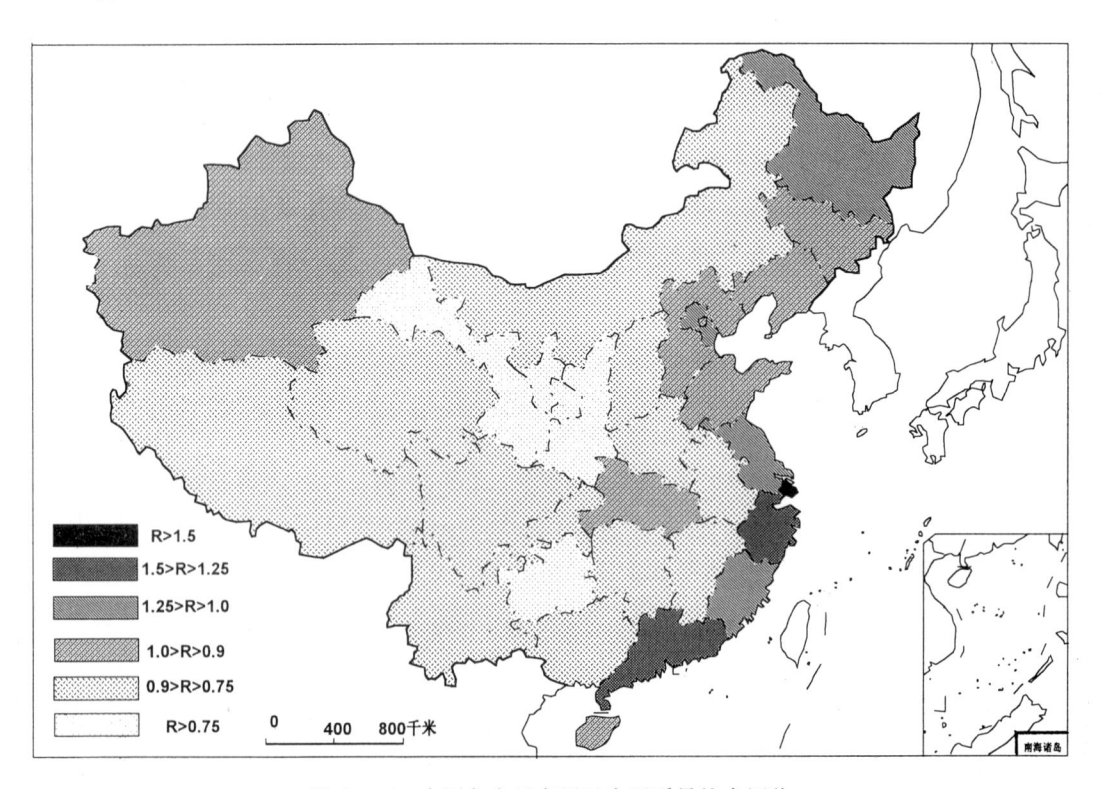

图2—16 中国各省区市居民生活质量综合评价

基础设施 基础设施既是经济发展的结果,也是社会经济可持续发展的基础和保障。完善的基础设施是一个发达社会的重要标志。基础设施包括很多内容。对于目前中国各省级区域单位而言,主要体现为4个方面,即交通设施、通信设施、能源供应及供水保障。

【交通设施】

交通设施包括铁路、公路、港口、机场和内河航道等。由于铁路和公路是中国最主要的交通载体,这里以铁路和公路的密度为主要依据,结合各地区公路、水运和港口企业总资产状况来评价各省区市交通条件。以往对铁路和公路的评价大多以区域密度(长度/面积)为衡量指标。由于它忽略了人口密度对交通设施实际需求的影响,仅以区域密度为标准进行评价是不够的。这里以铁路正线延展里程和公路有路面里程的区域密度和人均密度两项指标,采用加权平均法综合评价。其中,公路的评价考虑了高级和次高级路面的重要性。

交通设施水平表现为东中部与西部的差异。中部大部分省区的公路和铁路条件与东部地区基本一致,但西部地区较差,特别是西南地区最落后。3个直辖市的交通设施最佳(R>7.0),大幅度高于其它省区。其它交通设施很好的省份(R>3.0)有海南、辽宁、山东和河北,其中河北得益于地处全国交通枢纽北京周围。另外,浙江、广东、江苏、吉林、山西、河南、安徽和湖北等8省交通设施条件也比较好(R>1.5)。交通设施最差的是西南地区的云、贵、川、藏4省区以及沿海地区的广西(R<0.75)。另外,内蒙古、新疆、青海、黑龙江和甘肃的交通设施水平也比较差。其余省区属一般水平。

【通信设施】

通信条件的优劣不仅仅由本地设施的容量来决定,而且还受在全国甚至全球通信网络中的级别影响。但是,受数据条件的限制,这里仅以万人拥有的电话交换机容量和电话机量以及万人拥有长话线路来衡量地区通信条件。

通信设施水平表现出十分明显的东西差异。水平最高的是3个直辖市(R>3.0),其次是广东和辽宁(R>2.0),再次是浙江、江苏、福建和海南(R>1.25)。其它省区中除了吉林(1.23)和黑龙江(1.07)外,都大幅度低于全国平均水平。通信设施最差的是西南地区的云、贵、川、藏4省区以及河南、安徽和广西(R<0.6),其中贵州只有全国平均水平的26%,西藏为32%。河北、山东、山西和河南这些交通设施很好的省区通信设施却很差。

【能源供应】

能源供应包括煤炭、油气、电力等。其中,从基础设施角度看,主要是指电力。下面以人均电力生产量和工业万元产值电力生产量(经过重工业比重修正)综合评价各地区供电保障程度。应该说明的是,中国的省级独立电网已经很少了,大部分省区都已加入区域性电网,因而各省区自身发电量并不准确代表其供电能力。因此,下面的评价从严格意义上来讲只能说明各地区相对于社会经济规模的发电量与全国平均水平的差异程度,即自身发电量的相对满足程度。

供电保障程度的区域差异比较复杂,大体上表现为西部地区好一些、东部地区差一些。相对于各自的社会经济发展水平,供电保障程度最好的是山西、宁夏、西藏和贵州(R>2.0);其次是青海、甘肃、云南、福建、河北、海南、上海和陕西(R>1.25)。另外,广东、新疆、吉林、广西和河南也比较好(R>1.1)。其它省区市一般或较差。其中,最差的是北京、天津和江苏(R<0.8)。但实际上,北京和天津依靠京津唐电网供电,北京还远到内蒙古去"办电"(合作建电厂),因而这两个城市的供电保障程度高于其评价值。而河北很大一部分发电量要供给京津二市,自身供电保障程度小于评价值。山西等省也存在同样的情况。

【供水保障】

供水条件以水利部公布的各省区市水利工程供水量为基础,经过干燥指数和水利部1993年对缺水城市的统计数据修正后的人均供水量为指标进行衡量。供水条件同时表现出东西差异和南北差异。条件最好的是海南、广东、江苏、江西和广西(R>1.5);其次是上海、浙江、湖北和湖南(R>1.25)。福建和宁夏也高于全国平均水平。条件最差的是山西、陕西、西藏、天津和甘肃(R<0.4)。云贵川3省以及北方地区的辽宁、河北、山东和河南等省供水条件也较差。

与水资源评价对比可见,辽宁、河北(含京津)、山东、河南和山西受水资源缺乏的制约供水条件较差;而西藏、云南、贵州、四川、新疆、青海、吉林和黑龙江则是因为水利工程较少或水资源开发难度大造成的。江苏和宁夏虽然人均水资源量很少,但分别受益于引(长)江和引黄(河),供水能力较高。

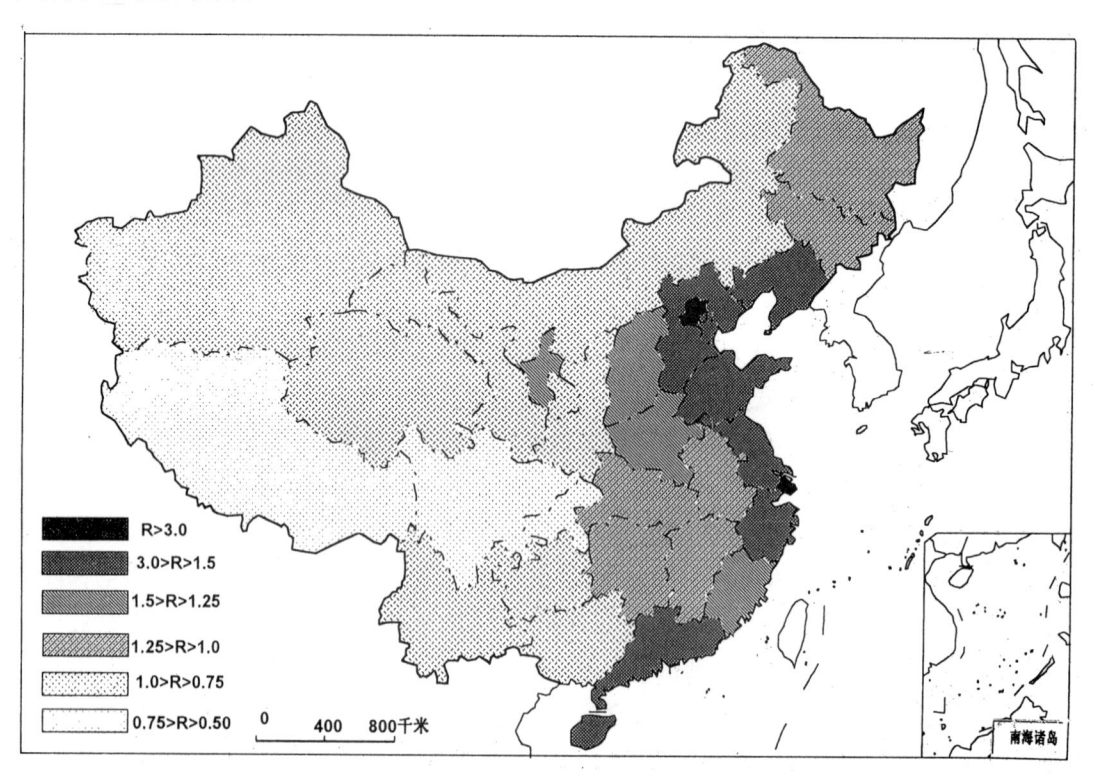

图2—17 中国各省区市基础设施条件评价

【综合评价】

以交通、通信、供电和供水的权重分别为0.3、0.3、0.2和0.2对基础设施进行综合评价，结果见图2—17及附录1—7。基础设施的地区差距比较突出，空间上表现出东、中、西地带性差异。水平最高的是3个直辖市(R>3.0)，其次是广东、辽宁、海南、浙江、江苏、山东和河北(R>1.5)。另外，福建、山西、宁夏和河南也比较好(R>1.25)。其余省区一般或较差，其中四川与西藏最差(R<0.75)。1995~1996年经济增长活力很强的中部5省(湖南、湖北、江西、安徽和河南)除了河南基础设施较好外都一般，有待加强。山西受益于能源基地的开发，基础设施建设的比较好。

区域发展状态类型区的划分

所谓区域发展类型区指在发展状态上具有相同或相近特征的地区的集合。与经济区划不同，类型区不反映地区间的经济联系，只反映区域在发展特征上的联系与差异，而且它不一定是空间上连续的区域。类型区应该是区域发展状态的客观反映，而不是主观的判断。

根据前述对各省区市经济和社会发展水平、居民生活质量和基础设施水平的综合评价，现阶段中国各省区市社会经济发展水平可聚类为7组(见表2—2和图2—18)，即：发达城市地区(京津沪3个直辖市)；发达省区(广东、浙江、辽宁、海南和江苏等5省)；较发达省区(福建、山东、吉林和黑龙江等4省)；上中等发达省区(河北、新疆和湖北3省)；下中等发达省区(山西、湖南和宁夏3省区)；较不发达省区(河南、内蒙古、江西、安徽、青海、陕西和广西等7省区)；很不发达省区(四川、云南、甘肃、西藏和贵州等5省区)。

表2—2 中国各省区市发展状态综合评价表

指标	社会经济综合评价	经济发展水平评价	社会发展综合评价	生活水平综合评价	基础设施综合评价	经济增长活力评价	资源禀赋分类	区位条件分类
年份		1996	1995	1995	1995	1995~1996		
指标值		R	R	R	R	R	4分制	4分制
权重		0.25	0.25	0.25	0.25			
超高收入组：								
上海	2.85	3.27	2.11	1.80	4.23	1.47	0.63	3.48
北京	2.54	2.17	2.74	1.20	4.05	1.19	0.91	3.2
天津	2.03	2.01	1.69	1.12	3.30	1.46	0.91	3.2
高收入组：								
浙江	1.36	1.57	0.98	1.36	1.53	1.23	0.76	3.35
广东	1.52	1.79	1.00	1.38	1.89	1.33	1.16	3.4
江苏	1.25	1.41	0.93	1.16	1.50	1.31	0.63	3.4

(续表)

福建	1.16	1.39	0.77	1.16	1.31	1.52	1.04	3.4
辽宁	1.35	1.31	1.35	0.96	1.79	0.86	1.35	3.0
上中等组:								
山东	1.13	1.15	0.90	0.93	1.55	1.24	0.97	3.18
黑龙江	1.08	1.04	1.18	1.08	1.02	1.07	1.17	2.10
新疆	1.01	0.96	1.19	0.99	0.90	0.89	1.43	0.75
下中等组:								
海南	1.30	0.97	0.89	0.99	2.33	0.86	1.16	3.08
河北	1.03	0.90	0.78	0.90	1.54	1.17	0.91	3.15
湖北	0.99	0.86	0.99	0.92	1.20	1.18	0.59	2.75
吉林	1.11	0.86	1.39	0.96	1.21	0.96	0.61	2.15
低收入组:								
内蒙古	0.83	0.73	0.92	0.84	0.81	0.92	2.61	1.93
山西	0.95	0.75	0.98	0.78	1.29	0.96	2.44	2.53
广西	0.77	0.71	0.56	0.89	0.90	1.12	0.97	3.08
湖南	0.93	0.70	1.08	0.87	1.06	1.03	0.74	2.83
河南	0.86	0.69	0.71	0.76	1.29	1.20	0.58	2.68
安徽	0.82	0.67	0.68	0.83	1.09	1.18	0.82	2.83
青海	0.81	0.67	0.78	0.82	0.95	0.66	1.47	1.0
宁夏	0.96	0.66	1.05	0.70	1.44	0.83	1.50	1.5
四川	0.69	0.65	0.71	0.80	0.60	0.87	1.86	1.2
云南	0.70	0.66	0.61	0.77	0.76	1.11	1.51	1.63
江西	0.84	0.62	0.83	0.84	1.06	1.16	0.81	2.9
陕西	0.81	0.61	0.98	0.75	0.91	0.84	0.79	2.18
超低收入组:								
西藏			0.64	0.76	0.67		0.75	0.5
甘肃	0.71	0.50	0.79	0.66	0.87	0.91	0.81	1.25
贵州	0.63	0.39	0.58	0.73	0.80	0.83	1.05	1.95

注:R 为各指标值与全国平均水平的比值。收入组是以 1996 年人均 GDP 划分的。

从表2—2可见,社会经济发展水平的综合评价结果与人均 GDP 的排序总体上是相关的,但也有一些省区差别较大。福建人均 GDP 很高(R=1.44,1996 年),但社会发展水平和居民生活质量较差,总的评价位次下降,只列在较发达省区。海南人均 GDP 不高(R=0.97),社会发展水平和居民生活质量也不很高,但基础设施很好(这与近些年来海南的投资方向有关),因而总的评价结果列入发达省区。吉林的社会发展水平和基础设施水平较高使其综合评价值列入较发达省区。山西、湖南和宁夏都是因为社会发展水平和基础设施水平较高使综合评价结果列入下中等发达省区。另外,江西和陕西也存在类似的情况。西南的云、贵、川、藏4省区和西北的甘肃几项指标都很低,成为全国不发达的省区。

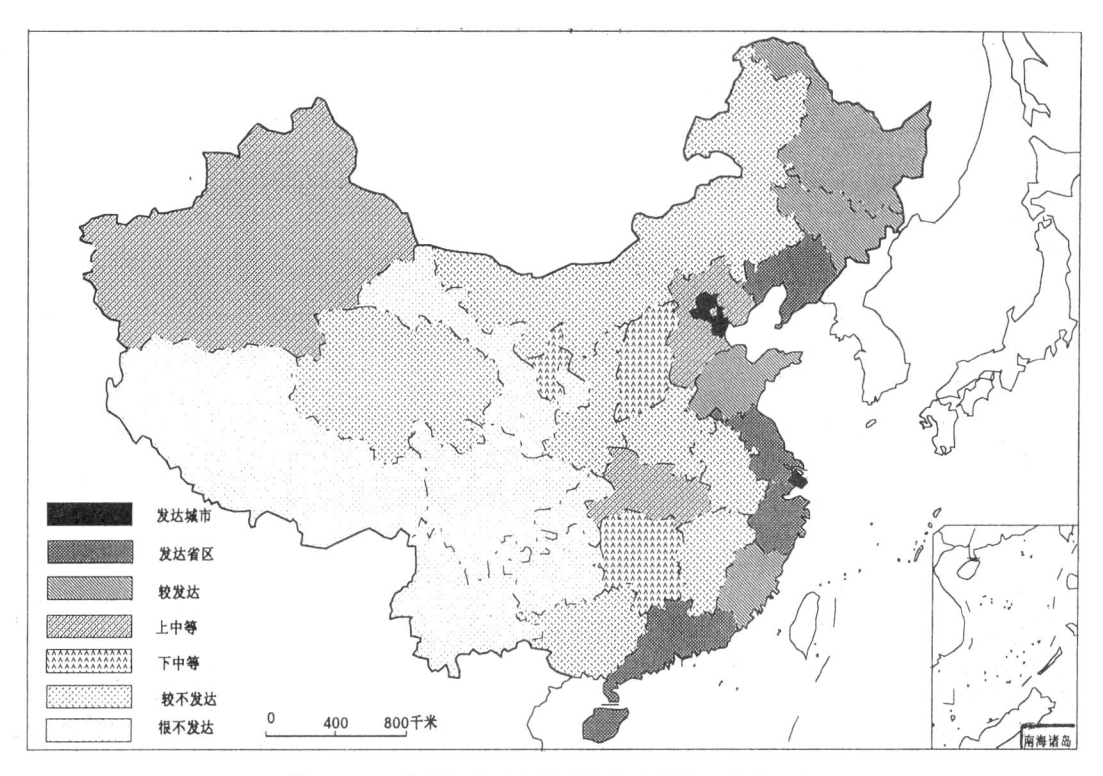

图 2—18 中国各省区市社会经济发展水平综合评价

根据对社会经济发展水平的分类,并考虑各省区市经济增长活力与竞争力、资源条件和区位条件等因素,对全国"八五"期间,重点是1995~1996年间区域发展状态类型区作如下划分(参见图2—19):

【上升型】

* 上升型发达城市地区　　包括上海和天津两个直辖市。这两个城市人均GDP、经济发展水平、社会发展水平和居民生活水平都很高,基础设施很好,近年来经济增长活力很强。"八五"期间,天津市GDP增长速度与全国平均速度持平;上海市略高于全国平均速度。但是,从1995~1996年来看,上海和天津属于全国经济活力与竞争力最佳组之列,增长速度大幅度高于全国平均水平,处于快速上升状态。上海保持遥遥领先的地位;天津人均GDP有超过北京居第二的趋势。

* 持续快速上升型发达及较发达省份　　包括广东、浙江、江苏、福建和山东等5个省,是正在接近成熟发展阶段的地区。这几个省份80年代以来一直是全国经济增长活力最强的地区,经济发展水平、居民生活质量和基础设施水平在全国的位次不断上升,已大幅度超过全国平均水平。"八五"期间除山东(R=1.36)外增长速度都高于全国平均水平50%以上;1995年以来速度略有减缓,1996年除福建外都已不在全国增长最快的地区之列。但是,这类新兴

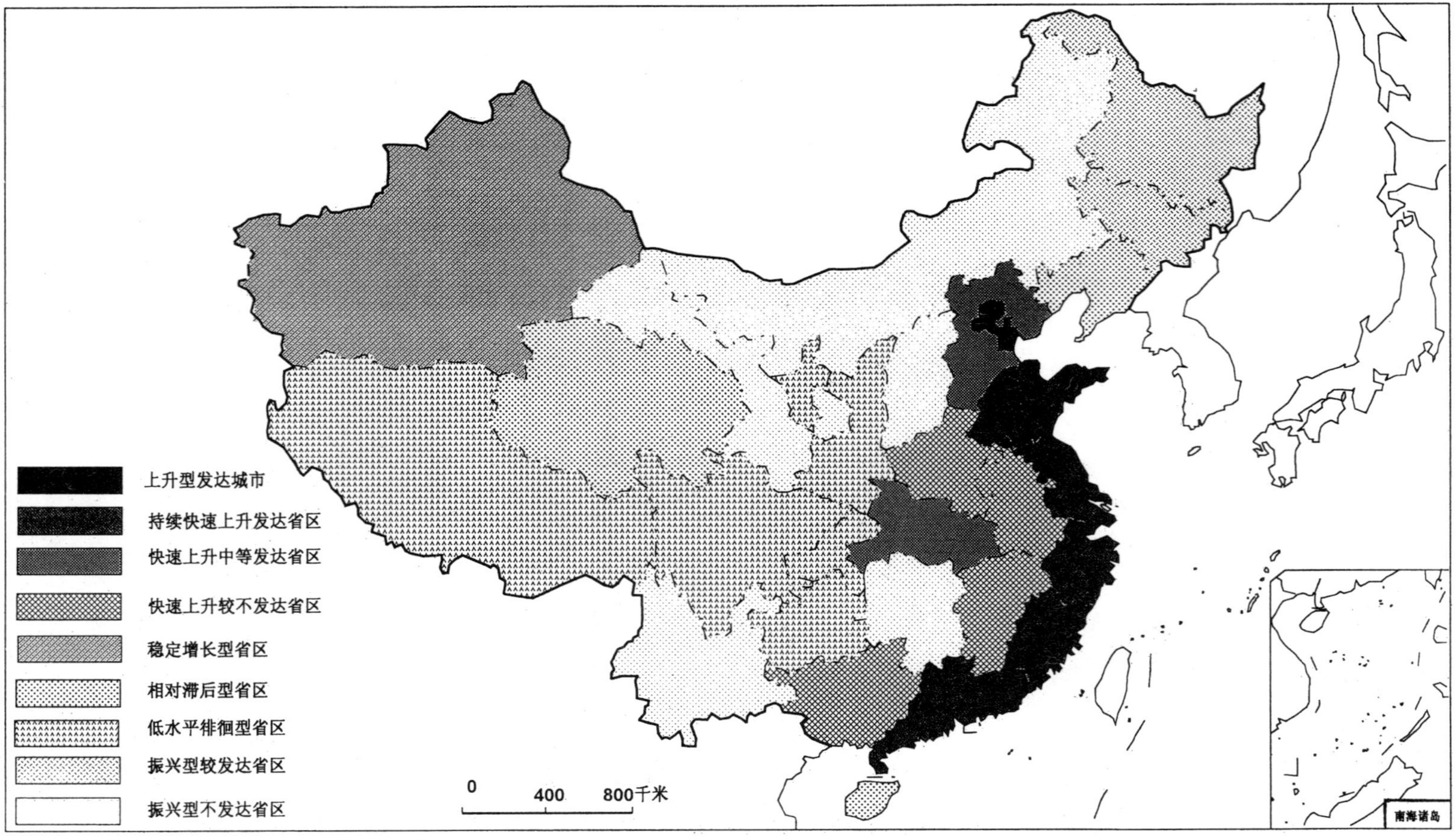

图2-19 中国各省区市区域发展状态类型区划分图

的发达地区的社会发展水平还较低,只相当于全国平均水平。

* 快速上升型中等发达省份　　包括河北和湖北两省。这两个省是90年代以来迅速成长的地区,经济发展水平、社会发展水平和居民生活质量的综合水平为全国平均水平,但基础设施较好。"八五"期间,河北和湖北增长速度分别高出全国平均水平24%和9%;但以1995~1996年增长速度衡量,两省都大幅度高出全国平均水平,其中1996年都进入全国增长最快的地区之列。而且,近两年也是全国相对投资效果最好的地区之一,发展潜力较大。

* 快速上升型较不发达省区　　包括安徽、河南、江西和广西等4个省区。这几个省是80年代经济增长一般的欠发达地区,但90年代以来增长活力日渐增强,经济发展水平在全国的位次逐渐上升。"八五"期间4省区属于增长较快的地区(速度高于全国10%以上),其中广西属全国增长最快的地区之一;若从1995~1996年来看,除广西略低(R=1.28)外,都进入全国增长最快的地区之列,投资效果也属于全国最好的地区。但这几个省区的社会经济发展水平仍然很低,基础设施水平也一般,进入比较发达地区的道路还很长。

【稳定型】

* 稳定增长型地区　　包括北京和新疆。改革开放后,它们的经济活力和增长速度一直在全国平均水平上下徘徊,有时略高,有时持平。"八五"期间两市、区GDP增长速度基本相同(R=1.0);1995~1996年北京略高,但都低于全国平均水平。北京人均GDP虽然仍保持全国第二,但相对水平已由1990年的2.82(R)下降到1996年的2.3,接近天津的水平(2.1)。同期,新疆人均GDP相对水平略有上升,但在全国的位次没有发生变化。北京和新疆的固定资产投资率都较大幅度高于全国平均水平,但投资效果欠佳。因此,经济增长速度不理想。

【相对滞后型】

* 持续滞后型省区　　包括辽宁和青海两省。这两个省曾经是全国人均经济发展指标很高的地区,但80年代以来经济活力一直欠佳,其中青海1978~1994年一直是全国经济增长速度最低的省份。1978~1990年辽宁增长速度为6.89%,青海为5.9%,分别为全国平均水平的82%和70%;1990~1996年辽宁增长速度9.69%,青海为7.6%,分别为全国平均水平的87%和68%。两省人均GDP在全国的位次迅速下降,辽宁由省区第一下滑到第五,青海由1978年的省区第四下降到1996年倒数第九位。而且,从1995~1996年来看,尚没有迅速振兴的迹象。两省经济都是资源型产业为主,而且国有企业比重高。辽宁国有大中型企业数量居全国第一;青海国有工业比重(74%)居全国第一。在国有企业长期不景气的形势下,这两个省区的相对衰落有一定的必然性。

* 大起大落型地区　　只有海南一个省。从1984年建省到1994年为止,海南一直是全国经济增长"明星"省。其中,1990~1994年GDP增长速度高出全国平均速度50%以上,同期人均GDP也由全国第11位(R=0.9)迅速上升到省区第六位(R=1.19),整体人均社会经济发展状态迈入比较发达地区的行列。但是,从1995年开始,其增长速度急剧下滑到全国最低。1995和1996两年GDP增长率分别只有4.3%和5.2%,为全国平均值的一半左右。人均GDP也随之落到省区第九位,低于全国平均水平。形成大起大落的特殊现象,其主要原因是

投资效果很差(1995~1996年投资率仍居省区市第一位),仅为全国平均值的1/4。

【振兴型】

* 振兴型较发达省份　　包括黑龙江和吉林两省。在1995年以前,这两个省与辽宁一样,一直处于相对衰退状态,构成所谓的"东北现象"。其中,黑龙江比辽宁衰退严重得多,增长速度仅略好于青海,居全国倒数第二位。吉林虽然要好一些,但也是一直在下降。但是,最近两年(1995~1996年)两省出现了复苏。1995年吉林和黑龙江GDP增长速度分别为9.7%和9.6%,接近全国平均水平(10.5%);1996年增长速度分别上升到11.1%和10.6%,高于全国平均值(9.7%)。这种振兴现象能否持续下去尚不能肯定。

* 振兴型不发达省区　　包括湖南、山西、内蒙古、甘肃和云南等5个省区。这几个省区社会经济发展水平总的来讲都比较差,而且在"八五"期间的增长速度都不同程度地低于全国平均值,但以1995~1996年衡量则都高于全国平均水平,呈现出一定的振兴势头。其中,湖南、山西和内蒙古活力增强的势头更强一些,有可能持续下去。湖南表现为GDP增长速度大幅度高于全国平均水平(R=1.16);山西和内蒙古除了增长速度增加很多外,还体现在合同利用外资金额在全国呈下降趋势的同时大幅度增加。而甘肃和云南的振兴势头能否保持有待观察。

【低徘徊型】

* 低水平徘徊型省区　　包括四川、宁夏、陕西、贵州和西藏等5个省区。这几个省区是改革开放以来经济增长一直低于全国平均水平、而近两年经济活力又没有较大起色的地区,社会经济发展水平在全国最低组徘徊。1995~1996年,这些省区的经济活力与竞争力是除了3个滞后型省区外全国最差的。其区位条件和基础设施比也较差(宁夏基础设施略好一些)。除四川和宁夏外,资源条件也不理想。1996年四川、陕西和宁夏经济增长稍有好转,但还算不上振兴。这种好转若再持续一两年,则表明有振兴的势头。

评价与结论

中国区域发展展现出复杂的多面性。正确认识这种多面性,不论对中央政府还是地方的决策都是十分重要的。首先,从变化过程看,区域绝对差异正在迅速扩大,而相对差异正呈现缩小的趋势,而且区域差异经历了由"南北问题"到"东西问题"的发展。正确理解中国现阶段的区域差异问题是离不开这个事实的。尽管绝对差距在扩大,但差异的严重程度可能被一种心理感受扩大了。

相对差距缩小的事实表明,绝对差距的扩大并不是发达地区一直高速增长而欠发达地区整体持续衰退造成的。在这种情况下,由于每个省区的人均GDP事实上都在迅速提高,要缩小绝对差距只有让欠发达地区以非常大幅度超过发达地区的速度增长才能实现。这在改革开放前的高度计划经济时期也没有实现过。理论上,在现阶段,只有大部分发达省份出现辽宁那样的相对衰退才可能让省际绝对差距缩小。也就是说,只有减缓绝对差距扩大的趋势才是一种理性的判断。

另外，也应该认识到，区域差异"东西问题"的形成是影响中国区域经济发展的主要因素——由军事因素转向经济因素——作用的结果，即市场机制和经济国际化趋势是东西差异形成的主导因素。经济增长活力与区位条件间的高度相关关系(相关系数为0.75)可以部分地证明这一点(图2—20)。

其次，区域发展状态的复杂格局并不是东、中、西的地带性差异和人均GDP的差异可以完全代表的。如表2—3所示(A——发达地区，B——较发达地区，C——中等发达地区，D——较不发达地区，E——欠发达地区)，东部沿海地区包含4种发展水平和3种发展状态，中部地区包含3种发展水平和2种发展状态，西部地区包含3种发展水平和4种发展状态。当然，这并不是否认从更宏观层次上概括区域差异体现为东、中、西地带性差异，而是说明在每个地带内部的差异是非常大的。沿海地区内部的差异程度几乎相当于全国东、中、西的差异。如果区域政策仍按东、中、西三大地带制定和执行，无疑过于"宏观"。另外，人均GDP的差异不能全面反映社会经济综合发展水平的差异，也不能将其与居民生活质量的差异等同。从历史过程来讲，人均GDP只反映某一时刻(以年为单位)区域创造财富的能力，而不能说明在此之前财富的积累水平(主要体现在社会发展水平和基础设施上)。历史上曾经"辉煌"过的省份一般社会发展水平都比较高。因此，以社会经济综合发展水平来衡量，区域差距远没有以GDP衡量那样悬殊。这里包含着这样一个命题，即如果一定要讨论"公平"二字，则在新中国成立后近50年的时间里很少省份没有在某个时期作为全国投资的重点区域(如在第二节中所述，重点区域在版图上画过一个"C"字)。而这一点不是经常被使用到的新中国成立后累计投资这一指标所能反映的。

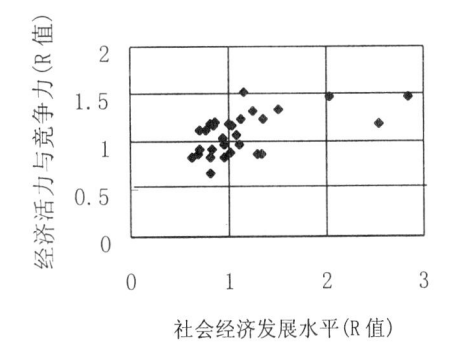

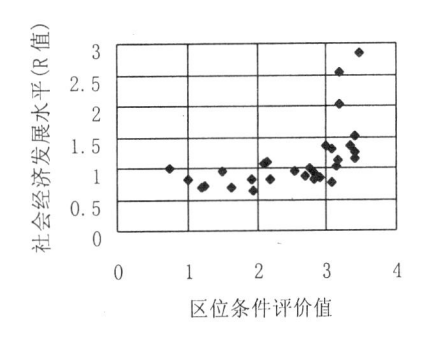

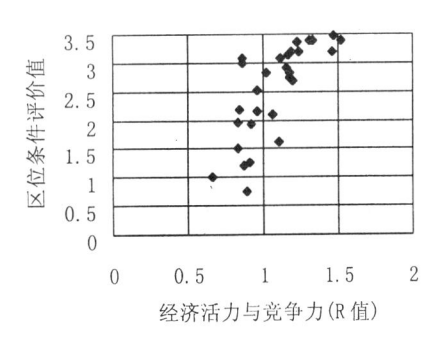

图2—20 社会经济发展水平、经济活力与区位条件的相对分布关系示意图

第三，近两年一部分中等发达或较不发达省区经济增长速度与发达省市持平或超过后者以及一些欠发达省区的振兴，预示着下一个增长阶段可能出现新的增长"明星"省区，也表明区域发展的相对差异会继续下降。1996年，广东、浙江、江苏和山东这几个改革开放后最早涌现的增长"明星"省份都退居经济增长的"第二梯队"，

而处于中、下发展水平的河北、湖北、河南、安徽、江西和广西起而代之。若这种现象不是"昙花一现",则表明几个最发达的省区到了应该结构转型的时机,超高速增长大约是不可持续的了。那么,下一阶段的增长"明星"将可能是目前属于快速上升型的省区。这预示着区域经济增长可能的新格局,一个理想而又比较合理的新格局的形成。

表2-3 中国东、中、西3个地带不同发展状态类型的分布

发展状态的类型	东部沿海地区	中部地区	西部地区
上升型	A:上海,天津,广东,浙江,江苏 B:福建,山东 C:河北 D:广西	C:湖北 D:河南,安徽,江西	
稳定型	A:北京		C:新疆
相对滞后型	A:辽宁,海南		D:青海
振兴型		B:黑龙江,吉林 C:湖南 D:山西,内蒙古	E:云南,甘肃
低徘徊型			D:陕西,宁夏 E:四川,贵州,西藏

(注:A——发达地区;B——较发达地区;C——中等发达地区;D——较不发达地区;E——很不发达地区)

总之,中国正处于高速经济增长阶段,区域发展水平和状态日趋多样化是必然的,在相对差距缩小的同时绝对差距的继续扩大在相当长的时期内是不可避免的。全面了解区域发展的多个侧面,才能较理性地判断区域差异状况和各个地区所处的位置,从而做出更科学的判断和决策。

参考文献

1. 胡鞍钢,《挑战中国》,台湾新闻文化事业股份有限公司,1995年。
2. 胡鞍钢、康晓光,《中国地区差距报告》,辽宁人民出版社,1995年。
3. 陆大道,《区域发展及其空间结构》,科学出版社,1995年。
4. 陆大道,"我国跨世纪持续发展的若干问题",《中国软科学》,Vol.55, No.7, p38。
5. Terry Cannon and Alan Jenkins, The Geography of Contemporary China: The Impact of DENG XIAOPING's Decade, London: Routledge。
6. 刘树成、李强、薛天栋主编,《中国地区经济发展研究》,中国统计出版社,1994年。
7. Simon Xiaobin Zhao, 1994, Reforms and Regional Inequality in China: 1953~1989, CHINA REPORT, V.30 (3), pp.331~43。
8. 赵晓斌、关荣佳,"中国的区域发展模式和空间策略分析",刊于《中国社会发展——香港学者的分析》(李思明等主编),香港教育图书公司,1995年。

9. 李思明等主编,《中国区域经济发展面面观》,国立台湾大学人口研究中心和香港浸会大学林思齐东西学术交流研究所联合出版,1996年。
10. 金培、陈丽瑛主编,《两岸突破:中国工业区域分析》,经济管理出版社,1996年。
11. 陈栋生、魏后凯等著,《西部经济崛起之路》,上海远东出版社,1996年。
12. 魏后凯著,《区域经济发展的新格局》,云南人民出版社,1995年。
13. Woo Tun-oy, 1996, Regional Economic Development and Disparities, in Brosseau, Maurice, et al, eds., CHINA REVIEW(1996), The Chinese University Press (Hong Kong)。
14. J.G. Williamson, 1965, Regional Inequality and the Process of National Development: A Description of Patterns, ECONOMIC DEVELOPMENT AND CULTURE CHANGE, V.13(4)。
15. 杨开忠,《迈向空间一体化》,四川人民出版社,1993年。
16. 魏后凯,"论我国区际收入差异的变动格局",《经济研究》,1992年,第一期。
17. 杨伟民,"地区间收入差距变动的实证研究",《经济研究》,1992年,第四期。
18. 胡兆量,"改革开放与地域经济结构变化",《云南地理环境研究》,1992年,第二期。
19. Toyojiro Maruya, ed., 1997, Regional Economic Development and Policy in China, Institute of Development Economies (Tokyo, Japan), ASEDP NO.43。
20. Yang Dali, 1990, Patterns of China's Regional Development Strategy, CHINA QUARTERLY, V.122(2), pp.230~57。
21. 中国国家统计局,《中国发展报告:"中国的'八五'"》,中国统计出版社,1996年。
22. 刘卫东,"我国省际区域经济发展水平差异的历史过程评价",《经济地理》,V.17(2),pp.28~32。
23. 中国国家计划委员会国土与地区司,《中国地区经济发展报告》,中国环境科学出版社,1994年。
24. 李文彦、陆大道等,《中国工业地理》,科学出版社,1990年。
25. 中国科学院自然资源综合考察委员会,《中国自然资源手册》,科学出版社,1991年。
26. 中国科学院地学部,《中国资源潜力趋势与对策(论文集)》,北京出版社,1993年。
27. 薛凤旋,"香港的工业及工业地理",《经济地理》,V.17(3)。
28. 周一星,《城市地理学》,商务印书馆,1995年。

第三章 省区市产业发展政策及实施效果

改革开放以来,随着简政放权政策实施,地区经济越来越活跃。各省区市政府都深刻地认识到,制定地区合理的发展战略,选择正确的产业经济增长和产业结构优化目标,成为加速发展地区经济的重要保障。特别是进入 90 年代以来,省区市经济实力明显加强,省际间经济发展水平差距日益扩大。这一现实,使各省区市在寻求加大中央支持力度的同时,更加重视调整以产业发展政策和产业布局政策为主要内容的地区发展思路,营造自身发展优势和增强地区经济发展能力,振兴和繁荣省域经济。

在 80 年代末期,由马洪、房维中主持,首次系统地开展了"中国地区发展与产业政策"的研究,探讨了 30 个省区市经济发展的总体设想和产业结构调整的目标,并对产业结构政策、产业组织政策、产业技术政策和间接调控政策等产业政策体系进行了分析。此后,涌现了大批以区域经济为主题的研究成果。对全国范围的区域经济研究,重点是探讨大经济地带经济发展水平的差异、地区间产业结构趋同、地区经济所有制结构转变等问题,讨论的焦点是中国地区经济是否应当走"均衡"发展的道路。除此之外,更多的出版物,则是以经济大区、省区市等为研究对象,探讨区域经济发展战略和产业结构、产业布局的调整方向,这类研究的着眼点通常是如何发挥地区比较优势,加速发展地区经济。

进入 90 年代以来,大量出现的"发展报告"、"蓝(白、黄)皮书"等,成为中国跟踪产业与地区经济发展过程、评价产业政策与发展战略实施效果、进而预测未来发展走势、并提出建设性意见的主要形式。由于编写者在所报告的领域具有的权威性,并通过翔实和系统的数据及比较深刻的分析,越来越清晰地反映出中国产业经济和区域经济发展的脉络。但是,综合经济或部门产业经济的发展报告,在涉及区域问题时,通常只是讨论到三大经济地带的层次,侧重国家政策在区域经济发展方面所产生的效果;而地区发展报告往往又将主要工作交给有关省区市来分省独立完成。因而,客观、综合地分析省区市产业政策及实施效果一直是比较薄弱的。

本报告将围绕着各省区市产业政策及实施效果这一核心内容:

* 回顾省区市经济发展战略的基本思路和实施产业政策的重要举措,概括地阐述地区产业结构发生的重大变化;

* 通过省区市发展类型之间、有关省区市之间的对比,分析形成地区间经济发展水平和产业结构差异的政策成因;

* 归纳各省区市"国民经济和社会发展'九五'计划和 2010 年远景目标";

* 总结全国生产力总体布局战略和大经济区产业布局政策的变化,归纳各省区市"九五"计划中区域经济布局目标取向。

省区市经济增长的主要影响因素

1991～1996年经济增长简要回顾　1991～1996年是中国经济发展的一个重要时期。主要表现在：第一，是改革开放以来，经济增长波动最小、发展速度最快的一个时期；第二，是社会主义市场经济建设取得实质性进展的一个阶段，确定了经济体制改革基本框架，国家宏观调控和市场机制在国民经济增长中发挥了明显的作用；第三，地区经济发展格局出现新的变化，继80年代沿海地区经济率先发展之后，中部地带部分省区经济开始步入发展的"快车道"，沿海和内陆经济发展水平差异扩大的趋势受到遏制。但是，多数经济发展水平落后的省区仍未出现明显的起色，中国省域经济发展的总体格局并未发生根本改观。

1. 经济增长过程与国民经济计划执行情况

"八五"期间国民经济发展超额完成了计划规定的主要目标。原定"八五"时期GDP年均增长速度为6.0%，后修订计划为8.9%，实际完成情况达到12.0%。在"九五"计划的第一年，经济仍维持高速增长，增长速度为11.2%。

1991年经济增长开始回升，浙江、广东、海南、福建、山东、江苏、广西等沿海省区市，再一次成为中国增长最快的地区，GDP年均递增速度为12～18%。1992年邓小平同志"南巡"讲话推动了经济建设的新高潮，全国GDP增长速度从1991年的9.1%增加到1992年和1993年的14.2%和13.5%。而上述沿海省区市表现出更为强劲的经济增长势头，1993年增长速度为18～26%，有力地带动了全国经济的发展。

由于缺乏必要的经济体制和改革措施支撑，在经济高速增长过程中出现了"四高两乱"现象，即：高投资、高货币投放、高物价、高进口，以及金融秩序混乱、生产资料市场秩序混乱，综合体现为严重的通货膨胀。经济呈高速增长的许多省区市，在充分得益于市场经济机制引入的同时，"四高两乱"现象也更为突出；而且，其波及效果对经济增长缓慢地区的副作用更大。

自1993年下半年开始，为了实现经济增长的"软着陆"，财政税收体制、金融体制、外汇外贸体制等一系列重大改革举措陆续推出，并收到明显的实施效果。1995年GDP增长速度下降为10.5%。相对而言，经济高速增长的省区市，回落幅度更大。1994年增长速度最高的福建、安徽、浙江、广东4省，1995年速度下降幅度全部高于全国平均水平，增长速度下降到14～17%；而青海、宁夏、贵州、陕西、黑龙江和山西等1994年经济增长速度最低的省区，1995年发展速度的增幅仍以持续加大为主导趋势，增长速度在8～11%之间；省区市间发展差距扩大的趋势得到一定缓解。

同"八五"时期的实际增长速度相比，东部主要省区市"九五"计划增长速度平均下调了6个百分点，一般为11%左右。而中西部地区，除山西、内蒙古、黑龙江、陕西、青海和宁夏等省区"九五"计划增长速度高于"八五"时期的实际值外，多数省区比"八五"时期放慢了增长速度。1996年是"九五"计划实施的第一年，全国经济增长速度继续减缓，GDP递增速度降为11.2%，同国家宏观调控目标基本吻合。半数省区市超过了经济总量增长目标;未能实现"九五"计划经济增长目标的地区,以经济发展水平较低的省区为主。

2. 省区市对全国经济增长的贡献度

由于发展基础、经济总量规模和增长速度的差异,"八五"时期各省区市对全国经济增长的贡献是不同的。全国经济高速增长主要是依靠少数省区市支撑的。贡献度最大的6个省区,支撑了全国经济增长的一半份量。其中,贡献度大于10%的为广东和山东两省,全国"八五"时期GDP增加部分的22.3%是由这两个省创造的。贡献度为5~10%的有江苏、浙江、河北、四川4省,贡献度合计27.4%。贡献度最小的10个省区市,仅占全国增长总量的7.64%。包括宁夏、青海、甘肃、新疆、陕西、西藏、贵州、海南、黑龙江、天津。

主要由于"八五"时期对全国经济增长贡献大的省份,经济增长速度普遍下降,1996年各省区市对全国经济增长贡献份额不均衡状态略有改善,但按贡献份额大小的省区市排序格局未发生大的变化。没有一个省区市对全国GDP增长量的贡献份额大于10%。支撑全国GDP增加额一半的省区市数增加到7个。其中,贡献度最大的山东省创造了全国增量的9.6%。贡献度最小的10个省区市,占全国增长总量的份额增加到8.8%。

> 影响省区市经济增长的主要因素

1. 资金投入状况

中国现阶段经济增长属于资金投入主导型,资金投入状况主导着中国省区市经济发展的基本格局。虽然近年来国家强调经济增长方式实现根本性的转变,但"高投入、高消耗、低效益"仍是经济发展的主要方式。特别是相对落后的省区,强调集约型的经济增长方式,还缺乏一定的现实基础。

【固定资产投资规模在省区市的集中程度进一步提高】

经过3年的宏观调控,投资需求增长过快的势头得到初步遏制。"八五"时期,全社会固定资产名义增长率平均值为35.6%,1995年和1996年度分别下降到17.5%、18.2%。

全国各省区市固定资产投资规模分布未发生大的变化。"八五"期间,广东、上海、江苏、浙江、山东、四川、河北、辽宁、北京、湖北、河南等省市固定资产投资一直列全国前列。1996年同1995年相比,除江苏省外其它省市均有不同程度的减少。减幅超过10个百分点以上的省市有6个。但固定资产投资总量较小的陕西、天津、新疆、内蒙古、贵州、甘肃、海南、宁夏、青海、江西、山西等省市,近两年递减幅度更大。由此导致固定资产投资在省区市的集中程度有所提高。大规模的资金投入,有力地支撑了沿海发达省市经济的持续高速增长,也是湖北、河南、河北等省经济加速发展的主要原因。

【地方财政收入状况对省域经济发展水平影响大】

在社会主义市场经济建设中,财政政策在解决国民经济长远发展和产业结构调整方面,发挥着关键作用。1995年和1996年度,通过分税制改革和适度从紧的财政政策的贯彻实施,全国财政形势出现新的变化。税制改革前的1993年,中央财政仅占财政总收入22%的比重。分税制的结果,增强了中央财政收入的份量,使得财政收入地区间再分配成为可能。1994年,中央财政收入的比重水平提高到56%。但在过去两年中,中央财政收入增幅出现明显低于地方的现象。1996年收入增量中,中央收入只占34.9%,中央财政在全国财政总收入中的比重降为50%。尽管如此,中央财政仍拿出部分财力,实施过渡期转移支付制度,对推进地区经济的协调发展起到了一定的作用。当然,决定省区市经济增长态势的主要因素,仍主要是省区市自身的财政状况。

沿海发达的少数省市,地方财政已经能够有力地支持地方经济的建设。众多经济发展落后的省区财政收入状况不佳,尤其是地方基层财政始终没有出现好转的迹象。财政状况同省区市经济发展水平相关程度是非常大的,根据资料计算,1996年人均财政收入水平在200元以下的共10个省区,全部分布在1995年人均国内生产总值4000元以下的低发展水平组中;人均国内生产总值超过6000元的省区市共8个,人均财政收入都在500元以上。在2148个县中,约有800个县的财政状况不容乐观,其中大多数分布在中西部落后省区。经济落后的地区财政收入增长极其艰难,只能依靠税收返还、补助和部分预算外收入勉强维持,经济建设资金严重匮缺。

【存贷结合的政策对地区经济增长有一定的调节作用】

较高的储蓄率仍是支持中国经济高增长的重要资金来源。1978年以来,国民储蓄占国民生产总值的平均比重水平为36%。由于中国实行的是存贷结合的政策,这就使存款有限的地区贷款能力受到很大限制。存贷水平同经济发展水平并不是完全吻合的,这对调节中国资金投入总量的地区分布和地区经济发展,有着一定的意义。除3个直辖市人均银行存款和贷款都名列前茅之外,人均存贷均处于中国省区前10名的有广东、海南、辽宁、福建、新疆、山东、黑龙江,人均存、贷款额均高于3500元。处于后10名的省区是贵州、湖南、安徽、四川、河南、江西等,人均存、贷款额少于2500元。

【利用外资水平直接影响着中国经济发展水平的区域分布格局】

1995年,利用外资额度超过10亿美元的省区市共10个,全部分布在东部沿海地区,占利用外资总量的84.6%,在本省全社会固定资产投资总额中也占有比较突出的比重;相反,利用外资不足1亿美元的8个省区,仅占全国总额的1.1%,同时,在本省区固定资产投资总额中的比重也微乎其微(图3—1)。"八五"时期,内地利用外资增势明显,协议外商投资额占全国总量的比重上升了4.3个百分点,促进了中西部劳动密集型和资源开发型项目的发展。

2. 外向型经济与乡镇企业的发展状况

改革开放以来,外向型经济和乡镇企业的发展最为明显,对国民经济总体实力提高的贡献十分突出。"八五"时期,利用外资占全社会固定资产投资比重达13%,1995年外贸出口额在国民生产总值中的比重达21.6%;1995年,乡镇企业完成增加值占国内生产总值的25.3%,乡镇工业完成增加值占全国工业增加值总量的30.8%;扣除乡镇企业出口重叠计算的部分,外贸出口和乡镇企业在国民经济总量中的比重接近40%。因此,外向型经济和乡镇企业发达的区域,往往是中国经济发展水平相对高的省区市;而且,从"八五"和1996年经济发展有明显起色的中部省区市看,乡镇企业仍是其增长速度上升的主要支撑点。

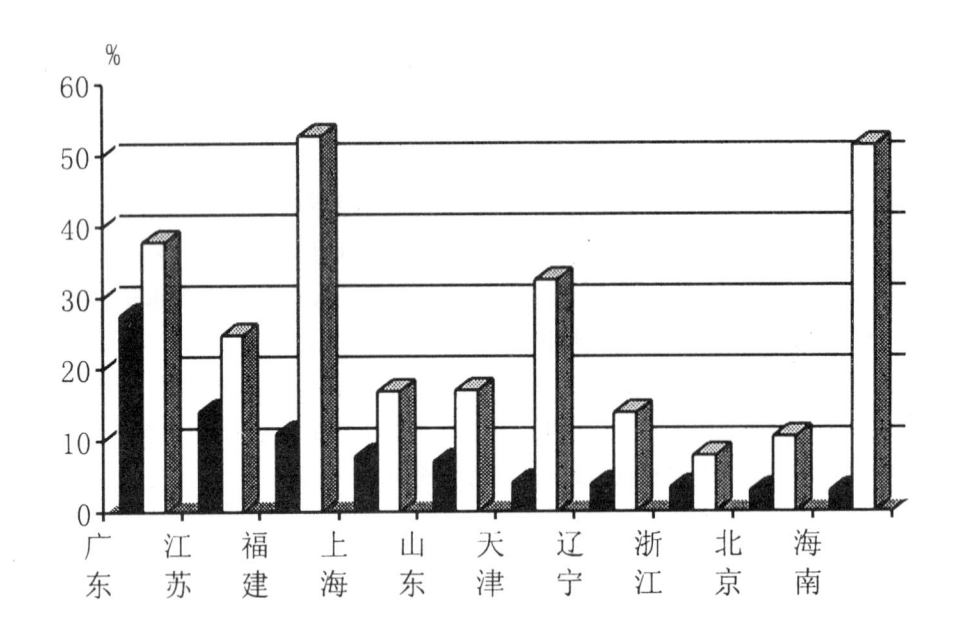

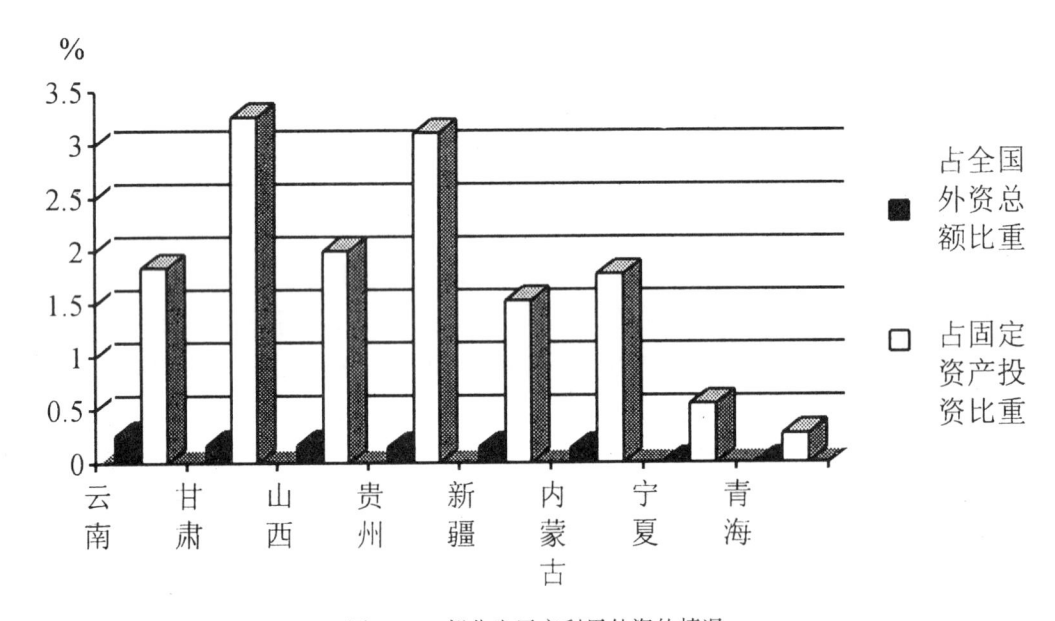

图 3—1 部分省区市利用外资的情况

【出口贸易直接影响着沿海经济增长状况】

  1991~1996年间，各省都将发展外向型经济作为政府宏观发展战略中的重要内容，出口贸易在省区市经济中的作用不断加强。沿海省区市外贸出口额占全国总量的88%，而且沿海机电、轻纺工业产业优势的长足发展，促进了中国出口商品结构的改善。1995年，附加值较高的机电产品已上升到29.5%，首次成为中国最大种类出口商品。由于边贸和易货贸易经营秩序混乱，使中国与部分周边国家(地区)，特别是原苏联地区的出口额在1993年以来连续大幅度下跌,直接影响到中国内陆沿边省区外向型经济发展战略的落实。但同时外商投资出口企业分布,出现向中部省区扩张的趋势。"八五"时期新增加的7个外商投资企业出口额超过1亿美元的省份除河北省外,山西、吉林、黑龙江、江西、河南、湖北都分布在中部地带。

涉外税收3项制度的改革,特别是1995年和1996年两次降低出口退税率,抑制了各省外贸生产在低水平上的增量扩充。1996年同1995年相比,出口额最大的9个省市年增长率都有明显的下降,其中,京沪2市出现负增长。出口企业生产的滑坡,是外向型经济比重较大、经济发展水平相对较高的地区增长速度减缓的重要原因之一。1995年和1996年,出口额在国民生产总值的比重连续下跌,1996年较1995年减少3个百分点,为19%。

【沿海与内陆乡镇企业发展水平差距出现缩小的同时,南北差距开始扩大】

农村经济向以工业为主体的结构形式的转变,是中国改革开放以来工业化进程的重要特征。"八五"时期和1996年,仍然是中国乡镇企业大发展的重要时期。1990年,乡镇企业在农村社会总产值中的比重为54%,1995年提高到76%,农村工业在工业经济中的比重也整整翻了一番,达到56%。

乡镇企业的发展水平直接决定着农村经济繁荣的状况,进一步影响着中国省区市国民经济发展的基本格局。中国乡镇企业发展水平的地区分布特征是:东部沿海地区继续保持高速增长的态势,沿海和内陆的差距水平依然很大,64%的乡镇企业产值仍来源于沿海地区;中部部分省区市乡镇企业加快发展步伐,使内陆省区市乡镇企业在全国的比重有所提高,5年增加了4个百分点;西部乡镇企业开始有所起色,但总体水平仍然很低。在沿海与内陆乡镇企业发展水平差距有所缩小的同时,南北差距却呈扩大的趋势。1995年,南方省区市乡镇企业总产值在全国的比重水平达到62%,比1990年增加了4个百分点。

1995年,各省区市乡镇企业发展状况如表3—1。基本特征是:高于全国平均发展水平的省区市远少于低于全国发展水平的省区市数,说明中国乡镇企业在多数省区市中发展仍相当薄弱。东部相对发达省市的乡镇企业发展在国民经济中占有支柱地位,东部乡镇企业的发展已步入规模经营的新阶段,形成了一批具有较高现代化水平的大型企业(集团),涌现出一批市场占有率高、竞争力强的名牌产品,速度和效益得到比较同步的增长。中部部分省区市,如山西、安徽、江西、河南、湖北等,乡镇企业有长足发展,1991~1996年间,乡镇企业在农村经济中的比重增加了20个百分点以上,特别是邓小平同志南巡讲话以来,这些省区市将加速乡镇企业发展作为振兴省区市经济的关键战略来抓,除财政支持等具体经济措施外,各县政府一把手亲自负责,成为发展乡镇企业的有效手段。

3. 相关政策与策略

国家在改革开放以来实施的政策,客观上起到了进一步扩大省区市间发展水平差距的效果。但同时,有一些发展政策在促进落后区域经济发展、缓解区域间经济发展水平扩大趋势方面起到了一定的作用。

表 3—1　1995年省区市乡镇企业发展状况(%)

指标与取值范围		乡镇企业在农村社会总产值中的比重			
		>80	70~80	60~70	<60
农村工业在工业总产值比重	>60	江苏 浙江 山东	河北 安徽 福建 四川		
	50~60		江西 河南	湖南	
	40~50	天津 山西 辽宁	湖北		
	<40	上海	北京 广东	内蒙古 陕西	吉林 黑龙江 广西 海南 贵州 云南 西藏 甘肃 青海 宁夏 新疆

注:根据《中国统计年鉴1996》(国家统计局编,中国统计出版社,1996年)有关资料整理。

【加大对中西部地区资金投入的倾斜力度】

国家重点工程建设向中西部予以倾斜。"八五"期间和1996年,国家加强了对重点项目的建设,在资源开发利用和大中型建设项目的布局方面,强调对西部地区实行同等优先的政策,并增加中央对中西部地区投资额。以中西部地区基础产业和基础设施为主的重点工程的兴建,为加快内陆区域的开发创造条件,如三峡水利枢纽建设、塔里木石油开发、西南地区水电建设、陕北油气田和神府东胜煤田开发、欧亚大陆桥建设以及京九铁路等(表3—2)。由于中西部地方经济实力薄弱等缘故,国家重点建设项目的地方资金到位率低,直接影响到重点项目的建设进度。

表 3—2　1996年度国家重点建设项目地区分布情况

项目类型	项目总数	在项目总数中			
		东部省区市	中部省区	西部省区	跨地区
合计	130	46	36	22	9
能源工业	56	21	24	11	
邮电、交通运输	35	18	4	4	9
冶金工业	6	3	1	2	9
化学工业	11	3	5	3	
水利工程	5	1	2	2	
其它项目	17	从略(不分区域)			

国家全方位对外开放战略推动了外资的西进。① 内陆地区的11个省会城市实行沿海开放城市的优惠政策,通过改善投资环境,加强招商引资工作,逐步发展成为内陆吸引外资的重要增长点。② 内陆沿边13个对外开放县市和近30个国家级陆地边境口岸对外开放,同样在吸引外资和发展对外贸易等方面享受沿海开放城市的优惠政策。而且,国家还给予一定的财政支持,用于改善投资和贸易的硬环境,使沿边对外开放在规模和水平上实现了新的跨越。③

长江中上游地区特别是中上游沿岸开放城市的外商投资增长迅速,在整个长江产业带利用外资规模的比重有所提高。

国家还不断加大扶贫的资金投入。1995年,中央财政支援中西部不发达地区发展资金、以工代赈资金和扶贫专项贷款的总额达到100亿元左右。国家重点扶贫的92个县有87%分布在中西部地区,因此,中西部地区也就成为扶贫开发资金的主要接纳地区。1995年,40亿元的以工代赈资金,80%左右被安排在中西部省区,重点是西北和西南地区,主要用于农田、交通、水利等基础设施建设。此外,国家有关部门制定专项扶贫计划,使科技教育卫生扶贫、电力水利建设扶贫、交通邮电扶贫等得到全面具体落实。对口支援取得进展,9个沿海发达省市对口扶持西部10个贫困省区,促进了优势互补和地区经济的协调发展。

【企业发展政策的调整,使相对落后的省区工业经济的发展状况有所改善】

企业是市场经济中的主体,有效地推进企业发展,是落后省区经济走向繁荣的根本途径。国家有利于促进企业发展的政策体现在以下几方面:

鼓励中西部乡镇企业发展。1993年,国务院作出了《关于加快发展中西部地区乡镇企业的决定》,1994~2000年每年给予中西部地区乡镇企业100亿元专项贷款,并实施"东西合作工程",促进东部发达地区带动中西部经济落后地区的发展。这些政策的实施,成为中西部地区乡镇企业在"八五"后期和1996年大发展的重要动力。

军工企业的转民政策。改革开放以来,中国国防科技工业军转民进展迅速,民品生产以每年20%以上的速度增长,特别是80年代中期到90年代初期,由于国家强有力的支持,实现了国防科技工业从以军品生产向以民品生产为主的结构转变,1995年,全国国防科技工业民品产值占其工业总产值比重近80%,2/3的军品科研生产能力转向为国民经济建设服务。目前,在民用船舶和飞机、摩托车和汽车、光学仪器和家用电器、核能和卫星通讯的民用技术开发等,在中国国民经济建设中已占据重要地位。中国国防科技工业主要分布在中国西部经济落后地区,随着"军转民"方针的实施,军工企业在西部协调轻重工业比例、形成具有专业化生产方向的地区工业经济体系、提高产业结构的技术层次方面,发挥着独特的作用。

对国有企业的扶持政策。经济发展水平相对落后或经济发展陷入困境的省区,恰恰是国有企业比重较高的地区。国有企业的经营状况和发展前景,在省区整体经济发展中举足轻重。1991~1996年间,为了加快国有企业改革步伐,配套实施了一系列财税政策。将部分企业"拨改贷"资金本息余额转为国家资本金政策;随着"优化资本结构"试点城市由1994年的18个,扩大到1995年的27个和1996年的50个,国有企业享受补充流动资金政策的范围有所扩大。这些政策,在一定的程度上降低了其资产负债率,给企业增加了发展活力,使部分省区国有经济发展速度有所抬升,推动了国有经济集中的省区的发展。

省区市产业结构变化和产业发展

"八五"期间全国国民生产总值年均增长12%,是新中国成立以来增长速度最快、波动最小的5年。第一产业年均增长4.1%,第二产业年均增长17.3%,第三产业年均增长9.5%。工业化程度明显提高,产业结构进一步完善(图3—2)。1996年,国内生产总值增长速度仍达到11.21%,同"八五"相比,第二产业递增速度明显下降,为12.54%,而第一产业与第三产业的发展速度均有提高,为7.8%和11.14%。

> 工业化,仍是绝大多数省区市产业结构变化的主题

工业化是中国省区市经济发展的主题。"七五"期间,工业在国民经济中的比重较"六五"时期有所下降,第三产业带有"补课"性质的重点发展和蓬勃兴起,在有力地支撑国民经济发展的同时,也带来了许多暂时的繁荣。"八五"时期和1996年,多数省区市又将经济建设的重点转向工业经济,使得全国工业增加值在GDP中的平均比重水平较"七五"时期提高了3个百分点,达到41%,工业在国民经济中的地位得到巩固。

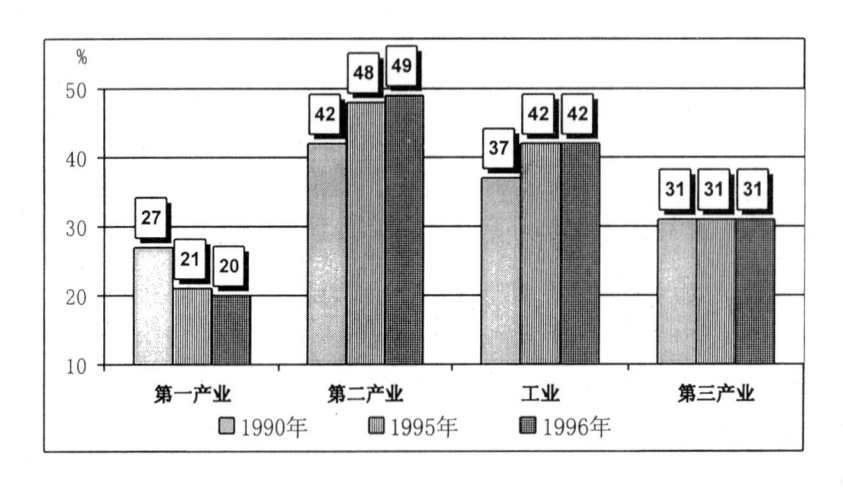

图3—2 全国主要产业增加值在GDP中的比重

1991~1996年间,所有省区市第一产业比重均有不同程度的下降;除极少数省市外,第二产业比重值有一定程度的增加;第三产业比重在多数省区市有所提高,但幅度不大。到1996年,除北京、贵州、海南、西藏4省区市外,其它省区市均以第二产业占主导地位。

工业化程度仍在地区分布上存在着较大的差距,同经济发展水平地区差异的分布状况大体吻合。"八五"时期,工业化进程相对较快的地区主要分布在沿海经济发达地带,在第二产业年均递增速度大于20%的10个省区市中,有7个是东部沿海省市。中西部地区的安徽、江西、河南、四川、云南、甘肃和新疆等,第二产业在GDP中的比重每年提高值达到1个百分点以上,工业化进程明显加快。1996年,在国内生产总值中,第二产业比重最高的是上海、天津、广东、江苏、浙江、黑龙江和山西,比重值超过50%;第二产业比重最低的是西藏、海南、湖南、广西、江西、内蒙古、新疆、贵州等,比重值不足40%。

> 大部分省区市重工业发展加快,但重复建设和生产分散比较严重

中国目前经济发展处在工业化的中期——重工业化阶段。经过80年代重点发展轻工业、弥补计划经济时期造成的工业结构偏重的缺陷之后,90年代重工业加速发展。"八五"时期重工业产值年均递增速度为28.4%,比轻工业高5个百分点,成为改革开放以来重工业增长速度最快的时期。"六五"和"七五"时期,重工业在乡及乡以上工业总产值中的比重分别为51.5%和52.6%,"八五"时期达到56.7%。1996年,轻重工业呈同步增长态势。

重工业的加速发展,扩大了中国主要能源、原材料工业产品的规模。其中,钢铁、合成材料、化工原料和水泥、玻璃等产量大幅度提高;部分特种钢材、精细化工原料以及用于电子工业的原材料生产也有明显的进展。由于主要能源和原材料有效供给水平有较大幅度提高,部分产品长期供需短缺的矛盾得到缓解。

尽管沿海和内陆重点发展重工业的出发点有所区别,但其结果是重工业在全国范围内得到普遍的加强。除云南和西藏外,其它省区市重工业比重都有不同程度的提高。其中,北京、天津、吉林、广西和贵州等省区市提高幅度最大,"八五"期间重工业平均每年增加2个百分点左右。沿海加工工业为主的省份,主要以弥补能源、原材料等工业不足为战略意图来加速发展重工业。除福建省之外,其它省区市重工业比重平均每年上升1个百分点左右。传统的重工业大省,在经历了调整轻重工业比例的努力之后,以能源和原材料为主的重工业仍是地区工业经济增长的优势部门,重工业发展速度持续高于轻工业。山西、辽宁、吉林、黑龙江、甘肃、青海、宁夏等重工业产值在工业总产值中的比重达到70~80%的历史最高水平。

除了能源和原材料工业之外,重工业在全国范围内的普遍快速发展,带来部分重工业产品生产分散化的趋势,尤以钢铁工业和汽车工业最为突出(表3—3)。1995年,全国轧钢企业达到7363家,平均每个企业年产量仅1.2万吨,每个县有3.4家轧钢厂。汽车制造厂(整车生产厂家,不包括改装车)多达125家,总产量仅145万辆汽车。

轻工业生产集中化程度有所提高

与重工业部分产品生产分散化相反,轻工业产品的生产呈现出在地区分布上有所集中的趋势(表3—3)。"八五"期间,为适应国内市场和增加出口的需要,轻工业中的电子元器件和家用电器、食品、纺织和服装等行业得到迅速发展。由于利益的驱动,各地区工业项目重复建设现象严重,棉花大战、烟叶大战等此起彼伏,严重地干扰了正常的市场秩序与生产秩序。如,全国有白酒厂5714家,平均每个县有2.7家;29个省区市生产纺纱、塑料和卷烟,28个省区市生产化纤,电视机、洗衣机、电冰箱分别有27、23和19个省区市生产。而且,从1996年国家计委与国家统计局的快速调查看,这些热点产品仍在建设中(表3—4)。

1991~1996年,在市场竞争和优胜劣汰机制的作用下,以耐用消费品为代表的名牌产品市场占有率不断提高,骨干企业规模化生产逐步完善。在生产集中化过程中,一些重复建设的企业被淘汰。1995年,全国有电视机厂302家、电冰箱厂186家、洗衣机厂89家,分别比1990年减少了13家、33家和20家。由于投资风险机制尚未健全,在企业淘汰过程中,给国家财力、物力造成较大的浪费。并且,又出现空调器、VCD机生产大战。空调器已由1990年的109家猛增到1995年的408家;VCD机从0增加到300多家。

表3—3 主要工业产品省区市累计产量比重分布情况(%)

按递减顺序排列	累计产量比重							
	发电量		钢		水泥		化肥	
	1990年	1995年	1990年	1995年	1990年	1995年	1990年	1995年
前5位	32.2	34.2	56.0	53.5	39.3	44.9	39.6	43.0

(续表)

按递减顺序排列	累计产量比重							
	发电量		钢		水泥		化肥	
	1990年	1995年	1990年	1995年	1990年	1995年	1990年	1995年
前10位	58.2	58.6	77.0	75.7	65.9	70.3	67.2	70.0
前15位	75.3	75.6	88.0	87.9	81.8	86.0	82.7	84.0
前20位	87.4	88.0	95.0	95.1	92.0	93.9	92.3	92.0
前25位	96.6	96.7	99.0	99.0	98.5	98.7	98.9	98.0
前30位	100.0	100.0	100.0	100.0	100.0	100.0	100.0	100.0

按递减顺序排列	累计产量比重							
	汽车		布		电冰箱		电视机	
	1990年	1995年	1990年	1995年	1990年	1995年	1990年	1995年
前5位	67.9	54.9	52.0	58.9	56.3	74.4	59.0	73.9
前10位	88.4	85.3	76.0	81.5	80.6	96.1	79.8	90.0
前15位	96.1	93.7	89.0	92.2	93.6	99.4	90.1	96.3
前20位	99.4	98.7	96.0	97.7	99.3	100.0	96.4	99.4
前25位	100.0	100.0	100.0	99.6	100.0	100.0	99.1	99.9
前30位	100.0	100.0	100.0	100.0	100.0	100.0	100.0	100.0

资料来源:①国家统计局编:《中国统计年鉴1991》,中国统计出版社,1992年。
②国家统计局编:《中国统计年鉴1996》,中国统计出版社,1997年。

表3-4 国家限制发展的主要产品中1996年各地在建情况

	汽车		摩托车		棉纺		电视机		洗衣机		电冰箱		空调器	
	项目(个)	能力(万辆)	项目(个)	能力(万辆)	项目(个)	能力(万锭)	项目(个)	能力(万台)	项目(个)	能力(万台)	项目(个)	能力(万台)	项目(个)	能力(万台)
合计	86	201.7	22	383.7	55	121.2	9	452.0	7	135.7	12	213	10	269
北京	2	12.0					1	15.0						
天津	1	10.0											1	3
河北					2	2.5								
山西	3	1.1												
内蒙古							2	100.0						
辽宁	4	5.3			1	1.5			1	10.0	1	10	1	40
吉林	5	27.4												
黑龙江					1	0.7	2	40.0						
上海	1	12.0					1	180.0	1	30.0	1	16	1	15
江苏	11	19.4	2	120.0	3	5.7	1	30.0	2	60.0	4	90	2	140
浙江	4	2.1	1	20.0							2	35		
安徽	10	17.3	1	1.0					1	0.7			1	30
福建	4	2.6	1	12.0			1	12.0						
江西	3	5.1	1	5.0	1	2.0					1	20		
山东	6	10.3	4	70.0	5	12.0	1	30.0			1	25		
河南		33.7			8	15.9								
湖北	6	29.3	2	27.5	2	4.5			1	20.0			1	10
湖南	2	0.3	3	30.7	2	3.0								
广东	1	0.3	3	45.0							1	15	3	31
广西	5	9.7		10.0	2	3.0								
海南	1	5.0	1											
四川	6	10.5	1	0.5	2	4.0	1	60.0						
贵州	3	9.0			3	6.0								
云南	1	6.0												
陕西	2	2.3												
甘肃	2	0.3									1	2		

资料来源:国家计委、国家统计局1996年快速调查。

农业内部结构变化大，牧业和渔业增长迅速

在强调巩固农业基础产业地位的同时，连年的粮食丰收造成加大农业投入、加快农业现代化进程的观念有所淡化。1990年，基本建设投资总额中农业占4%，1995年仅占1%。另外，由于国家宏观调控体制不完善，农业效益流失严重。一方面，导致农民增产不增收、涨价不涨利的现象普遍，收入增加缓慢，严重削弱了发展农业的主观积极性和农业自我积累、自我发展的客观能力；另一方面，制约了农业经济总量的大幅度提高和发展质量的改善，靠天吃饭的落后农业生产方式没有得到大的改观，海洋渔业、草场牧业等生产能力有所降低。因而总体上第一产业发展水平相对滞后于第二产业、落后于第三产业。

"八五"期间，中国农业发展潜力较大的省区市第一产业增长速度最快，包括黑龙江、福建、山东、河南、广西、海南、新疆等，年均增长速度超过了6%。到1996年，农业在国民经济中比重超过1/4的省区市有13个，经济发展水平都不高，除广西和海南位于东部沿海地带之外，全部集中分布在内陆地区，中西部省区基本对半。

【农业结构向着效益型转变】

在农业缓慢的发展过程中，农业内部结构发生重大变化，主要表现为农(种植业)业比重下降，林、牧、渔业比重提高。"六五"和"七五"期间，农业在农林牧渔业总产值的比重分别为74%和65%，"八五"期间下降到60%，1996年为58%。

"八五"计划时期，除内蒙古、广东、西藏、青海和新疆5省区外，其它省区市第一产业内部结构变化的基本特征是农业比重持平或有所下降。其中，下降幅度在5个百分点以上的，有沿海省区的河北、辽宁、浙江、福建、山东、广西，中部省区的吉林、黑龙江、河南、安徽，以及西部的陕西。第一产业内部结构的高层次化，已从沿海向内陆区域推进。但农业发展的状况因地而异：沿海省区市，以渔业增长速度较快，如山东省，渔业产值的比重从8.6%提高到14.5%；中西部省区则以农区牧业增长较快，如河南省，牧业的产值比重从21%提高到30%；陕西省也从21%提高到27%。

到1996年，山西、黑龙江、河南、贵州、云南、陕西、甘肃、宁夏和新疆等省区，农业在第一产业中的比重仍大于65%，农业经济效益普遍不高；而经济发展水平相对较高的省市，非农业经济在第一产业中的比重已提高到50%左右。除传统牧区之外，农区牧业比重较大的省区市有：北京、上海、吉林、辽宁、河北、山东、湖南、广西等，牧业已占农业经济总量的1/3以上。渔业集中分布在沿海省区市，其中，福建、浙江、广东的渔业在本省第一产业中的比重为19～26%。

在农业内部结构转换过程中，传统农业大省面临着为国家多作粮食贡献和加快发展地方非农经济的战略选择的冲突，国家关心更多的是农业大省粮食等农产品的有效供给量，而省区市更多地强调发展农业多种经营，致力于提高农业的整体经济效益。省区市农业多种经营的快速发展，显著地增加了农副产品有效供给量，蔬菜、肉蛋、水果的供应市场极大丰富。另一方面，由于农业综合经营战略的宏观调控不当，造成如北方苹果、南方柑橘产出规模过大、经济收益差的失误,挫伤了农民发展生产的积极性。

【把粮食当作政治任务来抓,成果显著】

尽管农业在第一产业中的比重持续下降,但"八五"时期粮食有效供给总量仍有明显增加,这是农业经济取得的最突出的成就之一。1995年、1996年连续实现粮食大幅度增产,总产量分别达到4.67、4.90亿吨,创历史最高水平,更加确立了"中国人能够养活中国人"的信念,成为国家进行市场经济建设一个重要的稳定因素。

实施"米袋子"省长责任制,是促成粮食大丰收的重要保障。较大幅度地提高粮食定购价格、气候条件有利、农作物种植结构调整以及科技进步等也发挥了重要作用。1995和1996年,22个省区市连续两年增产,粮食获得全国大范围内的丰收。其中,沿海经济强省,摆脱了长期以来粮食生产增长缓慢的困境,连续两年粮食增产,平均年增长3~8%,从而改变了中国粮食生产的地区分布格局。

> 第三产业加速发展,传统行业仍占主导地位

改革开放以来,第三产业的发展,在提供劳动就业机会、完善市场经济体系、提高人民生活水平、构筑经济建设大环境方面,发挥了重要的作用。

【第三产业发展水平同省区市整体经济发展水平基本一致】

"八五"期间,第三产业在各省GDP中比重值的变化比较紊乱。1996年,除京津沪3市第三产业比较发达之外,以第三产业在GDP中的比重反映其在国民经济中的地位,无明显的空间分布规律,比重值最大的省区是:辽宁、陕西、新疆、海南、青海、宁夏等。这一现象,反映出中国许多省区产业结构演进尚未进入稳定的发展阶段,产业结构畸形的问题仍比较严重。

但是,省区市第三产业的发展速度却表现出明显的地带性差异。"八五"时期,第三产业年均递增速度超过15%的7个省区市全都分布在沿海地带;而速度在12%以下的10个省区,6个在西部,4个在中部。其发展结果是,经济相对发达的省市,第三产业发展水平较高;多数省区第三产业比较落后,同其经济发展总体水平基本一致。

【第三产业仍以传统产业为主导】

商贸餐饮业、运输邮电业在各省区市的第三产业中,均占有比较重要的地位。在第三产业的新兴领域,各省区市发展的侧重点有所不同,大体集中在房地产、金融保险、旅游业等产业部门。

* "八五"时期,商品流通的市场化水平提高,90%以上的商品资源已通过市场配置,国家定价的商品不到总量的5%。商品市场体系建设稳步发展,综合性批发市场、专业市场、集贸市场发展迅速,并出现如仓储式商店、平价超市、连锁经营店等新的商业组织形式。"八五"期间,中国各省区市的商业市场建设速度大体相当,发展水平仍存在着东部高、西部相对较低的地区差距。

* 交通运输业投资力度加大,使"八五"时期交通运输业成为发展最快的历史时期,但交通运输业从总体上仍未摆脱"限制型"的状况。邮电通信业在"八五"时期,规模容量、技术层次、服务水平都发生了质的飞跃,目前,已建成的覆盖全国、畅达世界的公用电信网,其数字化

和程控化水平已进入世界先进行列。

* 多数省区市房地产业投资额年均增长速度高达30%左右，是第三产业中增长速度最快的行业，在改善城镇居民居住条件方面发挥了重要作用。存在的主要问题是，各省区市商品房销售不畅，1995年底，全国城市中积压的商品房已达5000多万平方米，积压量始终呈增加趋势。

"八五"期间，国内旅游业出现迅速发展的势头，1995年同1994年相比，国内和国际旅游收入分别增加34.4%和19.3%，许多中西部省区的旅游业逐步成为当地第三产业中的支柱行业。金融保险业在全国范围内保持平稳增长。在经济发达的中心城市，逐步被作为城市带动区域经济发展、推动城市产业结构升级的中心功能进行重点建设。

【第三产业超前或重复建设的现象严重】

改革开放以来，第三产业出现了的一些同国际先进水平接轨速度最快的领域，如通讯网络、电视广播业、高级宾馆和购物中心等。由于体制不完善、战略制定失误、某些决策有追求不切实际的形象工程等倾向，许多省区市第三产业中个别领域的发展同国民经济整体发展水平相脱节，突出表现为过于超前或重复建设，如珠江三角洲地区的机场建设、中西部城市中的高档娱乐服务设施以及全国范围内的房地产业等，造成投资浪费与产业结构运行效率偏低。

> 工业经济实现了向非国有经济为主的转变

改革开放以来，国有经济虽然一直在国民经济中处于主导地位，但其份额却逐年下降，粗略估算，国有经济在GDP中的比重由1980年的54%下降到1995年的42%。集体经济所占比重逐步提高，成为支撑国民经济发展的主要力量之一，其中，乡镇企业是集体经济发展的主流。其它经济类型迅猛发展，在商业和餐饮业领域，个体与私营经济占据着绝对的优势；外商投资企业在其它经济类型构成中已占相当的地位。

国有经济在国家财政收入中的比重仍高达66%。在能源、交通邮电、金融保险等关系到国计民生的产业中，国有经济也没有失去其主导地位。但在工业经济领域，所有制结构却在过去的几年中，发生了根本的变化。

改革开放以来，非国有工业经济比重持续上升，"六五"和"七五"时期，分别占工业总产值的29%和43%。"八五"时期，国有工业年均增长速度仅为8.3%，而非国有工业则高达38.5%，使非国有工业在工业经济中的比重提高到58%，工业经济类型结构发生根本性转变。1995年，浙江、福建、广东和江苏4省的非国有经济比重高达80～86%；其次为山东、上海、河北、广西、海南、安徽、江西、河南、湖北等，比重为60～40%；国有经济仍占绝对主导地位的省区是：黑龙江、贵州、云南、西藏、甘肃、青海、宁夏和新疆，非国有经济的比重不超过35%。"八五"期间，工业增长的动力主要来自非国有经济，因此，其发展水平直接影响着中国省区市经济发展水平及其目前的经济运行状况。存在的主要问题是，非国有经济组织结构和管理结构整体水平相对落后，制约着工业经济现代化的进程。

在国有工业整体优势明显下降的同时，一些重要的工业行业，国有经济仍始终占有重要的地位。1995年，采掘工业和原材料工业总产值中，国有经济比重仍分别达到78%和68%。国有经济效益偏低,劳动生产率已低于其它经济类型的工业,亏损面呈逐年扩大的趋势,1991年为25.8%,1995年增加到39.6%,其亏损额占全部工业亏损额的70%。

省区市产业结构类型与产业发展政策的实施效果

根据"八五"计划期末产业结构的层次水平,中国省区市划分为5种类型(表3—5),其中:① 产业结构发育相对成熟、第三产业占有较大比重的类型,仅包括中国3个直辖市。② 第二类型的6个省份,创造了"八五"时期中国GDP增长量的51.5%,支撑着中国经济的增长。1995年GDP占全国总量的41.7%,处在工业化主导阶段,产业结构属中等水平。③ 半数省区产业结构发育不成熟,属中等偏下和较低层次水平组。GDP占全国总量的46.1%;除黑龙江和海南省外,人均GDP均低于全国平均水平。④ 人均GDP水平大约相当于全国80年代末期平均水平的省区共有4个,产业结构水平相当落后。

表3—5　1995年省区市产业结构类型划分

类　型 (产业结构层次)	人均GDP (水平元/人)	GDP占全国比重(%)	三次产业结构特征值	特殊省区
1 较高水平 上海 北京 天津	10000～19000	8.29	第三产业比重: 38～40%	
2 中等水平 浙江 广东 江苏 辽宁 福建 山东	5700～8100	41.68	第二产业比重: 42～48%	福建: 第二产业比重35%
3 中等偏下水平 黑龙江 海南 新疆 河北 吉林 湖北	4000～5500	16.61	产业结构跨度大: 一产25%左右、二产40%左右、三产30%左右	海南:三产42% 二产22% 一产26%
4 较低水平　4—1 工业发展程度较高 山西 青海 安徽 宁夏 河南 四川 云南	3000～3600	29.51	工业增加值比重: 34～45%	青海: 工业增加值比重31%
4—2 农业发展程度较高 内蒙古 广西 湖南 江西	3400～3700		农业增加值比重: 30～32%	
5 低水平 陕西 西藏 甘肃 贵州	1800～2900	3.91	结构极不成熟	西藏:一产42% 工业增加值7%

资料来源:国家统计局编:《中国统计摘要1997》,中国统计出版社,1997年。

> 较高产业结构层次水平的类型:上海、北京、天津

第一种类型包括中国的3个直辖市,是中国目前城市化和现代化建设水平最高的地区。工业经济实力雄厚,第三产业比较发达,为起步建设具有国际水准的大都市奠定了基础。

3个直辖市产业发展政策的核心内容,是实施"三、二、一"的产业结构调整战略。实施效果:第三产业、高技术含量工业的比重明显提高,现代化大都市的职能进一步完善。

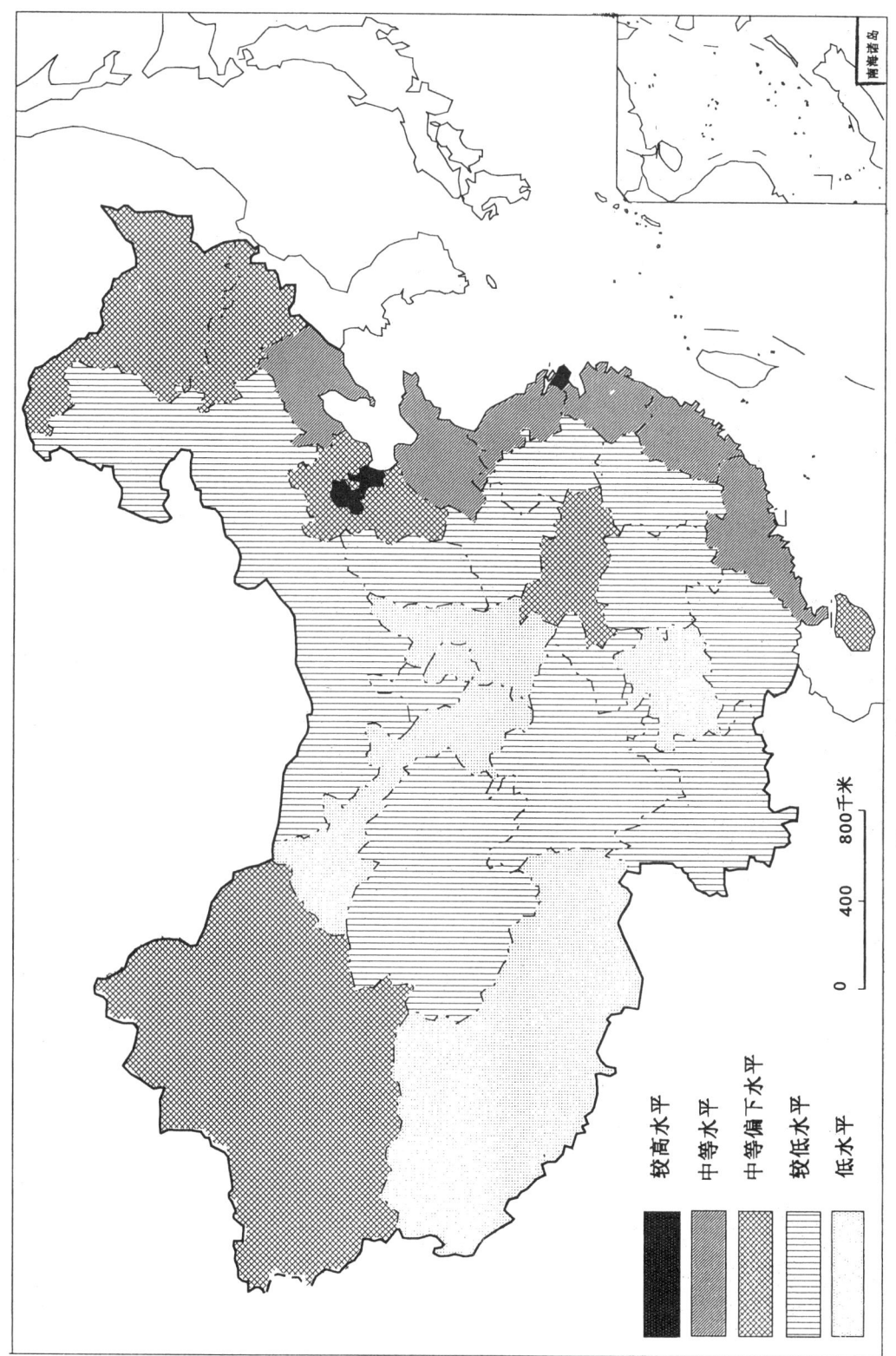

图 3-3 省级区域产业结构类型图

较高水平
中等水平
中等偏下水平
较低水平
低水平

【第三产业比重明显上升,成为推动经济增长的主要力量】

1990年,京津沪3市第三产业在GDP的比重分别为38.8%、33.5%、31.9%,1995年分别增长到50.1%、38.7%、40.2%,均超过了"八五"计划的目标。1996年继续提高到50.9%、40.5%、42.2%。产业结构向第三产业主导型逐步转换。第三产业中,新兴的金融、房地产、信息、旅游等行业发展领域不断拓宽,成为发挥中心城市职能的支柱产业。

【初步实现支柱工业产业战略性转变】

以提高技术含量高的工业行业比重为主要内容,大规模地调整工业结构,初步实现支柱工业产业战略性转变。

针对老工业基地行业结构不合理和技术结构水平低的特点,上海、北京都提出"要按照耗能少、用料少、运量少、'三废'少、劳动条件良好和技术密集度高、附加值高的要求",进行工业结构的调整和技术改造,提高本地工业在国内外的竞争能力。

"八五"时期的工业结构调整,重点是减缓工业中传统支柱产业,如普通机械制造、纺织工业、普通化学原料和制品制造等工业行业的发展速度,削减传统支柱产品的生产规模,降低其在工业总产值中的比重水平;加速发展电子、汽车、石化等工业行业,形成新的支柱产业,城市工业经济发展步入新的发展阶段。同时,在强调工业结构转换的发展过程中,北京等市钢铁工业的传统支柱地位却仍在进一步加强,这同城市的性质与总体发展目标是相互矛盾的。

表3-6 京津沪3市"八五"期间主要工业行业的比重变化(工业总产值=100)

直辖市	纺织工业 1990年	纺织工业 1995年	化学原料及化学制品制造业 1990年	化学原料及化学制品制造业 1995年	普通机械制造业 1990年	普通机械制造业 1995年	食品工业 1990年	食品工业 1995年	钢铁工业 1990年	钢铁工业 1995年	石油化工 1990年	石油化工 1995年	电子工业 1990年	电子工业 1995年
北京	6.88	3.99	13.92	6.72	9.61	3.73	9.10	9.97	10.05	14.13	1.55	8.75	5.97	9.88
天津	10.96	5.91	11.27	7.61	10.13	4.40	7.44	8.46	9.75	6.87	2.79	5.42	4.94	14.19
上海	13.44	7.74	7.25	6.75	11.89	5.60	5.95	6.15	11.83	13.42	2.52	2.22	2.05	5.88

资料来源:①《中国工业经济统计年鉴1991》,中国统计出版社,1992年。
②《中国经济年鉴1996》,中国经济年鉴社,1997年。

工业体制改革有较大进展,成为增强第二产业活力的重要因素。上海140家国有企业、天津106户大中型企业正在进行现代企业制度改革试点。在国有大中型企业中,涌现出一批技术领先、现代化企业制度比较健全、产品市场效益较佳的大型骨干、龙头企业,有力地支撑着城市工业经济。但同时,改革过程中出现的下岗、待岗职工的再就业问题,给城市造成极大的压力。

【稳步发展对外经济,进一步优化外商投资结构】

重点建设有利于推进城市产业结构调整的产业项目,特别是国际跨国公司和知名公司的投资在"八五"时期保持增长的势头,北京已达247家,200多家跨国公司和154家外资金融机构及代表处进驻上海,150家国际知名大公司和大财团落户津门。

【加速城市新区开发,作为培养优势产业群体的主要基地】

浦东开放开发成为推动上海市形成国际经济、金融、贸易中心之一的巨大动力,陆家嘴、金桥、外高桥、张江等4个功能小区初具规模,开发区面积达20平方千米。北京高新技术产业开发试验区和经济技术开发区在本市经济发展中的作用不断增强。天津滨海新区建设全面启动,保税区和开发区的建设名列全国前茅。

> 中等产业结构层次水平的类型:浙江、广东、江苏、辽宁、福建、山东

第二类型的6个省份,均位于中国的东部沿海地带。改革开放程度和经济发展水平相对较高。3次产业发展比较协调,并在全国占有重要的地位。将是中国率先实现现代化的地区。

【加大开放力度,推进外向型经济向较高层次发展】

"八五"时期,沿海6省外向型经济发展的主要特征是外商投资额增多,在全社会固定资产投资中的比重上升。广东省1995年"三资"企业总数达5.9万家,其中"八五"时期兴建了4.7万家。随着国家外贸政策的调整,沿海地区以外贸出口为主的外向型经济的发展速度受到明显的抑制。

外商投资结构的特点主要是:

* 外商投资企业的平均规模有所提高。山东省1995年外商投资企业平均项目规模由1994年的143万美元,上升到170万美元;浙江省也从114万美元上升到177万美元。

表3-7 部分省份外向型经济发展状况(%)

		浙江	广东	江苏	辽宁	福建	山东
外贸出口额在GDP中的比重	1990年	20.88	59.55	17.29	43.78	35.50	19.21
	1995年	19.90	85.85	8.05	24.54	35.76	16.51
利用外资额在固定资产投资中的比重	1990年	2.25		4.47	8.22		5.56
	1995年	5.70		13.62	12.70		8.51

资料来源:国家统计局编:《改革开放17年的中国地区经济》,中国统计出版社,1997年。

* 各省均出台一系列政策,加强对利用外资的引导,使外资投向趋于合理。基础设施、农业、高新技术产业等利用外资增加,一般加工工业利用外资减少。

* 以老企业的"嫁接"改造为重点,提高招商引资的质量和水平。1995年,辽宁省新增合资"嫁接"改造企业368家,其中大中型"嫁接"企业103家。

【加快工业化进程,加速基础原材料工业部门的发展】

工业实力不断加强,广东、江苏、浙江、福建工业总产值年均递增速度达到32~34%,山东为25%,辽宁为17%。工业增长缓慢是辽宁经济发展水平在中国东部沿海地区的位次不断后移的关键因素。而且除辽宁省外,其它各省第二产业增加值在GDP中的比重水平都有明显地提高,这是第二类型省份产业结构变化的主要特点。

第二类型的沿海6个省份,是中国省区市中工业化程度最高的地区。1990年除辽宁省重工业比重达到70%之外,其它各省均以轻工业为主。其中,浙江、福建、广东等轻工业比重为65%左右,而山东和江苏轻工业比重分别为52%、55%。"八五"计划时期,重工业发展速度高于轻工业,重点是能源、原材料工业产品产量的扩张,这是第二种类型6个省份的共性。此外,

加工业已开始由劳动密集型向技术和资金密集型的高加工工业过渡。并且,具有较高技术含量的加工工业有向沿海省市集聚的趋势。

* 轻工业为主的省份,在"八五"计划中,都以满足当地轻工业原材料需求为主要意图,将能源原材料工业作为集中投资的重点领域,出现工业结构重型化的趋势。浙江"八五"计划提出"加强基础、增强后劲"的发展思路,投资重点向基础工业倾斜。山东"坚持基础工业、基础设施先行的方针",将能源、化工、冶金等列入本省8大支柱工业部门之中。江苏省则"集中力量,高质量高效益地搞好一批重点基础工业建设项目,形成一批综合生产能力"。广东省致力于"加快发展重化工和钢材等原材料工业,替代进口,增强轻纺工业发展的后劲"。福建省"倾斜发展基础工业,逐步缓解能源和重要原材料短缺状况"。从"八五"计划执行结果看,5省发电量、钢铁和有色金属、布和化学纤维、水泥、化肥等工业产品产量都有较大发展。工业结构趋于综合、工业体系趋于完整,继续发展的结果,对产业的区域分工和合作将产生不良影响。

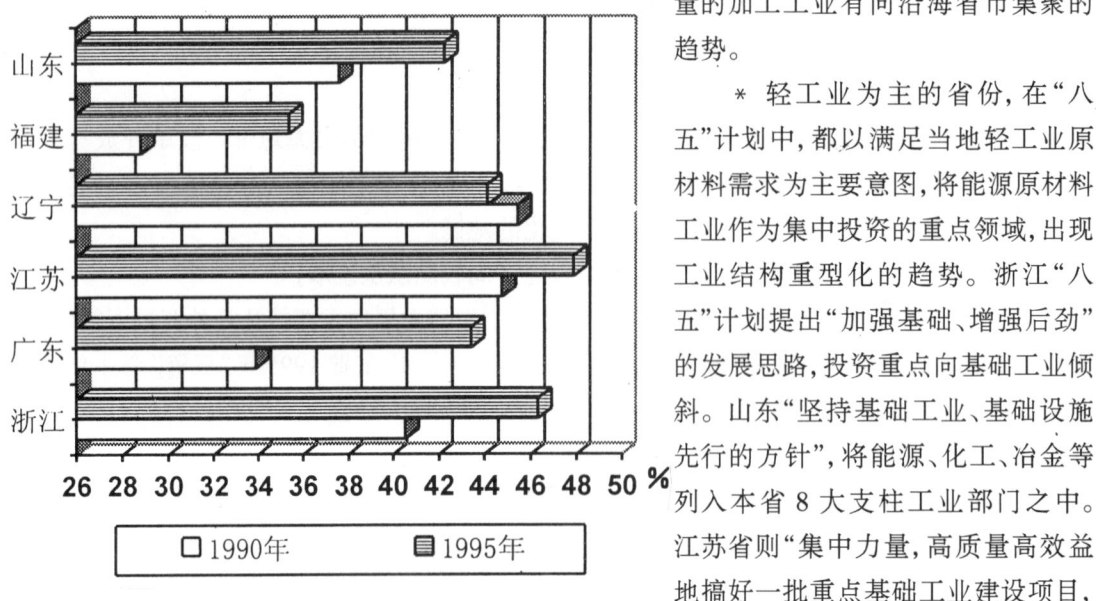

图 3—4　工业增加值在 GDP 中的比重

表3—8　山东、江苏、浙江、福建、广东5省主要工业产品产量在全国的比重(%)

	原煤	发电量	钢	化学纤维	布	水泥	彩色电视机	家用电冰箱	家用洗衣机
1990年	9.6	24.8	10.1	41.2	38.7	35.4	49.2	43.6	38.6
1995年	10.2	29.1	12.1	58.1	62.3	41.1	62.4	45.4	47.4

资料来源:①国家统计局工业交通司:《中国工业经济统计年鉴1990》,中国统计出版社,1991年。
②国家统计局:《中国统计年鉴1995》,中国统计出版社,1996年。

辽宁省尽管在"八五"计划中强调"从依赖资源、主要生产原材料和初级产品,向开发精深的最终产品转变",并且也出现了家用空调器、彩色电视机、家用电冰箱等耐用消费品生产增长较快、主要机电产品和部分投资类产品的生产低速增长或下滑的现象,但重工业增长速度较轻工业仍高2个百分点。工业结构调整目标未能实现,老工业基地结构性矛盾非常顽固和突出。

* 乡镇工业的发展已步入正规工业发展的轨道,涌现出一大批具有较强市场竞争能力的优势企业和名牌产品,并通过以股份合作制为重点的改革,成为农村经济和工业经济的重要支柱。

* 开展现代企业制度的试点工作,实施股份制企业规范与转制、企业产权制度改革、企业

组织结构调整等体制改革举措,推动工业经济增长。大中型企业在辽宁、江苏、浙江、山东工业经济中的地位有着不同程度的提高,已经或逐步占据主导地位。特别是浙江省,大中型企业的比重水平在"八五"期间从29%提高到41%,工业经济的运行质量有所改善。

【重视农业经济的基础地位,努力提高农业产业化的水平】

尽管第一产业比重在本省国民经济中的比重连年下降,但第二类型的6个省份农业经济仍处于全国的先进列,山东、江苏、广东农林牧渔业总产值名列全国第一、二、四名,粮食、水产品等主要农业产品在全国占有比较重要的地位。由于沿海6省国民经济整体水平高,特别是农村非农产业发展迅速,支援了农业生产条件的改善,6省农业现代化水平和生产效率都居全国的上游。外向型农业经济开始起步,在部分区域有了长足的发展。

采用多种手段,扩大粮食生产规模。1995年,扭转了沿海经济发达省区市粮食产量下滑的局面,获得全面丰收,为稳定中国的粮食形势作出了突出的贡献。但同时,第二种类型6个省份的耕地面积均有不同程度的减少,6省5年间共减少耕地70万公顷,其中:广东和浙江减少了8.3%和6.4%,其余4省减少了2.3～2.4%。耕地面积减少也是农业发展中不容忽视的问题。

重视农业的综合开发和发展多种经营,在沿海省区市的农业经济发展中收到良好效果。特别是采用"山海联动"战略,将海洋农业和山地农业建设作为改变农业经济结构的重要内容。林、牧、渔业在农业中的比重,由1990年38～51%,增加到1995年的42～56%。随着种养业生产成本的上升,相对效益下降,农民发展种养业的积极性也受到一定影响。

【同步发展第三产业,重点建设交通通讯网络和商贸市场体系】

第三产业发展相对滞后,"八五"期间,广东省第三产业比重出现下降,其它5省的比重水平增加幅度也只是2～3个百分点。1995年,6个省第三产业比重较全国平均水平还低。第三产业发展以交通运输、邮电通讯业为重点,极大地改善了中国沿海地区的投资环境。其中:海港和航空港、高速公路等的建设速度居全国前列。并发的问题是:以海港和航空港为主的基础设施重复建设现象比较严重。

中等偏下产业结构层次水平的类型:黑龙江、海南、新疆、河北、吉林、湖北

除海南省外,其余各省区均有比较好的工业发展基础。改革开放后的相当长时期,国民经济增长速度比较缓慢,同东部沿海相对发达省市的差距逐步拉大。"八五"时期,仍以继续发挥传统产业优势为经济增长的主要途径;同时,各省区适当调整发展思路,从市场和效益出发,培植新的产业增长点,收到初步效果。国民经济3个产业的增长速度均有所回升,是中国平均发展水平的典型省区。其中,吉林、新疆的GDP总量,以及河北、湖北、海南等省人均GDP水平在全国的位次下跌趋势得到遏制或有所前移。黑龙江省经济发展起色较小,经济技术基础雄厚所积淀的优势逐步丧失,是"八五"时期中国经济增长速度最慢的省份之一。

【巩固传统优势产业的支柱地位】

第三种类型6个省区的农业均在全国占有重要的地位,其中5个粮棉为主的农业大省、1

个热带特色农业大省。除海南省外，其它5省的传统优势工业，如石油（黑龙江和新疆）、煤炭（河北、黑龙江）、冶金（湖北、河北）、汽车（湖北、吉林）、重型机械设备制造（黑龙江、湖北）、化工和建材等，不仅长期是本省的支柱产业，而且，也是体现有关省区在全国职能分工、专业化生产方向的主导部门。

"八五"时期，加强基础产业和传统支柱产业建设，仍是各省发展经济的重点。

* 工业：以改造为核心内容。

传统主导工业产品产量在全国的比重值基本稳定。主要通过技术改造，大规模地扩大传统主导产品的产量规模，改变产品结构，推动了本省工业经济的发展。

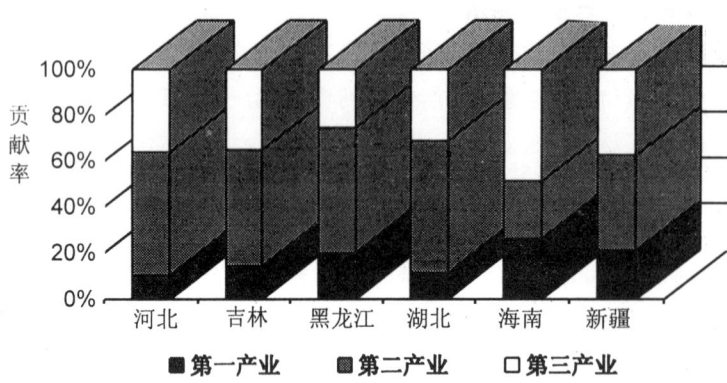

图3—5 "八五"时期3次产业对GDP增长的贡献率

湖北省"从固定资产存量大的实际出发，以较小的增量来引发现有的存量，使现有资产存量充分发挥效益"。钢铁工业、磷盐化工和石油化工、水泥为主的建材工业等通过技术改造，综合生产能力都有较大幅度的增长，支柱工业的地位得到进一步巩固。在同样的发展思路指导下，河北省的能源、冶金和建材工业，吉林的化工，新疆的石油和石油化工等行业的产值也都有较大幅度的提高。

表3—9 第3类型主要省份支柱工业产品的发展情况（%）

河北	"八五"期间增长幅度	1995年在全国总产量的比重	湖北	"八五"期间增长幅度	1995年在全国总产量的比重	黑龙江	"八五"期间增长幅度	1995年在全国总产量的比重
钢	107.0	8.32	钢	13.0	7.46	原油	0.7	37.33
发电量	64.5	6.03	发电量	32.9	4.50	发电量	31.5	3.85
原煤	30.6	5.95	汽车	33.7	10.48	原煤	-4.8	5.83
水泥	140.8	6.63	水泥	86.2	3.86	水泥	41.3	1.40
化肥	21.2	6.10	化肥	44.7	7.47	化纤	45.1	3.96
布	48.5	6.07	纱	43.0	9.19	木材	-25.0	18.58

资料来源：①国家统计局工业交通司：《中国工业经济统计年鉴1990》，中国统计出版社，1991年。
②国家统计局：《中国统计年鉴1995》，中国统计出版社，1996年。

以邯郸钢铁工业公司为代表，强调管理方法和管理体制的改进，提高了传统产业的生产经营效益，给传统优势产业的持续发展注入了活力。

但优势产业的行业结构和所有制结构矛盾依然突出。如：黑龙江能源、建材、森工等传统优势行业的发展速度比较缓慢，经济效益下降明显。特别是煤炭、森工、军工等行业尚未走出困境。尽管黑龙江省也采取了一系列措施，如在煤炭生产基地采用"依托煤炭求生存、跳出煤炭求发展"的方针，通过煤炭职工下岗务农、转产搞第三产业等，推动产业结构的调整，但实际上，这些措施的效果仍是局限在解决生存问题上。

此外，省区间优势产业发展战略的差异，也导致发展效果的不同。吉林和湖北两省是中国汽车工业生产基地。由于第一汽车制造厂（吉林）能够面向市场、及时调整产品结构、合理组织企业协作网络，因此，汽车生产规模和效益等取得全面进步，支撑了吉林工业经济的增长；吉林汽车生产量从1990年的7.33万辆，增加到1995年的17.75万辆。同期，湖北省汽车产量从11.38万辆仅增加到15.22万辆，主要原因是第二汽车制造厂发展战略的失误所致。

* 农业：以稳步增长为目标。

第三类省区农业在全国的地位仅次于第二类的省份。"八五"计划期间，强调粮、棉、肉等传统优势农产品的稳定增产，是各省区农业经济发展的核心任务。"农业只能加强，不能削弱，只能升温，不能降温"（河北省"八五"计划），在坚持一、二、三产业协调发展中，"始终把发展农业放在首位，为国家多作贡献"（湖北省"八五"计划）。

"八五"计划执行的结果：河北省连续5年粮食获得丰收，1995年创历史最高水平，在全国的排名从第九位升至第六位；新疆农业基础地位得到进一步加强，粮食连年丰收，棉花已从1990年的46.88万吨增加到1995年的92.5万吨，成为全国最大的产棉区；黑龙江农业发展仍以粮食生产为重点，始终是全国春小麦播种面积最大的省份。湖北和吉林的粮食、湖北的棉花稳定增产，是全国重要的粮（棉）生产基地。海南省以热带水果、反季节蔬菜、"两高一优"农业及其它热带农作物为主的优势农业开始形成基地化、商品化生产。

【培植新的经济增长点，推动国民经济的发展】

除海南省外，其它5省区传统的产业结构基本属于重型结构，资源开发型和初级加工型产业比重比较大，一般采掘和原材料工业在工业中的比重达到1/3～1/2；以公有制为主体，经济成份比较单一。这种产业结构类型，与有计划的市场经济不相适应。在为国家作出较大贡献的同时，本省经济的发展受到一定的影响。

* 培植新的支柱产业，加速经济增长。突出地表现为：5个采掘和原材料工业比重较高的省区，都在努力发展加工工业，但工业结构的基本特征在"八五"时期并没有发生大的变化，加工工业的总体发展水平仍然较低；反而，重工业在工业总产值中的比重、采掘和原材料工业在重工业产值中的比重略有抬升。工业结构调整步履艰难。

* 黑龙江提出90年代经济发展的指导思想要实现4个转变，其中"要由资源依赖型经济转变为深度开发、多元综合发展型的经济格局"。真正能够贯彻这一指导思想的，主要是以大庆为核心发展的石化工业以及其它化学工业，但其增长速度也只是略高于其它产业。由于产业结构和所有制结构没有得到有效的调整，经济增长速度仍一直比较缓慢。湖北省在发展工业的指导思想中明确提出：要"促进农副产品的加工增值"，"发挥重工业优势，为农业、轻工业及其它经济部门提供能源、原材料和技术装备";服装、食品、日用化工、家电等形成一定的规模,并创出在国内外市场具有较高声誉的名牌产品。河北省要"适当加快加工工业的发展,改变轻工业落后的面貌"。吉林省积极培育食品和医药等优势产业,促进了全省的经济增长。新疆则"抓住国家调整轻纺工业生产能力和布局的机遇,充分利用区内丰富的农牧业原料优势,大力发展以纺织和食品工业为支柱的轻纺工业"。海南省也在"八五"计划时期、特别是后3年,"按照把海南优势与国家需要相结合的原则,积极调整产业结构,努力形成新的产业基础"。在工农业发展极其薄弱、经济发展水平不高的基础上,曾一度过高地强调房地产开发、服务业等第三产业,在"八五"前期实现经济高速增长之后,结构性矛盾又阻碍了经济的可持续发展。海南省及时调整发展战略,突出特色农业和旅游等优势产业,为经济增长注入了活力。"三、一、二"的产业结构,在中国是独一无二的。

* 开放型经济建设速度加快,但在全国开放格局中的地位尚未发生明显变化。省会城市和一些沿江沿边的城市被国家相继批准为对外开放城市,由黄石—武汉—宜昌构成的长江开放城市群以及图们江地区、新疆和黑龙江的沿边开放、海口保税区等的建设成为本省区发展外向型经济的龙头区域;1992年之后,又掀起了国家级和省级经济技术开发区的建设高潮,湖北省达25个;吉林省也有16个。利用外资、发展"三资"企业的速度比全国的平均速度稍快一些,尤其是河北省"八五"时期实际利用外资额是"七五"时期的22倍,从1990年在全国排名第20位前移到第11位;吉林和海南2省"八五"时期实际利用外资额是"七五"时期的10倍左右,外资成为本省经济建设资金投入的一项新的主要来源。

* 在集中投资建设若干重点工程和项目的同时,"八五"计划期间,特别是邓小平同志南方讲话之后,各省区都将发展乡镇企业作为振兴省区经济的另一条重要途径。各级领导给予了高度重视,出台了一系列推进乡镇企业发展的政策措施,加快了乡镇企业发展的步伐。乡镇企业产值年均增长速度都达到了30%以上。此外,其它非国有经济在国民经济增长中的作用逐步显现。但非国有经济的发展水平仍同东部沿海地区有较大差距,特别是吉林、黑龙江和新疆的非国有经济发展薄弱,在工业中的比重仅为27~37%。

> 较低产业结构层次水平的类型:山西、青海、安徽、宁夏、河南、四川、云南、内蒙古、广西、湖南、江西

该类型11个省区经济发展全部低于全国平均水平。在1990年之前,经济增长比较缓慢;特别是"七五"计划时期,普遍出现比较严重的滑坡现象,同发达省区市差距拉大。"八五"计划时期,各省区经济增长速度开始上升;1992年以后,多数省区GDP递增速度连续4年高于全国平均水平,为下个世纪的发展奠定了良好的基础。但总体经济实力仍比较薄弱,产业结构不很稳定,部分省区仍未走出发展的低谷。

【"八五"计划中具有特色的提法及实施效果】

* 具有特色的提法。江西省:"抓好粮食生产,下更大的力气发展多种经营和乡镇企业";"打一场工业调整提高攻坚战"。河南省:"一切从河南实际出发,强农兴工……,走优势资源开发和深度加工增值的发展道路,变资源优势为经济优势,变单项优势为综合优势"。安徽省:"抓住时机,开发皖江,强化自身,呼应浦东,迎接辐射,带动

全省"。四川省："兴科教,增效益,翻两番,达小康,添后劲"。

* 所有省区经济总量均超额完成了"八五"计划的目标。其中,以乡镇企业为主的非国有经济成为经济发展的重要支撑力量和强大的生力军,乡镇企业年产值递增速度达到30～50%。

* 在全面完成主要工业产品产量的计划目标、保持传统优势工业地位的基础上,工业结构缓慢地向高层次推进。山西等重工业大省,采掘工业的比重向原材料工业和加工工业流动。偏重型的河南等省,石油加工、汽车、电子等新兴产业的发展速度高于整个工业发展速度;同时,利用当地农副产品资源优势,培育肉类加工为主的食品、烟草等轻工支柱行业。轻重工业比较协调发展的安徽等省区,一批轻工优势企业和名牌产品出现,开始起步向轻工大省转换。而像云南等轻工业为主的省区,除继续强化烟、糖、茶、胶等传统优势产业外,逐步改变比较单一的产业结构,重视以高新技术开发利用高档生物资源和山区特色食品工业体系的建设,逐步树立轻工强省的形象。

* 通过加速对外开放、加强地区经济协作等方式,扩大建设资金的来源。外商投资开始起步;"八五"时期,几乎全部第四类省区在协议利用外资项目数、实际利用外资额等方面,都较全国平均增长速度快;特别是四川、云南、山西和内蒙古4省区速度更快,项目数是"七五"时期的21～25倍,外资额为15～26倍。安徽省3个沿江港口对外轮开放,口岸外向带动作用日趋明显;沿边的广西充分发挥作为西南地区出海通道的作用,边贸成交额达124亿元,5年协进资金66.38亿元,占全社会固定资产投资总额的5.1%;青海通过民族地区改革开放试验区等形式,实际利用外资3.6亿美元,引进省外资金6.7亿元;宁夏和内蒙古少数民族地区在"八五"时期引进外省区市资金分别为1.34亿元和20亿元。

* 人民生活水平虽然得到明显改善,但较全国平均水平仍有较大的差距。10个省区中,城镇居民生活费收入"八五"时期年均增长速度高于全国平均值的只有3个,农村居民纯收入年均增长速度超过全国的有6个省区(图3—6)。到1995年,除湖南、广西城镇居民生活费人均收入略高于全国平均水平之外,其它省区该项指标和所有省区的农民人均纯收入都低于全国的平均值。

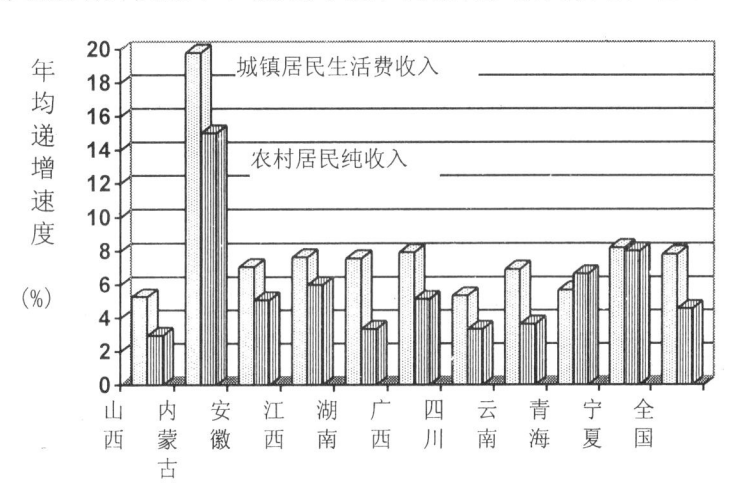

图3—6 有关省区居民收入同全国平均水平的比较

【经济复苏省区的启示】

江西、河南、湖南、广西、四川、安徽等省区,"八五"时期是改革开放以来经济增长最迅速的一个五年计划时期,GDP递增速度都超过了11%,人均GDP在全国排名前移。

* 改变思想观念,"以改革促发展,以开放促开发;在加强发展的同时,调整经济结构"(江西"八五"计划实施总结);"努力营造干事创业的良好环境,始终坚持以经济建设为中心,不刮风,不争论,不埋怨,千方百计加快发展,缩小差距"(河南"八五"计划实施总结)。

* 农村经济结构出现了转折性变化。农村中非农产业已发展成为经济主体,接近中国沿海省区非农产业在农村社会总产值中的比重水平。

表3—10 非农产业在农村社会总产值中的比重(%)

年份	江西	河南	湖南	广西	四川	安徽
1990年	37.65	51.16	38.64	23.40	40.36	42.01
1995年	76.84	72.12	69.44	57.08	77.20	75.45

资料来源:①国家统计局:《中国统计年鉴1990》,中国统计出版社,1991年。
　　　　　②国家统计局:《中国统计年鉴1995》,中国统计出版社,1996年。

* 重视多渠道筹措建设资金,加大基础设施和基础产业的投资力度,改善投资环境。固定资产投资较"七五"时期成倍增加,电力、交通、通讯等"瓶颈"制约得到明显缓解。

* 主攻工业,加快形成具有地方特色的优势产业群。工业生产快速增长,6省工业增加值递增速度为19~28%。除传统的主导产品,如钢铁和有色金属、水泥和陶瓷、卷烟和饮料酒、机制纸及纸板、汽车、羽绒制品、中西药等有大幅度增长之外,一些适销对路的高附加值产品以及轻工产品,如冰箱和电视机等家用电器、摩托车和汽车、肉制品、营养保健品和方便食品等也具有较高的市场占有率。

* 搞好扶持贫困地区的工作,促进地区经济的协调发展。6省区贫困面较大,扶贫工作直接关系到省区经济发展的总体水平状况。江西省5年累计用于老区和贫困地区农业开发、基础设施建设、开发性项目和社会公益性项目等方面的投资20亿元;广西投入扶贫开发资金32亿多元,解决了400多万贫困人口的温饱问题;河南约有500万人口在"八五"时期脱贫;四川绝大多数贫困人口也解决了温饱问题。

【经济发展不良省区市的问题】

宁夏、青海、云南、内蒙古、山西5省区"七五"出现的经济大幅度下滑趋势,在"八五"期间得到遏制,但GDP增长速度尚未恢复到"六五"时期的水平。"八五"期间GDP年均增长速度为7~10%,人均GDP在全国的排名除山西省未变外,其它省区全部后移。

* 支柱工业的结构优势不明显。5省区工业增加值在GDP中比重较高,主要是由个别优势工业部门的发展支撑的,众多工业行业发展非常薄弱。在乡及乡以上工业总产值中,山西省能源(煤炭和电力)、冶金和化学原料及制品业的产值比重为40%,青海冶金和石油开采业分别占33%和16%,云南食品工业占44%,其次为冶金14%。宁夏冶金和能源、内蒙古的冶金和纺织工业等也占有突出的比重。支柱工业的结构层次比较低,技术设备落后,加工程度低。而且,支柱产业通常以机制转换滞后的国有企业构成为主,加剧了企业现代化建设以及技术和产品结构调整的难度。

* "八五"时期的发展过程中,结构调整的力度和效果非常有限,尚未形成具有竞争力的新的经济增长点。如,山西省"八五"计划提出的3个基础(农业基础、基础产业、基础设施)、4个重点(挖煤、输电、引水、修路)的发展战略,工业结构继续趋重发展,重工业的比重从77%提高到80%;同时,轻工业对农业的依赖程度有所加强。其它省区也大体如此,工业发展在充分体现其资源、基础和优势的同时,暴露出"八五"计划时期工业结构调整尚未有大的起色。

* 农业经济增长缓慢。"八五"时期,农业资源持续弱化,农业生产起伏不稳,农业经济增长缓慢。除云南外,其它4省区每一农业劳动者创造的农业产值的增长速度明显低于全国平均水平,农业大省内蒙古在全国的排序从1990年的上游(第八位)后移至中游(第13位)的位置,山西省从中游水平(第18位)落后到下游水平(第29位),而原先处于下游的青海和宁夏的落后程度进一步加剧。

* 贫困面较大,脱贫任务依然严峻。到1995年,青海贫困人口还有83万,占总人口的17%。山西省还有50个贫困县、380万贫困人口。宁夏尚有100多万群众生活在贫困线以下,占总人口的20%以上。

> 产业结构低层次水平的类型:陕西、西藏、甘肃、贵州

第五种类型的4个省区,是全国的经济发展水平最落后的地区。工业化程度偏低,工业经济二元结构特征突出。农村经济基础薄弱,农业经济效益较差。"八五"时期经济增长速度较"七五"时期有所回升,各省区基本都提前1年或超额完成了"八五"计划的主要指标。但仍是全国增长最缓慢的区域,4省GDP年均增长率都不超过10%,在全国发展水平的位次持续后移,落后的经济状况没有大的改观。

【资金短缺,始终是制约落后省区摆脱贫困的关键因素】

* 投入严重不足,全社会固定资产投资占全国的比重有明显的下降。

表3-11 4省区全社会固定资产投资在全国的比重(%)

年份	陕西	西藏	甘肃	贵州
1990年	2.27	0.22	1.26	1.02
1995年	1.54	0.19	0.84	0.78

资料来源:①《中国统计摘要1995》,中国统计出版社,1996年。
②《中国统计年鉴1990》,中国统计出版社,1991年。

* 投资来源渠道有限,仍以国有经济单位为主体,"八五"期间投资结构亦无较大的改观,在向市场经济建设转轨过程中,没有营造新的经济增长活力。

* 财政状况一直不佳,财政收支平衡难度很大,地县两级欠发工资的问题比较突出,生产性投资和国家建设项目的拼盘资金更是短缺,自我积累和发展的能力严重不足。

【开始摆脱长期在比较低级的工业化阶段徘徊的局面,但结构矛盾仍然突出】

* 始终没有解决好发展战略的问题。制约工业经济发展的主要难点,难以尽快克服,发展取向一直不成功,支柱产业不景气。陕西省在"八五"计划中将机械、电子工业作为促进产业结构现代化的先导产业,但能源和短线原材料等却是工业建设的重点领域。甘肃省提出:"充

分发挥资源优势,以能源、原材料工业为重点,推进工业的现代化进程"。贵州省也在不断扩大能源和原材料工业生产能力的同时,"发挥产业优势,加快轻工、机械、电子工业的发展"。

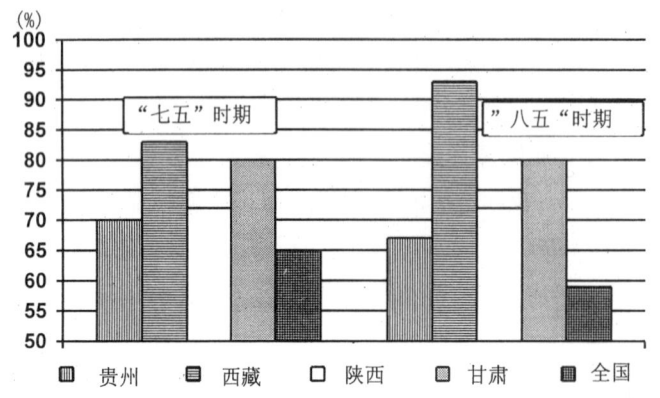

图3—7 国有经济单位在全社会固定资产投资中的比重

＊"八五"期间,能源和原材料等优势产业得到进一步发展,但多数在全国的地位却有所下降;如同其它计划时期一样,能源和原材料工业的重点优先发展,并没有能够带动省区经济的快速增长。后续支柱产业的培育速度缓慢,由于缺乏市场竞争力,机械、电子和轻工部门的许多新生龙头产品遭到淘汰,制造业整体发展水平仍没有改观。

表3—12 "八五"期间主要工业产品产量增长幅度(倍)

地区	原煤	发电量	铁合金	农用化肥	水泥	交流电动机	电视机	收音机	家用电冰箱	家用洗衣机	饮料酒	卷烟
贵州	1.49	2.23	2.82	1.38	1.68	1.13	1.47	0.00	0.33	0.56	1.62	0.98
陕西	1.27	1.58	1.73	1.43	1.61	1.00	0.29	0.64	2.83	0.62	1.46	0.91
甘肃	1.56	1.39	1.53	1.62	1.57	1.01	0.27	0.00	1.09	0.87	1.93	1.03
全国	1.26	1.62	1.77	1.36	2.27	1.70	1.30	3.90	1.98	1.44	1.85	1.06

资料来源:①国家统计局工交司:《中国工业经济统计年鉴1990》,中国统计出版社,1991年。
②国家统计局:《中国统计年鉴1995》,中国统计出版社,1996年。

相对集中的城市工业和比较落后的农村工业、以及相对强大的国有工业和比较薄弱的非国有工业,构成突出的二元工业经济特征(图3—8)。

＊国有企业改革尚未取得面上的突破,军工企业转民步履艰难。如:陕西省国有企业亏损面达到38.4%,停产和半停产的企业涉及职工20多万人。

【农业和第三产业得到同步发展,但总体水平落后,效益差】

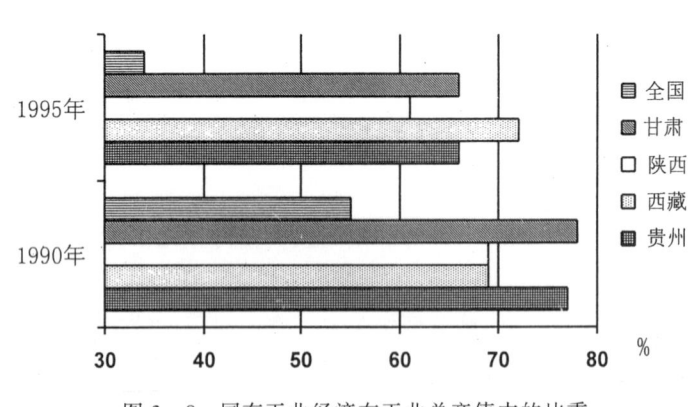

图3—8 国有工业经济在工业总产值中的比重

＊农村经济基础薄弱。4省农业建设条件不利,远未摆脱靠天吃饭的被动局面,加上自然灾害频率较高,农业生产波动较大,出现贫困地区部分群众生活返贫现象;农业经济结构单一,多种经营又受到市场规模的限制,效益不佳。除西藏外,3省农业结构以种植业为主,比重为65~69%,每一农业人口粮食

产量水平很低,在全国处于下游水平。

农村经济中,非农产业发展水平不高,贵州非农产业仅占农村经济总量的33%,最高比重水平的陕西省为65%,也仍距全国77%的平均水平有较大差距。

农村人民生活水平较低,1995年,陕西和甘肃农民年人均纯收入都不足1000元,是全国最少的两个省份。

* 第三产业同经济整体发展状况相互制约。4省区总体经济水平落后,限制了第三产业在结构层次和规模等方面的发展。1995年底,贵州、陕西和甘肃人均储蓄额分别为638、2139、1604元,均低于全国2449元的平均水平;职工人均工资、城乡居民人均收入等也都距全国平均值有一定的差距。受需求、购买力和市场容量等的限制,4省区商贸服务业等传统的第三产业发展平平,新兴的第三产业更为薄弱。

* 基础设施建设相对滞后,制约了经济发展。陕西缺水、缺路、缺电现象严重,全省每天缺电1000万千瓦时,西安市每日缺水50万吨,已成为社会"热点"问题。甘肃在"八五"时期能源供应一直紧张,电力供应短缺矛盾日益加剧。贵州交通运输网络等基础设施建设相对薄弱,影响到全省投资环境的改善。

【人口自然增长过快】

同全国1991~1995年5年间人口自然增长率相比较,只有陕西省在1993~1995年连续3年低于全国平均水平。陕西省在其它年份和其它3省区的所有年份,都高于全国平均值,人口自然增长率达到14‰左右。

人口过快地增长,削弱了经济增长的成效,成为人均GDP值增长缓慢、在全国位次持续后移的因素之一。"八五"时期,贵州、西藏、陕西、甘肃占全国GDP增长量中的比重分别为0.78%、0.09%、1.25%、0.83%,而人口占同期全国人口增加量的比重分别为2.69%、0.27%、2.90%、2.70%。

省区市"九五"计划新的发展思路

战略思想的新意 根据自身发展的实际,特别是受国家"九五"计划战略思想的启发带动,省区市的"九五"计划中也出现了许多具有新意的提法,反映出在发展观念上的转变。但多数思想如何有效地落实到具体实践中,还有相当大的难度。

【较高的经济增长速度】

在提高效益的同时,保持相当长的一段时期经济快速增长,仍是各省"九五"计划发展战略的核心内容。

* 京津沪3个直辖市都将国际先进水准作为发展目标。北京到2010年"达到并在某些方面超过中等发达国家首都城市的水平";届时,上海市则"为把上海建成国际经济、金融、贸易中心之一奠定基础,初步确立上海国际经济中心城市的地位";天津市形成不同层次的城市职能,即:"我国北方的商贸金融中心,技术先进的综合性工业基地,全方位开放的现代化国际港口大都市"。

* 尽管沿海发达省市在目标表述方面有所差异,如"成为生产力发达、国际竞争力较强、物质财富充裕的地区"(山东省),"基本形成海峡西岸繁荣地带"(福建省)等,但到2010年,"基本实现现代化,达到世界中等发达国家的水平",却是山东、江苏、浙江、福建和广东的共同目标。这里,浙江省和福建省分别将基本实现现代化界定在"多数地区"和"部分地区",是比较客观和现实一些的。

* 基本实现现代化的目标,对于中国以中部为主的中等发展水平的省区而言,往往是作为下个世纪中叶的长远目标。"力争主要经济指标在全国的位次前移,建设经济强省"(河北省)、"由人口大省转变为经济大省"(安徽)、"成为中西部发展较快的地区之一"(河南)、"实现由内陆地区工农业大省向经济强省的跨越"(湖北)等"经济强省"建设目标,是未来15年的奋斗方向。"力争进入全国发达省份的行列"(吉林)的目标应当有可能在个别省份实现。至于"完成由工业化中期向后期的过渡"(河北省)的具体表述,显得比总体目标超前了许多,实现的可能性不大。

* 以西部省区为主的落后省区,战略目标的中心点是:增强综合经济实力,"力争与东部地区不再拉大进而逐步缩小在经济增幅上的差距"(陕西)。而目标的具体内容通常是:"九五"期间基本解决处于贫困状态的人口的温饱问题(全部省区);"在2005年前后全省城乡居民生活基本达到小康水平"(青海),或"2000年多数群众达到小康水平"(西藏、宁夏、甘肃等)。有条件的省区,应当通过15年的努力,实现"进入国内中等省区市行列"(陕西)的目标。

【实施可持续发展战略、转变经济增长方式、科教兴省战略】

强调可持续发展观念的主要表现,是省区市将人口增加和经济发展过程中水、土地、矿产等资源的持续有效供给和生态环境保护,作为亟待解决的重大课题。省区市"九五"计划和未来15年规划中,集中反映的主要措施是:严格控制人口增长,提高人口素质;保护和合理开发利用土地资源;加强环境保护和重点生态工程建设;防灾减灾等。

大多数省区市仍然将产业结构的升级作为转变经济增长方式的重要内容。比较发达的省市明确提出"产业发展由以劳动密集型为主,向资金密集型和技术密集型为主转变"。发展水平中等的省区在突出实施结构优化战略时,更多地强调"转变经济增长方式必须坚持走内涵扩大再生产的路子",以调整产品结构为核心。落后地区突出增长方式转变的战略,较其发展水平和发展阶段有所超前;推进资源加工深度、提高产品附加值,是比较现实的经济增长方式转变的途径。

【强调省区市内部均衡发展、共同富裕的发展模式】

中国每个省区市都存在着内部区域间发展水平的明显差别,比照国家推进区域协调发展的提法,多数省区市也都将"逐步减缓省区市内部区域经济发展水平差距扩大的趋势"作为一项重要的发展内容,具体体现在"扶贫、脱贫"的目标实施方面。尤其是发达省市,在促进相对落后区域经济发展方面制定了一系列比较具体的措施。

> 寻求合理的发展途径，创造具有优势的增长机遇

【比较发达的省市】

发达省市全部分布在沿海地带。在跨世纪的发展战略中实现二次创业成为沿海发达地区发展思路的精髓。核心点是：体制创新、海上再造工程、内引外联、培育面向21世纪经济发展制高点的产业群体。

* 继续履行改革先行者和排头兵的职能，营造体制新优势，率先建立社会主义市场经济体制的基本框架。切实转变政府职能，改进政府对社会特别是经济活动的调节和管理；以国有企业的改革为重点，并探索乡镇企业和集体企业改革的新路子，构筑社会主义市场经济的微观基础；发展和完善市场体系，发挥市场机制在资源配置中的基础性作用；加快推进多层次社会保障体系的建设。

* 重视发挥在全国、特别是大经济区中的作用。处于环渤海经济区的山东省，将通过加强区域经济合作，促进本省经济的快速增长。上海将"拓展城市功能，面向世界，服务全国，带动长江三角洲及沿江地区经济带共同发展繁荣"作为重要的发展思路，重点是拓展金融市场辐射服务范围，工商业也要改"坐商"为"行商"，形成长江商贸走廊。福建省"按照全国经济布局的要求，积极开展跨省际的区域经济协作，建设对全国经济具有影响力的东南沿海经济区，使福建省在参与全国和国际经济分工中取得新的进展"。

* 提高外向型经济水平，从"引进来"为主，向"打出去"为主过渡。充分利用国际和国内两个市场、两种资源，优化对外经贸结构，实现出口创汇和利用外资由规模数量型向质量效益型转变，参与高层次的国际分工，全面与国际经济接轨。

* 形成强大的海洋经济体系，培育新的经济增长点。山东将"海上山东"和黄河三角洲开发作为两大跨世纪工程，计划将沿海地区建成经济发达的"蓝色"产业集聚带；到2000年，使海洋产业增加值占全省GDP的比重达到8%左右。同样，"海上苏东"工程，是江苏省两项跨世纪区域发展工程之一，"九五"期间，以百万亩滩涂资源综合开发为突破口；2010年，海洋产业的产值相当于沿海3市当时的农业产值。浙江省"按照建设海洋经济大省的要求，围绕开发港、渔、景、油资源，加快海洋、海岛开发"；福建省"以发展港口经济为主导，以开发利用近海资源为重点，使海洋经济开发利用成为带动全省国民经济发展新的增长点"。

* 工业内部结构的调整，仍然是产业结构调整的核心内容。除加快传统的产业改造步伐之外，加快培植新的主导产业和主导产品系列，是实现产业结构升级、提高经济整体素质和竞争力的决定性因素。

【中等发展水平的省区】

包括绝大多数中部省区及东部的辽宁和西部的新疆等省区。其中，辽宁等个别省区是由于经济长期增长缓慢、经济发展下滑到中游水平；多数省区或是近年发展起色较大、赶上中等发展水平，或是长期稳定在中游的省区行列。从发展思路上，有着明显的一致性。主要是：壮大现有支柱产业，在解决制约国民经济发展的主要症结问题上有较大突破，开辟经济发展"第二战场"，承接东部发达地区的辐射作用。

* 继续贯彻"八五"计划期间取得成效的产业发展思路，以稳步发展为核心，逐步推进产

业结构优化的进程。突出表现在：坚持把农业放在发展国民经济的首位,全面繁荣农村经济,从农业大省向农业强省跨越。进一步强化支柱(工业)产业的地位,较大幅度地提高支柱产业增加值的比重。河北省提出支柱产业的比重由"九五"初期的38%提高到50%以上。吉林、新疆等省区将继续壮大现有的支柱工业作为调整优化工业结构的首要任务。辽宁省仍将石化、冶金、电子信息、机械作为重点改造和发展的支柱产业,树立老工业基地的新形象。河南、湖北等省"按照'扶优、扶强'的原则,加大对传统优势产业技术改造和技术引进的力度,加速产品的升级换代"。

* 大力实施名牌产品战略,提高产品的附加值、市场占有率和经济效益。以名牌产品的发展促产业结构的升级,为有条件的部分省区逐步实现"从资源大省向加工业大省跨越"(安徽"九五"计划)奠定良好的物质技术基础。

* 以搞活国有大中型企业为中心环节,集中力量抓好若干大中型企业现代企业制度改革试点,推进骨干企业的公司化改造,建立一批股份有限公司、有限责任公司和大型企业集团。"九五"期间,各省都选取了一批大中型企业改革试点单位,或重点支持建设的骨干企业和企业集团,作为转变企业经营机制、建立现代企业制度的突破口。企业改革成效如何,将决定着省区经济发展的总体态势。

* 特困行业的转产工作。作为配合国家对特困行业调整和转产的工作,促进特困行业在世纪之交时能够步出困境,进入良性循环的轨道。特别是有些省区的煤炭、金属开采业、森林工业、纺织工业、军工等。

* 积极发展非国有经济,培育新的经济增长点,全面开辟经济发展的"第二战场"。包括:以乡镇企业为重点,同时提高个体私营经济、三资企业等在国民经济中的比重。

* 重视借助发达地区的经济辐射和带动作用。黑龙江提出"南联北开"战略,"利用沿海发达地区(南联)产业和产品结构调整的机遇,引进资金、技术和先进的管理经验,建立各种不同类型的出口(北开)商品基地"。河北省"进一步扩大以京津为重点、面向全国的全方位对内开放。抓好环京津都市圈建设,更多、更好地引进经济各类生产要素"。湖北、安徽等沿长江省份提出"呼应浦东"的战略布局构想,积极承接上海龙头辐射和带动作用。

【经济发展水平落后的省区】

以西部省区为主,长期处于中国经济发展的下游水平。加速工业化进程、改善投资环境以及提高贫困地区人民的生活水平,依然是落后省区长期而又艰巨的重点任务。

* 以加速工业化进程,作为经济建设的中心工作。立足资源优势,加速资源优势向经济优势的转换,仍是见效有限、但切合实际的发展战略。青海继续实施"加大资源开发力度,加快脱贫致富,加速工业化进程"的经济发展战略。宁夏以提高产品的加工增值度和经济效益为宗旨,通过延长产业链的方式,"促进以资源密集型为特色的产业结构逐步转向以资源—技术为特色的产业结构"。甘肃、贵州等省区也将资源开发型产业,作为工业建设的重点。

* 军工企业的发展。落后省区的机电工业优势,主要体现在国防工业上。国防工业在未来15年中,能否瞄准世界先进水平进行军民结合型技术改造、成功地实现民品开发,对落后省

区产业结构升级和地区经济的繁荣,起着关键作用。

* 把能源、交通、通信等基础产业和基础设施建设摆在突出的位置。特别是结合国家"九五"计划重点支持中西部经济发展的重大工程项目的建设,改善生产和生活条件,优化投资环境。

* 对外开放和对内开放并重,实行外引内联"两个轮子一起转"。沿海劳动密集型产业西移和资金西进,将会对中国落后省区经济发展起到一定的促进作用,但强度却是非常有限的。

* 严格控制人口的过快增长,推进少数民族和贫困地区经济发展。

<u>支柱产业选择存在的主要问题</u> 国家提出的主导产业选择方向,成为地区主导产业选择的样板,造成省区市支柱产业的重叠度极高,这是省区市"九五"计划存在的主要问题。国家提出的支柱行业为:机械、电子、石油化工、汽车、建筑业。这5个支柱产业,恰恰依次是在省区市中重叠度最高的。其中,机械工业有25个省区市,电子工业有24个,化学工业有23个(大多数地区是将石油化学工业作为发展重点),汽车工业有22个,建筑和建材工业有19个(表3—13)。

【警钟:汽车工业成为22个省区市的支柱产业】

随着省区市地方经济的发展,区域经济的地位愈加重要,地方政府调控经济的能力明显加强,操作和运行地方经济的手段也越来越成熟。那么,各省区市如何正确认识地区经济发展优势,如何选择合理的产业发展方向,就必将对省域经济的发展状况产生直接的、显著的作用。而且,省区市决策重大失误所产生的不良后果,将会干扰国家经济发展的正常秩序,影响国民经济健康、持续和快速的发展。22个省区市将汽车工业作为"九五"时期的支柱产业,便给中国制定地区产业发展战略和产业结构调整目标敲响了警钟。

中国汽车工业是从1953年起步建设的。进入90年代以来,汽车工业的发展才真正步入了"快车道"。1990年汽车产量为51.4万辆,到1996年达到154.3万辆。汽车工业迅速发展的基本动力是投资力度的大幅度提高。1953~1990年,国家与地方用于汽车工业的投资为269亿元,而"八五"期间,仅国家安排发展汽车工业的投资就达384亿元,若加上其它渠道筹资,汽车工业共完成固定资产投资近600亿元。虽然汽车工业有长足的发展,但汽车工业在中国国民经济中的地位仍然不高,其增加值占GDP约1%,同发达国家5%的平均水平差距仍然很大。

在中国汽车工业的发展过程中,存在的突出问题是:布点分散、规模小型化。尽管国家曾专门制定汽车工业发展的产业政策,但丝毫没有解决这个问题。国际上,汽车工业生产的集中度不断提高,90年代中期,世界10大轿车公司的产量占全球总产量的76%,美国和日本最大的前3家汽车公司分别集中了本国汽车产量的90%和80%。而中国汽车工业发展却走了与此截然相反的道路,省区市汽车产量的分布趋于分散化,三大汽车公司的汽车生产集中度也由80年代初的58%左右下降到90年代中期的35%左右。规模经济差和生产集中度低,严重地影响了中国汽车工业的发展效益、对外竞争力以及对市场的适应性。

表 3—13 "九五"计划中各省区市确定的支柱产业(未调整前)

省区市	支柱产业选择						
辽宁	石油化工	冶金	电子信息	机械			
北京	电子	汽车	机械	化工	冶金		
天津	汽车和机械	电子	化工	冶金			
河北	化工与医药	机械与汽车	电子	冶金	建筑建材		
山东	石油化工	机械电子	汽车	建筑业			
江苏	机械	电子	石化	汽车			
上海	汽车	通信设备	电站成套设备及大型机电设备	家电	钢铁	石油化工与精细化工	
浙江	机械	电子	化工	医药	纺织丝绸	轻工食品	建材
福建	石油化工	机械电子	林产加工	建材			
广东	汽车	石化	新型建材	电子			
海南	油气化工	汽车	食品	纺织	医药	造纸	建材
广西	蔗糖加工	有色金属	汽车	机械制造	建材		
黑龙江	汽车	化工	食品	电子	医药		
吉林	汽车	石油化工	食品	医药	电子		
内蒙古	家畜产品加工	能源	钢铁冶金	机械电子(重型汽车为主)			
山西	冶金	机电	化工	建筑建材			
河南	汽车	家电	石化	建材			
湖北	汽车	机电	钢铁冶金	化工	建材	轻纺	
湖南	冶金	机械电子(汽车等)	建材建筑	化工	食品		
江西	电子	汽车	机械	石化	医药	食品	纺织 建
安徽	汽车	石化	新型建材	电子			
陕西	机械	电子	医药	食品	建筑		
甘肃	石油化工	建筑建材	机械电子	轻纺	食品	医药	
宁夏	冶金	煤化工	(农产品为原料)轻工业				
青海	电力	盐化工	石油天然气化工	冶金			
新疆	石油	天然气化工	纺织	食品	建筑	建材	
四川	冶金	化工	食品	机械	电子	汽车	建筑建材
贵州	食品(烟酒)	铝及铝加工	电力	汽车	煤及煤化工	磷及磷化工	建材
西藏	加工业	矿业	森林工业	旅游业	建筑建材		
云南	烟草 生物资源开发(食品为重点) 矿产资源开发(磷化工和有色金属加工为重点)旅游						

22 个省区市在"九五"计划中将汽车工业作为支柱产业,将无疑会进一步加剧中国汽车工

业发展的基本矛盾。调整支柱产业的选择,成为实现地区跨世纪经济发展蓝图急需解决的问题。可喜的是,广东省政府率先意识到决策的失误,剔除了单凭主观愿望就能产生效益的观念,正式确定不再将汽车工业作为广东省的支柱产业。同样,重庆市也及时将支柱产业从6个调整为3个,以便充分发挥地方的比较优势,构筑面向21世纪、具有竞争力的产业群体。

【重复建设,是支柱产业选择存在的主要问题】

* 重复建设是支柱产业选择与地区发展优势脱节的结果。中国各地区工业化阶段存在着较大的差距,工业建设的条件和基础也大不相同。1995年,汽车总产量的80%左右集中分布在8个省市,而其它14个仍将汽车工业作为支柱工业的省区市的汽车产量仅占全国总产量的14%左右;电子工业发展规模和经济效益较好的省区市主要是3个直辖市、沿海外向型经济比重较高的江苏、福建和广东3省,以及具有军工优势的四川和陕西,其余省区市的电子工业则与上述8省区市有着很大的差距;中国石化工业的主要问题是生产装置的规模经济太差,技术水平不高,发挥现有企业潜力将是今后石化工业发展的基本战略。而且,汽车、电子、石化等工业资金和技术密集度高,规模经济效益显著,产品市场竞争激烈。目前大量的省区市将这些产业作为支柱予以重点发展,必然出现在发展中不具备发展条件和基础较差的省区市被淘汰。因地区发展优势未能在支柱产业的选择中得到合理体现,给经济建设造成严重的失误。

* 重复建设的结果,必然导致生产总量失控,生产能力过剩。由于将汽车工业作为支柱产业的22个省区市中,绝大部分是将整车作为发展重点,省区市计划汽车产量的总和达到570万辆,大大超过国家计划的270万辆的总量规模。冶金工业是仅次于国家五大支柱行业之外重叠度最高的部门,共有15个省区市。其中,钢产量的省区市计划汇总数达到1.45亿吨,国家2000年计划仅为1.05亿吨。"八五"时期,重复建设造成生产能力过剩就是经济建设中的突出问题。据第三次工业普查对94种主要工业产品统计,产品生产能力利用率在80%以上的仅有33种产品,以能源和原料化工业为主;生产能力利用严重不足、能力闲置在一半左右或不足一半的有35种,主要是机械、轻工家电等产品,如汽车利用率为44%、摩托车为55%、房间空调器和复印机为34%、录像机、洗衣机、微波炉、彩电在34~46%、微型电子计算机生产能力利用率仅为13%。

* 重复建设的各方,因投资分散、建设项目偏小,造成生产规模经济不合理,长期背上低效益的包袱(表3—14)。

表3—14 中国主要工业产品生产企业规模同世界先进水平的比较

	汽车企业	钢铁企业	炼油企业	乙烯装置	棉纺企业	造纸企业
世界水平	先进水平 年产100万辆	最佳规模年产 500~1000万吨	平均规模 500多万吨	最大90万吨 平均30多万吨	合理规模 3~8万吨	平均5 万吨
中国的情况	最大规模18万辆 平均规模1万多辆	平均规模5 万多吨	平均167 万吨	平均21万吨	>3万吨的企 业占20%	平均 3000吨

产业布局政策（战略）与产业布局变化

应当说，产业布局政策在中国国民经济建设中还没有能够成为产业政策的有机组成部分。但是，由于产业布局战略是对产业发展战略空间的具体落实，因此，产业布局的变化同产业发展状况有着极为密切的关系。在省区市经济增长和产业结构不断完善的同时，省区市产业布局通常也有相应的调整。"八五"时期和1996年，省区市产业布局政策（战略）的中心点是：一方面，呼应国家经济布局的总体战略，特别是对七大区产业布局的进一步落实和与之协调；另一方面，强调省区市贯彻"点—轴"开发模式，强化经济中心城市的辐射作用，沿长江、沿海或沿边、沿铁路干线为主的交通线路拓展生产力布局，逐步实现省区市内部合理的地区产业分工。

> 中国空间发展战略简述

在传统计划经济时期，全国空间发展战略同省区市布局思路是比较吻合的。或者说，省区市布局战略主要是对国家空间发展战略的贯彻和落实。改革开放以来，中央决策部门提出过3种地区布局思路，对中国经济建设都起到重要的作用。

【沿海优先发展战略——"沿海"与"内陆"、"三大地带"】

在"六五"和"七五"计划时期，中央倡导"沿海—内陆"、"三大地带"等战略思路，明确了中国改革开放的空间发展格局，成为中国东部沿海地区经济快速发展的基本保障。

【"点—轴"开发模式】

在《全国国土规划纲要》中所阐述的"点—轴"开发模式，对中国空间发展总体战略和地区布局战略产生了极其深刻的影响。T字形一级开发轴线，即沿海和长江产业带的建设，在中国经济现代化建设中占据越来越重要的地位，带动了全国广大地区的经济发展。同时，各省区市发展计划中，也贯彻了"点—轴"开发思路，确定中心城市或经济核心区、重点产业带，组织全省的区域经济布局。

【地区经济协调发展战略——"七大区"规划】

"八五"计划时期，由国务院正式提出，在全国范围内编制七大经济区发展规划；并将七大经济区的发展，列入"九五"计划之中，作为区域经济布局和促进地区经济协调发展的主要内容。

"八五"期间，先后编制完成了4个大区的发展规划，即：长江三角洲及沿岸地区、西南和华南部分省区市、西北地区、环渤海地区。"九五"计划开始执行的前两年，即1996和1997年，国家又以制定对大区经济发展意见的方式，着手东北区和中部区发展思路的编写。

七大区的经济空间组织方式，由于缺乏法律的约束效用，又无国家产业政策和产业建设项目的配套，因此，具体的实施效果受到很大的影响。但着眼于发挥中央决策部门对省区市计划的指导作用，这种大区发展规划和空间组织方式，仍是一个很好的尝试。在众多省区市的"九五"发展计划和2010年远景目标中，也对大区发展思路有所呼应（表3—15）。

表 3-15 "七大区"区域范围及在全国的地位

七大区名称	区 域 范 围	占全国比重(%) 国土	人口	GDP
环渤海地区*	北京 天津 辽宁 山东 山西 内蒙古 河北	12	20	26
长江三角洲及沿江地区	长江三角洲地区14个地市、沿江28个地市	3	14	20
东南沿海地区	福建 广东两省及浙江南部沿海地区	3	8	
东北地区	辽宁 吉林 黑龙江 内蒙古东4盟（市）	13	10	11
中部地区	河南 湖北 湖南 安徽 江西	9	26	19
西北地区*	陕西 甘肃 青海 宁夏 新疆 内蒙古西3盟(市)	36	7	
西南和华南部分省区市	四川 贵州 云南 广西 海南 及广东西部3市	15	20	

＊环渤海地区和西北地区，在规划进行过程中，区域范围有所调整。环渤海地区增加了山西和内蒙古两个省区，西北地区增加了内蒙古西3盟市和西藏自治区。由于增添的主要区域，从地理位置、区域性质等方面都比较牵强，因此，在文中一般性讨论中通常不包括这些区域。只是在分省区市的讨论中，给予必要的反映。数据资料为1995年度的情况。

七大区经济布局的重点内容

1. 环渤海地区

环渤海地区是中国北方加大开放和加速经济发展的龙头。"八五"时期和1996年产业布局的主要变化是：

【经济布局重点开始东移】

实施产业布局重点向滨海地带的推进，把滨海地带建设成为中国北方对外经济技术交流与合作的前沿阵地和具有强大经济实力的密集产业带。

＊加速外向型经济发展，特别是逐步加强同东北亚区域的经济联系，日本在辽宁半岛、韩国在山东半岛的投资，已成为推动两省外向型经济的重要力量。并且，外商投资企业已开始从沿海中心城市向周围农村地区扩散，从沿海地区向内陆区域推移。

＊以沿海开放为契机，推动沿海地区的开发建设。山东、辽宁、河北沿海地区的经济中心的发展速度，都高于内陆经济中心，成为本省经济增长的核心地区。天津作为北方的金融商贸中心城市、大连处于东北地区区域经济中的龙头地位、青岛在山东的区域中心地位被初步确立，并努力建成中国北方的国际化城市。振兴滨海地带"低谷"地区的经济，起步开发辽河三角洲、渤海西岸和黄河三角洲。

＊加速形成环渤海产业圈。重视临海工业布局，火电站和石油化学工业是"八五"时期各省市沿海重工业建设的重点部门；充实以海港为中心的交通运输网；完善海产品的养殖、捕捞和加工等生产系列；加大海洋矿产资源的开发和利用规模，扩大以海盐制碱为龙头的海洋化工基地；建设以度假和疗养为主要内容的滨海旅游资源优势业。

【在调整产业结构中，改善产业布局】

＊改善投资和经济发展环境，完善基础设施体系。以交通运输业为发展重点，明显改善了进出关通道、山西能源基地外运通道、东部地区南北运输通道、沿海港口和后方集输运系统的状况。大连、营口、秦皇岛、唐山、天津、黄骅、烟台、威海、青岛等港口的新建、扩建、改建逐步

展开;沈大高速公路、京津高速公路、济青高速公路、京石高速公路、太旧高速公路等已建成和在建,使环渤海经济区成为最有希望率先在中国形成区域环高速公路网的地区。

* 内陆工业建设基本格局依旧。虽然,以京津轿车和轻微型车及济南重型车生产为主的汽车工业的布局有所展开,以辽宁省为重点,以冶金、矿山、工程、石油化工等为主的大型成套设备与重型机械设备制造业布局得到一些完善,但主要轻纺工业和其它能源、原材料工业布局的基本框架,并未发生较大的改观。

* 重视农业建设,根据各地条件,发展农牧渔业等多种经营,在保证粮食稳定增长的前提下,沿海渔业、城郊"菜篮子"工程建设以及低山丘陵区的水果业得到长足的发展。

2. 长江三角洲及沿江地区

长江三角洲及沿江地区是中国"八五"计划时期和1996年经济发展较快的地区。特别是上海浦东的开放开发和三峡工程建设,加快了沿江各地区的经济发展,初步形成了以上海为龙头、沿长江地区为龙身的经济带。

【充分发挥上海的龙头作用】

* 上海优先发展商业外贸、金融保险、房地产和信息咨询等第三产业,促进长江沿岸市场体系的发育,进而形成一体化的沿江市场走廊。1991~1996年,重点是在长江沿岸城市,建设综合商业中心和发展多种现代营销方式;同时,注重为长江沿岸地区提供和创造更多的商业机会,促使当地的优势产品辐射全国。逐步增强上海融资中心对长江流域的辐射,积极为长江沿岸地区在上海发行债券和股份制企业上市创造条件,支持和促进浦东发展银行及其它银行在长江沿岸地区设立金融网点,促进资金横向的流通与余缺调剂。

* 重点发展轿车、通信、设备、计算机和微电子、电站设备、塑料化工、服装和纺织机械等十大支柱产业,将上海工业内部结构战略性调整,同支持和推动长江沿岸地区经济发展结合起来,建设具有地域分工和广泛协作配套的产业经济体系与工业走廊。上海已着手将一部分产业,包括传统产品生产企业、新兴支柱产业的协作配套项目,向长江流域地区进行转移;并寻求与有关地区联手建设工业园区和工业重点协作项目。

* 在大规模建设和改造上海城市内部基础设施的同时,强化枢纽功能,逐步形成以水运、铁路、信息网络为主体的长江流域综合交通运输体系,形成水火电并举的沿江能源生产和供给体系。联合加大长江整治工作,加快港口建设,干支通达、江海直达、水陆联运的新航运体系的基本框架已经形成。现代化信息高速通道体系建设已提到议事日程。协调建设长江中上游水电基地与下游地区的火电站,提高电网的利用效率,形成功能完备的能源体系。

【长江沿岸产业布局全面展开】

"呼应浦东、服务三峡",沿江产业布局全面展开,长江上、中、下游已初步形成了具有一定的产业分工、区域经济联系不断加强的发展态势。长江产业带在各省的战略地位有所加强,苏、沪、浙沿江区域经济进一步繁荣,长江中游的江西、安徽、湖北等省在"八五"期间和"九五"计划中,也确立了面向长江产业带的布局战略,将昌九走廊建设、皖江开发、武汉经济中心沿江东移等作为本省生产力布局的重点内容。

* 农业生产布局做了进一步的调整。到 1996 年,沿江 8 省市粮棉产量已占到全国的 40% 左右,沿江中下游地区的江汉平原、洞庭湖平原、鄱阳湖平原、太湖平原、里下河地区国家重要的商品粮生产基地建设上了一个新台阶;同时,注重农业综合开发和多种经营,沿江地区分批建立的许多经济作物基地和副食品基地地位得到巩固,并在农业产业化和农工商建运多种经营方面取得一定的成效。

* 以轻纺工业为主的制造业和重化工业在中心城市和广大的农村地区得到全面发展,机电、轻纺、冶金、电力、化工、建材等行业在全国占有重要地位。上海、南京、武汉、重庆、苏州、无锡、杭州和宁波等中国重要的加工业城市工业经济建设均有不同程度的进展;以上海大众、东风(湖北)等大型汽车企业为主,汽车工业产值和产量约占全国 50% 左右;钢铁工业和石油化工总产值约占全国 1/3,其中,钢铁工业已拥有宝钢、上钢、马钢、武钢、攀钢 5 个全国特大型企业以及 21 个全国重点企业和 20 个地方骨干企业,石油化工企业则以金山石化、扬子石化、镇海石化和岳阳石化等 11 个大型企业为主。

* 沿江地区、特别是长江三角洲的城市化和城乡一体化的进程加快,城市化速度平均每年递增 5% 以上,从而有力地带动了沿江地区第三产业的迅速崛起。随着浦东的开放开发的不断深入,带动了沿江城市、特别是对外开放城市,如武汉、重庆、宜昌、芜湖、九江、岳阳、万县、涪陵等作为第三产业中心城市的发展。此外,沿江省区市的商品流通业、邮电通信业、金融保险业和其它的社会化服务业,大多也都相对集中分布在沿江地区的城镇。

3. 东南沿海地区

东南沿海地区,自改革开放以来,一直是中国经济发展最富活力、经济建设速度最快、开放程度最高的地区。"八五"期间和 1996 年,东南沿海地区优化产业布局的基本目标是:进一步强化经济特区的龙头作用和沿海开放城市的区域中心作用,重点建设海岸带和滨海交通通道构成的发展主轴;同时,注重沿着垂直海岸线的疏港交通运输通道构成的副轴,拓展生产力布局,首先培育若干内陆腹地区域性中心城市作为经济增长极;尽快形成沿海带、滨海平原和内陆山地丘陵等 3 个区域层次协调发展的经济大区。

【经济特区与沿海开放城市 —— 第二次创业】

以第二次创业为战略意图,在提高经济总量的同时,逐步调整产业结构。第二产业着力于提高技术层次,初步实现了向先进技术型和资金密集型为主的工业体系的过渡。第三产业发展领域不断拓展,内外贸易、金融保险、综合交通运输、信息通信等内外向度较高的第三产业体系基本框架已经形成。第一产业以出口创汇农业和"菜篮子"工程建设为重点,形成了与比较发达的开放城市相适应的农业体系。

【滨海平原地带 —— 以蓝色海洋经济体系为特色】

兴建"海上再造"工程,营造海洋蓝色经济体系,包括海洋捕捞和海水养殖业、海洋运输和海洋贸易业、滨海旅游业,以及滨海型工业群体,如:通过煤炭输入建设的滨海火电群、利用原油进口或天然气上岸等发展的石油加工和化工工业、水产品的深加工工业等。此外,加大农业的综合开发力度,重点建设南亚热带水果、珍稀畜禽和水产养殖、蔬菜等种养殖基地。择优发展机电工业、轻纺和食品工业、石油和医药化工工业、建材工业、工艺美术等支柱工业。加快第三产业全面发展。

【内陆(山地丘陵)区——以资源开发为重点】

以"山、路、外"为发展战略导向,发展具有区域优势的原材料工业和具有本地特色的加工工业,包括建材工业、烟草与林产加工、机械、化工、能源工业等。推进农业综合开发的产业化进程,加速以开放型山区经济为特色的农村外向型经济体系的发展。第三产业的发展以改善投资环境和方便当地人民生活为指针,重点建设交通运输等基础产业、商贸服务等传统产业。

【加强山海合作】

以"山海合作"为主题,推进3个区域间的合作与协调发展。工作重点是:沿海发达地区对内陆的对口扶贫开发;内陆利用沿海对外开放的窗口,扩大对外合作交流。

4．东北地区

东北地区是中国经济体系相对独立、完整,工业化和城镇化的水平较高的经济大区。改革开放以来,在全国的经济地位持续下跌,产业结构矛盾突出。"八五"时期和1996年,东北地区开发和产业布局的重点内容是:

【老工业基地改造初见成效】

东北地区是中国老工业基地最集中分布的经济大区,老工业基地包括:哈尔滨、齐齐哈尔、长春、吉林、大连、沈阳、鞍山、抚顺和本溪等。1991~1996年间,东北地区仍是将经济建设的重点放在老工业基地的改造上,重点是:转变国有大中型企业经营机制;通过对现有企业改造扩建和产品结构调整,推动经济总量的增加和产业结构升级;积极发展非国有经济,培育新的经济增长点。推进具有实际见效的,主要是老工业基地支柱产业经济的进一步发展。

【对外开放格局的基本形成】

明确大连市在东北地区开放中的"龙头"地位,同时,加快以珲春市为中心的图们江地区开发开放,并利用满洲里、黑河、绥芬河、丹东等沿边开放政策,大力引进外资和先进技术,不断扩大开放领域,初步形成对外开放的格局。

【农业基地建设得到加强】

到1996年,东北地区在中国粮食和畜牧业生产中的地位进一步巩固。各省区市都有效地增加粮食生产,改善作物品质和结构,三江平原、松嫩平原、西辽河平原、吉林中西部地区等成为中国重要的商品粮基地。合理开垦荒地,逐步把东北地区建成中国粮食生产的战略后备基地。利用草原和海洋资源,重点发展以呼伦贝尔和科尔沁草原为中心的畜牧业和沿海水产养殖业。

5．中部地区

中部地区各省之间在资源条件和经济基础以及面临的问题和发展思路等方面,相似性最大的地区。"八五"期间和1996年,中部地区"点—轴"开发战略实施初见成效。武汉、郑州、长沙、南昌、合肥中心城市得到优先发展;沿江城市带、沿京广线城市带、沿京九发展带、中原城市群、湘东城市群和鄂东城市群加速开放开发;一批区域中心城市崛起,促进了多个层次的经济区的发育和成熟,产业布局进一步拓展。

【农业布局:强化区域多种基地复合布局与专业化生产】

淮河—伏牛山以北暖温带半湿润黄淮平原区,主要是巩固与扩大以小麦为主的粮食基地和棉花基地,扩大芝麻、花生、烟叶等经济作物产量,提高瘦肉型猪和肉牛的产出规模。淮河—伏牛山以南、鄱阳湖—洞庭湖以北的北亚热带湿润丘陵山地湖盆与平原区,在加强以水稻为主的粮食基地、油菜籽基地、棉花基地建设的同时,发展水域养殖,以及以茶叶、油桐等为主的经济林产品、家庭饲养畜牧业等多种经营。鄱阳湖—洞庭湖以南、南岭以北的中亚热带湿润山地丘陵区,扩大以速生丰产林为主的用材林基地和柑橙柚为主的水果林基地面积,提高以水稻为主的粮食基地的产量规模。

【工业经济:开始转换工业结构,乡镇企业成为增长的主要支撑】

"八五"期间和"九五"计划第一年,在努力提高工业化的水平的战略目标指引下,以乡镇企业为主的非国有工业经济发展迅速,成为推动中部地区经济高速增长的主要动力;依靠科技进步,逐步调整冶金、机械、化工、轻纺、建材等工业部门的产品结构和技术结构,涌现出一批具有较高市场占有率的支柱产品;工业结构开始起步向以资金与技术密集型为重、辅以劳动力和资源导向型的综合性工业体系转换。

* 钢铁工业以安钢、洛钢、湘钢、涟钢、合钢等骨干企业的扩建改造为重点;河南中部的铝,江西南部的钨和稀土,江西、安徽和湖南的铜等主要有色金属产品产量得到稳步增产,中部地区作为全国综合性有色冶金工业生产基地的作用得到加强。

* 汽车工业以东汽集团建设为核心,形成十堰中型载重汽车、江铃轻型载货车、郑州轻型汽车、一拖集团重型运输车、江南和昌河微型车等汽车生产布局。优先发展成套重型设备、工程机械和农机产品,改造洛阳、湘潭、株洲、岳阳、合肥等老机械工业基地。

* 荆门、安庆、洛阳、濮阳、岳阳、九江等的石油化学扩建、改建和新建等项目,都被作为各省区市的骨干工程,进行重点建设,初步形成了以油品、塑料橡胶及制品、化纤及化纺为主体的石油化学工业体系。此外,农用化学品、精细化工和医药工业也是中部地区的主要化学工业部门。

6. 西北地区

西北地区在中国经济发展水平相对落后,经济建设的自然环境总体不佳,长期以来作为大经济区的地域单元相对稳定。"八五"时期和"九五"计划第一年,西北地区产业布局变化的主要特征是:

【以能源资源开发为核心,展开产业布局】

* 石油和天燃气布局重点是:加强东西两翼——新疆的石油与天燃气和陕西天燃气的开发,稳定和略有增长中部甘青油气及东部陕西的石油生产。

* 西北地区在中国煤炭生产中的地位越来越重要,其中,陕北、宁北和陇东构成西北煤炭开采的核心区域。

* 西北地区电力工业的建设步伐加快,重点是以陕北—关中、宁夏黄河沿岸为重心地带的坑口火电基地建设,以及黄河上游干流水电基地的开发建设。

* 以能源流通为主线,以资源的综合利用和深度加工为核心内容,展开区域经济布局。新疆石油供应半径覆盖面从甘肃兰州,向青海格尔木与宁夏银川地区左右拓展,形成西北全面布局的石油加工和化工业网络。黄河上游水电建设,确保黄河上游高载能工业走廊和区内黄河流域经济的发展。

【进一步发展产业集聚区】

西北地区的经济中心同资源开发重心地理分布有一定的位差,陕西关中地区、以乌鲁木齐为中心的新疆天山南麓山前地带、甘肃的兰州—白银地区等产业集聚区,工业总产值分别占本省区的80%、70%和60%。

* 以西安为中心的关中产业集聚地区。以机电、纺织和原材料工业综合发展,科教旅游相对发达,农业基础比较雄厚的西部产业发展核心地带。

* 以兰州为中心的黄河干流沿岸产业带。突出"水电、有色金属和盐湖资源"开发利用的特色,形成以石油化工、冶金等高载能工业为主体的黄河上游工业集聚带。

* 以乌鲁木齐为中心的天山北坡产业集聚区。形成西北重要的石油和化工基地,经济作物和畜产品生产和加工基地、以及陆地对外开放的前沿基地。

7. 西南和华南部分省区市

西南和华南部分省区市是中国七大经济区中,在强调区域协作、寻求共同开放开发途径方面,付诸实践最多和见效比较大的区域。"八五"时期和1996年全区产业布局的重点内容是:

【主要产业布局－以资源开发利用为基础、构造具有特色的经济体系】

* 对区域西部金沙江、乌江、雅砻江、大渡河、澜沧江、红水河、怒江等七大水电基地,进行着手开发或前期准备工作;提高黔西、滇东、川南的煤炭供给水平,保障区内需求;在煤炭资源丰富的矿区建设大型煤电基地,实现水火并举;并积极磋商实行"西电东送"。

* 钢铁工业以加强铁、锰矿山建设和对区内5大钢铁企业和4个特钢厂进行挖潜改建为发展重点。有色金属工业重点发展铝、铅、锌和锡,加快贵州、广西、四川等有色金属基地的建设。化学工业主要是利用滇、黔、川等磷矿石、硫铁矿等资源优势,增加磷肥、黄磷、磷酸盐等产品的产量。

* 加工工业立足挖掘"三线"企业人材、技术和设备的潜力,用新技术、新工艺改造传统工业。机电工业以成套设备、仪器仪表、广播通信设备、数控机床、汽车、家电、军工等优势产业和产品为重点。轻纺工业则发挥现有市场优势,以热带、亚热带植物深加工为主,重点发展烟、酒、糖、茶、丝、毛、麻、皮革等名优产品。

* 巩固和发展四川盆地、桂东南、滇中、黔北、粤西商品粮生产基地。大力发展经济作物作为提高农民收入与协调工业结构的重要途径。

* 开辟南口通路,沟通云、贵、川与北部湾出海口的联系,形成向南出海的大通道。

【建设具有全国意义的产业基地,拓展现有生产力布局】

以开放带开发的两沿(海南和北部湾沿海,云桂沿边)、一线(西江干流)地区,以及以开发促开放的一片(攀西—六盘水)三线(澜沧江中游、乌江干流、红水河)等共7个片区的开发建设为重点,形成具有全国意义的能源和原材料基地、对外开放和内引外联的前沿地带。

【构造区域对外开放格局】

逐步形成区域多层次的对外开放体系。以海南经济特区为开放前沿,以北海、湛江两个沿海开放城市为对外窗口,发挥背靠大西南、面对东南亚对外开放枢纽的功能。重庆、昆明、南宁、贵阳等内陆开放城市,不断完善中心城市的功能,带动辐射面地区的对外开放。瑞丽、畹町、河口、凭祥、东兴等边境城市,加快开发和完善开放功能,发展对外贸易和边境贸易,初步形成与周边国家进行交流及边境贸易的重要门户。

| "九五"时期省区市产业布局战略 |

"九五"计划时期,省级区域经济布局主要强调:增强中心城市或核心区的经济实力,进一步扩大其集聚作用与辐射作用;以主要交通干线为开发轴线,分层次、递进式拓展生产力布局;按照发挥地区优势的原则,进行产业地域分工;注重缩小省域内区域间发展差距。并且,强调同国家宏观布局战略的呼应,重视省际间的产业联系与协作。

情形1:全面拓展产业布局

省市内部资源分布、区位优势和发展基础等生产力布局条件存在一定的地域分异规律,长远经济发展战略选择明确。这样,生产力布局在"九五"时期全面展开,建立在充分发挥地区优势基础上的区域产业分工明确,布局框架清晰合理,重点突出,并利于区域整体开发建设。以山东省最为典型,京津沪3个直辖市可归为此类。

【参考例证:山东省】

山东省生产力布局的框架是:①构筑4个层次相互配套的现代化城镇体系——以青岛和济南两大城市为中心,形成两大城市经济圈;15个地市所在城市,重点培植和发展在全省乃至全国具有规模、技术优势的主导产业;县城和建制镇进一步加快城市化进程。②形成以优势明显的重化工业基地和高新技术产业为依托的4条铁路为轴线的产业聚集带,即:胶济沿线——以发展外向型经济为动力、重点向产业高级化和现代化发展;新石沿线——农业综合开发和能源矿产开发为支柱;德东沿线——尽快形成石油开采、化工、纺织和食品为主的工业体系;京九沿线——则以农副产品生产及加工利用为产业发展重点。③建设胶东沿海、鲁中南山区、鲁西北平原等3个各具特色的现代化农业区。④加快实施黄河三角洲开发和"海上山东"建设两大跨世纪工程。

情形2:突出发达地区和落后地区经济的共同发展

全省经济发展总体水平较高,但区内经济发展不平衡。通过布局手段,促进发达地区经济率先实现现代化的同时,带动落后区域的发展。如江苏的长江沿岸与淮河区域、福建与浙江省的沿海和内陆山区、广东珠江三角洲同其它沿海地区及沿海与内陆之间。

【参考例证:江苏省】

以中心城市为依托,沿长江、沿海、沿东陇海铁路和京杭大运河等主要经济轴线,推进生产力布局;通过两个经济区的发展和两大跨世纪工程的实施,实现区域之间优势互补、缩小沿江

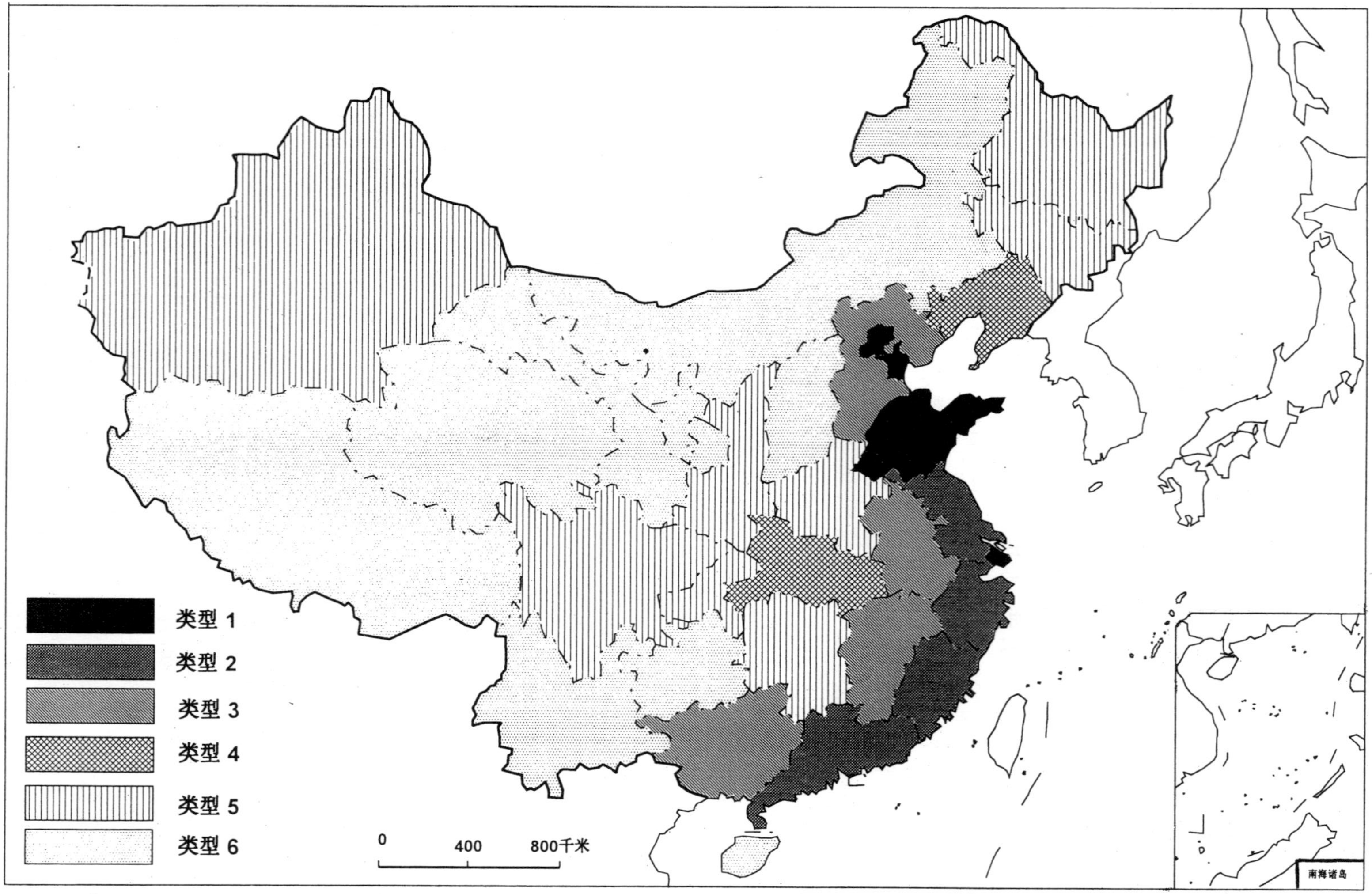

图 3—9 省级区域产业发展类型图

地区和淮海地区之间的发展差距的目标。两个经济区是指:沿江经济区——建设宁沪铁路沿线高新技术产业带和滨江基础产业带;淮海经济区——加快配套交通运输设施建设,开发利用海洋和滩涂资源、非金属矿产资源和农产品资源,加速乡镇企业发展。两项跨世纪区域发展工程是:"海上苏东"工程——以百万亩滩涂资源的综合开发为突破口,全方位发展海洋产业;"淮北地区致富"工程则具有同淮海经济区相同的发展目标。

情形3:把握国家宏观机遇,及时调整省区市布局思路

重视顺应全国发展空间战略,利用国家宏观发展机遇,及时调整省区市产业布局的思路,振兴省区市经济。突出的是:江西建设京九和长江产业带,安徽将皖江产业带作为省内布局的重点,河北的环京津和环渤海发展总体设想,以及广西的出海通道建设等。

【参考例证:安徽省】

以交通干线为依托,打破行政区划,形成分工合理、优势互补的生产力布局。重点促进"一线两点"的经济区域格局形成:一线指皖江外向型经济产业带,重点发展对外贸易和招商引资,壮大冶金、建材、汽车、机电、化工、轻纺等优势产业及第三产业。两点指以合肥为中心的高新技术产业区和皖南综合旅游区。前者以高新技术产业先行,形成一批机械、电子、轻工、化工等行业的高新技术产业群;后者围绕黄山旅游资源开发,构筑产业结构,包括旅游农业、旅游食品、旅游用品和工艺品,以及第三产业。

情形4:老工业基地改造同新的经济增长带(区)统筹规划

同经济增长的基本态势相适应,突出具有活力的经济增长地区的发展地位,带动老工业基地等经济中心的改造。如:辽宁对大连—沈阳产业带的布局,湖北对武汉—黄石产业带的重视等。但是,通常省区市内其它区域的发展思路基本照旧。

【参考例证:辽宁省】

辽宁省区域布局分为3片:①陆域布局。协调发展辽中、辽南和辽西3个经济区。以沈阳为中心的辽中经济区,重点是产业结构调整与老工业基地的改造;以大连为中心的辽南经济区,以发展出口加工业和创汇农业为重点;以锦州为中心的辽西经济区则重点发展石油化工以及现代化原材料工业为主。②海上辽宁。形成渔业、交通运输业、油气开发、滨海旅游和船舶制造等5大产业全面发展的海洋产业。③民族地区经济。通过政策扶持、发达地区的对口支援、优先安排资源开发和基础设施项目、积极发展少数民族贸易和少数民族用品生产等方式,逐步改变经济相对落后的状态。

情形5:逐步拓展原有生产力布局

主要从现有的生产力布局基础出发,依据区域内发展条件的差异,逐步拓展区域经济布局。四川、吉林,河南、湖南、新疆、黑龙江、陕西等许多省区都是如此。

【参考例证:四川省】

四川省要构建成都经济圈,培育壮大电子信息、机械、饮料食品和旅游等支柱产业,加强作为西南重要的科技、商贸、金融中心和交通、通信枢纽的地位。抓好攀西川南资源开发,逐步建设成中国重要的水电能源基地、钒钛和稀土工业基地、西部重要的钢铁和有色金属基地(攀

西),以及四川最大的煤炭和硫铁矿生产基地(川南)。大力促进川北川中和川西民族地区经济的发展,加大扶持贫困地区经济发展的力度,加强基础设施建设,改善投资环境;切实加强农牧业的基础地位,大力发展乡镇企业;调整轻纺工业,因地制宜地发展能源和原材料工业、旅游业等。

情形6:区域经济布局将不会有大的改观

受省区内自然条件和经济发展基础的约束,除通过国家的重点项目和基地建设,对生产力布局产生比较深刻的影响之外,基本没有大的改观。主要是:贵州、山西、宁夏、甘肃、青海、云南、内蒙古、海南、西藏等落后省区。

【参考例证:山西省】

逐步形成各具特色的六大经济区,并综合太旧和原平至东观高速公路的建设,形成新的经济增长带。六大经济区指:①太原经济区——重点发展机电、冶金、化工、轻纺工业,科技教育、流通、金融、房地产、旅游、服务、蔬菜、副食品等第三产业。②大同经济区——重点发展煤、电、建材、煤化工和旅游、贸易、油料、糖料及畜牧等产业。③阳泉经济区——重点发展煤炭加工、煤化工、铝工业的综合开发和磁性材料、高档耐火材料。④晋东南经济区——重点发展电力、冶金、化肥、机械、轻工食品等产业和玉米深加工。⑤晋南经济区——重点发展粮棉生产、农副产品加工、铝工业、焦化工业、盐化工、轻纺、食品和旅游业等。⑥吕梁经济区。重点发展煤、电工业、林果业和农副土特产品加工,改善交通基础设施。

评价与结论

省区市经济发展的成效是多种因素综合作用的结果,如中央政府的相关政策、地方自身投资能力、外资进入的投资环境、关键性企业(集团)的发展策略、大众的商品经济意识、历史基础、区位条件等等。其中,地区产业发展政策是重要因素之一。特别是在中央政府简政放权而市场机制尚不健全(政府很大程度上仍是经济决策主体)的情况下,正确的地区产业政策起到引导地方投资方向、促进地区经济快速增长的重要作用,由于社会经济系统的复杂性,目前还难以量化地区自身优势和决策水平以及中央政府政策、外资等诸多要素对地区经济增长成效和地区差距形成的贡献程度。但是,以省区市作为主体的角度来看,强调自身决策的科学性和正确性无疑是保障地区经济决策健康发展的关键环节。"八五"期间各省区市经济发展结果表明,尽管并非所有地区的产业政策都是经济发展成效的主导因素,但是部分省区市正确的产业调整思路的确大大地促进了其经济发展,而另一些省区则存在一定程度的失误。当然,也有一些省份发展相对缓慢(如辽宁、黑龙江等),较大程度上是由于自身难以克服的困难导致的,并不能完全归结于地区产业发展政策的失误。

与"七五"时期第三产业"补课"式大发展不同,"八五"以来大多数省区市的产业发展重点又回到工业。即工业化仍是绝大多数省区市产业发展政策的主题。而且,多数省份重工业发展加快,传统重工业大省继续保持优势;以加工工业为主的省份力图弥补能源和原材料的不足。这在带来全国重工业迅速增长的同时,也形成比较严重的重复建设和生产比较分散的问题。与此相对应的是,在激烈的市场竞争促进下,轻工业生产有所集中。一些生产企业被淘汰,成为重复建设的一面镜子。各省区市农业内部结构的调整成效显著,牧业和渔业生产增长迅速,但传统农业(粮食)大省面临多为国家作贡献和自身效益间的选择冲突。除3个直辖市外,省区第三产业仍以传统产业为主。一些地区第三产业的个别领域(如宾馆、机场、房地产等)有过于超前建设和"形象工程"等问题,造成投资效率低下。总的来看,全国性产业结构调整和大部分地区的产业政策获得了成功,成为全国经济高速增长的基础和源泉。

作为全国最发达的地区,3个直辖市(京津沪)"八五"以来及时调整产业发展的重点,着重支持第三产业和具有较高科技含量工业的发展,使产业结构向着"三、二、一"的构架转变,实现了持续稳定的较快发展。但北京市仍执着于钢铁工业的发展,成效堪忧。其它几个沿海比较发达且活力较强的省份(苏浙粤鲁闽),在经历80年代着重发展加工工业后,纷纷强调基础工业(特别是重化工业)的发展,获得了发展的后劲。这符合工业化的一般规律。但是,其中也存在着力图建立省域相对独立工业体系的倾向,将可能会有一些省份为之付出代价。部分中等发达及欠发达省区"八五"以来的高速增长(如河北、湖北、安徽、河南、广西、江西等),很大程度上得益于它们的实事求是地从自身优势出发、集中力量培育支柱产业的产业发展政策。这些省区在充分发挥传统产业优势的基础上,都不同程度地从市场和效益出发开拓了新的经济增长点。例如,湖北、安徽、河北等省集中培育轻工优势企业和名牌产品的发展思路,对开拓新的增长点起到了很好的作用。

但是,也有部分省区的产业发展思路存在一定的问题。一些落后省区似乎存在经济发展"急燥症"的倾向,忽视自身发展能力,提出过高经济发展目标和过多的产业重点,没能集中力量和有限的资金成功地培养一两个在全国具有很强优势的支柱产品。例如,贵州提出"在不断扩大能源和原材料工业的同时,加快轻工、机械和电子工业的发展",其财力和物力是难以支撑所有这些重点产业发展的。陕西"八五"期间提出以机械电子工业为先导产业,但能源和原材料工业也是工业建设的重点。如此分散有限的力量,其结果可想而知。海南省代表了另一类失误,即没有能够正确、有效地引导外来投资走向,非生产投资比重过高(如房地产和基础设施)。其中搀杂了不少投机资本,导致一定程度的"泡沫经济"现象。不过,海南及时将产业发展重点转移到特色农业和旅游业,可望在近期带来较好的经济增长成效。

关于各省区市"九五"产业发展政策,最大的问题莫过于支柱产业选择重叠的问题。特别是,有22个省区市将汽车工业列为支柱产业。汽车工业的"前向"和"后向"联系广泛而密切,是工业化中期经济快速发展的"发动机"之一,是各国和各地区争先发展的制造业部门。但是,世界汽车工业发展的特征是大集团的垄断和竞争日趋激烈;新的生产方式(精益生产)的广泛采用使空间集中更为重要。这意味着将会有很多省区市在将来的激烈竞争中"败北"、浪费巨大的投资。中国现阶段汽车工业的主要力量集中在上海、天津、北京、吉林、湖北、四川和江苏等7个省市。由于精益生产方式实行零部件"及时供货"(Just-In-Time Delivery),即使省区市选择汽车零部件工业作为支柱产业,也应十分谨慎。

总之，虽然省区市发展的成效和发展的差异不全是地区产业发展政策导致的，但是选择正确的产业发展思路确实是省区市经济持续快速发展的必要条件。而"知己知彼"，才能制订正确的发展政策和策略，即只有在全面理解中央政府的相关政策、深刻认识自身能力与优势和冷静客观地看待差距与问题的基础上，才能够制订卓有成效的产业发展政策，促进地区经济的发展。

参考文献

1. 马洪、房维中主编，《中国地区发展与产业政策》，中国财政经济出版社，1991年。
2. 国家统计局编，《中国发展报告1996》，中国统计出版社，1996年。
3. 国家计委国土地区司、国家计委国土开发与地区经济研究所，《中国地区经济发展报告1996》，改革出版社，1997年。
4. 中国社会科学院工业经济研究所，《中国工业发展报告1996》，经济管理出版社，1997年。
5. 陈锦华主编，《1996年中国国民经济和社会发展报告》，中国计划出版社，1996年。
6. 陈锦华主编，《1997年中国国民经济和社会发展报告》，中国计划出版社，1997年。
7. 农村经济年度分析课题组著，《经济绿皮书——1992年中国农村经济发展年度报告兼析1993年发展趋势》，中国社会科学出版社，1993年。
8. 马洪、孙尚清主编，《经济白皮书——1994—1995年中国经济形势与展望》，中国发展出版社，1995年。
9. 周振华主编，《地区发展——1995中国经济分析》，上海人民出版社，1996年。
10. 中国工业经济研究与开发促进会课题组，《老工业基地的新生》，经济管理出版社，1995年。
11. 田惠明主编，《90年代中国经济热点透视》，中国城市出版社，1997年。
12. 韦伟，《中国经济发展中的区域差异与区域协调》，安徽人民出版社，1995年。
13. 陈耀邦主编，《加快两个转变 振兴东北地区经济》，改革出版社，1996年。
14. 中部六省政府发展研究中心课题组，《中部地区发展战略与发展政策研究》，安徽人民出版社，1993年。
15. 孙尚清主编，《长江开发开放》，中国发展出版社，1996年。
16. 郎一环等主编，《长江中游沿江产业带建设》，中国科学技术出版社，1995年。
17. 李文华主编，《西南地区资源开发与发展战略研究》，科学出版社，1990年。
18. "山东省国民经济和社会发展十年规划及第八个五年计划纲要"，大众日报，1991年5月2日。
19. "山东省国民经济和社会发展第九个五年计划及2010年远景目标纲要"，大众日报，1996年3月25日。
20. "关于浙江省国民经济和社会发展十年规划和第八个五年计划纲要的报告"，浙江日报，1991年3月15日。
21. "关于浙江省国民经济和社会发展'九五'计划和2010年远景目标纲要的报告"，浙江日报，1996年2月13日。
22. "江苏省人民政府工作报告"，新华日报，1991年3月19日。
23. "江苏省国民经济、社会发展第九个五年计划和2010年远景目标纲要"，新华日报，1996年2月13日。
24. "上海市国民经济和社会发展十年规划和第八个五年计划纲要"，解放日报，1991年5月2日。
25. "关于上海市国民经济和社会发展'九五'计划与2010年远景目标纲要的报告"，解放日报，1996年2月11日。
26. "关于海南省国民经济和社会发展'八五'计划和十年规划的报告"，海南日报，1991年5月18日。
27. "关于海南省国民经济和社会发展'九五'计划和2010年远景目标纲要的报告"，海南日报，1996年2月21日。

28. "团结奋进,艰苦创业,为实现十年规划和第八个五年计划而奋斗",福建日报,1991年5月6日。
29. "福建省国民经济和社会发展'九五'计划和2010年远景目标纲要",福建日报,1996年4月25日。
30. "广东省十年规划和'八五'计划纲要",南方日报,1991年4月21日。
31. "政府工作报告",南方日报,1996年2月12日。
32. "关于北京市国民经济和社会发展十年规划和第八个五年计划纲要的报告",北京日报,1991年4月26日。
33. "关于北京市国民经济和社会发展'九五'计划和2010年远景目标纲要的报告",北京日报,1996年4月8日。
34. "关于天津市国民经济和社会发展'九五'计划和2010年远景目标纲要的报告",天津日,1996年2月13日。
35. "关于河北省国民经济和社会发展十年规划和第八个五年计划纲要的报告",河北日报,1991年5月6日。
36. "关于河北省国民经济和社会发展'九五'计划和2010年远景目标纲要的报告",河北日报,1996年2月13日。
37. "关于山西省国民经济和社会发展十年规划和第八个五年计划纲要的报告",山西日报,1991年3月22日。
38. "关于山西省国民经济和社会发展'九五'计划和2010年远景目标纲要的报告",山西日报,1996年4月11日。
39. "政府工作报告",《内蒙古统计年鉴1996》,中国统计出版社,1997年。
40. "内蒙古自治区国民经济和社会发展第九个五年计划和2010年远景目标纲要",《内蒙古统计年鉴1996》,中国统计出版社,1997年。
41. "政府工作报告",辽宁日报,1991年3月16日。
42. "政府工作报告",辽宁日报,1996年2月14日。
43. "精心设计我省今后十年建设蓝图,为实现第二步战略目标努力奋斗",吉林日报,1991年7月16日。
44. "吉林省国民经济和社会发展'九五'计划和2010年远景目标纲要",吉林日报,1996年4月9日。
45. "制定和落实好'八五'计划和十年规划",黑龙江日报,1996年12月28日。
46. "黑龙江省国民经济和社会发展'九五'计划和2010年远景目标纲要",黑龙江日报,1996年3月5日。
47. "政府工作报告",安徽日报,1991年3月14日。
48. "关于安徽省国民经济和社会发展'九五'计划和2010年远景目标纲要的报告",安徽日报,1996年2月12日。
49. "政府工作报告",江西日报,1991年3月15日。
50. "江西省国民经济和社会发展'九五'计划和2010年远景目标纲要",江西日报,1996年7月9日。
51. "关于河南省国民经济和社会发展十年规划和'八五'计划(草案)的报告",河南日报,1991年3月16日。
52. "河南省国民经济和社会发展'九五'计划和2010年远景目标纲要",河南日报,1996年2月14日。
53. "湖南省国民经济和社会发展十年规划和第八个五年计划纲要",湖南日报,1991年5月13日。
54. "湖南省国民经济和社会发展'九五'计划和2010年远景目标纲要",湖南日报,1996年2月16日。
55. "关于湖北省国民经济和社会发展十年规划和'八五'计划纲要的报告",湖北日报,1991年5月2日。
56. "关于湖北省国民经济和社会发展'九五'计划和2010年远景目标纲要的报告",湖北日报,1996年2月14日。
57. "新疆维吾尔自治区国民经济和社会发展十年规划和第八个五年计划纲要",新疆日报,1991年5月27日。
58. "新疆维吾尔自治区国民经济和社会发展'九五'计划和2010年远景目标纲要",新疆日报,1996年4月9

59. "政府工作报告",宁夏日报,1991年5月3日。
60. "宁夏回族自治区国民经济和社会发展'九五'计划和2010年远景目标纲要",宁夏日报,1996年4月28日。
61. "陕西省国民经济和社会发展十年规划和'八五'计划纲要,陕西日报,1991年5月17日。
62. "依靠全省人民,深化改革,扩大开放,加快发展,努力实现世纪之交的新跨越",陕西日报,1996年2月12日。
63. "关于青海省国民经济和社会发展十年规划和'八五'计划纲要的报告",青海日报,1992年5月11日。
64. "关于青海省国民经济和社会发展'九五'计划和2010年远景目标纲要的报告",青海日报,1996年4月18日。
65. "甘肃省国民经济和社会发展十年规划和'八五'计划纲要",甘肃日报,1991年5月3日。
66. "关于甘肃省'九五'计划和2010年远景目标纲要的报告",甘肃日报,1996年2月12日。
67. "关于西藏自治区国民经济和社会发展十年规划及'八五'计划纲要的报告",西藏日报,1991年5月13日。
68. "关于西藏自治区国民经济和社会发展'九五'计划和2010年远景目标纲要的报告",西藏日报,1996年6月6日。
69. "关于贵州省国民经济和社会发展十年规划及'八五'计划纲要的报告",贵州日报,1991年3月19日。
70. "关于贵州省国民经济和社会发展'九五'计划和2010年远景目标纲要的报告",贵州日报,1996年2月15日。
71. "关于云南省国民经济和社会发展十年规划及'八五'计划纲要的报告",云南日报,1992年3月20日。
72. "政府工作报告",四川日报,1992年2月12日。
73. "负重自强,团结攀登,为实现第二步战略目标而努力奋斗",四川日报,1996年2月17日。
74. "广西壮族自治区国民经济和社会发展十年规划和'八五'计划纲要",广西日报,1991年5月15日。
75. "关于广西壮族自治区国民经济和社会发展'九五'计划和2010年远景目标纲要的报告",广西日报,1996年2月2日。
76. 国家统计局编,《改革开放17年的中国地区经济》,中国统计出版社,1997年。
77. 《1992中国经济年鉴》,中国经济年鉴社,1992年。
78. 《1993中国经济年鉴》,中国经济年鉴社,1993年。
79. 《1994中国经济年鉴》,中国经济年鉴社,1994年。
80. 《1995中国经济年鉴》,中国经济年鉴社,1995年。
81. 《1996中国经济年鉴》,中国经济年鉴社,1996年。
82. 第三次全国工业普查办公室编,《中华人民共和国1995年第三次全国工业普查资料汇编(综合·行业卷)》,中国统计出版社,1997年。
83. 第三次全国工业普查办公室编,《中华人民共和国1995年第三次全国工业普查资料汇编(地区卷)》,中国统计出版社,1997年。
84. 第三次全国工业普查办公室编,《中华人民共和国1995年第三次全国工业普查资料摘要》,中国统计出版社,1997年。
85. 《中国工业经济统计年鉴1991》,中国统计出版社,1992年。
86. 国家计委宏观经济研究院编,《经济社会发展重大问题研究》,中国计划出版社,1995年。
87. 中华人民共和国国家计划委员会,《国民经济和社会发展"九五"计划和2010年远景目标纲要讲话》,中国经济出版社,1996年。

88. 曾培炎主编,《加快转变经济增长方式》,中国计划出版社,1995年。
89. 佘健明主编,《转变经济增长方式与产业升级》,经济管理出版社,1995年。
90. 史清琪主编,《经济增长　产业发展》,经济日报出版社,1996年。

第四章 经济发展大地带性差异及展望

由于自然结构、历史和社会经济基础的差异,长期以来中国经济发展就存在着东西差异和南北差异。80年代以来,无论是发展水平和发展结构的差异都扩大了。但在1994～1996年期间,由于国家宏观经济"软着陆"的成功和加强中西部地区经济发展政策的实施,经济发展的地带性差距呈稳定状态。

近年来,一部分实际工作者、学者和媒体,着力宣传了中国地带性经济差距的程度,夸大了导致地带性发展差距的政策性原因,而忽视了自然基础和历史发展因素所产生的重大影响。他们意在促进欠发达地区的发展,维护国家的稳定,实际上却可能产生负面的心理影响。许多导致欠发达的因素不是人的力量所能改变的!需要在认识欠发达地区的优势与困难、明确促进欠发达地区社会经济发展的途径、进一步完善区域政策、搞好地区之间的联合和合作等方面做许多具体的工作。

本报告第一章已经回顾了中国(东西间)三大地带区域政策的提出背景及政策的实施。本章将简要阐述中国宏观区域政策实施的结果,以经济和社会等指标客观衡量和判断地带性差异的现状,归纳其在第八个五年计划和1995～1996年变化的主要特征,分析引起地带性变化的主要因子,展望未来地带性差异变化趋势。

联合国开发计划署编制的《1994年人类发展报告》以"人类发展指数"(HDI,以寿命、知识和生活水平要素综合评分)代替国民生产总值(GNP)对世界各国的经济和社会发展水平作了评价和排队。对中国计算的结果是:1994年中国的人类发展指数居世界的第94位,而如果按人均GDP排队则居世界的第143位。我们以同样的方式对中国各省区市的经济和社会发展水平进行了粗略的计算,表明以HDI计算的数据结果的地区差距比以GNP表述的差距要小。这就是说,一些人均GDP低的省区,其人均期望寿命、受教育的年限等指标并不低。

关于东西部地带发展差异讨论和争论已有十多年了;但是,对中国日趋突出的南北发展差距问题未见提出。如果说,改革开放前中国南北之间的发展差异主要表现在经济结构方面的话,那么,近10多年来南北间地带性经济发展水平差距已变得相当大了,且变动的幅度比东西间的幅度还大。这是需要引起我们加以注意的。本章在重点阐述东西间地带发展差异的同时,也将分析南北地带性差异的基础、表现特点,并提出若干政策性建议。

东中西三个地带的发展差异

> "沿海—内地"向"三个地带"的演变

按照80年代中期国家关于东中西三个地带的划分,东部地带包括沿海的12个省、区、市,西部地带包括原西南和西北9个省区(1997年以前),其余属中部地带,即:黑龙江、吉林、内蒙古、山西、河南、湖北、湖南、江西、安徽等9省、区。

"七五"计划提出,中国经济发展水平客观上存在东、中、西三大地带差异。至80年代中期,全国生产力布局已经展开,沿海—内地划分过于笼统,不能适应生产力地区布局的要求。同时,又强调:"七五"和后十年全国生产力布局不再搞一次战略展开,而是在东中两大块上做文章。即首先促进沿海地区的大发展,同时把建设重点逐步转移到中部。这表明,中国区域政策的目标区已经由"沿海—内地"演化为东中西三个地带的基本格局。

东中西三个地带的形成及成为中国区域政策的目标区,既取决于沿海地区在对外开放战略中的地位,也取决中部地带经济实力的增强和在国家发展战略中地位的提高。由于中国长期的对外封闭及长期按六大经济协作区管理经济,三个地带的形成经历了一个较长的过程。

专栏4.1

六大经济协作区

1958年,国家计划部门将全国划分为七大经济协作区,1961年调整为六大区。即华北—京、津、冀、晋、内蒙古,东北—辽、吉、黑,华东—沪、苏、浙、鲁、皖、赣、闽,中南—豫、鄂、湘、粤、桂,西北—陕、甘、宁、青、新,西南—川、云、黔、藏。六大经济协作区在经济计划、能源生产与供应、大型机械产品的区域配套生产曾代行了国家计委的部分职能,对当时的区域经济合作起到了一定的作用。

——吴传钧:我国行政区划的沿革及其和经济区划的关系,1986

1."沿海—内地"的区域政策格局

【历史基础——中部地带不突出】

1840年的鸦片战争至19世纪末的半个世纪内,帝国主义势力入侵,中国农村经济日趋破产,近代工业开始兴起并有所发展。主要分布区域是东南沿海和长江沿岸的通商口岸,其中,东南沿海区域约占全部工业的70%。在20世纪20~40年代,形成了以上海为中心、以轻纺工业为主体的长江三角洲工业城市群和辽宁中南部的工业城市群。另外,天津、青岛的轻纺工业在全国的地位也很重要。在广大的内地,只有少数采掘工业和部分省会城市的薄弱工业经济,中西部地区之间并没有经济实力方面的差异。

1949年全国工业总产值按东中西3个地带的划分所占比例为67.3:20.6:12.1。1952年国民收入的比例是49.2:34.4:16.4。表明中部地带是一个以农业为主的不发达地带。

【50～70年代,没有强调中部地带的重要性】

第一个五年计划和毛泽东主席1956年在最高国务会议上"论十大关系"的报告中都将中国划分为"沿海"与"内地"两个部分。60年代中期至70年代中期曾经划分"一线、二线、三线"3个地区。但那时只是强调"三线"地区的重要性,"一线"和"二线"的地域范围、政策差异并不很强调。

【中部地带没有明显的政策地位】

第一个五年计划的建设强调了内地发展的重要性,从1966年开始的第三个五年计划40%左右的投资置于"三线"地区。尽管如此,中部地带在全国的战略地位和国家宏观区域发展政策地位,并没有与西部地带明显分开。

2. 中部地带及其政策地位的形成

中部地带经济发展的战略地位及其在全国宏观区域政策中的地位大约经历了三个阶段才逐步形成的:

(1) 50年代的重点建设项目主要在中部地带。在"156"项重点建设项目中,中部地带占了82项(东部地带和西部地带均为35项),占实际建设的152项的54%。这是使中部地带摆脱落后的农业区域面貌而开始工业化的阶段。

(2) 70年代大规模引进,重点项目在中部地带的布点仅次于东部地带。引进项目主要是以石油化工为主的原材料工业和电站设备,其中43套综合采煤机组的大部分,(13套中的)5套年产30万吨合成氨的大化肥设备,(3套中的)1套以乙烯裂解为主体的大型石油化工设备,一米七轧机及部分附属设施等在中部地带。

(3) 80年代以来,为适应全国经济高速增长对能源、原材料、粮食以及作为轻工业原料的农产品的需要,国家进一步加强了中部地带资源开发和基础产业的发展。

1996年在建的国家重点能源、原材料工业和交通建设项目共计110项(包括跨地区的9项在内)。其中中部地带36项,占32.7%(图4—1)。

(4) 地理区位—沿海地区的直接腹地,客观上加强了中部地带的战略地位

随着沿海地区经济的高速发展和扩大参与经济全球化的进程,沿海地区与腹地的关系越来越密切。沿海发达地区也正在扩大对直接腹地范围的经济和技术辐射。中部地带各省省会和自治区首府距最近海港的平均运输距离只有783.3千米,而西部地带的首府和省会距最近海港的平均运输距离有1831.1千米(西藏自治区首府拉萨由于没有铁路与海港相连,没有计算在内)(专栏4.2)。

之所以在这么长的时期经济发展总量的比例比较稳定,主要是50～70年代国家建设重点向内地推移,而后自70年代中期国家建设资金开始由西部地区向东部地区推移,所产生的经济总量空间分布几乎保持了相同的比例。而在两次地带性倾斜中,中部地带的投资份额的变化都比较不突出,中部地带的发展从未获得国家区域政策的优先地位(图4—2)。

3. 80年代中后期

在这个阶段,三个地带经济发展差距急剧扩大。中国实施沿海地区发展战略,加上改革开

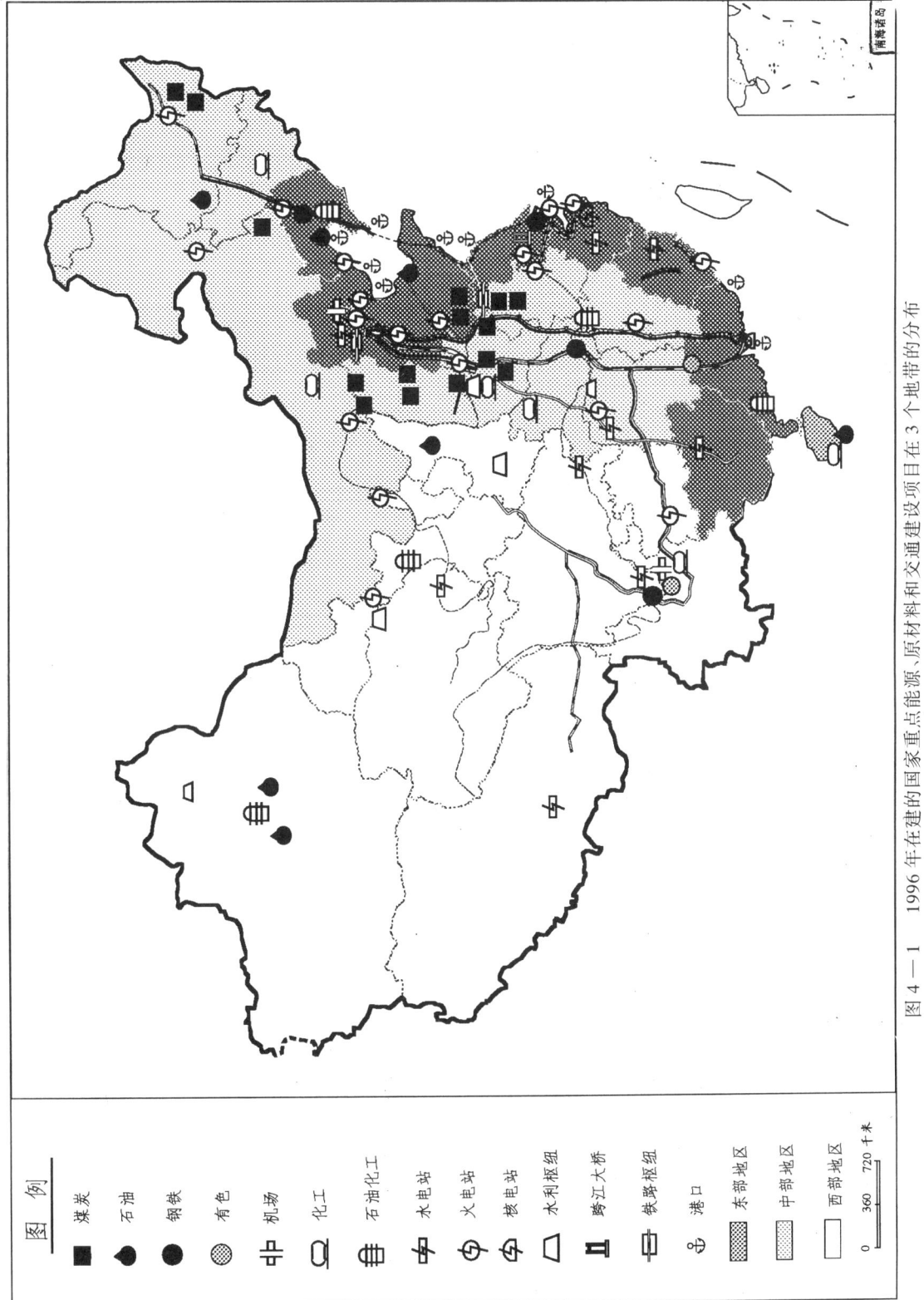

图 4—1 1996 年在建的国家重点能源、原材料和交通建设项目在 3 个地带的分布
（资料来源：国家计委国土地区司等主办，《国土与区域经济》，1996 年第四期。）

105

专栏 4.2

交通区位

经济发展受到海洋的吸引是长期趋势。而港口是各国各地区经济参与国际循环的枢纽和桥头堡。在这种情况下,西部地带由于到最近海港的平均运输距离较中部地带远 1000 千米以上,对于与国内外经济核心区的经济和社会联系是一个重要的差别。

各省区市(省会、首府)到最近海港的运输距离(千米)

东部地带			中部地带			西部地带		
省区市	海港	距离	省区市	海港	距离	省区市	海港	距离
辽宁	大连	397	黑龙江	大连	944	陕西	连云港	1087
河北	天津	459	吉林	大连	702	甘肃	连云港	1759
北京	天津	177	内蒙古	天津	839	宁夏	天津	1515
天津	天津	40	山西	天津	699	青海	连云港	1933
山东	青岛	393	河南	连云港	572	新疆	连云港	3651
江苏	上海	305	湖北	上海	1125	重庆	湛江	1486
上海	上海	1	江西	上海	825	四川	连云港	1929
浙江	宁波	146	湖南	广州	730	云南	防城港	1721
福建	福州	1	安徽	上海	614	贵州	防城港	1060
广东	广州	1				西藏		
广西	防城港	438						
海南	海口	1						
平均运距		196.6			783.3			1831.9

注:省会所在城市为港口城市时,距离计 1 千米。

放以来在沿海地带实施的优惠政策及基础设施得到加强,使沿海地区有了很快的增长。沿海地带的 GDP 占全国的份额大幅度上升,中部地带和西部地带的等幅度下降,是这个阶段的基本特征(表4—2)。

1990～1994 年期间,全国 GDP 年平均增长速度达到 11.7%。东中西三个地带的差距就明显地突出出来了。沿海各地区几乎都是高速增长(如海南省 20.7%,福建和广东为 19.7%,浙江和江苏分别为 19.0% 和 18.1%),而西部地带大部分省区都明显慢于全国增长速度(青海 7.3%,宁夏 7.6%,贵州 8.5%,甘肃 9.2%,陕西 9.2%)。

经济增长速度和经济总量地带性差距扩大的结果,使三个地带人均经济指标的差距发生了相应的变化。

自 1992 年起,沿海地区出现了超高速增长(GDP 年平均增长达到约 16%),使地区间人均 GDP 的绝对差距迅速扩大。以人均 GDP 的标准差衡量,1990～1994 年全国上升型的地区中,沿海地区占了 8 个。

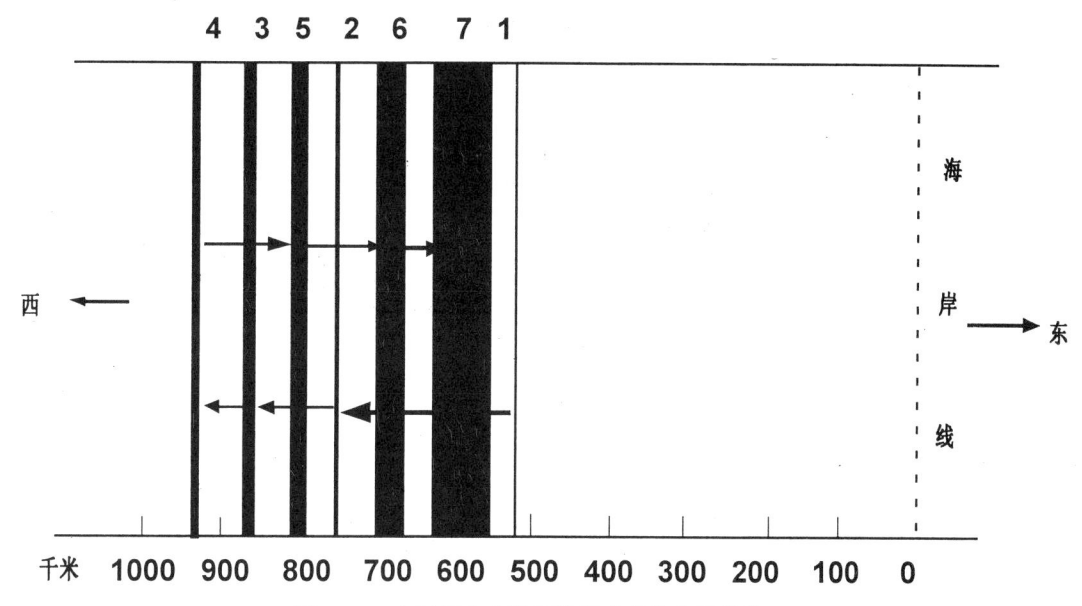

图 4—2 中国基本建设投资重心线的空间推移

注：各线段代表下列时期的投资重心线距海岸带的相对位置：1——1952 年状态位置，2——第一个五年计划，3——第二个五年计划，4——第三个五年计划，5——第四个五年计划，6——第五个五年计划，7——第六个五年计划。

资料来源：陆大道等，《中国工业布局的理论和实践》，1990 年，科学出版社。

表 4—1 80 年代中期以前三个地带人均国民收入（NI,元）及占全国平均值的比重（%）

	1952 年		1957 年		1965 年		1970 年		1978 年		1980 年		1985 年	
	NI	%	NI	%	NI	%	NI	%	NI	%	NI	%	NI	%
全国	94	100	138	100	179	100	210	100	312	100	385	100	689	100
东部地带	118	126	169	122	218	122	268	128	422	135	520	137	942	137
中部地带	95	101	133	96	171	96	202	96	268	86	335	87	592	86
西部地带	59	63	97	70	129	72	155	74	217	70	264	69	465	68

资料来源：杨开忠，《中国区域发展研究》，海洋出版社，1989 年。

表 4—2 80 年代以来东中西三个地带经济总量（GDP）及占全国比重的变化   （GDP 单位为亿元，当年）

地带	1980 年		1985 年		1990 年		1994 年		1995 年		1996 年	
	GDP	%	GDP	%	GDP	%	GDP	%	GDP	%	GDP	%
全国	4387	100.0	8603	100.0	17178	100.0	45586	100.0	57623	100.0	68584	100.0
东部地带	2296	52.3	4553	52.9	9239	53.8	26608	58.4	33615	58.3	39727	57.9

(续表)

地带	1980年		1985年		1990年		1994年		1995年		1996年	
	GDP	%	GDP	%	GDP	%	GDP	%	GDP	%	GDP	%
中部地带	13697	31.2	2675	31.1	5129	29.8	12415	27.2	15868	27.5	19187	28.0
西部地带	722	16.5	1375	16.0	2810	16.4	6563	14.4	8140	14.1	9670	14.1

资料来源：《中国统计年鉴》，1983~1997，国家统计局。
《改革17年——安徽区域经济发展概览》，安徽省统计局。

中国东西部地区在城市化水平、人均收入与消费水平、人均能源消费量、社会商品零售额、文化教育水平等方面都出现了明显的差距。

东中西地带性差异的发展趋势

1. 1994~1996年差距扩大的趋势比较稳定

由表4—2可以看出，中国东中西三个地带发展差距的拉大主要发生在1992~1994年期间。但是，到1994年东部地带GDP占到全国的58.4%时，1995和1996年就没有再增长了。主要原因是：从1993年6月起，中央政府开始对国民经济实施"软着陆"，一些高投入高增长的地区——主要是沿海地区——的投资规模受到了一定程度的控制；经济特区和开放城市的优惠政策正在被取消。1996年初国家全面实施对进出口税收的3项改革，使占全国GDP 23.26%的出口生产厂家和外贸公司（75%以上在沿海地区）受到影响，其他企业也因需求减少受到影响。这一政策的实施，使特区的优惠政策淡化，面临着增创新优势的巨大压力；"八五"末期以来，国家对沿海地区的投资份额已明显减少。其中，自1996年起沿海地区的部分基础设施工程的投资全部由地方和企业承担。

沿海发达地区面临着非常典型的可持续发展问题。在改革开放以来的高速发展中，一些地区的生态环境问题变得十分突出：水体大面积污染，耕地大幅度减少，城乡接合部的生活条件很差，等等。由于能源结构以煤为主，一些重要的城市化地区的大气环境恶化日益严重。这些问题已开始制约地区经济增长。

在中央政府对沿海地区倾斜和政策优惠逐步取消的同时，对中西部地区的支持加大了力度。中西部地带特别是中部地带的增长加快了步伐。1994~1996年期间，中部地带的河南、安徽、江西、湖南、山西、湖北等的经济增长速度超过了全国的平均值（10.5%）（表4—3）。但是，这些省份的经济增长主要靠资源开发和基础产业"量"的扩张。其中，有的省份为高增长付出了巨大的生态环境代价，超过全国平均值的增长速度大概难以维持。

表4—3 1995年中部地带各省GDP增长速度（%）

黑龙江	9.6	吉林	9.7	内蒙古	9.1	山西	11.1
河南	14.8	湖北	10.9	湖南	14.9	安徽	14.3
江西	14.5						

2. 东中西三个地带经济增长的趋势

【在相当一段时间内,"缩小差距"是不实际的】

1996年3月八届全国人大四次会议审议通过的《中华人民共和国经济和社会发展"九五"计划和2010年远景目标纲要》规定了中国今后一个阶段区域政策的主要目标是"缓解差距扩大趋势"、"朝着缩小差距的方向努力"。这是完全符合中国目前所处社会经济发展阶段特点的区域政策。

实话实说,现在要"缩小差距"是不实际的。

【经济发展"质"的差距可能拉大】

"缓解差距扩大的趋势",将主要体现在增长速度和经济总量即"量"的方面。也就是说,沿海地带不可能也不应该谋求如同"八五"那样高达15%以上的增长速度。1996年广东省的GDP增长速度由1995年的14.9%下降到11%。这代表沿海地区的一般趋势。但是,在实施现代化带动战略的情况下,沿海地区经济发展的"质"的方面将会在越来越大的程度上领先于中西部地带。

今后中国区域经济发展的实践将证明这一点。当然,如果缺乏必要的支持乃至采取强制性的违反区域经济发展客观规律的措施,那将是另外一种情形。从近几年沿海多数省市区的发展态势看,沿海地区在"质"的方面愈来愈领先于中西部地带的可能性是具备的。沿海地带自80年代以来资金注入的规模仍保持较强劲的势头(表4—4),其中对交通通信、现代金融、商贸和城市建设、旅游设施的投入比较突出,为今后在较高的水平上实现可持续发展提供了物质基础。本报告第十一章提到"广东奇迹"即标志着沿海地区已在为下个世纪在较高水平上的持续增长准备条件。

表4—4 全社会固定资产投资在三个地带的分布及其变化(亿元,%)

地 区	1990		1994		1995		1996	
全 国	4449.3	100.0	20786.2	100.0	19445.0	100.0	22974.0	100.0
东部地带	2525.7	56.8	13002.9	62.6	12188.4	62.7	14292.7	62.2
中部地带	1108.2	24.9	4906.5	23.6	4120.6	21.2	5091.3	22.2
西部地带	647.3	14.6	2876.7	13.8	2387.4	12.3	2881.5	12.5

注:1990、1995、1996年全国(总计)中包括"不分地区"的部分,但地带内没有包括。因此,三个地带所占比例之和不等于100%。

* 沿海经济特区的优惠政策淡化后,近年来产业结构的调整及产业发展与国际的融合取得了一定的成效。部分地区加强和培育了若干支柱产业:汽车、通信设备、钢铁、石化等,以及生物制药、计算机等。特别是电子工业成为国民经济新的生长点。电器、集成电路、程控交换机等大幅度增长,且开始出口。长城、联想等国产微机已经占到国内市场份额的40%。部分产品越来越多地进入世界市场。

* 沿海地带经济国际化程度正在稳步提高。出口额和直接利用外资占全国的份额继续保持在很高的水平上(表4—5)。

表4-5 1995年 三个地带出口额和直接利用外资及占全国的份额

地带	出口额（亿美元）		直接利用外资（亿美元）	
全国	1487.7	100.0%	369.3	100.0%
东部地带	1297.3	87.2%	324.6	87.9%
中部地带	132.3	8.9%	33.3	9.0%
西部地带	58.1	3.9%	11.4	3.1%

资料来源：中国统计年鉴1996，国家统计局。

南北地带性发展差异

南北间的三个地带

1."南北问题"没有引起重视

在新中国成立后的近30年的时间内，在中央集权和计划经济的条件下，在从属于国防安全的区域政策影响下，客观上实施的是促进区域平衡发展的战略。全国省际的区域绝对差距基本上没有大的变化，人均NI(国民收入)最高和最低的地区也基本未变。这一时期的NI年平均增长速度仅为6.3%，表明这是在一定程度上以牺牲全国经济增长速度来达到平衡发展这一战略目标的。

这一阶段中国国家建设投资的重点和人均NI超过全国平均水平的省区主要集中在中国的北方。南部许多省区市资金投入少、大型项目少、经济增长比较缓慢。因此，这个阶段内中国区域发展存在着明显的"南北问题"。但是，由于当时实行的是中央计划经济以及当时的国内外政治和军事形势，有关地方政府和社会界并没有强烈的反应。

改革开放以来，由于国际地缘经济的变化和国家区域发展政策的调整，中国已有的"南北问题"发生了相反性质的变化。这种变化的趋势和严重程度同样没有引起注意和重视。

2.南北三个地带的划分

我们考察自然条件、资源和社会经济发展联系的特征，认为中国南北间三个地带应作如下划分：

北部地带：黑龙江、吉林、辽宁、内蒙古、北京、天津、河北、山东、山西、河南、陕西、宁夏、甘肃、青海、新疆等15个省、区、市；

中部地带：上海、江苏、浙江、安徽、江西、湖北、湖南、重庆、四川、贵州、西藏等11个(1997年3月以前为10个)省、区、市；

南部地带：福建、广东、广西、海南、云南等5个省、区。

上述3个地带1995年的基础数据及占全国的百分比如表4—6。

表4—6 南北间三个地带的基础数据及占全国的比例

地 带	土地面积 (万平方千米)	人口 (万人)	耕地面积 (万亩)	水资源 (亿立方米)	1995年GDP (亿元)	1995年 (人均GDP元)
全国	960.18	121121	205972.8	27207	57623	4825
北部地带	574.93	50788	119944.4	5473.2	23746	4689
占%	59.9	41.9	58.2	20.1	41.2	97.2
中部地带	288.93	50113	63977.9	13750.7	23158	4676
占%	30.1	41.4	31.1	50.5	40.2	96.9
南部地带	96.32	19362	22050.4	7293	10719	5566
占%	10.0	16.0	10.7	26.8	18.6	115.4

注：水资源总量中包括台湾省690亿立方米。
　　耕地面积是90年代初全国遥感调查资料。

3.南北间地带性差异发展的基础

（1）北部地带——水土资源、水矿资源严重不平衡。由表4—6可以看出，在南北间3个地带中，北部地带占有近60%的土地和耕地面积，40%左右的人口和国内生产总值；但是，只占有20%左右的水资源。北部地带具有丰富的能源资源和基础原材料生产所需的矿产资源：煤炭、石油和天然气的探明储量大约分别占全国的90%、85%和60%，铁矿探明储量约占全国的70%。水资源的短缺是影响北部地带社会经济发展的重要制约因素。资源丰度及结构性差异是形成南北间社会经济发展差异的重要基础。

（2）由于历史和自然的原因，北部地带曾长期作为中国重化工业投资建设的重点区域。在从第一个五年计划至第六个五年计划的30多年时间里，所占用的基本建设投资均超过全国的50%，形成了一系列重要的重化工业基地。这些工业基地对中国国民经济的发展曾经起到了极其重要的作用。

（3）中部地带，以自然基础和经济发展的态势衡量，是中国经济发展潜力最大的地带。该地带以长江干流为纽带，将中国最大的工业城市聚集区——长江三角洲地区和华中、西南的经济核心区连接在一起，水能、矿产、水资源和土地资源相互结合。以上海为中心的长江三角洲地区与国际企业界、金融界和商界有密切的联系。浦东的对外开放开发加强了这个地带的发展优势。

（4）南部地带，最突出的特点是毗邻港、澳、台地区，全球约2000万华侨中有85%左右来自本地带。估计其资本总规模达到1500亿美元以上。国家改革开放政策的实施使这种特殊的地缘和人文优势发挥出了巨大的经济发展作用。

> 80年代以前的"南北问题"

这个阶段的"南北问题"主要是结构差异。改革开放以前，人均经济发展水平南北之间不存在明显的差距。然而，国家的投资分配和产业发展的结构性差异非常突出。总的说来，中部地带和南部地带的优势没有得到充分发挥,特别是南部地带的工业生产条件没有得到很好利用,长期停留在以农业为主的局面。

北部地带是国家建设投资的重点,特别是国家重化工业建设的重点区域。70年代中期,北部地带的工业总产值几乎占到全国的60%,其中,重工业的产值占到全国的65%以上,煤炭、钢铁、重型机械设备、基本化学工业产品大约分别占全国的85%、70%、65%和60%。60年代"北煤南运"的规模即达到5000万吨以上。

与此同时,轻纺工业生产和部分高技术产业的优势主要在中部地带。特别是高级精密的机器制造、航空航天、精细化工和国防军工生产在全国的地位相当突出。科技力量在全国也是相当突出的。除"三线"建设时期的少数年份外,占用国家的基本建设投资的比例一般都只有30%左右。

南部地带在改革开放以前,工业生产和整个国民经济发展缓慢,技术结构层次低,只是以农产品为原料的轻工业比较重要。在70年代中期以前,由于地缘政治因素的影响,南部地带基本建设投资一直只占全国的11%左右。与此同时,南部地带的粮食和部分热带和亚热带产品调往全国。"南粮北运"基本上反映了这个时期南部地带在全国的地位。

> 80年代以来由结构差异发展到水平差异

1. 北部地带经济地位和人均指标的大幅度下降

改革开放以来,国家加强了南部地带的发展,并在80年代末90年代初使沿江地带成为巨大的开放地带。第六个五年计划以来,广东和福建的投资一直居于全国的前列。广东省在大多数年份居全国各省区市的第一位。其中,"六五"期间占全国固定资产投资的7.2%,1995、1996年的全社会固定资产投资分别为2235和2500多亿元,占全国的11.5%和10.9%。南部地带的5个省占全国投资的比重由70年代末的10%左右上升到1995年19.9%,其中国有经济的投资也占到全国的17.7%。中部地带在进入90年代以来,建设投资占全国的份额在不断上升,1995年达到39.2%,其中国有经济占到34.7%。

与上述相对应,北部地带在资金投入方面的地位大幅度下降。1976~1985年的10年间,北部地带的基本建设投资占全国的58%。到1995年,北部地带的全社会固定资产投资只占到全国的37.1%,其中国有经济只占到35.8%。在这种情况下,加上北部地带的开放区域小,没有经济特区,还由于国际上的地缘经济和地缘政治方面的原因,北部地带在利用外资、进出口方面都比中南部地带差得多。

在上述因素的综合影响下,在过去10多年中,北中南3个地带的经济总量和人均经济水平发生了巨大的变化:北部地带的GDP和人均GDP大幅度下降,南部地带大幅度上升,中部地带略有下降。见表4—7和表4—8。

表4—7 南北间三个地带经济发展地位的变化(GDP及占全国的比重,亿元,%)

地带	1980年		1985年		1990年		1995年	
	GDP	%	GDP	%	GDP	%	GDP	%
全国	4387	100.0	8603	100.0	17178	100.0	57623	100.0
北部地带	2017	46.0	3898	45.3	7516	43.8	23746	41.2

(续表)

地带	1980年 GDP	%	1985年 GDP	%	1990年 GDP	%	1995年 GDP	%
中部地带	1837	41.9	3562	41.4	6840	39.8	23158	40.2
南部地带	533	12.1	1143	13.3	2822	16.4	10719	18.6

表4-8　南北间三个地带人均GDP及其相当于全国平均水平的变化

地带	1980年 人均GDP	%	1985年 人均GDP	%	1990年 人均GDP	%	1995年 人均GDP	%
全国	447	100.0	825	100.0	1512	100.0	4825	100.0
北部地带	487	102.1	883	107.0	1558	103.0	4689	97.2
中部地带	441	92.4	812	98.4	1444	95.5	4676	96.9
南部地带	356	74.6	703	85.2	1568	103.7	5566	115.4

在1980～1995年的15年间，北部地带GDP占全国的份额下降了5个百分点，南部地带上升了6.5个百分点；人均GDP相当于全国水平，北部地带也下降了5个百分点，南部地带上升了39个百分点，中部地带略有上升。

2. "东北现象"何止仅在东北！

80年代中期以来的10年间，辽宁、黑龙江、吉林等省的"结构性危机"困扰着社会经济的发展。其主要原因和表现是：

* 传统产业比重大，工业技术设备老化，产品结构陈旧，市场竞争能力差；
* 国营大中型企业和计划管理经济所占比重大，企业缺乏活力；
* 经济的开放程度较低；
* 企业开工不足，失业面大；
* 资源型产业比重大，由于部分资源面临衰竭，接替产业跟不上；
* 部分城市工业聚集地区的生态环境恶化，也对经济发展起着制约作用。

在这些因素的综合影响下，导致这些地区的投资能力低，经济增长和居民收入增长缓慢。反过来，又使"结构性危机"种种问题无法得到解决。出现非良性循环。

但是，"东北现象"并不仅仅在东北。改革开放以前的1952～1978年间，辽宁、陕西、天津、北京、黑龙江等省市的国民收入年增长速度都明显超过全国的平均值(约超过15～30%)，甘肃、山西、内蒙古等省、区的增长速度也基本与全国持平。在改革开放的头10年，上述这些省区市的经济增长率没有例外地都居于全国平均值之下。其中，下降最为严重的是黑龙江、辽宁、陕西、天津等省市(表4—9)，最严重的黑龙江只有全国平均值的67%。由此引发一系列的社会经济问题，这是需要加以重视的。

表4-9　北部地带部分省区市经济增长率相对于全国水平的变化

地区	1952～1978年 NI年均增长	为全国的%	1979～1990年 NI年均增长	为全国的%	1991～1995年 GDP年均增长	为全国的%
全国	6.32	100	8.38	100	11.46	100
辽宁	7.29	115	6.89	82	9.93	87

(续表)

地 区	1952~1978年 NI年均增长	为全国的%	1979~1990年 NI年均增长	为全国的%	1991~1995年 GDP年均增长	为全国的%
黑龙江	6.33	100	6.23	74	7.72	67
北京	12.54	199	8.16	97	11.46	100
陕西	6.98	111	7.76	93	9.19	80
山西	5.17	82	8.09	95	9.71	85
内蒙古	5.69	90	8.11	97	9.40	82
天津	7.36	117	6.86	82	11.39	99
甘肃	5.77	91	7.45	89	9.37	82

大地带发展的展望和建议

东部沿海地带——现代化带动战略

1. 战略地位与困难

沿海地带是使中国经济大规模地走向国际市场,并将在下个世纪初年成为世界经济大国之一而对全球经济循环发挥重大影响的决定性的地区(地带),在国家区域经济和社会发展战略中应当永远处于优先位置。虽然实现了连续10多年的高速经济增长,但只能说为现代化奠定了一个基础。沿海发达地区面向21世纪的发展,有许多问题和困难:

* 投资增长(包括利用外资)将变得缓慢;
* 基础产业仍然与整个经济发展规模不相适应;
* 多数省区市缺乏有活力的且已经有了较大规模的经济增长点;
* 外贸出口的持续增长将变得困难;
* 严重的生态环境问题将对经济增长起制约作用。

随着国家投资份额的明显减少和优惠政策的取消,东部发达地区面临着增创新优势的巨大压力。

2. 需要制订和实施现代化带动战略

这个战略的目标是在国家的支持下,加速沿海地带的技术创新、扩大进入国内外市场的进程。充分发挥沿海发达地区对中西部地区的带动作用,建立东西向的一体化的经济区。

沿海发达地区对广大中西部地区的带动作用越来越重要。人类的社会经济活动受海洋的吸引是长期趋势。沿海地区由于对国际产业结构变动和国际技术发展比较敏感,其产业结构水平往往比内地高。对于中西部地区来说,必须在沿海地区寻找合作伙伴,也就是通过区域经济合作找资金、找市场、找原料燃料、找设备技术、找人才、找信息等对欠发达地区是愈来愈重要了。

3. 实施现代化带动战略的目标

实施沿海地区的现代化带动战略,要求:

进一步加强沿海地带经济和社会的现代化与国际化进程,使经济管理、金融体制、商贸体系等扩大与国际的融合,将几个发达地区的核心(港口)城市尽快建成为国际化的城市;

加快沿海地区产业结构升级的进程,使主要的发达地区都能有若干个新的经济增长点,同时,扩大对中西部地区的技术、设备和人才的辐射、支持;

继续改善发达地区的投资环境和生活质量,大力整治环境污染和生态破坏;

强化与中西部欠发达地区的经济技术和人才的合作,使珠江三角洲与西南地区、长江三角洲与长江沿江地区、环渤海地区等大经济区的合作真正运作起来。

> 地区协调发展与促进西部地带经济增长

"八五"后期,国家提出地区协调发展和加快西部地带经济增长的区域发展政策。今后一个较长时期地区经济协调发展的目标是不使大的地域单元间经济发展相对差距的继续扩大。这也是地区协调发展的内容和主要尺度。

通过对未来15年中国区域发展目标的理论分析,在保证实现中国经济发展总体目标的前提下,"九五"和2010年中国区域协调发展的目标要求是:2000年实现东、西部相对差不再扩大,绝对差由加速增长(即超指数增长)向减速增长的转变。实现这个目标的条件是:2010年使东、西部相对差缩小到"八五"时期的水平,绝对差的增长率下降为2000年水平的一半左右。

1994年,中国东、西部差距,相对差为2.26(用东部人均GDP与西部人均GDP之比,按当年价计算,除特别指出外,以下同)。绝对差达3034.93元(用东部人均GDP与西部人均GDP之差表示)。相对差比1980年的1.93扩大了17.1%。绝对差1980年为290.91元,1994年按80年不变价计算为775.54元,因此,1980～1994年绝对差年均增长率为7.3%。

为实现上述国民经济增长及区域协调发展目标,要求2000～2010年东、西部人均GDP年均增长率,西部比东部高出1个百分点左右。

随着经济总量的不断扩大,以及资源环境的压力的增加,进入21世纪东部地区的经济增长速度将逐渐趋于平稳。例如,在8%到6%之间。而中西部则由于资源的大规模的开发和基础产业的发展,会进入高速增长阶段。因此,这个协调发展目标的实现是很可能的。

为了实现这个目标,一方面,国家要继续制订和实施促进中西部发展的政策与措施。如在少数民族聚住的边疆地区投入扶贫资金、乡镇企业专项资金,增加重点项目的中央投资比例,增加税收返还,投入农业综合开发资金和保持原有的财政补贴等。这些措施将有助于少数民族聚住地区的人民生活水平能与东部地区基本同步增长。对于中西部地区来说,要求:

(1)逐步扩大开发有优势的有色金属、非金属和水能资源;

(2)扩大建设西北、西南对外运输的大通道,包括新建、扩建铁路干线,增加航空运输干线和机场;逐步建成覆盖整个农区和牧区的基层交通体系,提高区域可达性,加快发展中西部地区的通信系统;

(3)通过加大经济投入和技术推广,发展水资源的高效、节约利用,同时要积极地建设若干大型水利工程；

(4)加强社会保障体系和工程的建设，使各地区保持基本一样的生活水平和社会安全感。

> **南北间的中部地带——经济一体化**

南北间三个地带中，中部地带大部分处在长江流域。充分发挥中部地带的巨大发展潜力，关键性的措施是以长江干流产业带为轴线，在工业、金融、商贸、交通等主要领域中建成一体化的经济，并以上海为主要枢纽，扩大进入国际市场。

长江流域具有丰富的资源、大型干线运输通道、众多的城市以及实力较强的经济技术基础，是中国国土开发和社会经济发展总体布局中的一级轴线，即"T"字形空间结构战略的1/2部分。在中国未来几十年国土开发和社会经济发展中，长江沿江地带具有与沿海地带同等的战略地位和发展潜力。

在中央确定浦东开放开发以来，沿岸地区非但没有接受上海及浦东的经济技术辐射，相反，大量的资金、人材流入浦东和上海，导致沿岸大多数地区经济增长后劲相当不足。这给我们提出一个非常重要的问题：如何以上海、浦东为龙头，将长江流域的经济组织起来，共同开放开发，用整体的力量进入国际市场？

关键性的措施是在国家的倡导和支持下，将南北间的中部地带建成为资源、经济互补的最大一体化经济带。这个经济带也是加强中国东中西之间的联系，促进内地经济走向国际市场的最主要途径。具体要求是：

* 建设长江上中下游各有分工特色的、有梯度和互补的产业体系；
* 建设以"西电东送"为主体的强大的能源经济带；
* 以上海为核心，以南京、武汉、重庆为中心，组建全流域大市场，以上海金融、商贸机构为枢纽使全流域进入国际金融、商贸市场；
* 逐步建成强大的综合性运输通道；
* 联合起来，共同防治长江及沿岸地区水体日趋严重的污染。

评价与结论

80年代以来中国社会经济发展取得的巨大成就无疑应归之于改革开放战略的实施。而其中，从空间角度体现改革开放战略的区域政策起了极其重要的作用。即促进了全国经济的持续高速发展，且是使中国经济大规模地走向国际市场并将在下个世纪初年成为世界经济大国而对全球经济循环发挥重大影响的前提。但同时，这个战略也导致了中国地区间经济发展差距的扩大。这个问题已引起了党和国家以及社会各方面的高度重视。

如何全面认识改革开放以来中国实行的区域发展战略和政策，如何看待地区间经济发展差距的扩大，是关系到今后应当实行什么样的区域发展战略和政策、关系到国家发展前景的重大问题。

> 如何看待地区经济发展差距的扩大

改革开放以来,在谈及地带性差异扩大的原因时,一些学者和社会界乃至地方政府的领导人着重强调的是国家区域发展政策的"不公正":

* 对东部沿海地区的各种开放措施和政策优惠给沿海地区带来了巨大的好处。而对内陆和沿边地区没有同时开放,缺乏优惠政策吸引外资。此乃谓之"政策环境上的不平等";

* 国家对西部地带的资金投入严重不足,基础设施、投资环境未得到改善。资源优势没有得到应有的发挥。此乃谓之"投入上的不公平";

* 中西部的资源产品和原材料大量进入东部地区,由于这些产品的价格低,以加工和制造工业为主的东部地带从中获得了大量的额外经济效益。此乃谓之资源、资源型产品与加工制造的成品"价格上的不公平"。

正确分析和认识中国大地带性发展差异的原因,要看到中国各地区自然地理环境的巨大差异,中国社会经济发展所处的阶段以及各地区面临的国际地缘条件的差异。我们认为应该全面看待国家区域政策制订的背景,恰当评价国家区域政策对地区发展差异的影响:

(1)中国是发展中的大国,处大规模工业化和城市化的初期,以基础产业为主体。国家的优先目标必须谋求经济的快速增长。这就决定了这个阶段区域经济的不平衡发展。其趋势是国民经济增长愈快,地区间经济增长的差异就愈大。符合经济增长与地区经济不平衡之间的倒"U"字形相关的规律。这个规律说明,在工业化的初期和中期,国家一般都要集中资金于有利开发的地区。只有这样,才能在总体上实现较快的增长;但在同时,地区间经济实力和人均产值的差距就必然地要扩大。这已被许多新老工业化国家区域经济发展的过程、特征所证实。也就是说,地区之间发展不平衡的扩大是经济高速发展难以避免的副作用。这个阶段我们无法逾越;

(2)70年代经济国际化和全球化的趋势迅速发展,发达国家和地区向外大规模转移产业和资本。中国政府实行的改革开放和一系列相关的区域政策是对这一大形势的科学的客观反应,不是"地区偏爱"。沿海地区固有的优势和潜力得到了充分的发挥,完全符合国家的整体利益。中央政府的沿海倾斜战略发挥了作用,实质上是中央政府及时地顺应了经济国际化和全球化的趋势,为全国赢得了发展机遇;

(3)改革开放以来,中国地区发展差距并不完全体现为3个地带之间和汉族聚住地区与少数民族聚住地区之间(本报告做了具体的分析和类型划分)。最大的地区差距体现在城乡之间。像北京、天津、上海这样以城镇人口为主体的省级地域单元与其它以农业人口为主体(特别是经济以农业为主体)的省区进行区域差异比较时带有很大的城乡差异成分。

因此,有的学者将贵州省与上海市、贵州省晴隆县与珠海市作人均 GDP 的比较来说明东西之间的差距之大(1995年珠海市人均 GDP 为晴隆县的86倍)是不适宜的。这是城乡之间的差距。

(4) 在社会主义市场经济条件下,上级政府的支持固然重要,但找合作伙伴,也就是通过区域经济合作找资金、找市场、找原料燃料、找设备技术、找人才、找信息等无论对发达地区或欠发达地区都是愈来愈重要了。因此,需要促进地区间的联合,建立各具特色的一体化的区域经济。

(5) 中国有三大自然区和地势的三大阶梯,还要考虑到经济基础和社会历史等方面的因素。中国今后一个阶段的区域政策的主要目标是"缓解差距扩大趋势"、"朝着缩小差距的方向努力"("九五"计划和2010年远景目标纲要)。实话实说,现在提"缩小差距"是不实际的;

(6) 随着社会主义市场经济体制的逐步确立,地区经济实力普遍增强。1995年全国全社会固定资产投资近2万亿元,中央政府所掌握的不到4000亿元。因此,即使想"战略转移",也是难以做到的了。

> 经济地带性差异扩大的原因何在?

1. 自然地理环境。中国现阶段各地区人口密度、经济密度、经济实力的差异,最根本的原因是由于中国国土有三大自然区,地势上有三大阶梯。东部季风区、西北干旱区和青藏高寒区等三大综合自然区从根本上影响乃至决定了中国的地区间社会经济发展的巨大差距。

2. 自然资源。西部地区具有某些自然资源的优势,但考虑到开发利用条件差乃至恶劣,并不像一般所说的那么大。80年代中期地矿学家曾就东中西3个地带矿产资源的潜在价值作了计算,结果为1:2:2。从开发利用的可能性及产生的效益评价,西部地带已探明矿产资源的实际价值要比潜在价值小得多(占全国的比例在25~30%之间)。也就是说,从资源的实际意义论西部地区的资源不算很丰富。东部地区可同时利用国内国际两类资源。而西部地区某些资源大规模开发利用的困难和巨大代价却是如故。

3. 地理区位。濒临海洋或靠近海洋的地区,可以较易于参与大范围的社会经济活动,可以更易于进入大范围(乃至全球范围)的经济核心区。由于现代经济受海洋的吸引是长期趋势,这类地区、国家的经济有较大的可能比内陆地区、国家发达;

* 与经济核心区、大城市的相对位置。一般而论,靠近大范围的经济核心区或大城市的区域(或国家),发展机会(投资、商业活动、信息获得等)较多。因此,比远离核心区的边缘地区发展快些。

4. 历史因素。严格地讲,历史因素亦是自然环境因素和社会经济因素在历史时期作用的结果,由于惯性,仍对今后的发展产生影响。大致可有以下方面:

* 历史上形成的社会经济基础的地域差异;

* 在历史时期形成的民族心理特征、对发展的价值观与进取精神等。欠发达地区或国家的人们往往在观念上较为保守,在地区间、国家间剧烈的经济竞争面前缺乏危机感和紧迫感。

5. 现阶段的经济因素。最直接的原因是西部地区资金投入能力低,如川、云、贵3省全社会固定资产投资近年来只相当于东部地带一个省的规模,实际利用外资只有全国总数的3.0%左右。乡镇企业不发达,整个西部地区乡镇工业的总产值只占全国的10%左右,不及东部地带一个乡镇企业发达省的规模。东部的许多乡镇企业以其技术开发能力、生产规模、管理水平及产品出口情况衡量,已属现代化企业。由于地缘经济条件、技术与管理水平以及市场条件的差异,东西部之间的投入产出指标相差很大。以独立核算工业企业考察,百元固定资产原值实现的产值,东部地区大约为西部地区的2~3倍(以省区为单位)。财政自给能力低,难以填补的"财政窟窿"是欠发达地区的普遍现象。

6. 体制上的原因。各地区经济增长的实践表明:凡是市场化程度高、国有化程度较低的省、区、市,经济增长均较快。这些地区如广东、浙江、福建、江苏等省。而一些欠发达地区,如青海、宁夏、甘肃、云南、贵州等,尚未在很大程度上摆脱计划经济和以国有经济为主的传统所有制模式。

> 依靠中央的物力财力已不可能实施地带性战略转移

在今后若干年内,要求全国经济建设实行某种程度的"战略转移",从而对西部地区实行大规模投资倾斜,是很不可取的。更不用说,国家计划内的投资规模已经不可能实现这样的"转移"了(表4—10)。长期的经验说明,在西部一些地区不宜搞那些代价极大但收益不高的资源开发和加工工业大项目。

表4—10 国家预算内投资和国内信贷部分占全国基本建设投资的比重(%)

项　　目	1985	1986	1987	1988	1989	1990	1991	1992	1993	1994	1995
预算内投资和国内贷款	53.0	52.5	51.7	42.3	39.7	43.6	41.4	37.8	33.6	31.4	26.3
利用外资	6.8	9.3	10.4	13.9	14.3	13.2	11.3	11.1	9.9	14.2	13.6
自筹资金等	40.2	38.2	37.9	43.8	46.0	43.2	47.3	51.1	56.5	54.4	60.1
资金总额	1074	1176	1343	1574	1552	1704	2116	3013	4616	6437	7365

相对于全国各地区固定资产投资能力来说,中央政府用于固定资产投资的份额是明显下降的。1995年,全国全社会固定资产投资19445亿元,国家预算内投资和国内贷款合计只有3620亿元,仅占18.6%。而这一年,广东、江苏、上海、浙江、山东的全社会固定资产投资都超过1000亿元,其中广东省达到2235.5亿元(中国统计摘要,1996)。这也就是说,从中央政府相对于(各省区)地方政府的投资能力来说,从90年代初期起,已经表现不出大的地带性倾斜。当然,依靠中央的财力已是不可能实现战略转移的了。

> 部分国家的地区间经济发展差距状况可供参考

发达国家的地区差异经历了由扩大到缩小的过程,许多发展中国家的内部地区间差异比我们严重得多。

处在发展中的幅员较大的国家,内部差异普遍很大。西方发达国家在工业化至后工业化过程中内部地区间的差异也经历了由扩大到缩小的过程。

美国幅员大,但内部各地区自然条件和经济基础差异比中国要小得多。况且,美国西部濒临太平洋。即便如此,美国工业化过程中生产力由东北部向中西部推进,形成目前的态势用了150~200年。图4—3直接标明的是美国人口重心在地域上的推移,实际上反映的是美国国土开发过程中经济重心的地域推移。在50年代美国各州之间人均收入最高与最低之比也达到3.1~3.3,1970年高低比降为1.54。

幅员小国、经济大国的原西德、日本,1976年人均GDP最高区与最低区之比分别为2.62

和2.92。

在经济有一定实力的发展中国家,伊朗、巴西、阿根廷、哥伦比亚、委内瑞拉、墨西哥、南斯拉夫、泰国,最富地区与最穷地区的人均GDP之比均大于5.0(1976年状况)。据不完全资料的分析,1976年之后这些国家中只有泰国、伊朗地区间差异有些缩小。

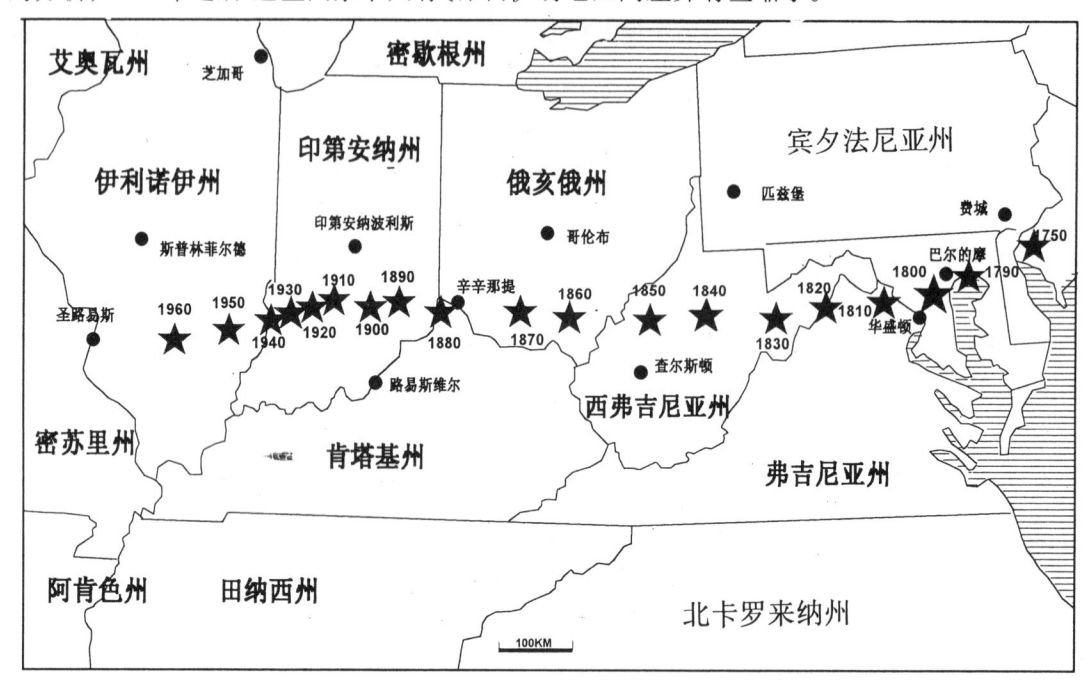

图4—3 美国人口重心在地域上的推移

参考文献

1. 联合国开发计划署,《人类发展报告1994》,第五章,国家计委社发司编,1995年4月。
2. 陆大道等,《中国工业布局的理论与实践》,科学出版社,1990年。
3. 陈耀邦主编,《加快两个转变,振兴东北地区经济》,改革出版社,1996年2月。
4. 胡鞍钢等,《中国地区差距报告》,辽宁人民出版社,1995年12月。
5. Bahrenberg, G., Giese, E., Nipper, J., Statistische Methoden in der Geographie, S.74, Nach: Neft 1962, S.106, Verlag Teubner, Stuttgart 1985.
6. Renaud, B., National Urbanization Policy in Developing Countries, 1981. 中译文见邵清宇论文:"整体大于部分之和",1982年11月。

第五章　沿海特区及开放城市的发展与区域作用

沿海经济特区与沿海开放城市是改革开放以来中国经济增长最快、外向型经济成分最高的区域，也是中国社会经济发展参与国际经济循环、使中国经济愈来愈大规模地进入国际市场的基地和枢纽。是中国区域经济发展中的一种特殊类型，也是对全国区域经济发展发挥重要影响的"明星"地区。

在1995年以前的10多年间，沿海特区与开放城市享有中央政府给予的一系列优惠政策。通过大量利用外资、引进技术以及大规模经营进出口贸易，大搞现代化的基础设施，较快地推进了产业结构的调整，使经济获得了持续的高速增长。

沿海经济特区的发展在进入第15个年头的时候，开始面临新的发展形势。1995年底，江泽民总书记视察汕头经济特区时，强调经济特区要增创新优势，更上一层楼，在提高对外开放水平、实现两个根本性转变和建设两个精神文明等方面走在全国前面。一些经济特区着手制订现代化的新战略。这一战略的实质是现代化和国际化，建立社会主义市场经济体制的基本框架和与国际经济运行体制相适应的对外经济体制。有的特区提出要建设科技型的经济特区。这些精神成为1996年5月国务院在珠海召开的经济特区工作会议得出的基本方针。

1996年国家全面实施对进出口税收的3项改革。在沿海经济特区和开放城市淡化了各类优惠政策的作用，促进沿海特区与开放城市必须"第二次创业"，即增创新优势。国家正在采取措施，促进东西部之间的合作和联合，实现优势互补，共同发展。而在这个过程中，沿海经济特区和开放城市起着极为重要的作用。为了加快现代化和国际化的进程，沿海经济特区和开放城市正在引导资源加工型和劳动密集型产业向中西部地区转移，鼓励向中西部地区投资，等等。

本章着重概括反映了1991～1996年，经济特区城市和沿海开放城市规模扩大、经济实力增长和产业结构变化的基本状况；针对决定沿海特区与开放城市发展的几种类型区域的建设，包括经济技术开发区、高新技术产业开发区、保税区等，进行了功能、结构和布局等综合分析；结合"八五"时期和"九五"计划的发展战略问题的归纳，阐述了沿海特区与开放城市"第二次创业"的重要举措及其区域作用。

"八五"时期沿海特区与开放城市的发展

1991～1995年是沿海特区和开放城市经济持续发展与城市规模迅速扩大的一个重要时期。经济整体实力进一步加强，产业结构层次有所提高，在本省区国民经济发展中的地位更加重要。但是，多数沿海特区与开放城市在本省区外向型经济中的地位相对下降。

经济增长及在省域经济中的地位

总体而言,沿海特区与开放城市在"八五"期间经济实力进一步加强,在省区中的地位有所提高,人均 GDP 的增长速度普遍高于本省区的平均值。但由于外向型经济在沿海地区的全面发展,沿海特区与开放城市在利用外资等方面的优势已经明显削弱。

表 5-1 特区和开放城市主要指标在本省所占比重(单位:%)

		福建	广东	辽宁	河北	山东	江苏	浙江	广西
国内生产总值	1990 年	29.3	40.2	16.8	5.2	24.7	12.5	24.4	3.9
	1995 年	34.8	46.8	23.1	6.0	31.1	12.1	29.5	5.6
实际利用外资	1990 年	72.5	45.4	50.1	43.6	43.9	11.5	49.0	17.4
	1995 年	43.4	29.2	41.7	13.1	26.6	4.5	24.9	27.2

注:因汕头市行政区划调整,1990 年和 1995 年数值不具可比性,因此,此表中广东省不包括汕头市。

因天津和上海为直辖市的缘故,此表没有反映 2 市的数据。若以全国为基数,则 2 市 GDP 比重 1990 年和 1995 年分别为 5.9% 和 4.1%,利用外资比重分别为 10.8% 和 9.9%。

资料来源:国家统计局城市调查总队编:《中国城市统计年鉴1991》,北京,中国统计出版社,1991 年。《中国城市统计年鉴1996》,北京,中国统计出版社,1996 年。

从 1988 年初开始,中国便开始对沿海地区进行成片开放。到"八五"计划期间,已形成从南到北的沿海开放地带。利用外资、出口贸易的重心,从沿海开放城市和经济特区向沿海其他区域推广,继而向沿海省区的内陆区域推进,非沿海特区与开放城市的比重明显上升,沿海特区与开放城市在本省的绝对领先地位明显削弱。除北海在本省区中利用外资的比重明显提高,湛江、温州和威海略有上升以外,其他沿海特区与开放城市在本省区中的比重均有较大幅度的下降,厦门、深圳、秦皇岛、青岛、宁波、福州等城市作为本省利用外资的中心城市的作用已大大降低,比重水平平均下降近一半的幅度。

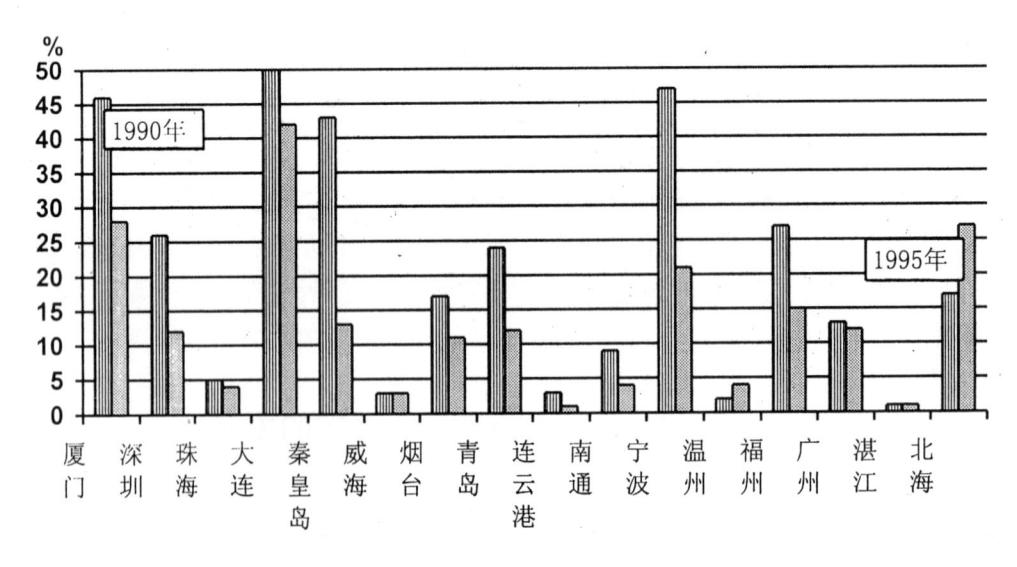

图 5-1 主要沿海特区与开放城市利用外资在本省区总量中的比重

尽管如此,沿海特区与开放城市经济实力仍保持着相对较高的增长速度,"八五"期间,多数沿海特区与开放城市人均GDP水平在本省的领先水平进一步提高。

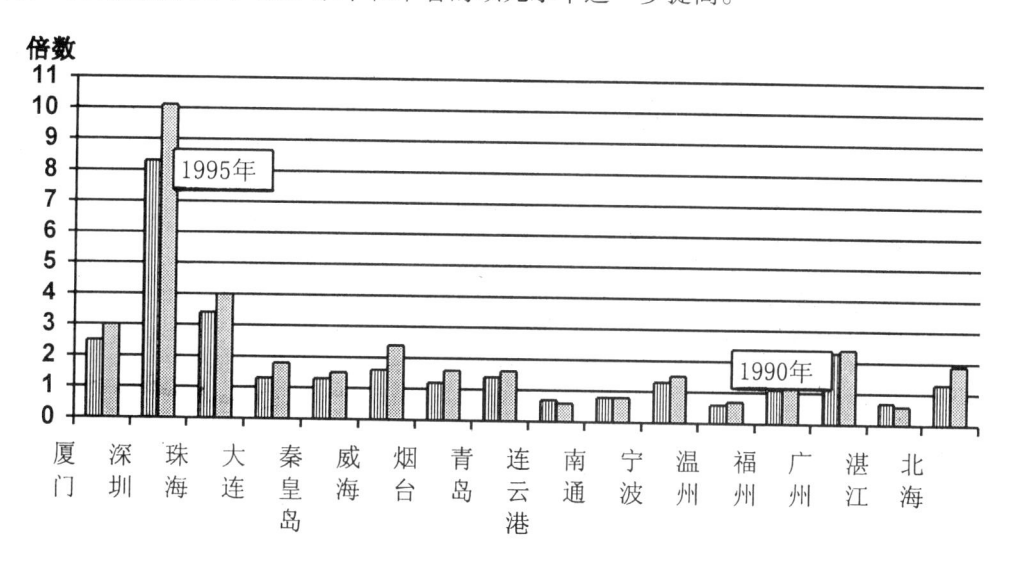

图5—2 主要沿海特区与开放城市人均GDP同本省区平均水平的比较

沿海特区与开放城市国民经济总量的增长及在本省区中的地位变化,可分为以下几种情形:

【深圳和大连:在本省地位得到显著提高】

"八五"时期,深圳和大连在本省国民经济总量中的比重增加了5个百分点以上,是沿海特区与开放城市中增加幅度最大的两个城市;深圳是在广东整体经济快速发展的过程中提高比重的,因此,城市经济实力是有显著增强的;辽宁整体发展速度缓慢,因此,在全省经济增长中,大连作出了较大的贡献。

【福建、浙江、山东3省的特区和沿海开放城市建设进展很大】

福建、浙江、山东3省的特区建设和沿海开放城市的发展也取得较大进展。厦门、福州、威海、烟台、宁波和温州GDP在全省的比重水平,都增加了两个百分点以上。区域中心城市的实力得到加强,比较有力地带动了区域经济发展。

【半数特区和开放城市发展相对缓慢,在本省区中的地位增长不明显或有所下降】

河北、江苏的沿海开放城市在本省中的地位提高幅度有限,甚至有所下降,主要由于秦皇岛、连云港和南通或不是本省经济的重心城市,或不是"八五"时期经济的主要增长点。广西的北海则是由于建设起步较晚,"八五"时期正处于城市的规模扩充和基础设施完备的过程,外向型经济先导作用明显,利用外资比重5年提高了10个百分点,整体经济发展的活力尚未充分得到发挥。

由于广东其它地区发展速度也很快,所以,广东省沿海特区与开放城市的地位提高,难度就相当大;尽管广州和珠海经济发展速度高于全省的平均值,但比重增加值仍有限;而且出现了湛江比重水平下降的情形。

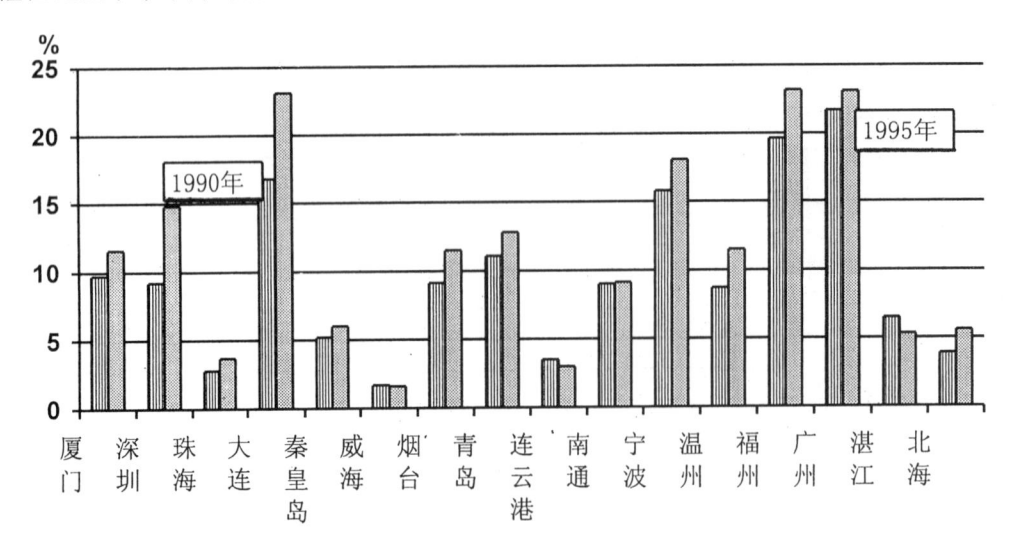

图5—3 主要沿海特区与开放城市GDP在本省区总量中的比重变化

城市规模的变化

"八五"期间,沿海特区与开放城市规模都在迅速扩大。

在"八五"时期,中国特区和沿海开放城市真正进入以城市功能开发带动产业发展的,只有深圳一个城市。主要表现为:城市人口规模增长速度明显高于建成区面积增长速度。这主要是由于,通过80年代深圳的发展建设,已经形成了较高水准的城市形态和雄厚的产业基础。进入90年代,提高产业结构层次、充分发挥城市经济的潜能,成为深圳市建设发展的主题。

"八五"时期,有两类沿海城市和经济特区城市扩大规模的模式,收到良好的效果。其一,如青岛和天津市,由于城市发展历史悠久,已形成较大的城市规模。因此,全面控制市区人口规模和建成区规模的迅速扩张,将城市建设重点放在城市的内部改造和结构调整上,并加强卫星城镇的建设,逐步形成现代化中心城市面貌。其二,如厦门和大连市,严格控制市区人口规模的增长,在改造旧城的同时,重视城市内部功能区划的合理化,适当开发新区,通过城市合理规划布局,使风景旅游、商贸服务、工业和交通等产业,得到协调发展。福州、广州也可大体归为此类。

有些城市,在80年代经济增长和城市建设速度一直比较缓慢。到"八五"时期,才真正开始加速建设发展。突出的是温州和北海市,它们是"八五"期间沿海开放城市规模扩大速度最快的城市,而且,市区人口规模和建成区规模得到同步发展。这表明,在大规模进行新区开发建设的同时,城市也成为吸纳人口的中心,产业增量的扩张趋势占经济增长的主导地位。温州发展战略从"在外流动赚钱"为主转变为"在本市建立生产基地"为主,从"不离乡土的家庭作坊式生产经营"转变为"进城务工经商"为主的方式,导致城市建设规模的迅速膨胀。北海市则主要由于西南地区出海通道的建设,给城市加速发展带来了机遇。

威海、烟台、汕头、南通、上海等城市,城市规模增长速度也非常快,而且,突出的特点是:城市建成区面积的增长速度大大高于市区人口规模的增长速度。这类城市的新区开发,往往同城市产业结构的调整结合较为紧密。如上海市,努力实现产业结构的转化,逐步淘汰纺织、铸造等工业门类,重点发展第三产业和技术含量较高的工业企业。因此,劳动力的行业转移和再就业,主导着城市人口的增长状况和结构变化趋势。大规模开发建设的浦东等新区,也就成为城市21世纪优势产业群体的布局重点地区。当然,也可能是由于大量的持非常住户口的人,没有被统计为市区人口,而掩盖了市区人口快速增长的真相。

市区人口:万人
建成区面积:Km²
递增速度:%

表5—2 经济特区城市和沿海开放城市规模增长情况

		深圳	汕头	珠海	厦门	大连	秦皇岛	天津	烟台	青岛	连云港	南通	上海	宁波	温州	福州	广州	湛江	北海
"八五"递增速度	市区人口	58	10	—2	5	3	12	1	36	3	5	15	11	3	42	7	4	7	55
	建成区面积	13	68	20	16	29	5	4	66	5	7	47	25	2	66	17	19	27	48
1995年实际情况	市区人口	99	104	35	67	255	63	594	149	218	57	61	957	114	113	148	385	121	48
	建成区面积	88	87	56	58	218	65	359	107	104	48	58	390	62	74	68	259	58	28

资料来源:《中国城市统计年鉴1991》,国家统计局城市社会经济调查总队,中国统计出版社,1991年。
《中国城市统计年鉴1996》,国家统计局城市社会经济调查总队,中国统计出版社,1996年。

产业结构的变化　沿海特区与开放城市在经济总量不断增加的同时,产业结构也有较大的调整。从市区产业发展方向侧重第二产业或是第三产业,可划分为两种类型:

一是加速发展第三产业的类型,共12个城市。共同的特点是第二产业的比重下降,第三产业比重上升。其中,厦门、汕头、大连、青岛、上海、宁波、福州等,第三产业发展速度大大高于第二产业,其在GDP中的比重已超过40%,产业结构的层次升级比较明显,中心城市的集聚和辐射功能得到明显的强化。

二是以工业发展为重点,共6个城市,包括珠海、秦皇岛、连云港、温州、广州和湛江。共同的特点是,第二产业的比重上升,其他产业比重水平下降。多数城市整体发展水平、特别是外向型经济发展水平不高。

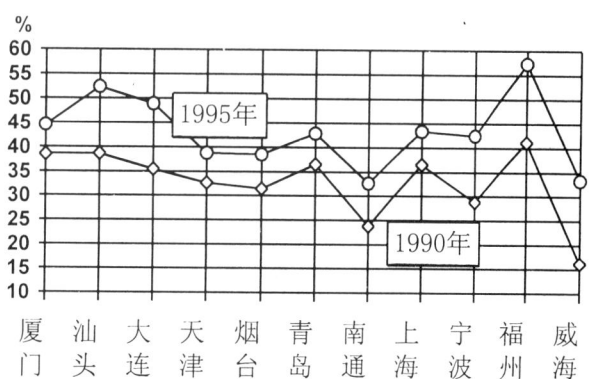

图5—4 主要沿海特区和开放城市第三产业在GDP中比重值的变化

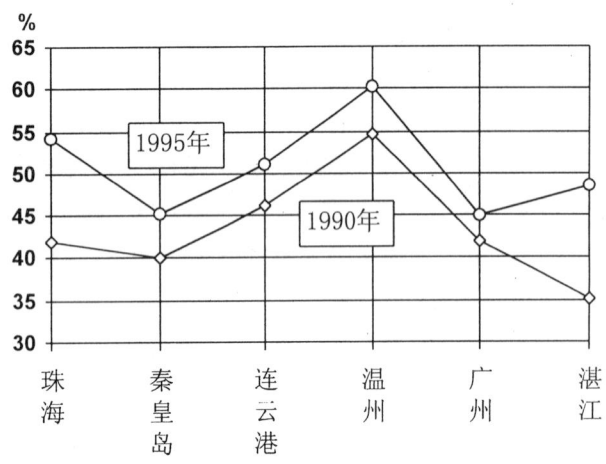

图 5—5 主要沿海特区和开放城市第二产业在 GDP 中比重值的变化

"八五"时期,仍然以提高工业化程度和水平为基本战略。

沿海特区与开放城市中,仅有深圳市区产业结构相对稳定,城市经济处于全面、稳步发展的时期。

主要类型区的开发建设

经济技术开发区、高新技术产业开发区、保税区等不同类型的小区相继开发建设,加快了沿海特区与开放城市改革开放的进程,带动了特区和开放城市经济的发展,推动了产业结构的不断升级。

经济技术开发区

1984 年 5 月,根据邓小平同志的建议,继经济特区对外开放之后,国家正式决定开放 14 个沿海港口工业城市,使中国开放重点从南向北沿海展开,构成了中国当今改革开放的前沿和主干地带。

尽管沿海 14 个港口工业城市具备相对较好的对外开放条件,但吸引和利用外商投资的软硬环境,在当时均存在很大的不足。因此,国家在开放沿海 14 个城市的决定中,规定"可以划定一个有明确地域界限的区域,兴办新的经济技术开发区",营造比较优越的投资"小环境",招商引资,兴建先进的工业项目,增加出口创汇,优化所在城市(即母城)的产业结构,成为发展母城外向型经济的重要"窗口"。

1984 年 9 月,第一个经济技术开发区由国务院批准,在大连兴建。进入"八五"计划时期之前,沿海开放城市中,除温州和北海之外,全部设立了经济技术开发区。作为中国沿海对外开放战略的重要组成部分,特别是国家比照经济特区实行政策倾斜,因而,经济技术开发区的兴建,有力地推动了沿海 14 个城市对外开放的步伐。

到"八五"期末,中国共有 32 个经济技术开发区,其中,17 个分布在沿海开放城市。

表 5—3 沿海开放城市经济技术开发区基本情况

	批准时间	规划面积（平方千米）	累计批准外商企业数（个）	利用外资额（亿美元）协议	利用外资额（亿美元）实际
大连开发区	1984.9	20	1118	29	15
天津开发区	1984.6	33	2135	28	—
秦皇岛开发区	1984.10	10	184	5	1.8
青岛开发区	1984.10	15	498	8.1	2.5
烟台开发区	1984.10	10	592	6.1	2.4

(续表)

	批准时间	规划面积（平方千米）	累计批准外商企业数（个）	利用外资额(亿美元) 协议	利用外资额(亿美元) 实际
威海开发区	1992.10	5.72	133	1.4	0.1
连云港开发区	1984.12	3	181	2.2	0.5
南通开发区	1984.12	4.62	188	4.7	1.4
上海虹桥开发区	1986.9			11.24	—
上海闵行开发区	1986.8	2.13	122	—	5.3
上海漕河泾开发区	1988.6	5	145	5	—
宁波开发区	1984.10	3.9	522	20.14	4
温州开发区	1992.3	5.11	96	0.66	—
福州开发区	1985	4.4	392	10.3	3
广州开发区	1984.12	9.6	340	10.8	4.0
广州南沙开发区	1993.3	10	90	—	4
湛江开发区	1984.11	9.2	258	9.6	2

【"八五"时期，开发区建设取得新进展】

　　进入90年代，中国的14个经济技术开发区已经步入了以发展现代工业为主、吸引利用外资为主、拓展外贸出口为主的发展轨道。1992年，邓小平同志南巡讲话，促进了全国对外开放和经济建设的快速增长，开发区也充分利用已有基础，抓住机遇，争创改革开放的新局面。当年，14个开发区批准外商投资项目、协议吸收外资金额、实际利用外资金额均比上年增长2倍左右。而后，一直保持较高的增长速度，并出现外商投资项目大型化、先进技术项目增多的趋势，工业生产、外贸出口和经济效益得到基本同步的发展。

【开发区建设在中国改革开放中，发挥了主要的作用】

　　兴办经济技术开发区，是对外开放的重要方式。开发区具有吸收利用外资的明显优势，是外商投资企业聚集的区域。大连、天津、烟台、青岛、宁波、福州和湛江等开发区，累计吸收外商投资额，大体占本市的20～30%。开发区又是拓展外贸出口的基地，1993年，沿海经济技术开发区出口额突破1亿美元的就达10个，大连开发区位居首位，其次为天津、广州、上海闵行等；而且，开发区出口以外商投资企业产品占较大比重，产品的深加工程度比较高。因此，经济技术开发区的建设，通过有效地发挥母城优势与吸收国外生产要素的结合，用力地推动沿海开放城市对外开放的进程。

　　经济技术开发区的发展过程，是率先逐步引进市场经济体制、不断深化改革的过程，在投资体制、现代企业制度、劳动用工制度、土地使用制度、开发区内部管理运行体制以及全员社劳动福利保障体系建立等方面,为中国宏观经济改革进行了有益的尝试。

经济技术开发区经济的迅速发展,推动了所在城市经济的增长,特别是加快了工业化进程、促进了产品结构的优化、提高了生产技术和管理水平。"八五"期间,经济技术开发区仍处于大发展的时期,在母城工业总产值中的比重水平逐步提高,绝大多数开发区的工业产值在全市工业总产值中的比重达到20%左右,在工业总产值的增量中所占比重通常超过40%。开发区新建工业项目,一般技术含量较高,工业比较先进,产品具有较强的市场竞争力,因此,对带动母城产业结构的升级发挥了积极的作用。

【开发区的发展状况有所差异】

中国经济技术开发区的建设,遵循的共同原则是:依托母城的基础设施条件进行开发,工业行业结构重在弥补母城工业生产门类的短缺与提高加工深度和产品技术水平,总体战略目标是促进外向型经济的发展。经过10年左右的开发建设,开发区之间相比,发展水平、结构及同所在城市的关系等诸多方面形成了一定的差异。

开发区建设的速度很快。自开发建设以来,固定资产投资、区内GDP和工业总产值以及外贸出口额等主要指标的递增速度,多数在70%左右。但也还存在着进展速度方面的差距。如:大连和青岛同为北方环渤海对外开放的重要城市,但开发区建设速度却截然不同。大连规划面积20平方千米,现已发展到37平方千米,完成工业总产值占大连市乡及乡以上工业总产值的1/5左右,成为大连重要的经济生长点。青岛开发区则主要由于选址同母城的关系欠佳,开发速度一直相对比较缓慢。

开发区项目建设以外资为主,国内其他省市区兴办企业也占有较大的份额;外资来源有所差异。东南沿海的经济技术开发区,港台投资比重格外突出;长江三角洲及周围区域,欧美国家的投资比重相对在其他经济技术开发区中的比重,明显偏高;山东半岛的韩资、辽东半岛的日资规模也比较大,成为外资利用中的主要特点。

开发区建设至今仍是以工业项目居多,开始起步发展非工业项目,投资领域逐步拓展到房地产、咨询服务、交通运输、能源、商业饮食等行业。支柱工业行业结构也有雷同的现象,主要是集中发展电子、机械、纺织等工业行业;但同时,注重发挥当地优势,在开发区的行业构成中也有所体现。如:连云港、青岛的水产业,宁波原材料工业、天津医药工业等(表5—4)。

表5—4 部分经济技术开发区支柱工业行业

	支柱工业行业
大连开发区	电子 机械 纺织 轻工 化工 医药 建材 服装
天津开发区	电子 机械 生物 医药 食品 建材 轻工
青岛开发区	电子 机械 轻纺 化工 建材 水产 食品
连云港开发区	机械 电子 纺织 食品 水产 精细化工 包装
宁波开发区	石油化工 纺织 食品 钢铁
广州开发区	建材 电子原器件与仪表 日用化工 包装 食品 纺织

高新技术产业开发区　继沿海对外开放战略实施后,为了适应世界新技术革命的浪潮,培育抢占21世纪制高点的产业群体,国务院自1988年到"八五"期末,先后批准了52个国家级高新技术产业开发区。其中,有11个位于沿海特区与开放城市,即:大连、天津、威海、青岛、上海、福州、厦门、广州、深圳、珠海、海南。作为开发高技术产品和利用高技术改造传统产业的基地,高新技术产业开发区对特区和沿海开放城市产业结构的升级起着积极的作用。

同国外都是依靠单一高技术产业形成和发展高技术园区不同,中国沿海特区与开放城市的高新技术产业开发区基本都具有两个及两个以上的高技术产业发展方向,主要集中在电子信息、光电子与光机电一体化技术以及新材料技术等。由此,导致高新技术产业区类型趋同、产业同构问题比较严重。但在发展类型上,高新技术开发区之间还是有所差异的。

表5-5　沿海特区与开放城市高新技术产业开发区产业结构

高新技术产业	微电子和电子信息技术	光电子和光机电一体化技术	生命科学和生物工程技术	材料科学和新材料技术	能源科学和新能源高效节能技术	生态科学和环境保护技术	地球科学和海洋工程技术	医药科学和生物医学工程技术	精细化工等传统产业新工艺新技术	空间科学和航空航天技术
天津	✓	✓		✓	✓		✓	✓		
大连	✓	✓					✓			
上海	✓	✓	✓	✓						✓
福州	✓	✓	✓	✓					✓	
厦门	✓	✓	✓							
青岛	✓									
威海	✓	✓		✓	✓		✓	✓	✓	
广州	✓									
深圳	✓	✓						✓		
珠海	✓	✓							✓	
海南	✓	✓	✓	✓						

创新型。位于大学和科研机构集中的地方,直接依靠大学和科研机构的科技智力资源,实现创新科技成果的产业化,成为城市新兴产业形成的基础,加速产业的新陈代谢。如天津高新技术产业开发区。

开发型。位于重要的工业基地,依托大中型企业雄厚的物质技术基础,通过开发新产品和新工艺,达到利用高新技术改造传统产业、促进产业结构转型与升级的目的。如上海漕河泾高新技术开发区。

出口加工型。利用沿海的区位优势和对外开放的有利条件,引进海外资金与技术,采用生产或组合科技产品的手段,发展外向型高技术企业。如海南高新技术产业开发区。

沿海特区与开放城市的高新技术产业区,多数呈现一区一园的布局形态,如青岛、威海、厦门、深圳、海南等,通常是依托城市科教文化区(街)或技术比较密集的工业区形成的。根据自身的自然环境和工业基础等,许多城市也选择一区多园的布局形态,如,大连高新技术产业区由两大片、三个部分组成,天津也是由三部分组成,上海则采用一区两园的形态。

>保税区

1990年5月,国务院批准在上海外高桥建立中国第一个保税区。之后,又相继建设了天津港、大连、深圳的沙头角和福田、宁波、广州、张家港、海口、厦门象屿、福州、青岛、汕头、珠海、海南洋浦等保税区,使中国已建成或在建的保税区总数达到15个。其中,多数已通过海关验收,正式对外开放。

15个保税区中,除张家港保税区之外,全部都分布在经济特区及沿海开放城市。由于保税区比经济特区开放程度更高、优惠措施更大,因此,被认为是中国90年代第二轮扩大对外开放的重大举措。毫无疑问,在沿海特区与开放城市经济国际化和现代化的建设中,保税区的建设意义重大。

【保税区选址水运条件良好,占地规模小】

* 具有良好的港口建设条件,对外交通联系方便。
* 占地面积小,有利于营造全封闭的投资建设环境。最小的保税区为深圳沙头角保税区,仅0.2平方千米;最大的是上海外高桥保税区,面积也只有10平方千米。

【追求高层次的发展目标】

中国保税区的建设规划,强调在发展方向上形成各自的特色。共同战略是,在注重发展先进工业的同时,强调突出第三产业和新兴产业的地位;行业结构的构造要以外贸为导向,综合发展加工、商业、金融、信息等多种行业。近期:

* 按照"成熟一片,封闭一片"的建设方针,投入大量资金,集中建设并在短时间内完善区内基础设施,以及海关、储运、联检等机构;
* 重点引进高新技术;
* 设立国内外金融机构,建立开放型的金融市场;
* 增强国际财团投资保税仓储、产品展销、咨询等服务行业的开放度;
* 发展信息产业。

【保税区运行开始见效】

* 建设标准高,开发启动快。中国各保税区的建设,是按照建成世界一流的外向型、现代化保税区的标准实施的,并力求高速度进行建设。如:广州保税区于1992年5月13日经国务院批准,同年7月8日奠基,1993年5月10日就封关营运;上海外高桥保税区则采取"地上地下联动,招商经营并举"的开发策略,加速开发进程。
* 吸引外资和出口创汇情况较好。到1996年底,中国保税区共吸引了90多个国家和地区的客商前来洽谈投资,引进项目近6000个,投资额达100亿美元。
* 管理体制的运行效率相对较高。各保税区设立管理委员会,并下设服务公司,对区内企业和经济事务进行有效管理,提供全面服务。申请企业的所有手续(包括立项、项目审批、环境影响评估等)都可在管理委员会一次办理完毕,而劳动服务公司和公用事业服务公司为企业提供劳动用工、供水、供电、通讯等"一条龙"服务。

保税区的发展仍然面临着许多的困难,突出的问题是,国家宏观的经济体制改革与保税区的建设要求尚不配套,如:目前外贸管理体制中对外贸经营权的垄断及行政审批制度、海关管理体制及方式上存在的缺陷,导致保税区物流不畅,国际转口贸易发展缓慢,出口加工企业的发展受到限制。此外,保税区的实际发展中,金融、外汇和保险服务等的开放度还是不够,从而影响保税区国际化经营环境的形成。管理方式和手段仍比较陈旧。

<u>特殊开放地区</u> 中国有3个特殊开放地区,其中位于沿海特区与开放城市的有上海浦东开发区和海南洋浦经济开发区。

发展战略与区域作用

进入90年代以后,一方面,国家通过进行经济技术开发区、高新技术产业开发区、保税区等的建设,推进沿海特区与开放城市向更高层次发展;另一方面,直接削弱赋予沿海开放的优惠政策,同时,将沿海开放战略和相应的成功政策逐步向全国范围拓展,从而间接地影响到沿海城市的政策优势。这样,在"八五"和"九五"时期,特区城市和多数沿海开放城市都在调整战略、营造新的发展优势,实现"第二次创业"的目标。

<u>主要宏观发展条件的改变</u> 国家对外开放的格局,已从80年代集中在沿海的经济特区和开放城市,拓展为"沿海、沿边、沿江及内陆省会城市"全面开放的格局,同时,其他开放城市均享受沿海开放城市的政策优惠。

* 沿海除经济特区和开放城市外,"八五"期间,对外开放的县市数达到245个,形成了具有向内陆一定纵深、自南向北连接一起的对外开放地带。

* 沿边开放城镇达到13个,黑龙江、内蒙古、新疆、云南等内陆省区,拥有了直接对外联系的通道。

* 9个沿江开放城市和17个沿江对外开放县(市),构成了东西向的开放轴线。

此外,沿海特区与开放城市的建设初期的政策优惠也不断削弱。以经济特区为例,在继续坚持办特区的大政方针下,特区的优惠政策作了以下主要调整:

* 早在1988年,就已经将特区关税和代征的进口环节工商税由与中央的对半分,改为全部上缴国家。

* 1992年,调整特区外汇留用政策,进入全国统一体制。

* 1994年,调整特区财政留用政策,实行全国统一的分税制。

* 1995年,特区进口的市场物资减半征收关税的政策执行到期,并从1996年开始取消。

<u>发展战略的重大调整</u> 【"八五"时期的主要举措】

"八五"时期,特别是邓小平同志南巡讲话之后,沿海特区与开放城市的发展出现了新的活力:

* 思想进一步解放,对外开放迈上一个新台阶。通过大规模地利用国际市场、国外资金、技术和资源,带动整体经济的发展。境外资金已经成为特区和沿海开放城市全社会固定资产投资的重要资金来源,出口产品结构不断调整,经济发展的外贸依存度进一步提高。

* 加快市场经济建设的步伐,经济体制和运行机制发生了根本性的变化。经济市场化的程度明显提高,激发了经济发展的生机和活力。

* 开展了新一轮的基础设施建设,促进城市功能的不断完善,推动各种生产要素与资源的流动,为经济发展提供了更为广阔的空间,提高了特区和沿海开放城市的运转效率。

* 在国有经济不断调整发展的基础上,第三产业、乡镇企业、开发区、外商投资企业等新的经济增长点迅速发展,为经济持续快速增长创造了越来越大的回旋余地。

* 重视精神文明的建设和生态环境的美化,为改革开放和经济建设营造良好的环境。

* 但经济体制和生产方式转换仍比较滞后,产业结构、产品结构和企业组织结构调整的进展相对缓慢;多数城市的经济实力仍然有限,还没有能够发挥比较显著的区域影响作用;城市建设面貌距现代化标准相差甚远,多数城市基础设施建设欠帐严重,制约着经济的发展。

【"九五"计划的主要思路】

除了优惠政策逐渐弱化带来新的发展挑战之外,随着社会主义市场经济体制的建立,中国沿海特区与开放城市将进入全国统一大市场,而且,中国正在推进加入世界贸易组织的进程,特区和沿海开放城市又面临着入关的严峻考验。特区和沿海开放城市必须调整发展思路,实现"第二次创业",在对外开放、市场经济体制建设方面,更好地发挥"窗口"、"试验区"、"排头兵"和"龙头"作用。

* 努力使特区和开放城市的建设与发展从以往主要依靠减轻税赋、增加财政支持,转换到体制创新和机制转换上来;率先建立社会主义市场经济体制,争创体制新优势,进一步发挥特区和开放城市改革的"试验区"的作用。主要在建立现代企业制度、发展完善生产要素市场、转变政府职能等方面,有实质性的突破。

* 尽快从主要依靠改善硬件设施、提供便利条件,转换到功能开发、构造投资的大环境上来;

* 从主要依靠生产要素的投入转换到主要依靠科技进步、提高管理者与劳动者的素质上来;

* 率先转变经济增长方式,争创产业发展新优势,发挥特区和开放城市的带动与辐射作用。

* 逐步从主要依靠引资兴业、自主发展,转换到内拓腹地、外展空间、参与更高层次的国际经济合作与竞争上来;率先实现与世界经济接轨,争创对外开放优势,强化开放的"窗口"作用。

* 率先实现两个文明建设的协调发展,实施与资源环境相互协调的区域可持续发展战略,争创精神文明建设和生态环境建设优势,发挥现代化建设的示范作用。

> **区域作用** 实现经济特区和沿海城市"第二次创业"的一个主要保障,就是加强对内的联系,拓展地区合作的空间,发挥区域中心城市的作用,营造整体发展优势,提高竞争能力。

沿海特区与开放城市的区域作用范围是不同的(深圳具有特殊的地位)。

【大连、天津、上海、广州——在大经济区中起到龙头的作用】

这些城市一直是中国重要的工业基地和港口城市。除大连在对外开放中逐步形成大区龙头地位之外,其它3个城市都是传统的大区经济中心城市。

　　* 大连。在东北经济区的发展思路中,将大连市作为东北地区开放的龙头,是各有关省区的共识。通过不断完善大连对外贸易口岸功能,带动东北地区外向型经济的发展。

　　* 天津。作为北方最大的沿海城市,天津市将其区域作用定位为"北方区域性金融贸易中心城市"。至少在环渤海外向型经济体系的建设中,天津具有核心的地位。

　　* 上海。是中国继香港之后,最重要的国际性港口城市。虽然作为中国国内金融中心的地位成立与否尚待讨论,但作为长江三角洲和长江产业带的龙头地位,国家在"九五"计划中是给予进一步明确的。

　　* 广州。建国以来,广州一直是中国华南地区的中心城市。中国许多传统的大区中心城市地位有所下降,如西安、武汉、沈阳,但广州在近10年中经济实力得到明显加强,辐射功能有所完善。

【厦门、北海、连云港——努力创造优势,形成跨省区对外联系的窗口】

在改革开放之前,这3个城市在国民经济中的地位平平,区域作用很小。作为促进城市发展的重要思路,3个城市都在寻求发展机遇、创造跨省区的协作局面,成为较大区域范围中的对外联系的窗口。

　　* 厦门。1996年正式成立的"闽西南、粤东、赣东南经济协作区",成为厦门经济发展和辐射的重要腹地范围。在未来构筑对台经贸合作、形成海峡西岸经济繁荣带中,将起到中心城市的作用。目前,福建省已明确将省内经济发展的龙头城市从福州改为厦门。

　　* 北海。经济实力总体比较薄弱,随着西南和华南部分省区对外开放步伐的加快,北海作为对外联系的进出海口的作用日趋明显,这成为城市建设和经济增长的重要动力,"八五"时期发展速度很快,居沿海开放城市之首。

　　连云港。在欧亚大陆桥建设的论证和研究中,连云港通常被作为东方桥头堡。连云港紧紧抓住这一发展机遇,将城市的职能作了调整,成为具有跨省区影响度的港口城市。目前,已在出海通道建设和对外联系方面,对陇海—兰新铁路沿线地区,发挥了一定的作用。

【青岛——省域中心】

作为山东省双中心之一,青岛更多地在发展外向型经济和产业结构高层次化的进程中,在全省发挥更主要的带动作用。

【烟台、温州、宁波、秦皇岛、南通、汕头、湛江——省内区域性中心】

参考文献

1. 顾朝林:"中国高技术园类型及发展方向",《经济地理》16卷1期,9~16页,1996年3月。
2. 田惠明主编:《90年代中国经济热点透视》,中国城市出版社,1997年。

3．国家统计局城市社会经济调查总队编,《中国城市统计年鉴1991》,中国统计出版社,1991年。
4．国家统计局城市社会经济调查总队编,《中国城市统计年鉴1997》,中国统计出版社,1997年。
5．刘群,"中国报税区的运行状况及发展构想",《中国国情国力》,1996年第6期。
6．国家信息中心编,《中国经济展望》,中国计划出版社,1996年。
7．"大连市'九五'计划和2010年远景目标纲要",载陈耀邦主编:《加快两个转变 振兴东北地区经济》,改革出版社,1996年。
8．青岛市计划委员会编,《迈向21世纪的青岛》,海洋出版社,1996年。
9．华建敏主编,《上海市经济开发现在与未来》,经济管理出版社,1997年。
10．福建省计划委员会编著,《福建省沿海地区国土开发整治综合规划》,中国计划出版社,1992年。
11．广东省计划委员会编,《夺取新成就 迈向新世纪》,广东经济出版社,1996年。

第六章　主要贫困区脱贫政策与经济发展

贫困与发展是当今世界所面临的严重挑战。目前,全世界有 12 亿贫困人口,比 5 年前增加了 3 亿,而且贫富国之间的差距越来越大。1995 年 3 月,联合国在丹麦首都哥本哈根召开社会发展问题首脑会议,确定 1996 年为国际消除贫困年,10 月 17 日为国际消除贫困日,号召所有国际组织,所有国家采取行动,消除贫困。1994 年,中国政府制定了《国家八七扶贫攻坚计划》,宣布要在本世纪最后 7 年时间,基本解决农村 8000 万绝对贫困人口的温饱问题。到 2000 年,在中国消除绝对贫困现象。这是本世纪最后 10 年中中国最重大的区域发展任务之一。

改革开放近 20 年来,是中国经济发展最快的一个时期,也是贫困人口减少最多的时期。全国农村贫困人口,从 1978 年的 2.5 亿人,减少到 1996 年底的 5800 万人。但是,贫困在中国仍然是一个突出的发展问题。要实现到本世记末基本解决中国农村贫困人口的温饱问题的目标,任务艰巨,时间紧迫,难度大。因此,分析中国主要贫困区脱贫政策及其实施效果,对今后加快贫困地区的经济发展,实现扶贫攻坚目标具有重要意义。

自 80 年代中期起,中国科学院地理研究所就根据国家计委的要求,对中国的贫困地区的分布、自然和经济特征进行了详细的考察研究,将中国的贫困地区划分为 6 种类型,并对各类地区的社会经济发展提出了相应的建议。近年来,一些社会科学学家对贫困地区进行了大量的调查研究工作,发表了许多成果。《中国贫困与反贫困理论》,着重从理论上分析中国贫困的成因,探讨 90 年代中国的反贫困战略,缺少各项战略措施的实施分析;《中国的贫困地区类型及开发》则着重对贫困地区进行分类研究,而对如何脱贫探讨较少;《贫困——人类面临的难题》和《走出贫困——西海固反贫困农业建设研究》对贫困问题的研究都受到区域限制,没有全面研究中国的贫困问题;而《关于中国扶贫问题》,则由于时间限制,没能涉及到《国家八七扶贫攻坚计划》实施以后扶贫工作的一些新动向和新问题。世界银行《1990 年世界发展报告》的主题是继续向贫困开战,它以 80 年代一些发展中国家为例,研究了贫困,经济增长与衰退的相关性,并指出,90 年代对世界各国的决策者来说,没有一项任务比减轻全球贫困更为重要。

本章提出了中国贫困地区的划分标准及现阶段贫困地区的基本特征,系统地阐述了国家及重点贫困区所在省区的脱贫政策措施的特点和实施状况,以较多的实例说明了这些政策和具体措施对解决贫困地区人口的温饱问题,减少贫困人口数量,以及促进地区经济增长和生态环境改善所产生的效果。其中,又重点揭示了 1996 年中国政府实施的以扶持贫困人口为主的开发式消灭贫困战略实施的初步结果。探讨了过去若干年中不同地区脱贫效果差异的原因。对国家及典型地区目前采取的脱贫政策提出了一些分析性的评价。本章以扶贫政策为切入点,将为国家政府部门制定和完善各项扶贫政策措施提供科学依据,在实践上,为贫困地区尽快脱贫提供咨询,对整个国家如期实现扶贫攻坚目标具有重要的战略意义。

> 专栏6.1
>
> **《国家八七扶贫攻坚计划》(摘要)**
>
> 　　为进一步解决农村贫困问题,缩小东西部地区差距,实现共同富裕的目标,国务院决定:从1994年到2000年,集中人力、物力、财力,动员社会各界力量,力争用7年左右的时间,基本解决全国农村8000万贫困人口的温饱问题。
> 　　1. 奋斗目标
> 　　①按90年不变价,贫困户人均纯收入达到500元以上;
> 　　②为贫困户创造稳定解决温饱的基础条件;
> 　　③加强基础设施建设,基本解决人畜饮水困难,绝大多数贫困乡镇和有集贸市场、商品产地的地方通公路,消灭无电县,绝大多数贫困乡用上电;
> 　　④改变文化教育落后状态,普及初等教育,开展职业技术教育和技术培训,改善医疗卫生条件,严格实行计划生育。
> 　　2. 方针与途径
> 　　继续坚持开发式扶贫的方针。基本途径是:
> 　　①重点发展种植业、养殖业和相关的加工业、运销业;
> 　　②积极发展资源开发型和劳动力密集型的乡镇企业;
> 　　③加快荒地、荒山、荒坡、荒水的开发利用;
> 　　④发展劳务输出。实行开发式移民;
> 　　3. 资金的管理使用
> 　　国家现在用于扶贫的各项财政、信贷资金继续安排到2000年。从1994年起,再增加一部分以工代赈资金和扶贫贴息贷款,今后国家还将继续增加资金的投入。
> 　　除此之外,国家在本计划中还制定了9条有利于贫困地区发展的银行信贷、进出口贸易等优惠政策。同时,对于政府各部门、社会团体也提出了相应的扶贫任务;并要求积极扩大和发展与国际社会在扶贫方面的合作。

贫困人口的分布及变化

　　中国贫困人口由"八五"初期的9700万减少到"八五"末期的6500万。1996年又有700万人脱贫,1997年贫困人口减少到5800万。虽然贫困人口占农村总人口比例不大,但地区分布差异很大。贫困人口主要集中在中西部地区的深山区、石山区、荒漠区、高寒山区、黄土高原区、地方病高发区以及水库库区。这些地区位置偏远、交通不便、生态失调、人畜饮水困难、生产生活条件恶劣。

贫困地区及划分标准

新中国成立以来至70年代末的30年里,并未形成一个全国性的划分贫困地区的标准。70年代末期,国家确定18片地区为国家主要集中连片的贫困地区[①]。为了解决集中连片贫困地区人民的温饱问题,1985年以后,国家共公布了三批国家级贫困县(表6—1)。

第一批公布于"七五"初期的1986年,共331个贫困县,其标准为:①1985年人均纯收入小于180元的一般地区县,②1985年人均纯收入小于200元的少数民族自治区县(旗),③1985年人均纯收入小于300元的革命老区县,④1984~1986年3年平均人均纯收入小于300元的纯牧区县(旗)和小于200元的半牧区县(旗)。按此标准,全国需要重点扶持的国家级贫困县331个。

第二批公布于"八五"初期的1991年,在原定贫困县的基础上,增加了236个5亿元专项贷款县,其标准为1990年人均纯收入小于300元。

第三批公布于1993年,考虑到价格指数和生活费用指数的变化,80年代制定的贫困标准已无法满足90年代生活的基本需要。因此,1993年在确定"国家八七扶贫攻坚计划"时,将全国贫困县标准按照"四进七出"的原则进行了调整。即:1992年农村人均纯收入小于400元的县纳入贫困县,在原来确定的331个国家重点贫困县范围内,凡1992年农村人均纯收入大于700元的县退出贫困县,这样,国家级贫困县由1986年的331个增加到592个。

表6—1 "八七"扶贫攻坚计划确定的贫困县与"八五"期间确定的贫困县的对比

省区	"七五"国家重点扶持贫困县	"八五"国家重点扶持贫困县 合计	"八五"国家重点扶持贫困县 新增	国家"八七"扶贫攻坚计划扶持县	对比(+-)
全国合计	331	567	236	592	+25
河北	14	32	18	39	+7
山西	14	31	17	35	+4
内蒙古	16	32	16	31	-1
辽宁	3	9	6	9	0
吉林		6	6	5	-1
黑龙江		11	11	11	0
江苏					
浙江	3	3		3	0
安徽	9	16	7	17	+1
福建	14	14		8	-6
江西	17	20	3	18	-2

---

① 18片贫困区是:秦巴山区,武陵山区,乌蒙山区,大别山区,滇东南山区,横断山区,太行山区,吕梁山区,桂西北山区,九万大山区,努鲁儿虎山区,西海固地区,定西地区,西藏地区,闽西南和闽东北革命根据地,陕北革命根据地,井岗山和赣南革命根据地,沂蒙山革命根据地。

(续表)

省区	"七五"国家重点扶持贫困县	"八五"国家重点扶持贫困县 合计	"八五"国家重点扶持贫困县 新增	国家"八七"扶贫攻坚计划扶持县	对比（＋－）
山东	9	9		10	＋1
河南	15	22	7	28	＋6
湖北	13	25	12	25	0
湖南	8	10	2	10	0
广东	4	7	3	3	－4
广西	23	29	6	28	－1
海南	3	6	3	5	－1
四川	21	34	13	43	＋9
贵州	19	46	27	48	＋2
云南	26	70	44	73	＋3
西藏				5	＋5
陕西	34	48	14	50	＋2
甘肃	31	44	13	41	－3
青海	10	13	3	14	＋1
宁夏	8	8		8	0
新疆	17	22	5	25	＋3

贫困地区及贫困人口的分布

1. 贫困地区及贫困人口按行政区划的分布

《国家八七扶贫攻坚计划》中592个贫困县的贫困人口占全国农村贫困人口总数70%以上,因此,这592个贫困县(1992~1993年)的统计资料基本上反映了中国农村绝对贫困人口按行政区划统计的分布情况(表6—2;图6—1,6—2,6—3)。

由表6—2,图6—1、6—2、6—3可见,中国贫困地区及贫困人口按行政区划的空间分布表现为:

①贫困地区分布较广,除北京、上海、天津、江苏4个省市外,全国其余26个省区都有国定贫困县。

②贫困人口高度集中分布在四川、贵州、云南和河南4省,这4个省份占了全国592个贫困县中同类人口总数的46%,其中云、贵、川3省在全国的贫困分担率都在10%以上。

③贫困人口高度集中分布在中国中西部地区的省份,如西南的云、贵、川,西北的陕西、宁夏、甘肃,中部的河南、河北、湖南、安徽。贫困县的分布更加集中在中西部地区。在592个贫困县中,中西部地区437个,占82%,其中中部地区的主要集中在山西、内蒙古、河南、湖北等省区,西部地区主要分布在四川、云南、贵州、陕西、甘肃等省。

④贫困人口较多的省份,往往也是贫困发生率较高的省份,即贫困程度较深的省份,从而成为扶贫难度最大的省份,如:云南、贵州、陕西、甘肃等。

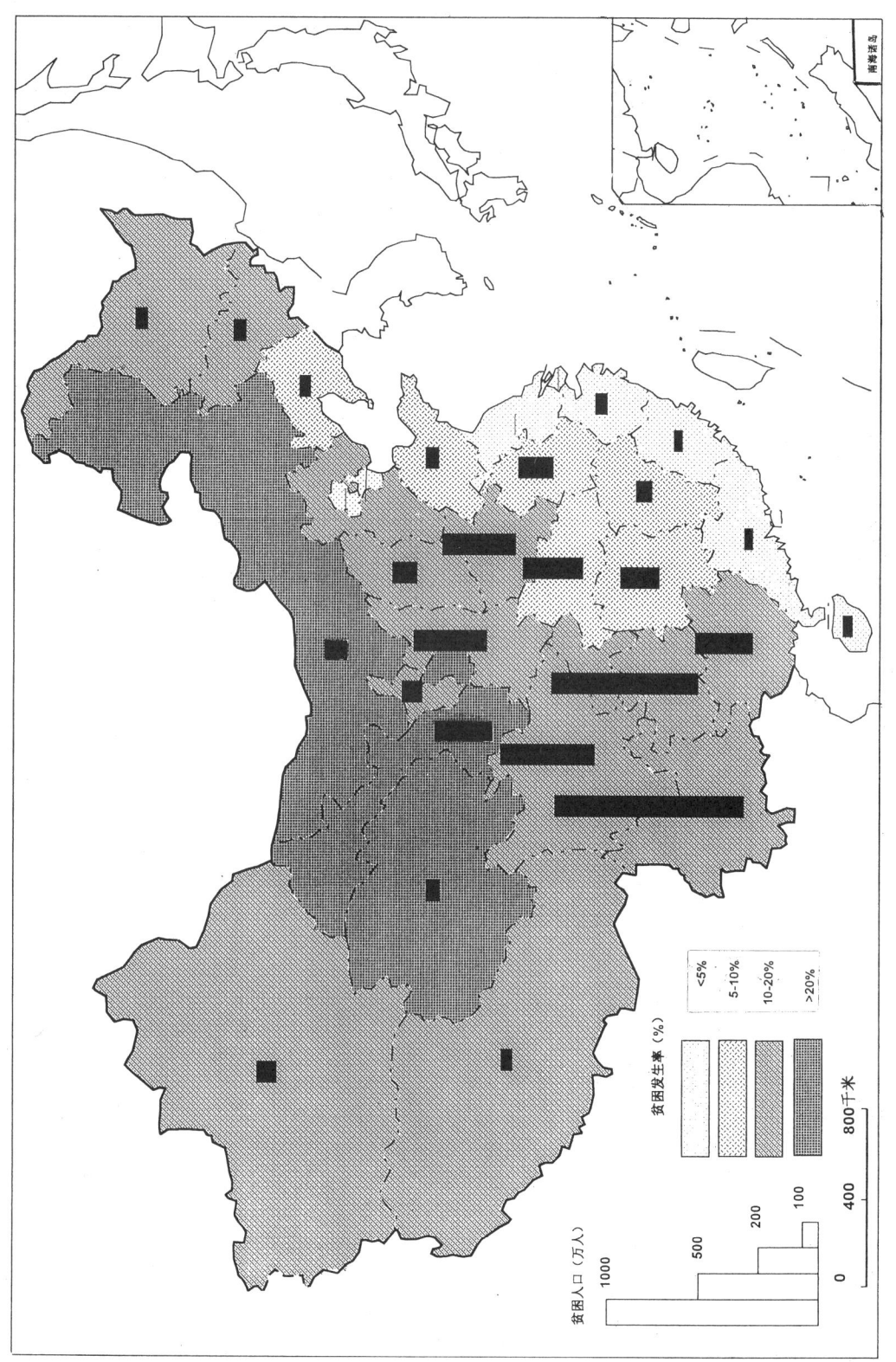

图6-1 中国各省贫困人口分布图

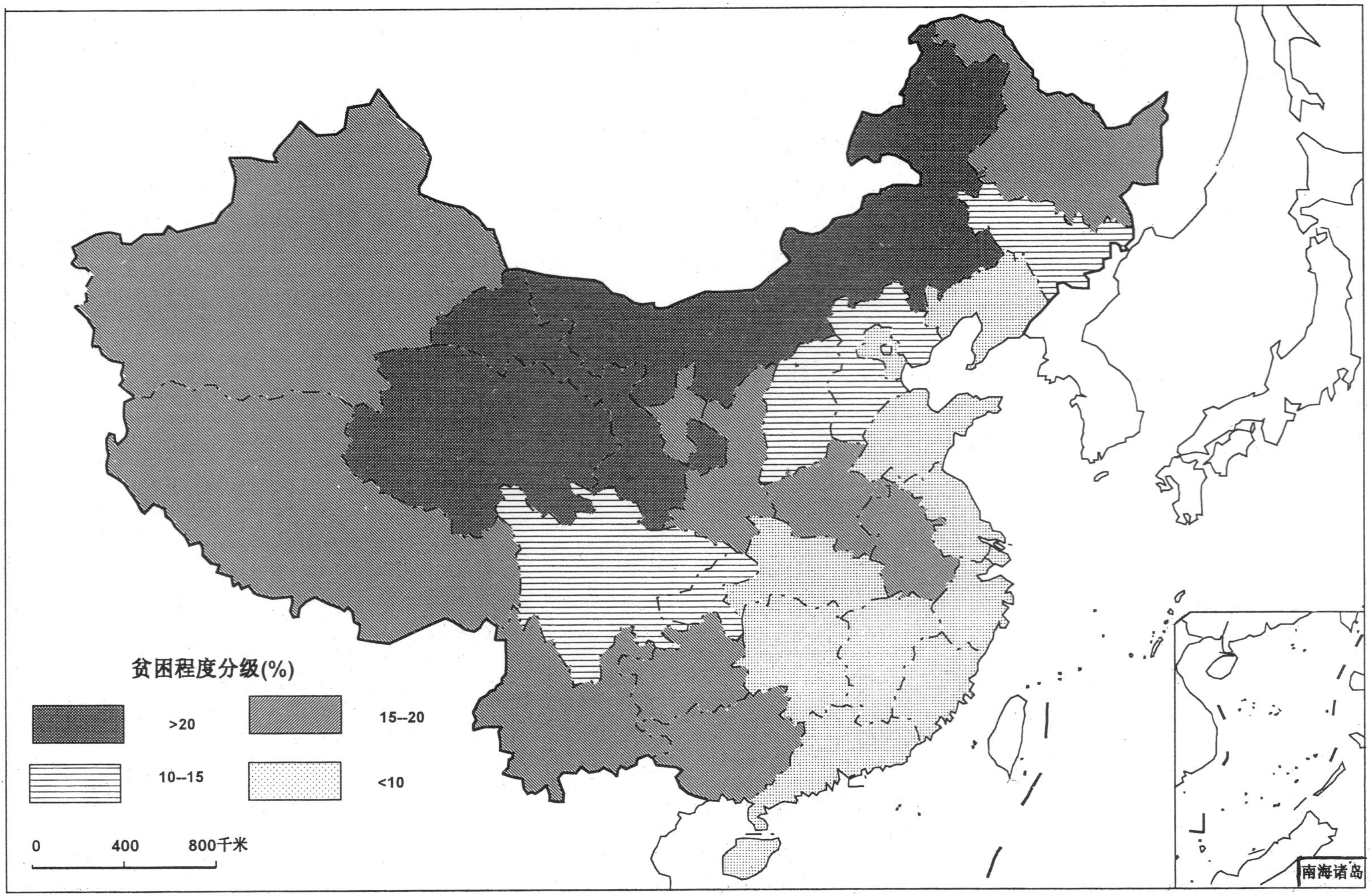

图 6−2 中国贫困程度分级图

图 6—3 中国贫困县分布图

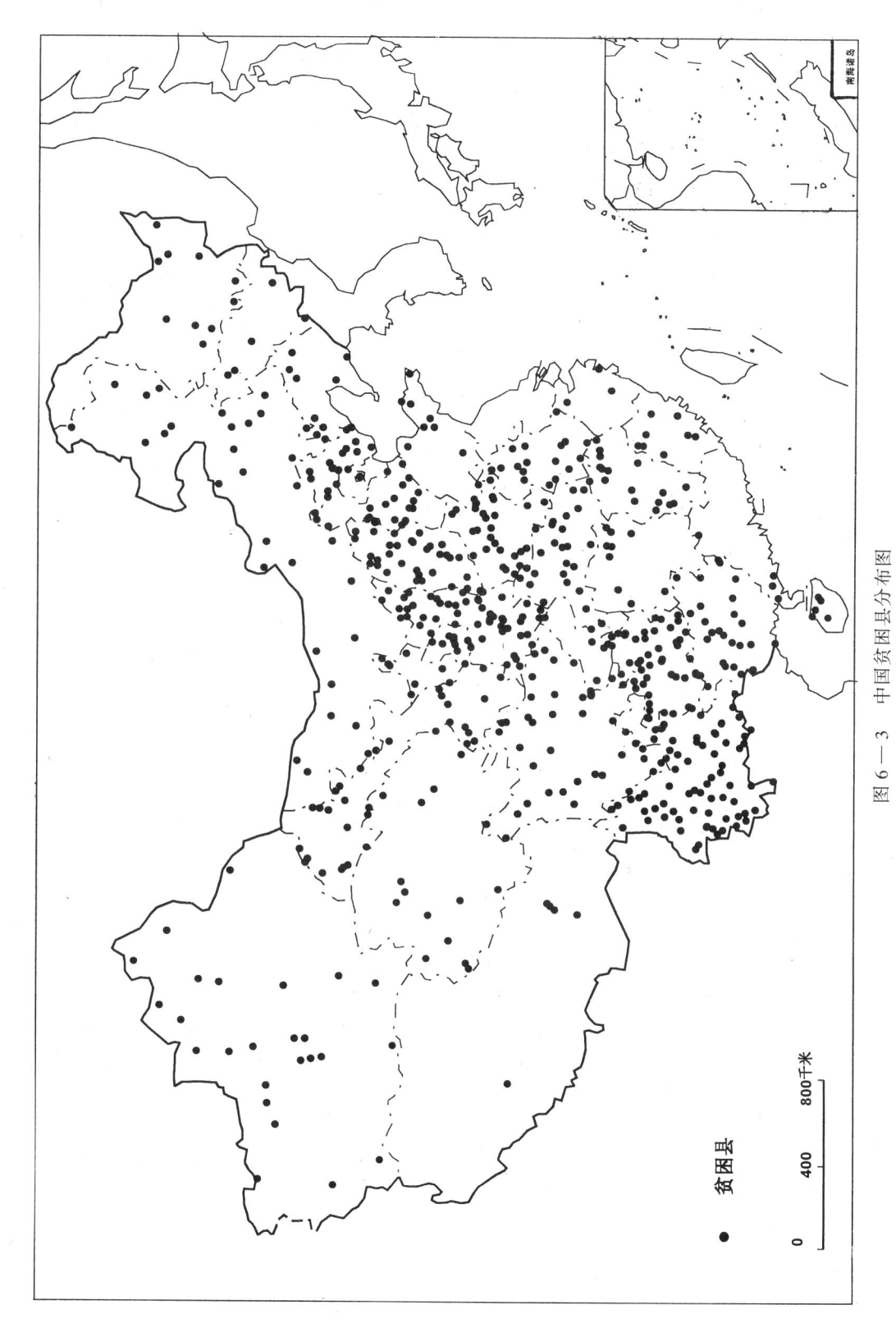

2. 按自然地理类型的空间分布

《中国贫困地区类型及开发》一书基本上概括了贫困人口按自然地理类型的空间分布。即：山区贫困人口占贫困人口总数的91.3%，风沙区占7.3%，干旱区占1.4%，由此可见，中国农村绝大多数贫困人口分布在自然条件恶劣的山区。自然地理条件对中国贫困人口的分布起着非常重要的作用。

3. 贫困人口的城乡分布

按照中国政府的估计，1993年中国农村绝对贫困人口占全国绝对贫困人口总数的100%（《中国统计年鉴(1994)》），即：中国的贫困人口全部集中在农村。但是，近年来，随着市场经济不断发展，产业结构的调整，城市失业人口不断的增加，城市贫困现象已越来越突出。据康晓光估计，1993年，中国有城镇绝对贫困人口1200万人，农村绝对贫困人口8000万人；城市绝对贫困人口占全国绝对贫困人口总数的13%，农村占87%，城市绝对贫困发生率为3.6%，农村为9.4%。另据国家统计局统计，目前，全国登记失业人口有530万，加上领取社会保障救济和下岗的将近2000万，占现有城市职工总数的1/5。

表6-2 贫困人口分布(1993)

省区市	贫困县个数	收入<500元贫困人口(万人)	收入<300元贫困人口(万人)	贫困发生率*(%)	贫困分担率*(%)
全国	592	12142	5496	11.3	100
河北	39	827	314	11.7	6.8
河南	28	1054	397	15.2	8.6
山东	10	156	30	5.9	1.3
辽宁	9	70	17	7.1	0.6
吉林	5	49	29	10.9	0.4
黑龙江	11	47	24	17.9	0.4
江苏	—	—	—	3.6	—
浙江	3	64	23	2.3	0.5
安徽	17	665	163	8.3	5.4
江西	18	202	47	6.4	1.7
湖北	25	797	323	7.0	6.5
湖南	10	393	186	7.7	3.2
福建	8	13	2	2.1	0.1
广东	3	24	2	1.1	0.2
海南	5	30	14	3.8	0.2
广西	28	503	304	18.1	4.1
四川	43	1372	535	11.2	11.2
贵州	48	1344	860	17.4	11
云南	73	1791	1119	18.3	14.7
西藏	5				

(续表)

省区市	贫困县个数	收入<500元贫困人口(万人)	收入<300元贫困人口(万人)	贫困发生率*(%)	贫困分担率*(%)
内蒙古	31	281	115	20.8	2.3
山西	35	411	102	14.8	3.3
陕西	50	887	396	18.4	7.3
宁夏	8	140	74	18.4	1.1
甘肃	41	863	335	30.4	7.1
青海	14	83	34	21.8	0.7
新疆	25	157	72	17.6	1.3

* 贫困发生率:世界银行《中国90年代的扶贫战略》,中国财政经济出版社,1993年。
贫困分担率:作者计算。

> 贫困人口的数量变化

1. 全国贫困人口的变化总趋势

90年代以来,中国经济进入了一个快速增长的过程,伴随着的是绝对贫困人口大幅减少过程。从1978年到1996年,全国农村贫困人口从2.5亿减少到5800万(表6—3,图6—4),全国贫困人口比重由26%下降为4.8%,由占世界贫困人口比例的1/4减少到1/20。目前,在全世界贫困人口以每年2500万速度递增的情况下,中国贫困人口呈现出了大幅度减少趋势。

中国贫困人口的减少速度呈现出明显的阶段性:

1978～1985年,是贫困人口大幅度减少阶段。由于农村的改革给经济发展注入了活力,贫困人口由2.5亿下降到1.25亿。

1986～1993年,是贫困人口稳定减少阶段。全国贫困人口由1.25亿减少到8000万。这一时期,国家制定了一系列扶贫优惠政策,投入相应增加,但贫困人口下降速度放慢,每年平均减少643万人。

1994～2000年,是最艰难的扶贫攻坚阶段。为了实现八七扶贫攻坚目标,每年需要脱贫1142万人,比上一阶段几乎提高了一倍。然而,到1996年底,全国仍有5800万贫困人口。1994～1996年,平均每年只减少730万。

"八五"期间,贫困人口稳定减少,共减少3200万贫困人口,平均每年减少640万。1996年,一年减少700万贫困人口,超过了"八五"时期的平均速度,但离扶贫攻坚目标要求相差还很远。

表6—3 贫困人口数量变化

年份(年底)	贫困人口	农村贫困发生率(%)
1978	2.5亿	30.7
1985	1.25亿	14.8
1990	9700万	10.8

(续表)

年份(年底)	贫困人口	农村贫困发生率(%)
1993	8000万	8.87
1994	7000万	7.8
1995	6500万	7.1
1996	5800万	6.3

资料来源：1978,1985：扬钟,中国消除贫困的形势与对策,《中国贫困地区》,1995年第1期,第18页。
1990：世界银行,中国九十年代扶贫战略,中国财政经济出版社,1993,第28页。
1993：国务院,《国家八七扶贫攻坚计划》。
1994：国务院扶贫办。
1995：国务院,《关于尽快解决贫困地区人口温饱问题的决定》。
1996：李鹏,《政府工作报告》,光明日报,1997年3月1日。

2.主要贫困地区贫困人口的变化

1995年和1996年是《国家八七扶贫攻坚计划》实施的第二年和第三年。这两年,全国贫困人口数量继续下降。全国共有1200万人脱贫。全国农村贫困人口由1994年底的7000万人减少到1996年底的5800万人。但不同省区差异较大(表6—4),西北的陕西、甘肃、宁夏基本上完成了年度脱贫目标,有望实现扶贫攻坚目标,而西南的贵州、广西、均未完成年度计划,脱贫难度较大。

表6—4 主要贫困省区贫困人口变化

	地区	全国	广西	贵州	陕西	宁夏
贫困人口数量(万人)	1993年底	8000	800	1000	500	139.8
	1994年底	7000	706			128.8
	1995年底	6500	606	789	393	132.8
	1996年底	5800	486	629	301	76
年均贫困人口减幅		8.5%	13.1%	12.3%	24.1%	15.2%

国家脱贫政策的实施效果

"八五"期间,中央政府为贫困地区提供的各种拨款及优惠贷款总额达394亿元,1995、1996年每年扶贫投入接近100亿元。扶贫资金投入渠道多,投入额度不断增加(表6—5)。1994年,国务院制订了《国家八七扶贫攻坚计划(1994~2000)》,1996年10月23日,中共中央、国务院发出了《中共中央国务院关于尽快解决农村贫困人口温饱问题的决定》,进一步明确了继续坚持开发式扶贫的基本方针,并指出扶贫攻坚要坚持到村到户。

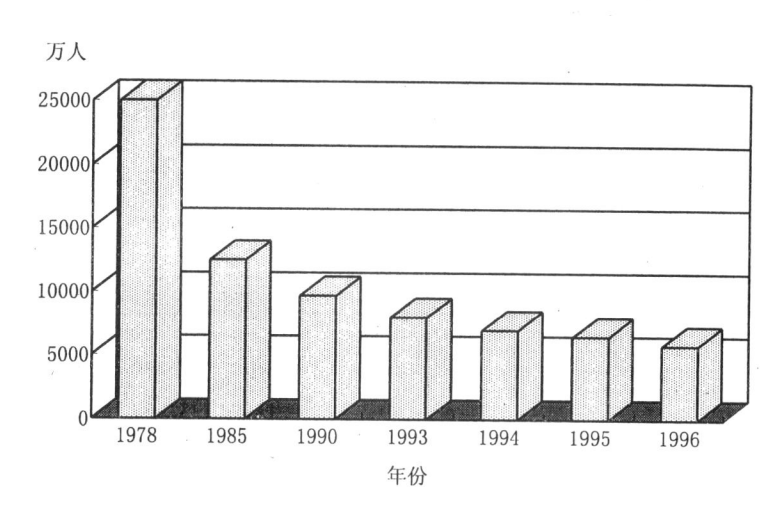

图6—4 中国贫困人口数量变化图

表6—5 中央财政、银行扶贫资金投入状况

资金来源	资金额度	起始年	资金名称	备注
财政部	每年8亿元	1980	支援不发达地区发展资金	①1994年起,每年再增加10亿元以工代赈资金,10亿元扶贫贴息贷款 ②1997年起,每年再增加15亿元财政扶贫资金,30亿元扶贫贷款 ③1994年以后,由人民银行、农业银行、工商银行、建设银行分头管理扶贫贷款,转向由中国农业发展银行统一发放和管理 ④"以工代赈"96年以前由国家计委以实物形式下达,96年开始由财政部门以资金形式下达
财政部	每年2亿元	1983	"三西"建设专项资金	
人民银行	每年10亿元	1984	老少边穷地区贷款	
人民银行	每年4亿元	1988	贫困地区县办企业贷款	
农业银行	每年3亿元	1985	支持不发达地区发展经济贷款	
农业银行	每年10亿元	1986	扶贫专项贴息贷款	
农业银行	每年0.5亿元	1988	牧区扶贫专项贴息贷款	
农业银行	每年5亿元	1991	扶贫专项贴息贷款	
农业银行	每年1亿元	1991	边境贫困农场专项贴息贷款	
农业银行	一次性4亿元	1992	贫困县基本农田建设专项贴息贷款	
农业银行	一次性1.5亿元	1992	贫困县水利工程项目专项贴息贷款	
农业银行	共1亿元	1992,1993	贫困残疾人康复专项贴息贷款	
农业银行	一次性5亿元	1993	一般扶贫专项贷款	
工商银行	每年2亿元	1988	贫困地区县办企业专项贷款	
建设银行	每年1亿元	1988	贫困地区县办企业专项贷款	
国家计委	共283亿元	1984	以工代赈	

自从该扶贫攻坚计划实施以来,国定592个贫困县的农民人均纯收入和人均粮食占有量均有了较大提高,表明目前中国政府的反贫困措施卓有成效(表6—6)。

表6—6　1993～1995国定贫困县主要项目变化

年　　代	1993	1995	＋－(％)
农民人均纯收入(元)	483.05	824	＋70.6
人均粮食占有量(公斤)	336.9	353.5	＋4.9

我们在下面介绍中国三个时期的不同扶贫策略,其重点是80年代中期开始的消除贫困战略的各种具体办法及其效果。

> 80年代以前,以救济为主的输血式扶贫

建国以来,中国的贫困问题一直具有鲜明的特点,由于城市各种福利制度的建立,绝对贫困存在于广大的农村。1978年以前,绝对贫困人口数量庞大,国家经济实力很弱,但由于政府是资源配置的唯一渠道,扶贫主要通过紧急救济计划和依托自上而下的民政救济系统。在农村表现为政府提供的社会救济、自然灾害救济、优抚等。这是一种单纯的输血式救济扶贫。它只能使穷人暂时解决生活上的困难,难以提高贫困地区的自我发展能力,从根本上摆脱贫困。然而,在当时特定的历史条件下,这套民政救济体系发挥了重要作用。

专栏6.2

救济性扶贫

救济性扶贫是80年代以前采取的主要扶贫策略。它是通过民政系统自上而下执行,其主要内容包括:

①社会救济:主要为经济上和生活上无自理能力的人口,如生活无依无靠的孤寡老人,残疾人和孤儿等提供定期救济。这些救济对象大多数在城市,在农村的救济对象只有农村的"五保户"(保吃、保住、保医、保葬、孤儿保教)。

②自然灾害救济:为发生严重自然灾害而带来生存危机的地区公民提供临时的紧急粮食、衣物等援助,以维持其生存。

③优抚:是优待和抚恤的简称。是政府对烈士和病故的军人的遗属、残废军人、残废工作人员、参战负伤的民兵和民工的优待、抚恤与救济。

> 80年代及"八五"期间以扶持贫困地区经济为主的开发式扶贫战略

"八五"期间,中国政府的缓解贫困战略发生了重大转变,从单纯补贴贫困地区财政、救济贫困人口的外部输入转向以区域经济开发为主的开发式扶贫,1984年,党中央、国务院发出了《关于帮助贫困地区尽快改变面貌的通知》确立了开发式扶贫的方针,标志着中国反贫困战略的根本性转变。

这期间政府反贫困战略追求的是贫困地区整体经济实力的增长,是一种区域经济带动战略,其思路是在区域经济增长中带动区域内贫困人口脱贫和自我发展能力的提高。所以,扶贫工作的对象和主体是带有区域特征的,一切活动都是以

县为单位进行。中央和省级政府按照"公平原则"将扶贫资金分别给各个贫困县,各个贫困县按照"效益原则"使用和分配这笔资金。

地方政府作为扶贫资金的管理者,把资金首先投向能尽快缓解政府财政困难的项目,如:县办工业和乡镇企业,从而带动贫困的减少,但并没有与地区经济的增长同步变化(表6—7、6—8)。

表6—7 全国贫困县1989～1994年有关统计数字

项　　目	1989年	1994年	1994比1989年±%
人均农村社会总产值	834.03	1376.51	+65.04
农民人均纯收入(元)	389.77	412.99	+5.96
人均粮食产量(kg)	357	351	-1.68
不通公路乡镇(%)	16.1	2.5	-13.60
不通电乡镇(%)	22.2	14.4	-7.80
全国农村贫困发生率(%)	11.4	8.7	-2.7

资料来源:《经济开发论坛》,1996年第3期,第25页。

表6—8 1985～1992年贫困县GNP、财政收入、农民收入和贫困变化

项　　目	1985	1992	1992比1985±%
国民总产值(万元)	97831	134142	37.12
地方财政收入(万元)	6218	8378	34.76
农民人均纯收入(元)	345.29	263.71	7.51
贫困发生率	33.84	22.55	-9.29

资料来源:同表6—7.

由表6—7、表6—8可以看出,这种以区域经济发展为主的扶贫战略,对于贫困地区的整体经济发展,特别是各级政府财政收入的增长发挥了有力的推动作用,但对于贫困地区特贫人口生活状况的改善却是作用较小。在贫困地区区域性贫困缓解的同时,阶层性贫困愈加突出。

> 1996年以扶持贫困人口为主的开发式扶贫战略

进入90年代,中国贫困人口特征发生了很大变化,80年代的区域经济发展带动战略已经解决了大多数集中贫困农户的温饱问题,剩下的贫困人口大多集中在边远的深山区或信息闭塞孤立区,居住分散,生活封闭,县域经济增长的辐射带动力不易渗透进去,带动作用弱化,这就从客观上决定了必须实施扶贫到户战略。把攻坚的对象从侧重于一个区域到侧重于一家一户,攻坚的目的从以富县为主到以富民为主,攻坚的手段从靠大项目的带动和重点工程的辐射

转向以户为扶贫开发单元,实施一批家家能干,户户受益的具体项目和计划。

1996年10月23日《中共中央、国务院关于尽快解决农村贫困人口温饱问题的决定》,明确了扶贫到户开发式扶贫战略。除继续增加扶贫投入,加大贫困地区优惠政策范围之外,采取的主要扶贫方式如表6—9所示。其中源于中央政府行为的扶贫政策措施有:以工代赈、科技扶贫、机关定点扶贫、横向联合与对口支援、国际合作等。

1. 以工代赈

中国的以工代赈属于救济的范畴,但它又不同于一般的单纯救济,其特殊性在于救济与建设的结合统一。它是救济对象通过参加必要的社会公共工程(贫困地区基础设施)的建设而获得赈济物资或资金的一种特殊的救济方式。它既给贫困地区输血,又帮助贫困地区改善和提高造血功能,增强自我发展能力。

表6—9 主要扶贫方式(措施)

扶贫方式		起始年	投入或效果	管理机构
以工代赈		1984	资金总投入286.25亿元	国家计委
科技扶贫		1986	扶贫专款7000万元,"星火计划"扶贫贷款4亿元	国家科委
机关定点扶贫		1987	1995年直接投入9.47亿元,引进资金9.9亿元	中央、国家机关、企事业单位
横向联合与对口帮扶	乡镇企业东西合作	1995		国务院、有关省(区)政府
	发达地区对口帮扶贫困地区	1996		
社会公益扶贫	光彩事业	1994	总投资27.35亿元	中共中央统战部和全国工商联
	幸福工程	1995	募捐2000多万元	幸福工程组委会
劳务输出		1994	输出劳动力2500万人(1994~1995)	劳动部门
异地搬迁移民			解决近百万人温饱	有关地方政府
国际合作(世界银行贷款)	西南项目	1995	42.3亿元,其中世行贷款2.47亿美元	中国政府
	秦巴项目	1997	33.2亿元,其中世行贷款2亿美元	

专栏 6.3

光彩事业

"光彩事业"是由全国非公有制经济代表人士于1994年发起的,是通过民间形式实施的扶贫行为。

1994年4月,全国著明民营企业家、四川希望集团总裁刘永好等10位民营企业家向全国非公有制经济人士发出了"让我们投身到扶贫的光彩事业中来"的倡议,于是,由中共中央统战部和全国工商联倡导的"光彩事业"诞生了。光彩事业把民营企业的资金、技术、人才和管理等优势同贫困地区的资源、劳动力等优势结合起来,优势互补,共同发展。截止到1996年6月,共有29个省区市的3000多名民营企业家投身于光彩事业,共投资27.35亿元,实施扶贫项目699个,还通过各种途径为贫困地区培训人才两万多人。

专栏 6.4

红石桥乡采取"以工代赈"发展"两高一优"农业

陕西省榆林市红石桥乡原是一个贫困乡,长期以来受风沙危害严重,农业生产条件差,交通不便,信息闭塞,其贫困远近闻名。1989年全乡人均占有粮食228公斤,农民人均纯收入只有287元。1990年国家决定采取以工代赈方式在榆林市北部风沙区建设农业开发项目,红石桥乡委、政府认真贯彻以工代赈政策,大力开展以水利为主的农田基本建设,积极调整农业结构,取得了显著成效,到1994年底,全乡人均占有粮食1200公斤,农民人均纯收入1150元,村村致富,户户脱贫,成为榆林地区"两高一优"农业示范区。

"八五"期间,以工代赈资金投入总额为247亿元,1996年,中央政府投入扶贫资金和物质总规模为98.5亿元,其中以工代赈资金40亿元,约占总投入的40%。

中国的以工代赈自1984年实施以来,共执行了7批项目。"八五"期间先后执行了6批,其中95年执行4批,96年执行了2批(表6—10)。

以工代赈计划实施10多年来,在改变贫困地区落后面貌,改善生产、生活条件,促进贫困地区经济发展等方面,取得了显著成效(表6—11)。

表6—10 以工代赈项目实施时间、内容及范围

项目	实施时间	内 容	范 围
第一批	1984~1987	动用库存粮食50亿公斤,棉花1亿公斤和棉布5亿米,采用以工代赈办法帮助贫困地区修建公路,航道和小型水利工程	除北京、天津、上海和江苏以外的25个省、区,重点是18个集中连片的贫困地区

(续表)

项目	实施时间	内容	范围
第二批	1989~1991	动用价值6亿元的中低档工业品开展以工代赈,除交通和水利工程外,强调人畜饮水问题	全国贫困地区
第三批	1990~1992	用15亿元工业品,采取以工代赈方式,在贫困地区进行"山、水、林、田、路"综合开发	中、西部地区和部分东部地区,重点是少数民族聚居区
第四批	1991~1995	每年拿出10亿公斤粮食(折合人民币10亿元),开展以工代赈。以农业生产的基础设施建设为主,突出以"基本农田"建设为重点的中低产田改造和大型水利设施的完善配套,山区以坡改梯为主,同时,搞些配套的水利、公路建设和人畜饮水工程等	以西部地区、少数民族地区、深山区、高寒区和长期吃返销粮的贫困地区为主
第五批	1991~1995	每年动用20亿元的粮食和工业品,用以工代赈的方式治理大江、大河、大湖,帮助灾区修复水毁基础设施,恢复生产,重建家园	涉及全国30个省区,主要在江河下游和受灾严重地区
第六批	1993~1997	每年动用价值20亿元的库存粮食、布、食用油和中低档工业品进行以工代赈,重点开展农田水利基本建设,兴修旱涝保收基本农田,山区水土保持和小流域治理,农村人畜饮水工程,造林种果和畜牧业,支持修改农村交通和通讯设施	主要是中西部贫困地区,同时包括河北、辽宁、福建、海南等省尚未解决温饱以及返贫率较高的地区
第七批	1994~2000	每年动用10亿元库存商品开展以工代赈,集中资金,确保重点,重点进行公路交通建设,同时兼顾人畜饮水工程建设	实施范围主要是列入国家"八七"扶贫攻坚计划范围的26个省区的592个贫困县

专栏6.5

九龙县"以工代赈"改善交通条件

四川省九龙县,由于交通闭塞,生产落后,1984年农民人均纯收入只有195元,县财政收入只有53万元。1985年以来,利用以工代赈修建了8条共203千米的资源开发路,为开发当地丰富的铜矿和森林资源创造了条件,并促进了经济的全面增长。1993年九龙县财政收入956万元,农民人均纯收入达661元,分别是1984年的18倍和3.4倍。

迄今为止,从已经进行的7批项目来看,这是一项适合中国国情的富有成效的措施,在改善贫困地区基础设施和提高贫困人口的收入两方面积极地发挥着双重作用。

表 6－11　以工代赈投入与效益概况表

	第一批	第二批	第三批	第四批	第五批	第六批	农场专项	第七批
起止年限	1984～1987	1989～1991	1990～1992	1991～1995	1991～1995	1993～1997	1991～1995	1994～2000
投入范围	25个省区	26个省区	26个省区	18个省区	30个省区	23个省区	新疆、云南、广西、黑龙江、内蒙古边境贫困农村	26个省区
投入总额	27亿元	6亿元	15亿元	50亿元	100亿元	100亿元	5亿元	70亿元
实物品种	粮、棉、布	中低档工业品	工业品	大米、玉米、小麦	粮食、工业品	粮、棉、油、布、工业品	粮食和工业品	粮食和工业品
修建公路	12万千米	1.1万千米	1.3万千米					
修建桥梁	7200座 16.2万米	722座 3.1万米	1000座 3.8万米					
解决人畜饮水	1440万人 971万头	647万人 385万头	875万人 698万头					
增加灌溉面积	1309万亩	38万亩	2082万亩					
水土保持面积	1701万亩		7184万亩					
坡改梯			6477万亩					

资料来源：国家计委农经司，《以工代赈，造福人民》，1996年，第541页。

2. 科技扶贫

1986年以来，国家科委按照国务院的统一布署，相继在大别山、井冈山、陕北地区的55个县以及部分少数民族贫困地区组织开展了科技扶贫。在这些地区的人均收入、绝对贫困人口的减少、财政收入三方面取得了可喜成就(表6－12,6－13)。

表 6－12　大别山区科技扶贫成就表

时间 项目	1986年	1995年	±
人均收入(元)	260	1097	+8.1倍
绝对贫困人口数量(万人)	560	120	-440
财政收入(亿元)	5.1	15	+9.9

表 6－13　井冈山、陕北地区科技扶贫成就表

项目 地区	人均收入(元)			绝对贫困人口数量(万)			财政收入(亿元)		
	1990	1995	±	1990	1995	±	1990	1995	±
井冈山地区	375	1045	+1.8倍	90	44	-105%	1.4	3.94	+2.54
陕北地区	44	810	+17倍	250	130	-92%	3.2	6.3	+3.1

资料来源：《光明日报》，1996年6月17日，"科技扶贫十年硕果累累"。

科技扶贫的宗旨是通过星火计划,实施重大科技示范项目,建立科技示范点,进行科技培训等,使一大批先进、实用的科学技术引入贫困地区,指导和带动贫困农民依靠科技发展生产,提高贫困地区资源开发水平和劳动生产率,促进贫困地区的经济发展,加快当地农民脱贫致富的步伐。

> 专栏6.6
>
> **贵州织金竹荪种植带动一方百姓脱贫致富**
>
> 织金竹荪是一种珍贵的实用菌,1985年以前,野生竹荪在香港市场上每公斤与一两黄金等价。织金县的科技工作者得到这一信息,并与1983年开始研究工作。1989年开始大规模种植,种植户数由150户猛增到95年的7万户,种植面积由1050平方米增至170万平方米,产量由125公斤增至20.4万公斤,在这短短6年中创造的社会产值已超过2亿元,人均250元,人均增收50元,全县32个乡(镇)均不同程度的受到竹荪产业的驱动并受益,累计带动从业人员不少于50万人,其中由此而脱贫的约6万户、25万人,占全县已脱贫户数和人数的50%以上。织金竹荪已成为全县第一大支柱产业,在脱贫致富中起着举足轻重的作用。

10年来,国家科委累计拨出科技扶贫专款7000万元,安排扶贫贷款4亿元,实施重大科技扶贫成果推广与开发项目500多个,建立各类科技示范点1500多个,培训各类人员130万人次,使科技扶贫联系地区绝大多数农民都掌握了1～2项实用技术。10年来科技扶贫的实践表明,依靠科技进步,提高农民素质,是不断发展贫困地区生产力、迅速增加农民收入、较快改变贫困地区落后面貌极有效的途径之一。

3. 机关定点扶贫

从1987年开始,中央和国家机关部门都重点联系一个贫困地区,每年派出工作团组,进行定点扶贫。目前直接对口帮助贫困地区的中央、国家和大型企事业单位122个,对口扶持国家重点贫困县330个,约占贫困县总数的56%,仅1995年,这些对口扶贫单位直接投入的实物和资金价值约9.47亿元,引进资金9.9亿元。国家有关部门按照部门所长启动的"交通扶贫计划"、"人畜饮水计划"、"电力共富工程"等对贫困地区的部门或行业发展起到了重要作用。各省区也根据国务院要求,组织县级以上机关进行定点包干扶贫,对口扶持贫困乡村,不脱贫,不脱钩。湖南省1996年从省直60个单位抽调人员,组成60个工作组到全省60个特困村进行定点扶贫,取得了明显成效,这60个村的农民人均纯收入一般比上年增加200～400元,高的达600元。

4. 横向联合与对口帮扶

1995年初,国家启动"乡镇企业东西合作示范工程",帮助中西部贫困地区发展乡镇企业,推动农村经济发展。到2000年,力争在中西部建立100个乡镇企业合作示范区,兴办1000个工业示范项目,推广1000项成熟的新技术、新产品,组建100对双边合作兄弟县(市)。促进东西部地区优势互补,缩小东西部地区差距。

1996年,国务院布置了沿海6省、3个直辖市、4个计划单列市对口扶持西部10省区(表6—14)。目前,进展顺利,首批扶贫项目已开始启动。如:青岛、深圳、宁波、大连对口帮扶贵州省,已向贵州投入1.83亿元开发资金和大批捐赠物质及捐款,首批30多个扶贫开发生产项目已全面启动。

表6－14 对口帮扶结对表

东部发达省区	广东	上海	辽宁	深圳、大连青岛、宁波	福建	天津	江苏	北京	山东	浙江
对口帮扶省区	广西	云南	青海	贵州	宁夏	甘肃	陕西	内蒙古	新疆	四川

5.劳务输出

1994~1995年,贫困县输出劳动力2500万人。其中四川省年输出1000万人左右,每年通过邮局汇入省内的劳务收入大约50亿元(《中国可持续发展国家报告》,1997)。据抽样调查,一个贫困户向外输出一个劳动力,即可使全家脱贫。劳务输出不仅间接使贫困户增加收入,而且可以提高劳动力素质、视野、更新观念。

6.异地搬迁

对于那些自然条件恶劣,资源贫乏,缺乏基本的生产、生活条件的贫困地区,政府按照自愿的原则,组织居民搬迁,全国已有近百万人通过搬迁,解决了温饱问题,其中最为贫困的甘肃定西地区和宁夏西海固地区已迁移贫困人口60多万人,绝大多数人实现了脱贫致富。

7.国际合作

利用国际社会援助是缓解中国扶贫资金不足的一条重要途径。第一期西南世界银行扶贫项目和第二期秦巴山区世界银行扶贫项目正是这一举措的具体实施(表6—15)。第三期项目正在积极争取,如果能够成功,世界银行援助中国扶贫资金的规模就可达6.5亿美元,加上配套资金,项目总投入可达到100亿元人民币左右,可以解决近1000万人的温饱问题,这无疑会加快扶贫攻坚的进程。但世行项目也存在着程序复杂、配套资金困难等问题。

表6－15 世界银行扶贫项目概况表

项目名称	实施日期	总投入	覆盖区域	目标	项目选择	执行期限	预期扶贫效果
西南世行扶贫项目	1995.7	42.3亿元,其中世行贷款2.47亿美元	云南、贵州、广西3省(区)35个国家重点扶持的贫困县中的290个乡(镇)、1798个行政村	解决贫困县最贫困农户的温饱问题,促进项目县经济、社会发展	农业、二三产业、劳务输出、基础设施、教育、卫生、贫困监测、机构建设等8类827项,加上硬贷8个项目,共计835个项目	6年	项目结束时,项目区的贫困农户人均纯收入将会增加1倍,按1990年不变价计算,人均纯收入达到690元左右,稳定解决350万贫困人口的温饱问题

(续表)

项目名称	实施日期	总投入	覆盖区域	目标	项目选择	执行期限	预期扶贫效果
秦巴山区世行扶贫项目	1997.7	33.2亿元,其中世行贷款2亿美元	四川、陕西、宁夏3省区的26个国家级贫困县的461个乡镇、3331个行政村	用综合一体化的方式,集中资金,加大投资力度,形成扶贫项目一定的覆盖规模,使项目区解决温饱,最终进入经济发展良性循环	土地与农户开发,乡镇企业及农贸市场、农村基础设施建设、教育和卫生、劳动力输出、机构建设、项目与贫困监测及农户小额信贷等8大类共854个项目	20年	到2010年,按1990年不变价计算,项目覆盖区农户人均纯收入达到509元,比95年的人均纯收入298.4元增加了210.6元,平均每年增长9.31%,预计项目结束时,这一特困地区的群众可基本解决温饱问题,摘掉"绝对贫困"的帽子

国家宏观脱贫政策实施效果（1995~1996年）　　1995和1996年是国家实施"八七扶贫攻坚计划"的第二年和第三年,中央加大了扶贫力度,扶贫工作取得了新的进展,1995年全国贫困人口减少了500万,1996年贫困人口继续减少了700万,两年共减少贫困人口1200万。但是,不同地区由于贫困状况不同,扶贫重点及效果有所差异(表6—16)。

东部地区,除广西以外无论经济实力、贫困范围、贫困程度,以及贫困人口实际生活水平等方面都比中西部地区好。因此,东部地区各省主要通过自力更生解决贫困问题,且脱贫速度快,基本上能提前完成国家"八七扶贫攻坚计划"的目标。例如福建省推进责任制,采取对口支援、异地开发的办法,全省贫困人口从1993年的80万下降到1995年的50多万,1996年又有42万贫困人口脱贫,1997年即可全部脱贫。广东省委、省政府已提出1997年基本解决全省60万绝对贫困人口的温饱问题,采取以公司建基地,基地带农户的方式,发展以"三高"农业为主体的短平快项目。广东省并制定了详细的绝对贫困人口脱贫启动资金安排表,提前3年实现扶贫攻坚目标。

中部地区的内蒙古1995年有百万贫困人口基本解决温饱,脱贫速度为中国最快省区之一。山西省采取因地制宜发展林果、畜牧业等主导产业,1995年底,有4个贫困县解决了温饱,14个县接近攻坚目标,贫困县人均收入达到748元,贫困人口由1993年的381万减少到1995年的230.46万人,两年减少151万。1996年又有106万人脱贫。

表6—16　扶贫成效地区差异

地区		主要方式	1994~1996年平均每年减少贫困人口	年贫困人口减少率	攻坚目标
东部地区	福建	对口支援,异地开发	31万	39%	提前3年完成
	广东	发展"三高"农业	1997年全部脱贫		提前3年完成
	广西	兴办经济实体,异地开发	104.7万	13.1%	难以完成

(续表)

地区		主要方式	1994~1996年平均每年减少贫困人口	年贫困人口减少率	攻坚目标
中部地区	山西	发展主导产业，干部定点扶贫	86万	23.6%	按期完成
西部地区	贵州	坡改梯，开发非耕地资源	124万	12.4%	难以完成
	陕西	突出重点，集中突破	64万	24.1%	按期完成
	甘肃	水窖，地膜覆盖，搞活经济	41.3万	8.2%	难以完成
	四川	劳务输出	230万	19.5%	难以完成
	宁夏	窖水节灌，吊庄移民	21.3	15.2%	难以完成
	西藏	解决生产力发展障碍	6.15万	13.5%	难以完成
	云南	基本建设，发展优势产业	77万	10%	难以完成

西部地区是中国扶贫的重点地区，也是难点地区。各地区根据地区特点积极采取各种有效措施，加大扶贫力度，收到了较好的效果。例如贵州省近年来实施"坡改梯"，"开发非耕地资源"等扶贫战略，从退耕还林，建设基本农田入手，在1994年解决91万人温饱之后，1995年又有120万人摆脱贫困，1996年再次取得突破性进展，又有160万贫困人口脱贫。陕西省按照"突出重点、就地安排，合理搭配，形成合力"的原则，并制订了详细的年度脱贫计划。在连续遭受两年旱灾的情况下，1994年和1995年使100万人解决了温饱问题，1996年又有92万人脱贫，1995年50个重点贫困县农民人均纯收入达到547元。云南省依靠对基本建设的长期投入，积极发展"两烟"（烤烟、卷烟）和糖、茶、胶、旅游等优势产业，带动扶贫，1996年全省有120万人基本脱贫。

但是，近两年的脱贫进度与"国家八七扶贫攻坚计划"的要求任务相比，相差不少，尤其是西部地区，除陕西省之外，其它各省区按照目前的脱贫速度，都将难以完成扶贫攻坚目标，扶贫攻坚任务仍很艰巨。

主要贫困类型区脱贫途径及效果

中国贫困地区类型复杂，不同类型地区自然条件、社会经济要素差异较大。在国家开发式扶贫有关政策措施指导下，为如期完成"国家八七扶贫攻坚计划"，各省区也根据本地区贫困状况，制订出省(区)扶贫攻坚计划，并根据多年的扶贫经验，总结出许多适应区域状况、行之有效的脱贫措施，效果好，值得在条件相似的地区进行推广。

西南喀斯特山区脱贫之路

西南喀斯特山区主要包括云贵高原及其边缘山地,集中连片分布在广西、贵州、云南3省区。1994年,这3省区的贫困人口为2500万,占全国贫困人口总数的31%以上,是目前中国贫困人口最为集中的地区之一。这一地区缺土缺水,山大沟深,是八七扶贫攻坚计划中的"硬骨头"。这里脱贫任务重、难度大,脱贫措施是否得力,方法是否有效,直接关系到全国能否如期实现"八七扶贫攻坚计划"的目标。

1. 贵州省"坡改梯"、"开发非耕地资源"成效显著

贵州属老少边穷地区,是唯一没有平原支撑的内陆山区省。人均基本农田仅0.26亩,是长期不能解决温饱的一个重要原因。

目前全省还有贫困人口629万,占全国贫困人口总数的11%,是贫困人口最集中的省份之一,且赤贫比重高达40%,脱贫难度大,是全国扶贫攻坚的重点省区。为落实"国家八七扶贫攻坚计划",1994年,贵州省委、省政府制订了"贵州省扶贫攻坚计划"。3年来,全省共有371万人脱贫,其中,1996年一年脱贫160万人,48个贫困县农民人均纯收入、人均占有粮食均有了较大提高(表6—17)。

表6—17 贵州省贫困状况变化表

年份	贫困人口(万)	48个贫困县	
		农民人均纯收入(元)	农民人均占有粮食(公斤)
1986	1500		
1993	1000	355	204
1995	789		
1996	629	700	309

作为全国重点扶持的贫困省,该省扶贫资金形式多样,除以工代赈(表6—18)以外,还有11项扶贫资金(表6—19)。

表6—18 贵州省以工代赈资金投入状况

年份	全国总额(亿元)	贵州省(亿元)	占全国(%)
1991	38	2.5782	6.80
1992	36	2.1443	5.96
1993	50	3.4463	6.90
1994	60	3.6790	6.13
1995	60	3.7422	5.99
1996	40	2.7200	6.80

表6-19 贵州省扶贫资金一栏表

资金名称	资金额度(元)	支付时间
农业综合开发资金	2.94亿	1990~1992年
	2.7亿	1993~1995年
绿色产业贷款	4亿	1997年开始执行,每年支付
世行和国际贷款	共10.788亿	1994年开始
财政专项贴息贷款	1亿	"七五"开始每年支付
支援经济不发达地区发展资金	3100万	每年支付
扶贫开发基金	2000万	中央政府,每年支付
	2000万	深圳市低息滚动支援
老少边穷地区低息贷款	6000万	每年支付
贫困地区县办企业贷款	3300万	每年支付
民族地区发展基金	300万	每年支付
双扶周转金	300万	每年支付
面上贫困乡贴息贷款	1500万	每年支付

由此可见,贵州省平均每年的扶贫资金总额可达到14亿元左右,贵州省在扶贫开发工作中,除资金投入不断增加之外,一直把"坡改梯"修筑基本农田和开发非耕地资源作为该省脱贫的一项重要措施。1991年8月省委省政府就作出了《中共贵州省委贵州省人民政府关于在我省贫困地区实行以工代赈建设基本农田的决定》,大搞以"坡改梯"为突破口,利用喀斯特地区特有的暗河进行治土改水为主要内容的基本农田建设,取得了显著的效果。

"八五"期间,全省利用粮食以工代赈完成坡改梯面积295万亩,其中贫困县完成坡改梯面积占总面积的77%。据统计,坡改梯建设使全省每年增产粮食3亿公斤。1996年,贵州省48个贫困县有20多个实现粮食自给,1997年全省将再"坡改梯"100万亩。黔南州5万多亩坡改梯,1992年平均每亩增产粮食53.3公斤,每亩增收60.6元,改土农户户均增收149.1元。

此外,近年来,贵州省根据地区生物资源优势,还把退耕还林、开发非耕地资源,扶持支柱产业作为地区扶贫开发的一项重要举措。在增加贫困地区群众收入的同时,形成了一批以杜仲、银杏为主的药材基地,以蚕桑、皮革为主的轻工业原料基地,以五倍子、香料为主的化工原料基地和以矿产资源为主的加工龙头企业。这些支柱产业的建成,增强了贫困地区经济发展的后劲,为稳定解决温饱,脱贫奔小康打下了基础,同时,有利于生态环境的良性循环,保证贫困地区的可持续发展。

2.广西壮族自治区从救济走向开发

广西壮族自治区是一个喀斯特面积较大的省区,也是中国贫困人口分布相对集中的地区。1993年,自治区有49个贫困县、市,面积占全区总面积的56%,贫困人口800万,占全国贫困人口的1/10。

1995年4月,广西壮族自治区人民政府根据"国家八七扶贫攻坚计划"的要求,制订了《广西实施"国家八七扶贫攻坚计划"方案》(桂政发[1995]41号),即从1994年起到本世纪末的7年时间里,基本解决800万贫困人口的温饱问题。为此,自治区政府确定了转变经济增长方式,实施开发式扶贫的方针,扶贫开发工作取得了较顺利的进展。整个"八五"期间,全区农业增加值年均增长9.6%,农村贫困人口从1990年的1000万降到1995年底的606万人(表6-20),有14个贫困县率先实现了解决群众温饱的目标,贫困发生率下降到12.8%。1995年,广西贫困地区的各项主要经济指标全面增长,农民人均纯收入明显增加,生活、生产条件进一步改善(表6-21)。1996年,全自治区又有120万人脱贫,38.5万人、30万头牲畜解决了饮水困难。

表6-20 广西贫困人口变化

年份(年底)	人口(万人)
1990	1000
1993	800
1994	706
1995	606
1996	486

表6-21 1995年广西49个贫困县(市)经济发展状况

国内生产总值(亿元)	工农业总产值(亿元)	比上年增长	农村人均收入(元)	比上年增加(元)	贫困人口数量(95年底)(万人)	比上年减少(万人)
370	492.36	38.6%	1008	276	606	100

资料来源:广西年鉴,1996.

在自然条件十分恶劣的喀斯特贫困山区,广西壮族自治区近年来能够取得较好的扶贫效果与自治区政府积极采取以调整产业结构、开展异地开发和兴办扶贫经济实体为主要内容的开发式扶贫战略是分不开的。

①科学调整产业结构 区政府首先把粮食生产放在首位,宜粮的地方稳定种植面积,提高粮食单产,解决贫困地区群众的温饱问题。同时,在粮食产量稳固提高的基础上,充分发挥当地资源优势,科学的调整农业产业结构,林果并进,增加农民收入,解决贫困地区的发展问题。

②兴办扶贫经济实体　　贫困地区生产条件差,农户生产技能低,抗风险能力弱,单靠各家各户分散经营,难以形成自我发展能力。以扶贫经济实体为依托,辐射、带动广大贫困农户,是广西各地在扶贫工作中探索出来的成功经验。

到1995年底,全自治区兴办各类扶贫经济实体2537个,承贷承还各种扶贫资金3.34亿元。承包开发项目5000多项,带动了12.5万户、66.65万人脱贫。1995年,参与开发的66.65万人,人均纯收入达1300元,全部甩掉了贫困帽子。

> 专栏6.7
>
> **扶贫经济实体**
>
> 　　扶贫经济实体,是广西各地在扶贫工作中探索出来的成功经验。扶贫经济实体具有多层次、多形式、多样化的特点。有机关+农户、实体+农户、能人+农户等形式。扶贫经济实体运用经济手段,科学的管理办法,先进的生产技术,组织千家万户走集约化、规模化的经营道路。大新县1065个扶贫经济实体,帮助1.1万户农户6.3万人越过温饱线。田阳县创办的3个芒果场,带动右江河谷6个乡镇2万多农户,占全县农户总数的34%。

实践证明,创办扶贫经济实体,是贫困地区采取规模经营、集体经济、产业化生产来提高农业生产力的重要途径之一。

③积极尝试异地开发　　广西全区相当一部分贫困人口分布在生产、生活条件十分恶劣的大石山区。属于一方水土养不活一方人的地方,对此,区委、区政府决定"从1993年起,用5~8年时间,对大石山区人均耕地不足3分,缺乏生存条件的20万特困人口,分期分批实行异地安置"。它是自治区贯彻国家"八七扶贫攻坚计划"的一项重大措施。

至1995年底,全区共投入各种资金2.75亿元,在土山区建立了122个异地安置点,从22个大石山区贫困县村迁移出1.6万户,8.7万人到开发点安置,从事以农业综合开发为主的异地扶贫开发,绝大多数搬迁户当年就解决了温饱,现在部分农户已甩掉了贫困帽子。1996年,在完善原有异地开发点的同时,全区又新安排了2.1万人,安置人口总数达10.8万人。

除此之外,充分利用外资,全面实施世行项目。截止1996年底,两年累计完成投资2.66亿元,占项目总基本费用的30.11%,完成了8.67万平方米的校舍、卫生室建设,采购了一大批教学卫生设备;解决了2.6万人饮水困难;建成公路103千米;输出贫困地区劳动力4.4万人;开发种植各种林果、作物2.8万公顷;养殖3.9万头(只),项目受益农户18万多户。

<u>黄土高原干旱贫困类型区——宁夏西海固地区</u>　　黄土高原干旱贫困区主要分布在陕西、山西、宁夏、甘肃4省区。1994年,贫困人口约为1800万,占全国贫困人口总数的22.5%,成为中国贫困人口较为集中的又一地区。水土流失严重,干旱缺水,生态环境严重退化,造成了这一地区较为严峻的贫困状况。其中,宁夏西海固地区被称为全国"贫困之冠"。但是经过10多年的扶贫综合开发,贫困状况得到了较大的改善,并总结出了一套适合于该地区特点,行之有效的扶贫措施与方法。

1994年,为落实"国家八七扶贫攻坚计划",自治区党委、政府制订了《宁夏双百扶贫攻坚计划(1994~2000年)》,即从1994年起到本世纪末按照国家新的标准,力争基本解决本地区100个乡、100万贫困人口的温饱问题。并提出了充分利用"三水"(天上水、地表水、地下水),大力建设"三田"(河滩地、水平梯田、水浇地),到本世纪末实现人均3亩基本农田的目标。"八五"连续5年严重干旱,山区返贫率较高(表6—22)。1994,1995两年实际解决温饱7万人,平均每年只有3.5万人。1996年随着扶贫投入的增加,各项得力措施的落实,加之气候风调雨顺,成为扶贫开发工作取得成绩最大、解决群众温饱人数最多的一年(表6—23)。有56.8万人当年解决了温饱,目前全自治区约有14.4万户,76万贫困人口。

表6—22 宁夏贫困人口变化

年份(年底)	贫困人口(万人)	当年解决温饱(万人)	返贫人口(万人)
1993	139.8		
1994	128.8	10.9	
1995	132.8	6.4	10.4
1996	76	56.8	

表6—23 1996年宁夏贫困地区状况

人均纯收入(元)	比上年	人均占有粮食(公斤)	比上年	贫困人口数(万人)	当年解决贫困人口(万人)
914.2	+90.8%	368	+52.5%	76	50

宁夏西海固地区是典型的黄土高原贫困类型区。贫困与缺水紧密相连。因此,这一地区的扶贫工作坚持"以水为重点,综合治理开发"的原则,坚持"三条路"(有水路走水路,没有水路走旱路,水旱路不通,另找出路)的建设方针。经过多年的努力,走出了一条切实可行的开发式扶贫的路子。

1. 窖水节灌旱作农业[①]

西海固地区解决水的问题是解决群众温饱的关键。连续5年的大旱,使山区群众创造出了打水打窖节水灌溉的新路子。被世界银行专家称为"了不起的创举"。1995年~1996年,自治区安排专项资金2000多万元,使窖水节灌工程全面展开。1995~1996两年间,8个贫困县共打合格生产窖8.1万眼,可灌溉农田12.62万亩。结合打窖,大面积推广"一杯水就能救活一棵苗"的地膜玉米技术。1996年,8个贫困县共种植地膜玉米等25.84万亩,产量达1.2亿公斤,用3.7%的面积拿回了粮食总产近16%的产量。海原县高台乡武原村农民周会成,打成

[①] 窖水节灌是西海固人民在实践中探索出的一条抗旱扶贫的成功之路,它是通过在山坡上打窖,利用秋季集中降雨将雨水蓄积在窖里,在旱季取出利用地差灌溉农田。一口60立方米的水窖,投资500~800元,采用微灌技术可以浇灌两亩农田,从而把无效降水变成了有效降水。

了能蓄水380立方米的海原第一窖,种植地膜玉米11亩,使用窖水节灌,亩产达625公斤,仅此一项,全家人温饱问题迎刃而解。据调查,凡是搞了窖水节灌的农户,户均收入最低为2700元,最高收入为8000多元,人均收入均在600元以上。

窖水节灌、投资少、见效快,它成功地利用雨水解决了干旱问题,值得大力推广。但是,考虑到贫困地区的可持续发展问题,"地膜玉米"技术不宜进行长期的大面积推广。

2. 扬黄灌区,吊庄移民[①]

"以川济山,山川共济"是宁夏扶贫工作的又一条成功经验。通过黄河扬水,发展新灌区,将贫困地区的人口迁移到新灌区进行开发性生产。自治区资助每户400元自建房屋资金,渠、路等基础设施由国家投入建设,耕地自己开发。改革开放以来,全区先后建成固海、盐环定等大中型扬水工程12处,发展水浇地近百万亩;建成各类移民吊庄基地21处,搬迁困难群众26万人。基本上实现了一年安家,两年垦荒,三到五年走向富裕路(表6—24)。泾源芦草洼吊庄用占全县10.7%的耕地面积生产了占全县32.7%的粮食产量,人均纯收入是原籍的一倍多。

表6—24 1996年八处吊庄与原籍生活对比

	人均产粮(公斤)	人均纯收入(元)
原籍	368	914
吊庄	458	1006
对比(+-)	+90.6	+91.8

* 数据来源:宁夏农建委,关于1996年扶贫开发工作总结和1997年扶贫开发工作报告。

1995~1996年重点建设的宁夏华西村移民基地,已从西吉县、海原县、固原县、同心县搬迁移民近500户、3000人,新开发土地3500亩,利用撂荒地1500亩,植树5万株,建成房屋1000多间,基本稳定地解决了群众的吃饭问题。集镇区实现了通电、通水、通路、通邮,二、三产业开始起步,已建成和在建企业8家,成为扶贫吊庄移民、山川共济的一个成功的综合试验区。

1996年,随着国家重点建设项目向中西部倾斜,宁夏扶贫扬黄灌溉工程——"1236"工程(用6年时间,投资30亿元,新垦200万亩引黄灌区,使100万人稳定脱贫),得到中央批准,并列入国家"九五"重点工程计划,已开工建设。建成后,可新增水浇地200万亩,安置困难群众100万人,对西海固人民脱贫奔小康具有举足轻重的作用。

3. 旱作基本农田建设

以坡改梯为主的综合治理基本农田建设一直是西海固地区建设的治本措施。主要是将大量的山坡地改为高质量的水平梯田,每亩成本不到100元,可增产粮食100公斤左右。1996年,继续狠抓以流域为单元,坡改梯为主,山、水、田、林、路综合治理,当年共完成高标准基本农

---

① 吊庄移民,这是一种集中搬迁异地安置的方法。迁出县先组织劳动力,选派得力干部带领,开辟基地,进行生产生活建设,待基地建成后再迁移其余人口。其优点是移民人际关系密切,无孤独感;规模效益大、安置数量多。缺点是初始投资量大,众多贫困农民生活在一起,原来消极的生产、生活方式不易消除。

田21.5万亩。到目前为止,累计综合治理小流域184条,控制水土流失面积4800多平方千米,共建基本农田458.4万亩,人均基本农田达到了2.2亩,大大提高了农业生产抗御旱灾的能力。同时,新增造林面积272万多亩,封山育林146万亩,人工种草累计达648万亩,保留面积250万亩,取得了良好的经济和生态效益。

4. 扶贫到户与培育优势产业相结合,贫困户脱贫与发展农业产业化相结合

在1995年扶贫资金集中向主战场倾斜的基础上,1996年在扶贫措施、资金、项目、领导干部精力上都进一步实现了向到村到户的倾斜。特别是在优势产业的选择上,在突出资源优势有广阔市场的基础上,选择覆盖面广、家家户户都能干,家家户户都受益的扶贫产业。

土豆是西海固地区适宜种植的主要农作物,也是解决温饱的主导产业,8个贫困县平均有70%的土豆剩余。因此,自治区将土豆加工作为西海固地区优先发展的支柱产业,并在资金上给予支持。

西吉县公易乡西冶村,全村47户264人,过去2/3的农户长期生活在贫困线以下。1996年,全村95.7%的农户搞土豆粉条加工,仅此一项人均纯收入1300元。他们还利用加工的粉水沤肥,增加粮食和土豆产量,粉渣发展养殖业(牛),形成土豆加工良性循环系统。1996年,该村实现农民人均有粮878公斤,人均纯收入达2067元,已步入小康行列。

西吉县还先后建成了淀粉集团公司,粉丝(集团)公司等一批龙头骨干企业,产品不仅销往沿海各地,还出口东亚地区。土豆加工已成为西海固地区脱贫致富的支柱产业。

同时,开展劳务输出,增加农民收入。"宁夏双百扶贫攻坚计划"把它作为一项产业。1995年西海固地区输出劳力45.9万人,收入3.15亿元,1996年为51.7万人,收入3.6亿元。自治区煤炭厅包扶的一个贫困乡,1995年输出400~600人到煤矿工作,回乡后,98%的人自谋出路,解决温饱。

此外,1996年自治区积极开展扶贫对外协作,争取到世界银行扶贫项目援助,这将对今后加快脱贫步伐起着重要作用。

评 价 与 结 论

"八五"期间,中国继续执行开发式扶贫的方针,1994年国务院制订了《国家八七扶贫攻坚计划》,国家和各级地方政府对扶贫工作更加重视,扶贫资金投入不断增加,加上各种得力措施,扶贫工作取得了显著的成效。全国贫困人口数量由"八五"初期的9700万降到"八五"末的6500万,平均每年减少640万,贫困县农民人均纯收入由1991年的483.05元上升到1995年的824元,提高了70.6%。1996年,中央召开扶贫开发工作会议,进一步明确了开发式扶贫的方针,并指出扶贫攻坚要坚持到村到户,相应采取对口帮扶,向重点贫困地区安排大型开发项目等措施,1996年全国共有700万人脱贫,超过了"八五"的平均速度。但是,这一速度还远不能满足"国家八七扶贫攻坚计划"的目标要求。

根据"国家八七扶贫攻坚计划"的要求,各省区根据本地区特点,制订了地区扶贫攻坚计划目标,并采取了一系列适合地区特点的脱贫政策措施。但由于不同地区经济基础、贫困状况不同,脱贫速度有所差异。1993年国定592个贫困县中,东部地区105个,占17.7%,中部130个,占30.4%,西部307个,占51.9%。1995年农民人均纯收入小于500元的县共有119个,其中东部地区只剩下河北省1个县,占0.8%,中部13个,占10.9%,西部105个,占88.3%。西部地区比例明显上升,而且更加集中在云贵川西南地区,其脱贫难度也明显大于西北地区。按照八七扶贫攻坚计划目标,东部地区各省可望提前实现目标,中部地区和西北地区各省区经过努力有可能按期实现目标,而西南地区难度较大。

国家坚持开发式扶贫的方针,把贫困地区干部群众自力更生和国家的扶持结合起来,发展生产,增强贫困地区自我积累和自我发展的能力。目的是从根本上改变贫困面貌。"以工代赈"是这一方针的一个具体体现,对贫困地区的开发起到了很大的作用,为贫困地区的可持续发展奠定了基础。

此外,借用外部援助,跳出贫困地区,解决贫困问题,实行开放式扶贫。"八五"期间,中央国家机关定点扶贫,1996年制订的沿海发达省、直辖市对口帮扶西部贫困省区以及世界银行西南扶贫项目的实施,都对贫困地区群众生活的改善和地区经济的发展起到了较大的作用。广西石山区异地开发,宁夏西海固吊庄移民都取得了良好的效果。

尽管如此,各省区在中央脱贫政策及措施执行过程中还存在有一些问题,影响了地区脱贫速度和经济的发展。

重硬件、轻软件　中央在扶贫攻坚的基本方针、任务和要求中明确指出"要坚持扶贫开发与计划生育相结合,控制贫困地区人口过快增长,尽快改变越穷越生,越生越穷的恶性循环状况"。但是,有些贫困地区,尤其是少数民族地区宽松的计划生育政策,使人口的增长率居高不下。如宁夏自治区计划生育政策是"1、2、3胎制"(汉民1胎,平原区回民2胎,山区回民3胎),使得贫困山区的人口出生率高达21.86‰,据自治区建委人口调查,"八五"初期吊庄移民9万脱贫,但4年后原籍又新出生11万人,大于移民脱贫人数。另外,自治区实施的"1236"扬黄扶贫灌溉工程,将从西吉县迁出1/10的人口,但用不了几年,这1/10的人口又生出来了,如此下去,将难以使这里的人民彻底摆脱贫困。

重视完成扶贫攻坚目标,忽视贫困地区的可持续发展　目前,各省区为如期完成国家八七扶贫攻坚目标,制订了许多能尽快解决贫困人口温饱、增加农民收入的短平快项目。这无疑为贫困地区尽快脱贫起到重要作用,但忽视环境保护与可持续发展问题。如:称为温饱工程的"地膜玉米"技术,对宁夏南部地区提高粮食产量起了很大作用,平均亩产可达460公斤以上,被自治区作为一项重要的扶贫措施大面积推广,但同时,必须看到,长期使用"地膜玉米"技术后的土壤薄膜"白色污染",将成为未来非常严重的环境问题,并影响土地的可持续利用。当然,目前已有土壤可分解薄膜,但因价格较高,实际上,贫困地区很少使用。

异地开发,投资过大,规模越来越大　　对于一方水土养不活一方人的地方,异地开发是一个从根本上解决温饱脱贫致富的办法,但是投资过大。广西就地开发解决温饱人均需1500元,异地开发至少需5000元。现在过分强调异地开发,规模越来越大,投资越来越多,最后,连基本的通路、通电、通讯等设施都难以完成。因此,设计和实施时必须慎重,统筹考虑安排。

中央扶贫投入仍显不足　　根据国务院扶贫办的测算,要达到脱贫要求必须人均投入1500元。1996年国家投入扶贫资金总额约100亿,如果全部用于贫困人口,平均每个贫困人口也只有153.8元,1995年,国家用于宁夏的扶贫专项资金为2.24亿元,其中直接用于西海固地区的扶贫资金只有1.65亿元,人均只有82元,按贫困人口计算,人均也只有128元。贵州省1996年扶贫资金总额约10亿元,若全部用于贫困人口,人均也只有126.7元,既使加上地方配套资金也远远达不到资金额的要求。因此,中央扶贫资金应适当继续增加。

国家某些宏观政策使贫困地区处于不利地位,不利于贫困地区尽快"脱贫致富"　　国家在改革开放初期实行的沿海地区开放战略,给了沿海地区许多具体的优惠政策。而目前,国家提出向中西部倾斜的政策比较空,除利用国外政府贷款项目在西部地区比重增加以外,其它所有政策如税收政策、银行信贷政策、以收定贷、项目资金配套比例等,全国都一致,而贫困地区地方财政恰恰无能力配套,严重影响了扶贫项目的实施和贫困地区经济的发展。另外,沿海地区出现的房地产热、开发区热,并未波及贫困地区。而当贫困地区要开始发展时,1996年国家土地管理局颁发了停止一切非农建设用地的审批和开发,影响了落后地区经济的发展。诸如此类的全国一刀切政策,不利于贫困地区尽快脱贫致富。

参考文献

1. 国务院,《国家八七扶贫攻坚计划(1994～2000)》,1994年。
2. 康晓光,《中国贫困与反贫困理论》,广西人民出版社,1995年。
3. 姜德华等,《中国的贫困地区类型及开发》,旅游教育出版社,1989年。
4. 陈俊生,《关于中国扶贫问题》,中国三峡出版社,1994年。
5. 郭来喜,《贫困——人类面临的难题》,中国科学技术出版社,1992年。
6. 西海固反贫困农业建设研究课题组,《走出贫困——西海固反贫困农业建设研究》,宁夏人民出版社,1996年。
7. 世界银行,《1990年世界发展报告》,中国财政经济出版社,1990年。
8. 光明日报,1997年1月10日。
9. 人民日报,1996年12月26日。
10. 人民日报,1997年3月28日。
11. 光明日报,1996年12月30日。
12. 光明日报,1997年6月17日。

13. 光明日报,1997年1月25日。
14. 人民日报,1997年1月8日。
15. 光明日报,1997年1月7日。
16. 光明日报,1997年5月22日。

第七章 利用外资与对外贸易

1973年世界石油危机后,西方发达的资本主义国家纷纷向发展中国家转移资本和产业。加上计算机和信息技术的发展和广泛应用,以资本、技术和服务等无形商品流动为纽带的新的国际地域劳动分工逐步形成,促进了全球各国的经济一体化进程。进入90年代以后,随着"冷战"时代的结束,经济全球化进程明显加快。经济全球化是生产要素及其组合在世界空间范围内的一体化过程,其主要促动力量来自跨国公司的对外直接投资。

中国政府对70年代以来的国际资本及产业发展动态及时地作出了科学的反应,实施了逐步扩大的改革开放政策,使大量的国际资本和技术涌入中国,中国经济迅速驶入快车道,呈现出前所未有的活力。利用外资和发展外贸对中国经济发展到底有何影响?影响力多大?对中国近年来不断加大的区域发展差异有什么影响?未来中国在参与经济全球化过程中应采取什么战略迎头赶上、发挥后发优势?本章将简要阐述这些问题。

利用外资格局

国际投资活动与区域影响作用

从90年代以来流向发展中国家的各种外来资金净额构成看,国际私人资本已成为国际投资的主力(图7—1)。

【国际投资活动是宏观和微观条件共同起作用的结果】

国际私人直接投资主要来自于大型跨国公司。据《1996年世界投资报告》统计,占全球跨国公司3‰的100家大型跨国公司,其海外资产约为1400亿美元,占全球海外直接投资存量的1/3。可以认为国际投资活动是宏观和微观条件共同起作用的结果,是由先决条件、总体国际投资和更为活跃的跨国公司投资构成的一个整体:

先决条件。包括全球的总体经济发展水平、技术发展水平、空间生产专门化和政府的作用等,是国际资本得以形成和发展的基本前提。

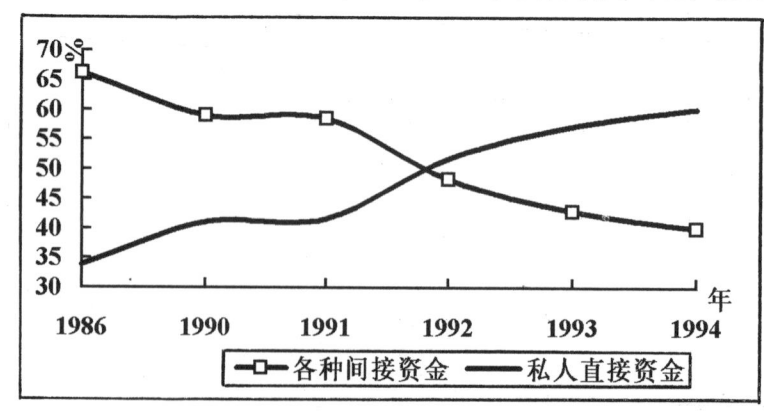

图7—1 全球流向发展中国家资金来源构成变化(1986~1994)

国际投资。包括各种

各样的国际投资,如政府援助、贷款、债券和私人资本等。近年来由跨国公司带动的私人直接投资正在显著上升。

跨国公司。具有与其他国际投资机构不同的行为决策过程。其目标是追求最大利润;其手段是降低各种成本,或最大化抢占区域市场;其经营策略是充分利用所有权优势,包括企业的绝对优势和相对优势。充分利用内部化优势,形成有效的产品生产分工体系;充分利用区位优势,创造多样性的企业文化和新的企业形象;在竞争中求合作,以分散越来越巨大的 R&D 投资风险。

【国际投资活动对东道主国家发展的影响】

跨国公司和国际直接投资对东道主国家的区域发展是否产生积极的正面影响,国际上存在着两种截然相反的观点:

赞成观点。认为跨国公司是迄今为止最为有效的一种社会、经济和政治管理体制,对发展中国家会产生有利的影响:(1) 增加投资规模,和更有效的利用国际资本及匹配的国内资本;(2) 创建和管理新的机构;(3) 创新、嫁接和转移输入新技术;(4) 打通国际商贸渠道和培训国际型市场销售人才;(5) 通过先进的企业培训制度,提高当地劳动者的素质,并不断为所在国造就一批批精英;(6) 增加收入和税收来源;(7) 通过水平或垂直型分工,使当地产品在母公司已有技术的框架下实现平稳升级、换代;(8) 最为重要的是,外资企业可以作为经济发展的增长极,带动当地上游和下游产业的相应发展。

反对观点。主要来自于依存度理论学派。依存度理论是根据拉美的实证研究总结而出,认为国际直接投资未必会对东道主国家的经济发展产生多好的影响:(1) 外资企业多以类似飞地的形式存在,与当地的经济联系极为有限或脆弱,增长极的作用不大;(2) 由于大量利润回流,会给东道主国家带来国际收支平衡问题,使其国际债务似乎永远难以还清;(3) 跨国公司与东道主国家的目标和利益并不总是一致的,当跨国公司的经济势力过大时,会控制或操纵当地的经济命脉,威胁国家的主权和真正独立;(4) 国际直接投资的发展进一步加大了发达国家和发展中国家的差距和不平等。

<small>中国利用外资的特征变化</small> **【中国继续成为世界净利用外资的最大国】**

1978 年以来中国实际利用外资的数量显著增加,除 1988~1991 年增长相对缓慢以外,其余年份均出现快速增长势头,尤以 1992 年邓小平南巡讲话以后出现新的增长高潮(图 7—2)。1978 年中国实际利用外资额为 2.6 亿美元,1992 年增加到 162 亿美元,1996 年更增加到 548 亿美元,继续自 1994 年以来成为世界净利用外资的最大国。中国 1978~1996 年 17 年间实际利用外资额累计为 2714 亿美元,年平均增长率为 37% 左右,远高于其他部门的经济增长。

【全球流向发展中国家的资金有近 1/4 流入中国】

随着中国利用外资数量的显著增长,中国占全球外资的份额近 10 年亦不断上升。1986 年全球流向发展中国家的各种外来资金净额为 748 亿美元,中国占 9.7%,1994 年其相应的数值却分别上升为 1838 亿美元和 23.5%(图 7—3)。

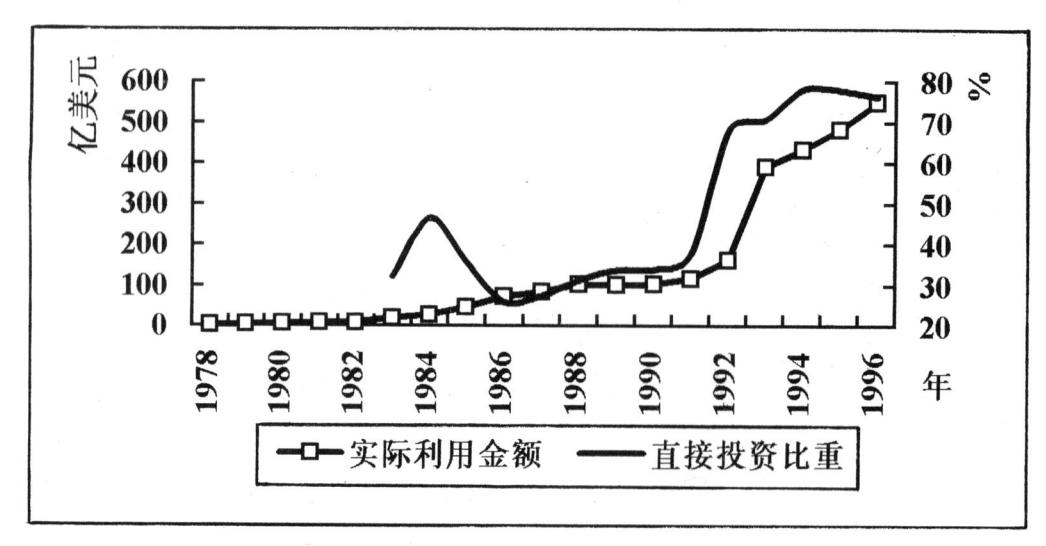

图 7—2 中国利用外资数量增长(1978～1996)

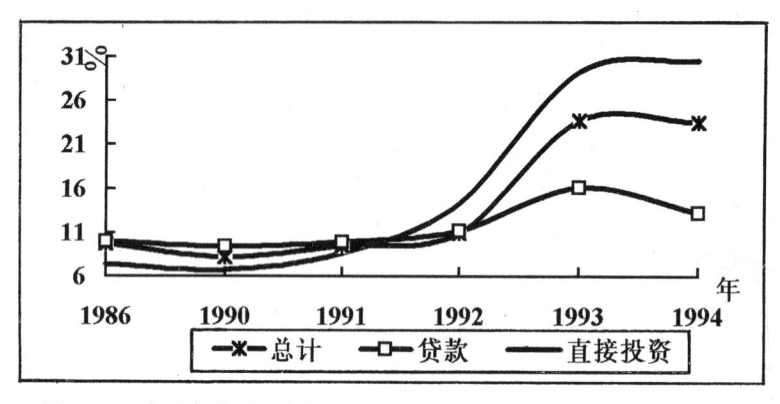

图 7—3 中国占全球流向发展中国家各种外来资金净额的比重变化(%)

【国际私人直接投资已成为中国外资利用方式中的主体,且有不断上升趋势】

中国利用外资方式的变化与国际资本的来源构成变化相一致。80年代国际资本以官方发展资金为主,中国利用外资的方式亦以借、贷款为主,私人直接投资占整个利用外资的比重基本上界于30～40%之间。1992年之后,随着跨国公司对外直接投资的大幅度增加,世界资本构成发生根本变化,相应地,中国的利用外资方式也发生突变,其私人直接投资的比重从1991年的37.8%一跃上升到1992年的67.9%,此后则一直保持在76～78%之间(图7—2)。中国利用外商直接投资占全球流向发展中国家直接投资的比重1986年为7.4%,1994年迅速上升为30.6%,表明在全球私人资本不断上升的过程中,流向中国的私人资本增长更为迅速(图7—3),标志着越来越多的跨国公司正在向中国市场迈进。

90年代以来,中国利用国外政府贷款和银行商业贷款的比重下降快。1996年比1990年分别下降了18和17个百分点,而同期通过合资企业和独资企业利用外资的比重却显著增加,分别上升了20和16个百分点(表7—1),表明中国利用外资正在从政府行为逐步转移为企业行为,较80年代更趋于成熟。这样一方面可以减轻政府的还债压力和风险,另一方面又可以促使企业更快的进入市场,在竞争中求得生存和发展。

表7-1　中国利用外资方式变化(1990～1996)

利用方式	90年实际利用外资(亿美元)	96年实际利用外资(亿美元)	90年利用外资构成(%)	96年利用外资构成(%)	96/90年构成比重差值
总计	102.9	548.0	100.0	100.0	
一 对外借款	65.3	126.7	63.5	23.1	-40.4
其中 政府贷款	25.2	34.5	24.5	6.3	-18.2
金融组织贷款	10.7	30.0	10.4	5.5	-4.9
银行商业贷款	20.4	14.9	19.9	2.7	-17.1
二 外商直接投资	34.9	417.3	33.9	76.1	42.2
其中 合资经营企业	18.9	207.6	18.3	37.9	19.5
合作经营企业	6.7	81.1	6.5	14.8	8.3
外资企业	6.8	126.1	6.6	23.0	16.4
合作开发	2.4	2.6	2.4	0.5	-1.9
三 外商其他投资	2.7	4.1	2.6	0.7	-1.9

【90年代以来外商投资项目的平均规模趋于扩大】

80年代,中国主要以各级政府的名义向国外借款和贷款,因此一般项目少、规模大。随着开放力度的加大,利用外资的项目增多,外资项目的平均规模曾一度缩小,由"六五"期间的325万美元降至1991年的150万美元。但进入90年代以后,随着私人投资规模的迅速增大,外资项目的平均规模又趋于扩大(表7—2)。1996年比1991年增加了1.2倍,其中外商直接投资项目增加了2.2倍。

表7-2　中国利用外资项目平均规模变化

年份	协议项目(个)	协议金额(亿美元)	平均项目规模(万美元)	其中FDI项目(个)	其中FDI金额(亿美元)	其中FDI项目规模(万美元)
1981～1985	5561	180.9	325	5399	113.3	210
1986～1990	23183	634.4	274	22728	240.4	106
1991～1995	230369	4092.6	178	229739	3555.0	155
其中 1991	13086	195.8	150	12978	119.8	92
1992	48858	694.4	142	48764	581.2	119
1993	83595	1232.7	147	83437	1114.4	134
1994	47646	937.6	197	47549	826.8	174
1995	37184	1032.1	278	37011	912.8	247
1996	24673	816.1	331	24556	732.8	298

【外资投向几乎遍及各个行业,但仍以工业和房地产为主】

进入90年代,外资投向开始多元化,并向若干资金技术密集型的基础产业倾斜,如交通、能源和原材料工业等。工业项目的平均规模也由1990年的85万美元上升到223万美元,工业技术含量大为提高,带动了国内相关产品的升级换代。但从1995年利用外资的行业分布看,外资投向仍以工业和房地产为主,分别占60.5%和17.3%,其中私人投资比重更高,分别占67.5%和19.5%。

【中国利用外资的来源地趋于多元化】

1985年中国实际利用外资的国家和地区数为28个,其中利用外资较多的前5位国家或地区占总利用外资额的73%,前10位占77%,前20位占79%。1990年利用外资的国家或地区数为36个,其中前5位、前10位和前20位的相应比重分别为69%、80%和84%,1995年利用外资的国家或地区数猛增到97个(有协议国家或地区数为150个左右),其中前5位、前10位和前20位的相应比重分别为70%、78%和86%,与1985和1990年的结构基本相同。这表明尽管中国利用外资的国家和地区越来越多元化,但利用外资的数额却仍然相对集中于前5个国家和地区(表7—3)。当然,不同时期各具体国家或地区的排名又有所变化。1995年实际在中国大陆投资最多的前10个国家和地区依次为:香港、日本、台湾、美国、新加坡、韩国、英国、法国、加拿大和意大利。

表7—3　中国大陆实际利用外资总额分主要国家和地区排序（%）

绝对量排序	1995年利用外资量 481.3亿美元 国家、地区	累计比重	1990年利用外资量 102.9亿美元 国家、地区	累计比重	1985年利用外资量 44.6亿美元 国家、地区	累计比重
1	香港	42.4	日本	29.4	日本	35.7
2	日本	53.0	香港	52.5	香港	58.4
3	台湾	59.6	美国	58.3	美国	67.0
4	美国	66.1	法国	64.0	德国	70.5
5	新加坡	70.0	英国	69.0	英国	72.7
6	韩国	72.4	德国	72.9	法国	74.5
7	英国	74.5	加拿大	75.2	意大利	75.3
8	法国	76.0	奥地利	77.2	澳大利亚	76.0
9	加拿大	77.3	意大利	78.4	加拿大	76.4
10	意大利	78.4	西班牙	79.5	科威特	76.7

分国家和地区的当年外商直接投资额的来源地集中程度更高,前10位国家或地区的累计比重1985年、1990年和1995年均分别达到90%以上(表7—4),表明国际私人直接投资具有相对的稳定性和连续性。这与跨国公司的投资行为相一致。另外,香港、台湾、澳门和新加坡等4个国家和地区华人资本的直接投资占全球对中国大陆总私人直接投资的份额上升很快。1985年为50%左右,而1990年和1995年分别达到56%和68%。与此相对应,日本、加拿大和法国、意大利、瑞典、比利时等欧洲国家对中国的投资中,却有相当大的部分是采取借贷的形式,一般借贷款额占其总投资额的40~50%左右。

表 7—4 中国大陆实际利用外商直接投资额分主要国家和地区排序（%）

绝对量	1995 年外资直接投资 375.2 亿美元		1990 年外资直接投资 34.9 亿美元		1985 年外资直接投资 19.6 亿美元	
排序	国家(地区)	累计比重	国家(地区)	累计比重	国家(地区)	累计比重
1	香港	53.5	香港	53.9	香港	48.9
2	台湾	61.9	日本	68.3	美国	67.1
3	日本	70.2	美国	81.4	日本	83.2
4	美国	78.4	其他	90.9	英国	86.9
5	新加坡	83.3	德国	92.7	法国	88.5
6	韩国	86.1	新加坡	94.2	德国	89.8
7	英国	88.5	澳门	95.1	意大利	90.8
8	澳门	89.7	澳大利亚	95.8	澳大利亚	91.5
9	德国	90.7	科威特	96.5	新加坡	92.5
10	维尔京群岛	91.6	法国	97.1	加拿大	92.9

中国对外贸易格局

中国的贸易增长及在全球的位次

80 年代、特别是 90 年代以来，是中国对外贸易大发展时期，1995 年出口总额达到 1488 亿美元，列全球第 11 大贸易出口国(图 7—4)。

80 年代以来，中国进出口贸易总额加速增长，远快于世界同期的进出口贸易增长率。1980～1994 年中国的累计增长率为 3960%，而同期世界的相应值为 2024%。1992 年之后，其增长率的差别还有扩大之势。

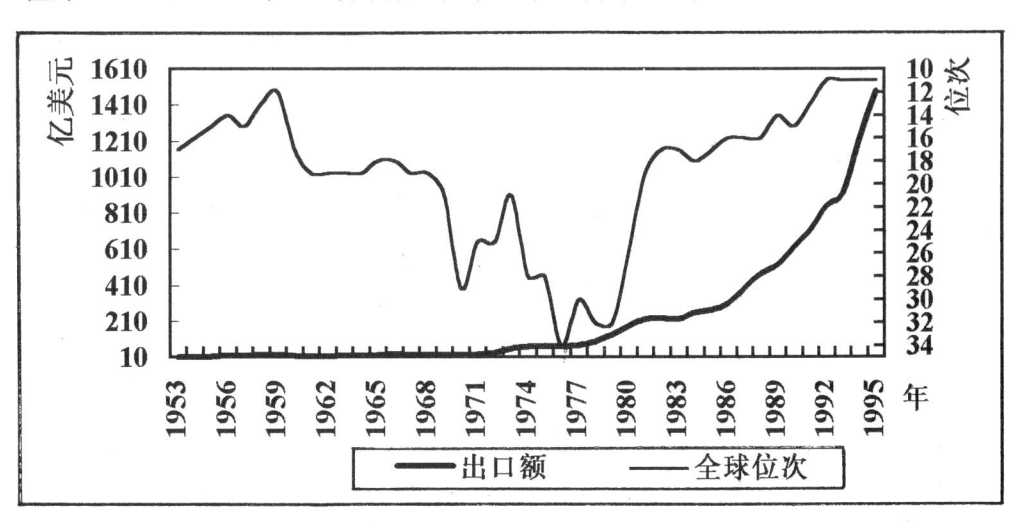

图 7—4 中国出口总额增长及其在全球的位次变化(1953～1995)

进出口商品结构 进入 80 年代以来,中国的进出口产品结构有了显著改善。出口产品中,初级产品的比重持续下降,工业制成品的比重持续上升,1980 年两者的比约为 50:50,1990 年变为 26:74,1996 年则变为 14:86。在进口产品中,初级产品和工业制成品的比重自 90 年代以来变化不大,基本上保持在 18:82 的状况(表 7—5)。

表 7—5 中国若干年份进出口总额及进出口产品构成

年份	进出口额(亿美元) 出口	进出口额(亿美元) 进口	初级产品比重(%) 出口	初级产品比重(%) 进口	工业制成品比重(%) 出口	工业制成品比重(%) 进口
1980	181.2	200.2	50.3	34.8	49.7	65.2
1985	273.5	422.5	50.6	12.4	49.5	87.7
1990	620.9	533.5	25.6	18.3	74.4	81.6
1995	1487.7	1320.8	14.4	18.5	85.6	81.5
1996	1510.7	1388.4	14.5	18.3	85.5	81.7

"八五"期间,中国机电产品的出口增长最快,其出口值占整个出口额的比重,1990 年为 18%左右,到 1995 年即上升到 30%左右,超过了服装和纺织品这一中国传统的最大类出口商品。表明中国 80 年代中期所作出的大力发展机电产品出口的战略已初见成效。也说明,只要发展战略正确,中国就有可能在世界市场上争得自己应有的一席之地。

贸易伙伴 中国对外贸易伙伴,1985 年有 157 个国家和地区,1990 年增至 180 个。随着 1991 年国家实行外贸市场多元化战略,对外贸易的国家和地区数增加更快,1995 年达到 228 个。中国 94%以上的贸易仍发生在亚洲、欧洲和北美洲,1995 年与这三洲的贸易额分别约占中国总贸易额的 61%、18%和 16%。近 10 年来,与亚洲和北美洲的贸易额增加迅速,而与欧洲的贸易却相对有所下降(表 7—6)。

表 7—6 中国对外贸易分大洲构成的变化

项目	进出口总额			出口额		
年份	1995	1990	1985	1995	1990	1985
绝对值(亿美元)	2808.5	851.2	602.5	1487.7	520.7	259.2
地区	构成(%)	构成(%)	构成(%)	构成(%)	构成(%)	构成(%)
亚洲	60.5	57.0	57.2	61.8	65.3	64.2
非洲	1.4	1.1	1.0	1.7	1.3	1.6
欧洲	18.1	20.4	22.2	15.4	16.8	18.0
拉丁美洲	2.2	2.2	3.3	2.1	1.3	2.7
北美洲	16.0	13.5	13.5	17.6	10.0	11.1
大洋洲	1.8	2.1	2.1	1.3	0.9	0.9

中国的出口额的地域构成,近10年来,亚洲和欧洲的比重都有较大下降,表明中国近年来出口贸易确有分散化和多元化趋势,事实上除北美洲的比重增加较快之外,大洋州和非洲占中国出口额的比重近年来也都有了一定的提高。

主要贸易伙伴国(或地区)同利用外资的情形一致,集中度和稳定度都非常高。1985、1990和1995年,位列中国贸易伙伴前3名的均为日本、香港和美国,3国(地区)合计占中国贸易额的比重分别为57%、58%和59%。而在前10名的国家和地区中,3年份均出现的还有德国、新加坡、俄罗斯和英国等4国(表7—7)。从3年份的出口额所占比重上看,集中性和稳定性甚至更高(表7—8)。

表7-7 中国大陆主要贸易伙伴国和地区按所占进出口额比重排序

排序	国家（地区）	1995年比重(%)	国家（地区）	1990年比重(%)	国家（地区）	1985年比重(%)
1	日本	20.5	香港	31.1	日本	27.3
2	美国	14.5	日本	15.2	香港	18.1
3	香港	14.1	美国	11.5	美国	11.7
4	台湾	6.4	德国	4.6	德国	5.6
5	韩国	6.0	俄罗斯	4.6	新加坡	3.8
	前5位小计	61.5		67.0		66.4
6	德国	4.9	新加坡	2.7	俄罗斯	3.1
7	新加坡	2.5	法国	2.2	英国	2.4
8	俄罗斯	1.9	加拿大	2.0	加拿大	1.8
9	意大利	1.8	澳大利亚	1.9	约旦	1.8
10	英国	1.7	英国	1.8	澳大利亚	1.8
	前10位小计	74.3		77.6		77.3

表7-8 中国大陆主要贸易伙伴国和地区按所占出口额比重排序

排序	国家（地区）	1995年比重(%)	国家（地区）	1990年比重(%)	国家（地区）	1985年比重(%)
1	香港	24.2	香港	35.7	香港	22.2
2	日本	19.1	日本	17.0	日本	21.6
3	美国	16.6	美国	9.2	美国	10.2
4	韩国	4.5	俄罗斯	4.1	新加坡	8.1
5	德国	3.8	德国	3.8	约旦	4.1
	前5位小计	68.2		69.9		66.2
6	新加坡	2.4	新加坡	3.6	俄罗斯	3.7
7	荷兰	2.2	意大利	1.4	德国	3.1
8	台湾	2.1	英国	1.4	英国	1.7

(续表)

排序	国家(地区)	1995年比重(%)	国家(地区)	1990年比重(%)	国家(地区)	1985年比重(%)
9	英国	1.9	法国	1.2	巴西	1.6
10	意大利	1.4	荷兰	1.2	瑞士	1.4
前10位小计		78.1		78.6		77.8

外资外贸对中国及各地区经济发展的贡献

【贡献份额】

随着中国进出口贸易的不断扩大，对外贸易在中国国民经济发展中的地位越来越重要，对中国经济总量的贡献日益显著。为了比较自1978年以来，对外贸易对中国国内生产总值(GDP)的贡献份额，我们首先按历年美元对人民币的官方汇率，将贸易额加以换算，然后再计算出各年贸易额占当年中国GDP总量的比重(表7—9)。可以看出，其比重值呈逐年上升趋势。1978年约为10%，1985年上升到23%，1994年更进一步上升至44%。1995年和1996年虽有所回落，但其比重仍分别达到40%和36%左右。从出口额所占比重看，进入90年代以后，中国出口额对GDP的贡献要大于进口额，1990~1996年7年间，除1993年外，每年出口额比重均超过了进口额。

从外资占GDP比重的历年变化分析，也可以看出，利用外资对中国经济发展具有日益重要的作用。1985年外资占GDP的比重为1.5%，1990年上升到3.4%，1996年更上升至6.7%，其比重值比1990年上升了近1倍，比1985年更上升了3.4倍，远快于同期进出口额0.2倍和0.6倍的上升速度。

【相关关系强度】

中国利用外资与对外贸易具有很强的关联性，因此有必要探讨它们之间的关系，以及它们与GDP、全社会固定资产投资等经济变量之间的关系，以确定改革开放以来，外资外贸对中国经济发展的贡献强度。利用GDP、进出口额、出口额、全社会固定资产投资、利用外资额和外商直接投资额等6个变量进行变量之间的线形回归，结果如表7—10。

表7—9 中国进出口贸易额占GDP比重变化(1978~1996)

年份	GDP(亿元)	进出口额(亿美元)	其中出口	100美元对人民币汇率(中间价)	进出口额占GDP比重(%)	其中出口(%)
1978	3624	206	98	171	9.7	4.6
1979	4038	293	137	171	12.4	5.8
1980	4518	381	181	171	14.4	6.8
1981	4862	440	220	171	15.4	7.7
1982	5295	416	223	189	14.9	8.0
1983	5935	436	222	198	14.5	7.4
1984	7171	536	261	233	17.4	8.5
1985	8964	696	274	294	22.8	9.0

(续表)

年份	GDP(亿元)	进出口额(亿美元)	其中出口	100美元对人民币汇率(中间价)	进出口额占GDP比重(%)	其中出口(%)
1986	10202	739	309	345	25.0	10.5
1987	11963	827	394	372	25.7	12.3
1988	14928	1028	475	372	25.6	11.8
1989	16909	1117	525	377	24.9	11.7
1990	18548	1154	621	478	29.8	16.0
1991	21618	1356	718	532	33.4	17.7
1992	26638	1655	849	551	34.3	17.6
1993	34634	1957	917	576	32.6	15.3
1994	46622	2366	1210	862	43.7	22.4
1995	58261	2809	1488	835	40.3	21.3
1996	67795	2899	1511	831	35.6	18.5

表7—10 各变量之间的相关强度

变量	GDP	进出口额	出口额	全社会投资额	利用外资额	直接投资
GDP	1.0					
进出口额	18.8	1.00				
出口额	35.4	1.89	1.00			
全社会投资额	2.6	0.11	0.06	1.0		
利用外资额	86.1	4.62	2.42	37.1	1.00	
直接投资	89.3	5.13	2.73	42.8	1.19	1

从表7—10可以清楚地看出,近20年来,利用外资与中国经济表现具有高度相关关系,其中直接投资的相关强度更大。依回归结果,出口值与GDP值的相关强度为1美元对35元人民币,直接投资与GDP值的相关强度为1美元对89元人民币。由此可见,改革开放以来,外资外贸、尤其是利用外资对中国经济的发展起到了极为重要的作用,对促进和保持中国的经济发展活力尤其作用巨大。

利用外资、对外贸易与中国区域经济发展

各地区利用外资和对外贸易

在循序渐进式的梯度开放政策影响下,近20年来,中国各地区的外向型经济发展已呈现出较大的变化和差异。1988年,中国开始对开放地区实施系统的优惠政策,鼓励在大城市中积极建设"经济技术开发区",培育新的经济增长点。1990年浦东开发区成立,1992年中国又陆续开放了所有沿海、沿边及沿江的重

要城市,以及所有省份的省会城市,至此,中国全方位的对外开放格局已基本形成。

中国开放格局的时间梯度大体上可分为三个阶段,每一阶段对不同地区均产生不同的作用。第一阶段(1979~1984年):广东和福建;第二阶段(1985~1992年):辽宁、河北、天津、北京、山东、江苏、上海、浙江、广西和海南;第三阶段(1992~):其余各省。

为比较地区间外资外贸的变化过程,并消除单一年份可能带来的偶然性,我们采用"六五"、"七五"和"八五"5年间的各地区外资外贸累计值进行分析。由于在时段上,每个五年计划又基本上与开放阶段有较大的重合,因此可以认为,从三个时段的变化上,即可以看出开放政策对各地区外向型经济发展的作用。

15年来,各省区外资外贸的绝对值均有了较快的增长。但三个阶段各省区外资外贸占全国比重是有变化的(表7—11)。

从表7—11可以看出,在第一阶段里,尽管具有开放港口城市的所在省均有了一定量的外资,但广东省却由于开放早、开放地区多和毗邻港澳等众多优势,而占有利用外资的绝对主导地位,其一省利用外资量即占全国总量的62%,福建次之,为7%多,其余较多者为上海和江苏,分别为5%和4.5%。到第二阶段时,由于开放地区扩大,广东和福建的相对比重已分别降为32%和不足4.7%,而此时新开放或开放力度加大的上海、辽宁、北京、天津和江苏等省区则有了迅速提高,其比重均上升到5~15%之间,尤以上海为甚,达14.4%。不过在这一时段里,外资在华的集中程度仍较高,其中外资份额最大的3个省市,广东、上海和辽宁,合计比重已达到55%以上。

1992年全方位开放后,外资在华的地域集中程度进一步下降,其中比重最大的前4个省市,广东、上海、江苏和福建,合计才达到54%左右。但由于在这一阶段,外商直接投资已成为外资来源的绝对主体,因此,倾向于投入到经济发展最具活力的地区。这样私有经济成份较大或经济发展较快的几个省区,利用外资的比重就有明显的上升。如江苏,从1986~1990年的5%上升到1991~1995年的近10%,山东从2%上升到6.7%,福建从4.7%上升到8.4%,而与此相反,国有经济成份比重较大的辽宁、北京和天津同期内却分别从8.7%、5.8%和5.6%下降到4.8%、3.7%和4%。三个阶段私人直接投资的地区分布具有更强的地域集中性,与地区总体经济发展关系更为密切。

因此,随着私人直接投资比重的进一步提高,未来各省区吸引外资的强度将取决于经济发展的总环境,而不仅仅是一些优惠政策。

如果说利用外资量的大小可以在很大程度上反映一个地区的投资环境,那末进出口量的大小则直接反映了地区经济发展的现有状况。表7—11说明外资对地区外贸的发展作用显著。广东、福建作为第一阶段开放政策的最早受益者,进出口贸易额占全国总量的比重一直呈迅速上升势头,而浙江、江苏和山东等第二阶段受益者,在外资比重提高的情况下,其进出口额在全国的比重近年来亦有较快的增长。

为进一步比较三个阶段各省区外资外贸比重的动态演变,我们按先升后降、先降后升、一直上升和一直下降4种过程将各省区分为4类,并试图归纳它们的共同特征。所得结果列于表7—12。

表7-11 各省区外资外贸占全国比重变化(1981~1995年)（%）

地区	1981~1985年外资额	1986~1990年外资额	1991~1995年外资额	1995与1986年差值	1981~1985年直投	1986~1990年直投	1991~1995年直投	1981~1985年进出口	1986~1990年进出口	1991~1995年进出口	1981~1985年出口	1986~1990年出口	1991~1995年出口
北　京		5.77	3.74	3.74		10.49	3.58	3.21	2.97	2.02	3.05	2.87	1.59
天　津	2.61	5.63	3.96	1.36	2.86	2.52	2.96	6.51	4.28	2.30	6.70	4.45	2.33
河　北	0.48	0.44	1.80	1.32	0.25	0.85	1.67	4.02	3.43	1.80	4.40	4.19	2.41
山　西	0.04	0.27	0.78	0.73	0.02	0.17	0.20	0.65	0.91	0.61	0.47	1.04	0.80
内蒙古		0.06	0.20	0.20		0.00		0.44	0.76	0.67	0.39	0.76	0.62
辽　宁	1.77	8.72	4.79	3.02	1.04	4.79	4.19	19.41	9.80	5.88	22.34	11.68	7.24
吉　林	0.17	0.69	1.56	1.39		0.24	0.91	1.23	1.63	1.70	1.09	1.66	1.61
黑龙江	2.86	1.58	1.10	-1.76	0.11	1.03	0.99	1.36	2.44	1.96	1.32	2.52	1.96
上　海	4.99	14.44	10.06	5.07	4.92	11.19	8.92	17.44	13.91	8.84	17.80	12.75	8.77
江　苏	4.53	5.03	9.85	5.32	0.54	3.57	11.85	6.23	6.17	6.64	6.63	6.50	3.63
浙　江	2.76	2.65	3.04	0.29	0.86	1.51	3.33	3.07	4.03	4.64	3.29	4.65	5.64
安　徽	0.45	1.11	1.24	0.78	0.07	0.27	1.02	1.00	1.34	1.00	0.94	1.50	1.16
福　建	7.15	4.66	8.40	1.25	8.37	7.57	11.05	2.93	4.12	6.60	2.06	3.78	6.65
江　西	0.30	0.59	1.00	0.70	0.27	0.23	0.76	0.97	1.09	0.78	1.05	1.28	1.04
山　东	1.17	1.90	6.66	5.49	0.28	1.71	6.94	5.16	4.57	4.85	5.69	5.06	6.07
河　南	0.47	0.77	1.88	1.41	0.26	1.13	1.21	1.32	1.69	1.30	1.48	1.99	1.55
湖　北		1.88	2.15	2.15		0.76	1.75	2.01	2.37	1.72	2.07	2.73	1.88
湖　南	1.39	1.42	1.80	0.40	0.97	0.33	1.22	1.94	1.65	1.54	1.93	1.82	1.76
广　东	61.74	32.28	26.26	-35.49	75.22	41.95	28.28	15.46	23.84	37.01	12.31	20.16	35.20
广　西	1.93	1.66	2.09	0.16	0.75	1.70	2.24	1.77	1.57	1.41	1.73	1.59	1.55
海　南	1.23	1.77	3.07	1.85	1.66	3.18	3.14	0.17	1.23	1.43	0.20	0.72	0.93
四　川	1.25	3.45	1.46	0.21	0.38	0.76	1.97	1.03	2.24	2.01	0.85	2.33	2.06
贵　州	0.33	0.26	0.17	-0.15	0.07	0.16	0.17	0.21	0.31	0.29	0.16	0.31	0.32
云　南	0.04	0.13	0.61	0.57	0.07	0.19	0.48	0.76	1.25	0.90	0.67	1.18	0.94
西　藏								0.07	0.05	0.08	0.02	0.04	0.03
陕　西	0.77	1.83	1.04	0.26	0.63	3.17	0.76	0.41	0.90	0.91	0.33	0.92	1.06
甘　肃	0.56	0.11	0.13	-0.42	0.15	0.13	0.17	0.27	0.35	0.30	0.25	0.40	0.36
青　海			0.01	0.01			0.02	0.05	0.12	0.08	0.06	0.13	0.12
宁　夏		0.07	0.12	0.12		0.02	0.08	0.19	0.18	0.11	0.18	0.19	0.15
新　疆	1.02	0.84	1.03	0.02	0.25	0.37	0.16	0.68	0.78	0.62	0.57	0.80	0.58
全　国	100.00	100.00	100.00		100.00	100.00	100.00	100.00	100.00	100.00	100.00	100.00	100.00
东　部	90.34	84.95	83.72	-6.62	96.75	91.03	88.14	85.40	79.93	83.42	86.18	78.41	82.00
中　部	5.69	8.36	11.70	6.00	1.71	4.16	8.05	10.93	13.90	11.28	10.74	15.30	12.39
西　部	3.97	6.69	4.58	0.61	1.54	4.81	3.81	3.67	6.17	5.30	3.08	6.30	5.61

表 7—12　各省区市外资外贸比重变化及原因分析

变化类型	省区市：按利用外资总量比重划分
先升后降	(北京、天津、上海)这类省区市处于经济结构转型时期，开始对外资有选择地利用，同时又面临周围地区的不公平竞争；(辽宁、吉林、四川、陕西)这类省区市国有企业比重较高，对外资的吸引力有负面影响
先降后升	(浙江、福建)这类省区市经济结构已经过一定时期的调整，对外资有新的吸引力；(广西、甘肃、新疆)这类省区市随资源等的开发，正在成为吸引外资新的热点
一直上升	(江苏、山东、海南)这类省区市始终保持着较强的经济发展活力，对外资吸引力大；(山西、安徽、江西、河南、湖北、湖南、内蒙古、云南、青海、宁夏)这类省区市均具有各自的特别优势，正处在利用外资的积累阶段，是未来跨国公司进军中国市场的后备目标
一直下降	(广东)利用外资总量已具一定规模，处在经济转型阶段，对外资开始有所选择；(河北、黑龙江、贵州)这类省区市城市经济发展活力不足，投资环境欠佳
变化类型	省区市：按进出口额比重划分
先升后降	(山西、内蒙古、黑龙江、安徽、江西、河南、湖北、四川、贵州、云南、甘肃、青海、新疆)吸引外资尚处在起步阶段，原有的产品或不适应市场、或面临新的竞争
先降后升	(江苏、山东)随吸引外资增加，产品更新换代，有利出口，或外资企业进口量增加；(西藏)特殊类型
一直上升	(吉林、浙江、福建、广东、海南、陕西)外向型经济已趋于成熟，原料市场两头在外，或拥有特色产品
一直下降	(北京、天津、河北、辽宁、上海、湖南、广西、宁夏)传统产品面临竞争，或产品需求市场缩小，或外资企业以国内市场为主，外向性不强

外资外贸对各地区 GDP 的贡献

　　一个地区的外资外贸在全国的相对地位可能并不高，但却对该地区的经济发展有可能起到举足轻重的作用，为此我们分析了各省区外资和进出口规模占其 GDP 的比重变化。结果列于表 7—13。

　　* 外资外贸对地区经济发展越来越重要，占 GDP 的份额持续上升。表明自开放以来，各省利用外资和进出口额的外向型经济增长均超过了各自省区其他经济部门的增长，其中外资所占 GDP 的比重增长更为显著，1985～1995 年 10 年间平均增长了 12 倍。

表7-13 中国各省区市外资及进出口规模占GDP比重变化（%）

地区	外资占GDP比重				进出口额占GDP比重			
	1980	1985	1990	1995	1980	1985	1990	1995
北京			3.88	11.83	8.2	11.1	16.7	26.3
天津	0.03	1.26	5.14	19.15	30.2	24.9	34.0	59.4
河北		0.11	0.24	3.18	4.9	10.5	10.4	11.6
山西		0.02	0.42	2.46	0.2	4.6	5.8	10.5
内蒙古			0.16	1.30	1.1	3.3	7.2	13.8
辽宁	0.02	0.24	3.54	5.70	24.7	30.6	28.4	32.9
吉林		0.07	0.68	6.67	1.9	8.1	10.7	20.1
黑龙江		0.14	0.79	3.11	1.0	4.2	10.0	14.2
上海		0.73	4.93	17.96	24.7	26.3	47.0	64.6
江苏		0.42	1.48	8.56	5.1	8.4	12.5	27.2
浙江		0.44	0.86	3.65	2.5	7.7	13.6	27.3
安徽		0.17	0.37	3.20	0.5	3.8	5.4	9.6
福建	0.12	2.60	3.47	16.00	9.9	16.4	29.0	56.8
江西		0.14	0.57	3.14	1.6	4.5	7.0	11.5
山东	0.05	0.28	0.98	5.45	11.0	13.2	13.3	21.9
河南		0.08	0.06	2.86	1.5	2.9	5.1	7.5
湖北			0.98	3.87	2.3	5.1	6.9	12.9
湖南		0.34	1.54	3.34	2.9	4.4	6.0	11.1
广东	1.02	4.89	6.57	18.77	17.8	28.6	53.0	145.6
广西		0.73	0.64	5.01	6.6	8.5	9.6	16.7
海南	0.02	1.80	8.85	33.36	0.0	0.0	43.7	52.0
四川		0.19	1.34	1.46	0.4	2.5	5.5	10.2
贵州		0.31	0.55	1.28	0.9	1.6	4.0	8.4
云南		0.03	0.12	2.39	2.6	4.5	7.9	14.7
西藏					3.4	3.0	5.2	9.7
陕西		0.22	0.67	4.55	0.0	2.6	7.4	14.5
甘肃	0.02	0.11	0.09	1.11	0.9	2.4	4.0	8.1
青海				0.40	0.4	1.9	4.8	8.2
宁夏			0.99	2.72	5.0	5.2	6.3	13.7
新疆	0.02	0.14	1.33	5.47	1.0	7.6	7.2	14.3
全国	0.07	0.62	1.87	7.22	7.7	10.9	16.4	33.9
东部	0.12	1.06	2.86	10.22	13.5	17.1	24.8	49.8
中部		0.12	0.65	3.36	1.5	4.4	6.9	11.6
西部		0.16	0.84	2.35	0.9	3.1	6.0	11.6

* 目前东部地区外资外贸占 GDP 的比重平均分别比中、西部地区高 3 倍左右,但近 10 年来,中、西部外资外贸比重的增加速度却远快于东部。1985～1995 年,东部外资占 GDP 的比重提高了 10 倍,而中部提高了近 30 倍。同期,东部外贸占 GDP 的比重提高了不足 3 倍,而西部地区却增加了近 4 倍。

* 各省区市外资占 GDP 的比重与外贸占 GDP 的比重具有高度正相关性。

* 1995 年外资占 GDP 比重高于 10% 的省区市依次为海南(33%)、天津(19%)、广东(19%)、上海(18%)、福建(16%)和北京(12%),全部为第一阶段和第二阶段开放较早的省区市。

* 1995 年,广东的进出口额占 GDP 比重已达到 146%,已成为完全的外贸导向型的经济结构类型。其他比重高于 50% 的省区市依次还有上海(65%)、天津(59%)、福建(57%)、海南(52%)。

外资与各地区 GDP 的相关关系分析

邓宁根据对国际投资分布的研究得出结论,认为一个国家吸引外资量的大小取决于它的经济发展水平,与其人均 GDP 呈正相关。我们对中国近 20 年的资料分析,亦得出了利用外资量与 GDP 增长高度正相关的类似结论。为进一步检验邓宁的研究结论,我们又对各省区市利用外资量(FC)与其 GDP 的值进行了相关分析。对 1990 年、1995 年和 1996 年的资料进行回归,得出下列线性方程:

1990 年:$FC = -11684 + 0.0274 GDP$ ($R = 0.57$, $S = 34208$, $F = 12$)

1995 年:$FC = -57694 + 0.0966 GDP$ ($R = 0.69$, $S = 182397$, $F = 24$)

1996 年:$FC = -73387 + 0.0773 GDP$ ($R = 0.66$, $S = 180790$, $F = 21$)

从所得方程来看,相关系数 R 值不算很高,但均通过了 F 检验,说明这种相关性仍然是存在的。这就是说,一个地区吸引外资多少与其总体经济发展有很大关系。按 1996 年的回归结果,可以认为,就中国各省区市的平均状况而言,大体上 GDP 每增加 10000 元,吸引外资量相应增加 770 元左右。

这种关系的存在同时也说明,一个地区能否持续吸引外资,关键在于该地区的经济发展水平、市场潜力、经济发展活力等,因此那种认为改革开放以来东部地区外向型经济的发展主要得益于各种优惠政策的观点并不一定正确,优惠政策促进了对吸引外资的启动,而保持对外资的持续吸引力却仍然有赖于地区的经济发展活力等其他因素。

主要投资国(地区)的投资地区偏好分析

中国的外资来源地相对高度集中,因而各省区市的外资来源地结构总体上也与全国的结构相类似,但对某一个主要投资国来说,其在地域上的投资却存在着一定的集中性和与其它投资国的互补性,具有自己相对较强的地域空间范围。因此,有必要分析主要投资国的地区偏好,以把握未来各省区外向型经济发展的动向及可能的经济结构演变。

为此,我们首先根据历年来全国利用外资来源地的构成,挑选出 10 个对中国大陆主要投资国或地区。它们分别是香港、日本、新加坡、美国、英国、韩国、德国、澳大利亚、加拿大和法国。它们合计每年投资额均占到中国利用外资总额的 80% 以上,1995 年为 86.4%。这些投资国(地区)大多是目前全球大型跨国公司的所在地,经济发展水平高,因此其对外投资行为具有稳定性和长期性,对中国未来地区经济发展能产生深远的影响。

其次我们选择1996年各主要投资国(地区)与各省区市的协议投资额数据进行分析。协议投资额能更好地反映出外资的地区投资偏好,一定程度上反映外资对一个地区未来发展潜力的预估。

之后,我们又计算了各主要投资国(地区)的投资区位商。计算结果列于表7—14。其中区位商大于1的,我们即认为有投资偏好,其值越大,表明偏好性越明显。按区位商大小排序,各国(地区)在华投资的地区偏好依次为:

香港:广东(1.69)、河南(1.3)、宁夏(1.26)、甘肃(1.22)、福建(1.19)、江西(1.14)、广西(1.07)

日本:辽宁(2.39)、宁夏(2.33)、江苏(1.43)、河北(1.17)、甘肃(1.16)、上海(1.03)

新加坡:海南(7.86)、江苏(1.88)、广西(1.64)、湖南(1.05)

美国:北京(1.55)、山东(1.51)、吉林(1.31)、宁夏(1.27)、江苏(1.21)、浙江(1.04)

英国:内蒙古(5.04)、河北(2.48)、上海(2.07)、广西(1.65)、北京(1.43)、四川(1.11)

韩国:山东(4.1)、辽宁(3.96)、吉林(2.83)、河北(1.46)、天津(1.37)

德国:北京(1.74)、上海(1.48)、广西(1.47)、河北(1.30)、吉林(1.08)

澳大利亚:湖南(17.24)、上海(2.17)、内蒙古(1.17)

加拿大:河北(3.88)、内蒙古(3.27)、北京(2.88)、湖南(2.35)、吉林(1.9)、广西(1.29)、四川(1.13)、天津(1.06)、海南(1.05)

法国:内蒙古(3.19)、北京(1.77)

投资区位商在一定程度上可以反映主要投资国(地区)对中国地区市场的争夺。如果一个国家跨国公司的资本肯以较集中的方式投向某些特定的地区,则可能对那些地区的前景看好,要么想主导那些地区的外向型经济,要么想争取到那些地区一定的市场份额。因此即使该国对某一地区的投资额从绝对量上来说仍然不算很大,但只要它投向该地区的资本占自己整个投资的比重比别国相应的比重为高,则仍可以认为它有投石问路、开拓新市场或争先占领市场一席之地的可能性。

对投资国来说,这一特定地区对它的相对重要性更大,因为相比较别国来说,它冒的风险比重更大。从这个意义上看,在中国,各主要投资国(地区)确实存在着较明显的地区偏好。其中对中国沿海地区而言,香港投资的相对重要地域范围仍在广东、广西、福建等毗邻地区;日本的投资偏集于辽东半岛和长江三角洲地区;韩国的投资偏集于山东半岛和东北地区;欧美和澳大利亚的投资重在华北和长江三角洲地区;新加坡重在江苏和海南。

值得指出的是,从投资区位商上来看,中部地区的吉林、湖南、河南和江西等省以及西南地区的四川省,有可能成为未来外资新的投资热点区,这些省目前吸引外资的量已初具规模,1995年,协议利用外资额分别为17.6亿美元、13.8亿美元、9.2亿美元、6.8亿美元和16.3亿美元,又加上主要投资国的相对集中投资,其经济发展的速度有可能加快。

表 7—14 1996 年中国主要外资投资国(地区)对中国各省区市的投资区位商

地区	香港	日本	新加坡	美国	英国	韩国	德国	澳大利亚	加拿大	法国
北 京	0.85	0.62	0.58	**1.55**	**1.43**	0.80	**1.74**		**2.88**	**1.77**
天 津	0.27	0.43	0.16	0.76	0.39	**1.37**	0.30	0.19	**1.06**	
河 北	0.75	**1.17**	0.57	0.90	**2.48**	**1.46**	**1.30**		**3.88**	
山 西	0.18	0.18	0.11	0.47			0.30	0.44		
内蒙古	0.71	0.62		0.39	**5.04**			**1.17**	**3.27**	**3.19**
辽 宁	0.62	**2.39**	0.43	0.87		**3.96**				
吉 林	0.31	0.20		**1.31**	0.61	**2.83**	**1.08**		**1.90**	
黑龙江	(缺资料)									
上 海	0.29	**1.03**	0.92	0.87	**2.07**	0.94	**1.48**	**2.17**		
江 苏	0.64	**1.43**	**1.88**	**1.21**						
浙 江	0.86	0.85	0.34	**1.04**		0.20	0.47	0.17		0.75
安 徽	(缺资料)									
福 建	**1.19**		0.73	0.32	0.48				0.18	0.33
江 西	**1.14**	0.48	0.90	0.72						
山 东	0.68	0.96		**1.51**		**4.10**				
河 南	**1.30**	0.28	0.40	0.88						
湖 北	(缺资料)									
湖 南	0.98	0.38	**1.05**	0.33				**17.24**	**2.35**	
广 东	**1.69**	0.29	0.51	0.44	0.55					
广 西	**1.07**	0.17	**1.64**	0.15	**1.65**		**1.47**		**1.29**	
海 南	0.26	0.19	**7.86**	0.48	0.27	0.44			**1.05**	
四 川	0.67	0.80	0.38	0.93	**1.11**	0.69		1.14	**1.13**	
贵 州	0.72	0.11		0.41					0.98	
云 南	0.59		0.45	0.34						
西 藏	0.61									
陕 西	0.52	0.30	0.28	0.52						
甘 肃	**1.22**	**1.16**								
青 海	0.83			0.93						
宁 夏	**1.26**	**2.33**	0.80	**1.27**						
新 疆	0.18									
全 国	1.00	1.00	1.00	1.00	1.00	1.00	1.00	1.00	1.00	1.00

外资在地区投资上的行业分布

1995 年,外资在华的协议投资项目为 37011 个,协议金额 913 亿美元,平均每个项目的协议投资规模为 247 万美元。从项目个数的构成看,仍以工业、房地产和商业为主,分别占总数的 75%、8.9%和 5%,但由于行业的平均投资规模差别很大,因此从金额构成看,三个行业所占比重分别变为 67.5%、19.5%和 3.8%。从行业平均投资规模看,交通业项目最大,为 633 万美元,房地产次之，为544万美元，其他行业均低于总平均规模，其中工业项目略高，为223万美元。由此可以看出：(1) 外资近年来已开始向中国交通、通讯等基础设施领域较大规模投入；(2) 房地产仍是外资投资的一个热点，而且平均规模较大；(3) 相比之下，工业项目的平均规模偏小，说明外资投资中，大型项目的比重仍然较低，技术构成有待提高。

外资在地区投资上的行业分布从一定程度上可以看出外资在地区上的投资重点或地区投资战略。根据1995年外资与各省签订的分行业协议项目情况，我们计算了各省的平均投资规模以及各省分行业比重与全国分行业比重的比值（分行业区位商），结果列于表7—15。由表可以看出：

* 外资大型项目仍主要倾向于集中在上海、江苏、广东、福建、海南等开放较早或近年来外向型经济发展较快的地区，它们的平均投资规模均在300万美元以上，比全国平均值高出20%以上；

* 从分行业的投资项目看，农业属明显的资源导向型，其区位商大于1以上的省从北到南分别为新疆、内蒙古、辽宁、吉林、山东、福建、广西、云南和海南，这些省均具有值得产业性开发的特色农业经济，或畜产品、或海产品、或山货、或亚热带农产品等，这类型地区在吸引特定外资上具有某些垄断性；

* 从工业的分省区位商看，其差值并不明显，表明各省的工业项目所占比重与全国的平均状况相类似，其中区位商略大于1的省有：河北、山西、山东、河南、广东和新疆；

* 从建筑业区位商看，有15个省的值均大于1，表明外商对未来许多省的基本建设情况持乐观态度，一类省是像福建、上海、江苏、山东、海南等，基本建设经济会继续加快，一类是近年来经济发展趋于活跃的省，如广西、河南、江西、辽宁、吉林等；

* 从交通通讯区位商看，除广东、广西两个沿海省份具有较高值以外，其余相对获得较多项目份额的还有山西、湖南、四川、贵州和陕西等；

* 从商业区位商看，天津获得突出高的份额，这也许说明天津自古作为中国北方商贸业中心的地位正在受到外资的认可；

* 从房地产区位商看，北京、上海、福建、海南、广西均较高，这些省区市自80年代末以来一直是中国房地产业较活跃的地区。另外，区位商大于1的省区市还有西南各省、湖南、内蒙古等。

表7—15 外资在各地区平均投资规模及分行业区位商

地区	协议金额(亿美元)	协议总个数(个)	项目平均规模(万美元)	各省分行业比重与全国分行业比重比值					
				农业	工业	建筑业	交通	商业	房地产
北京	27.4	1552	176.2	0.53	**1.00**	0.25	0.27	**1.10**	**1.35**
天津	38.5	1389	277.2	0.18	0.80		0.70	**6.35**	0.41
河北	22.5	1263	178.2	0.62	**1.16**	0.78	0.66	0.14	0.38
山西	2.3	178	128.1		**1.04**	**1.10**	**5.44**		0.38
内蒙古	1.5	162	91.4	**1.52**	0.99	**2.90**	0.85		**1.60**

(续表)

地区	协议金额(亿美元)	协议总个数(个)	项目平均规模(万美元)	各省分行业比重与全国分行业比重比值					
				农业	工业	建筑业	交通	商业	房地产
辽 宁	40.0	2406	165.0	1.81	0.90	2.05			0.21
吉 林	8.6	667	128.5	1.60	0.90	2.35		0.72	0.44
黑龙江	9.9	844	117.1		1.00				
上 海	105.4	2845	370.5	0.19	0.84	1.42	0.83	0.93	1.59
江 苏	124.1	4086	303.7		0.64	1.15		0.57	
浙 江	32.5	1836	177.0		0.74				0.23
安 徽	4.8	753	64.1	缺资料					
福 建	89.1	2728	326.5	2.49	0.97	0.42	0.76	0.95	1.51
江 西	5.4	522	103.4		0.59	3.53		1.80	0.63
山 东	46.3	2709	170.7	1.41	1.08	1.39	0.97	0.97	0.67
河 南	9.2	805	113.8	0.46	1.04	1.95	0.34	0.45	1.22
湖 北	10.9	881	123.5	缺资料					
湖 南	13.6	574	236.1	0.86	0.88	0.61	1.44	0.56	2.99
广 东	248.3	8177	303.7	0.95	1.07	0.56	1.47	1.13	0.75
广 西	10.4	571	182.5	1.22	0.90	1.58	2.42	0.21	2.10
海 南	27.8	389	714.9	5.16	0.32	4.43		0.05	4.15
四 川	12.1	826	146.1	0.79	0.91	1.61	1.17	0.63	1.86
贵 州	0.9	103	83.5	0.80	0.79	4.19	2.68	0.19	2.52
云 南	3.7	269	139.0	1.98	0.78			0.07	2.81
陕 西	4.2	272	152.6	0.60	0.99	1.01	1.02	0.44	0.41
甘 肃	2.0	156	128.2		0.70	6.03		1.92	
青 海	0.2	28	85.7	缺资料					
宁 夏	0.3	42	69.1	缺资料					
新 疆	0.9	114	79.8	1.08	1.04				
全 国	912.8	37011	246.6	1.00	1.00	1.00	1.00	1.00	1.00

利用外资及外向型经济发展战略

外商投资动机和目的分析

外商投资的目的可归为四类:

1. 资源寻求型:其投资区位选择余地有限,主要动机是开发国际国内新市场,确保一定时期的垄断优势;保持已有的市场份额或挤占其他公司的市场;保证母公司的原料供应等。对可再生资源的利用和开发,如特定的农产品、海产品和医药原料等,外商的投资可以是长期性的和战略性的。

2. 低成本寻求型:多为出口导向型经济。一般外商企业已拥有相应的国际市场和成熟的生产技术,因此为了保持更大的市场竞争力和获取更高的利润,公司即会寻求生产成本低廉的地区予以投资,如土地和劳动力低廉的地区。

3. 当地市场寻求型:多为进口替代型经济。这种类型的投资一般具有长期性,在区位选择上也更为复杂,是跨国公司全球战略的一部分,其主要目的是抢占当地的市场份额,从中获取长期利润。

4. 长期利润回报寻求型:主要为基础设施部门的投资。这种投资一般量大、建设周期长、资本回收期长,常常需要跨国公司联手才能实施,因此其投资的主要动机是从长远目标出发,寻求长期的利润回报。目前全球这类投资的方式主要有4种,即私有化(跨国公司拥有部分产权)、Build-Operate-Transfer(由承建公司建设、经营,之后将产权转让政府)、Build-Own-Operate(由承建公司建设,并永远拥有产权和经营权)、Build-Transfer-Operate(由承建公司建设,然后将产权转让政府,之后再经营)。这种投资对东道主国的政治经济稳定十分关注。

在外来投资中,各主要投资国(地区)的投资动机和目的也存在着较明显的差别,以下分别加以论述。

* 港澳资本:为中国内地近20年来最主要的投资来源地,其特点是以中小企业和一般加工型工业为主,大多数产品,如玩具、服装、手表等在国际市场已占有很大的份额。但随着本地生产成本的上升,产品销售遇到强大的市场压力,企业的利润率降低,急需进行产业结构调整,因此港澳资本多为贸易加工型,主要以降低生产成本和追求快速高额利润为其目的。1996年对香港企业赴大陆投资的主要动机调查也显示,降低生产成本确是香港资本投资大陆的第一目的,而进入中国市场则是第二位的(表7—16)。在所调查的62个企业中,有46个企业把降低生产成本作为了他们的第一选择。另外,从首次建厂的区位选择因素看,前4个最重要因子,即靠近香港、廉价劳动力、良好的交通设施和适宜的政策,也全都与降低生产成本有关。在这一投资目的支配下,广东自然就成为港资的最主要投入地,其结果,广东的经济也就成为明显的出口导向型,在空间上也就形成了"前店后厂"式的经济布局形态。

* 台湾资本:目前来大陆资本仍以中小企业占绝对多数,而大型骨干企业和跨国公司投资项目极少。据统计,有一半以上的投资项目在50万美元以下,500万美元以上的项目只占5.6%。因此,台湾企业家在大陆投资更趋于谋求短期效益,在经济类型上,既有以出口为主要目标的企业,如鞋、精密仪器等,也有以占领大陆市场为主的企业,如食品、家用电器等。

表7—17说明,台商对大陆的投资规模平均为182万美元,而投向欧洲、东南亚和马来西亚的规模却分别为631万美元、424万美元和634万美元。

* 日本资本:日本在华投资多来源于大型跨国公司,目前其最大的20家工业公司,已有17家在中国有投资,但与欧美比较,一是主要集中于电气机械行业和汽车零部件制造业,二是投资规模偏小,三是投资比较分散,没有明确合作领域。以汽车工业为例,在整车生产项目上,日本的平均项目规模为1200万美元,而德、法分别为7000万美元和5800万美元,在零部件生产项目中,日本的平均投资规模更小,只有220万美元,列其他发达国家之末。

表7-16　香港赴大陆投资的主要动机及首次建厂开业的区位选择因素

主要动机	第一项选择企业数	第二项选择企业数	第三项选择企业数	加权后总得分
降低生产成本	46	6	1	461
进入大陆市场	8	25	5	292
支持大陆现代化	2	7	21	209
服务家乡建设	5	3	9	153
其他	1	0	0	9
新建第一个企业区位选择因素重要性排序				
靠近香港	29	11	2	551
廉价劳动力	15	10	9	466
良好的交通设施	9	14	13	444
适宜的政策	6	10	7	336
合适的地理位置	7	6	3	272
个人关系	10	2	2	262
文化习俗相近	5	4	7	238
其他	2	0	1	35

资料来源：根据李小建问卷调查结果整理

表7-17　台湾对外投资项目平均规模国际比较　（单位：万美元）

地区	平均规模	地区	平均规模	地区	平均规模
欧洲	631	大陆	182	菲律宾	339
东南亚	424	马来西亚	634	印度尼西亚	332
美洲	414	越南	470	泰国	288

资料来源：《经济前瞻》杂志1995(台)

但是，日本却是中国目前最大的汽车贸易伙伴。直接贸易是日本占领中国汽车市场的主要手段。随着1993年以来日元的不断升值，日本已开始加强了对海外投资的力度，根据电气行业和汽车行业1995~2004年的近中期规划，日本已将中国列为最佳投资东道国。日本电气行业对外投资的首要目的是维持和扩大市场份额，并逐步把标准化产品生产转移到海外基地，而在本土生产高附加值产品。汽车零部件行业的首要目的则是维持或扩大市场份额，并通过使用东道国的廉价劳动力向其他地区或本土的加工装配厂提供低成本的零部件。

＊美国资本：与日本资本不同，美国在华的投资几乎涉及到所有经济领域，从海洋石油勘探、飞机零部件制造、电子电讯、生物工程、机电制造，一直到快餐饮料、各种服务业等。美国在其他国家海外投资多采取企业兼并或收购的方式，而在中国却以"绿地投资"为主，大多采用与中国企业合资经营的方式。美国在华投资的目的一定程度上受政治因素的影响，但主要仍以

打入中国市场为其根本。正像美国《商业周刊》中国特刊所指出:"人们已不再只是谈论潜在中国市场,实际上中国市场已经到来",摩托罗拉公司负责人更明确表示:"21世纪的市场将在中国,商场如战场…"。国际货币基金组织的报告也指出:"中国吸引外国直接投资的主要因素是能进入中国巨大的国内市场,而不是低成本生产基地"。正是基于抢占中国市场这一明确的投资目的,美国在华企业的生产产品基本上均销往中国市场,出口率很低。根据1992年对北京地区美资企业的调查,可以看出,美资企业的出口外销率大大低于其他外资企业,只及其他外资企业的1/3(表7—18),由此可见一斑。

表7—18　北京地区美资企业调查情况(1992)

	开业户数(个)	总产值(现价,亿元)	销售/营业收入(亿元)	其中出口(万美元)	人均出口(美元)	人均实现利润(元)	人均上缴财政收入(万元)
各国三资企业总数	942	115.2	132.3	20797.3	1500	4200	1.32
美商投资企业	129	44.7	47.0	1547.5	600	10600	3.87
美资所占比重(%)	13.7	38.8	35.5	7.4	33.0	252.4	297.7

应当指出,境外资本在努力实现自己目标的同时,也带给中国大量的"创造性资产",包括资金、技术、研究开发能力、组织管理技能、人力资源开发和国际市场网络等,有助于中国现代企业制度和市场竞争机制的确立以及提高经济的国际竞争力。

<目前中国发展外向型经济面临的几大障碍>

* 各自为政,国内市场不统一,导致地方保护主义和"诸侯经济"盛行。主要表现在:重复引进外资项目,既浪费资金,又影响主导产业发展;为争取外引项目竞相提供优惠,妨害了优势地区的形成;为推销外贸产品竞相压价,损害国家整体利益;实行地方保护,阻碍了优胜劣汰的企业兼并过程和产品升级换代。

* 技术开发不足,影响出口后劲。尽管目前出口产品中,工业制成品比重不断上升,但主要仍以粗加工和浅加工制成品为主,技术含量有限,面临其他国家的竞争压力。在高新技术的开发上,投入不足,并忽略了对军工技术的有效利用和开发。对美国高新技术产业区的研究显示,军工技术的民用开发是许多高技术区发展的重要支撑。

* 若干涉外法律法规与国际不接轨,影响了投资环境。建立一整套完善的法律法规体系,对促进利用外资和外向型经济发展至关重要,目前中国已制订出许多有关这方面的法规,但仍然适应不了快速变化的市场需求,在诸如借款、纳税等经济立法上,仍与国际金融方面的有关法律法规不相接轨,加大了他们的心理不平衡感,而同时又使一些不法外商有机可乘。

* 培养跨国型商贸人才不足,对国际流通市场重视不够。目前中国尚缺少培养综合性跨国型商贸人才的基地,现有的经贸院校仍只适合于培养单向型的经贸人才,越来越满足不了大量国际贸易所需的综合型人才。在对国际市场的开拓上,过于注重直接的对外贸易,而忽视了流通市场,使对外贸易的经济效益大为降低。按杜念申估算,中国现在每年对美的贸易额为

200亿美元左右,外贸部门的净利润不足10亿美元,但若中国能在美建立自己的销售网,将产品直接推销到商场,则中国就可以在不增加外贸额的情况下从美国再多赚到200亿美元的中间价,扣除所有的经销成本,还可以至少净赚100亿美元,比原来的利润高出10倍!同时又能慢慢通过自己的销售网不断提高产品的市场占有率。

> 中国外向型经济发展未来应采取的战略

在国际竞争中中国最终的制衡力量在市场。根据国际经验,中国未来外向型经济的发展战略,主要是寻求与跨国公司打交道的战略对策。为此我们先比较双方的优劣势(表7—19)。通过比较,可以看出,中国最终的制衡力量在市场,跨国公司的最终制衡力量在高新技术。双赢的局面在于找到市场和技术交换的平衡点。目前,跨国公司的若干产品在中国已占有相当市场份额,根据调查,洗涤行业的市场占有率为35%、化妆品36%、香皂40%、医药13%、啤酒20%、轿车68%、电梯70%、彩色显像管65%、程控交换机90%。

表7—19 中国与跨国公司在经济领域的优劣势比较

	优势	劣势
中国	社会政治稳定、市场潜力大、劳动力廉价且素质较高、自然资源较丰富、文化包容性强	资金技术不足、行政效率较低、社会服务体系不完善、法律不健全、与亚洲其他国家存在竞争
跨国公司	技术先进、资金充足、管理完善	市场是生命线、与其他跨国公司竞争

【战略思想】

制订中国外向型经济的发展战略,需要确立以下战略思想:

* 在全球化经济的竞争中发展壮大自己。
* 在中国加入世界贸易组织(WTO)后,将给外向型经济带来更大的发展空间,但同时也将给一些地区的产业发展和市场带来严重的挑战。
* 中国是后发国家,要发挥后发优势,运用发达国家的技术武装自己并使之本土化,以便后来居上。
* 考虑大国地位,经济发展必须多元化。

【中国外向型经济发展需要实施的战略】

根据中国外向型经济发展的现状、国际资本和跨国公司的经营战略,中国外向型经济的发展需要实施以下战略:

* 加强中央政府的调控力度,确保全国和地区性主导产业迅速成长

日本和亚洲新兴工业化国家的发展经验表明,在外向型经济发展的起步时期,政府的作用是至关重要的,它可以确保主导产业的迅速成长和社会经济生活的稳定,并通过长远规划,一步步实现国家长期的产业发展目标。中国现在正处在经济全面起飞时期,也面临着培育和扶植主导产业迅速成长的关键时期,因此加强中央政府的调控力度,对发展中国未来的竞争优势

产业是必要的。

在确定主导产业上,仍可以采用梯度战略,并实行梯度扶植发展。可按阶段划分现有主导产业群、今后主导产业群和未来主导产业群,给予不同的政策支持。对若干重要支柱产业,如汽车、高新技术产业等,政府可通过一定的行政干预,促使其实行规模化经营,以便能集中力量进行新的技术开发。在利用外资上,政府主管部门也可发挥相应的作用,一是协调或组建国内骨干企业与外商谈判,二是帮助国内企业选择国际上有实力、有诚意的跨国公司进行合资经营。

* 统一国内市场,以市场换技术

改革开放后,中国国内市场的联系强度增大,但由于地方保护主义和产业保护主义的严重干扰,已出现所谓"诸侯经济",给国家发展带来严重损害,不仅使国内企业处于不平等竞争,无法通过企业兼并实现产业升级换代,进行国际竞争,而且使跨国公司得以利用这种不统一,既得到各种特别优惠,又能分而治之,长期保持自己的技术优势。因此要下大力气,逐步杜绝地方政府对市场的干预,确保政企分开,使企业真正成为市场主体,在公平竞争的过程中达到优胜劣汰,增强自我发展能力。

中国目前工业化过程尚未完成,其经济发展的主要障碍仍在生产领域,即使在国家新一轮长期发展战略中,提出经济增长方式向集约型转变,也仍是生产领域里的任务,因此中国目前迫切需要的乃是资金、先进的技术工艺和管理手段,而发达国家目前经济扩张的主要障碍已转移到流通领域,迫切需要的是市场,因此以市场换技术是一个必然发生的过程。但在合资过程中,要坚持中方的利益和长远目标,以市场为筹码,集中一切可能的力量,尽力促成"强强"合资类。

* 通过建设世界城市,设法抢占信息、技术制高点

经济全球化促成了新的经济组织形式,带给城市发展新的动力,使全球若干大城市的重要性突显出来,构成世界城市。世界城市作为世界城市网络的最重要节点,是跨国公司的云集之地,是世界生产组织的基本点和信息交汇处,领导着世界发展的新潮流,因此中国有必要在经济不断发展和国际影响日益广泛的情况下,集中国家力量,有意识地发展上海和北京两个中国未来的世界城市,以尽快使其成为了解全球新动向的信息枢纽和国际融资中心,成为跨国公司在华的重要基地,同时,适当集中国家财力,进行高新技术的开发研究,抢占新一轮的技术制高点,为未来中国参与国际竞争提供技术储备。

* 发展自己的跨国公司,开拓新的国际市场

中国是经济层次多元化国家,目前某些部门在自身经济结构的调整过程中,已具备对外直接投资进行跨国经营的实力,以更有效的获得外部资源,开拓新的市场。根据《1996年世界投资报告》,在发展中国家的前50位跨国公司中,中国有8家。随着中国经济的成长,中国有必要加速发展自己的跨国公司,以充分利用两种资源和两个市场,加快优化产业结构和生产结构。在目前资金不充足的情况下,一是可以先在发展中国家小规模投资,逐步扩大产品的知名度,为占领一定的市场份额作准备,二是利用发达国家的资本在发达国家经营,以利用内部化

优势带动母公司设备、中间产品等的出口,如上海中国第一铅笔股份有限公司,即是通过这一途径,在德国建立了新厂,从而一方面带动了母厂的设备出口,一方面又每年从母厂进口价值800万美元的半成品,相当于母厂目前的全年出口额。在发展跨国公司过程中,要借鉴发达国家的管理经验,除财权外,要给予子公司独立的人事权和经营权。

* 以市场为经济发展龙头,着力培养一大批跨国型商贸人才

随着中国技术引进的加速,中国沿海地区将很快完成工业化过程,其经济的发展也将转为依赖于流通市场,参与更激烈的国际商战在所难免。因此,确立以市场为经济发展龙头的新观念,培养一大批跨国型商贸人才,从现在起就必须予以足够重视。中国应当积极鼓励学贯中西的高素质的综合型人才加盟工商界,相比较其他类型的人才来说,中国最缺乏金融家、企业家和商人。

几点结论

对经济全球化、国际资本的投资倾向以及对中国近20年外向型经济发展历程的分析,可以得出如下具有理论和实践意义的结论:

* 经济全球化是一个不断演进的过程,二次世界大战后随着技术的进步,这一过程得以加速,其结果以有形贸易为主体的旧的国际劳动地域分工解体,代之以资本、技术和服务转移为特征的新的国际劳动地域分工。在这一转变过程中,跨国公司是其主要的推动者。它加速和加大了国际直接投资的转移过程和转移规模,通过内部化优势使全球经济日益紧密的结合在一体。跨国公司有其独特的动力机制,对地区发展有巨大影响,未来在全球经济领域内会扮演更为重要的角色,因此,研究跨国公司的发展战略以及它对区域经济发展的影响至关重要。

* 中国的进出口贸易额,按官方的汇率计算,已占到GDP值的36%左右,经济开放度已达到很高的程度。外资与中国经济发展呈高度正相关关系,根据回归分析,外资对进出口额的带动系数为5以上,对GDP的带动系数为11左右,对全社会固定资产总额的带动系数为5左右。

* 中国沿海地区近20年来经济的快速发展得益于沿海开放政策的启动,但其外向型经济的持续发展却不仅仅是中央政策倾斜的结果,而更在于自身的总体经济发展水平和经济管理体制的市场适应能力。中国沿海地区南北发展差异加大的重要原因之一,就在于各地区市场经济成份的比重不同,因此,优惠政策可以促进启动引进外资,而要持续吸引外资,却需要营造良好的经济运营环境。对中国各省区市利用外资量和其GDP的关系进行回归分析后得出:一个地区吸引外资量的大小取决于该地区总体经济发展水平。从而可以推断,在未来相当长的时期内,东部地区仍会一如既往成为利用外资的主体。1995年,东部地带利用外资量占全国总量的87%。

* 中国循序渐进式的梯度开放政策是成功而有效的。由于区域差异巨大,中国经济不可能成为一个齐头并进的整块经济,而是一种组合经济,因此多元化的经济结构会长期并存,吸引外资的战略也应因之而多样化。

* 外资在地区投资上具有集中性倾向,对地区经济结构产生重要影响。目前欧美投资主

要集中于华北和长江三角洲地区,日韩投资主要集中于东北和山东,港澳台投资主要集中于两广和福建,新加坡投资主要集中于江苏和海南。在空间经济上,也形成一定的分工,南部以贸易导向型经济为主体,长江三角洲地区以进口替代经济为龙头,而环渤海地区则以混合型经济为特征。

* 不同来源地的外资,具有不同的投资动机和目的,其切入中国经济的方式也不同。港台资本,由于不存在太大的文化差异,投资规模一般又较小,寻求高额利润的目的单一明确,因此一般投资决策快,运作也灵活多样。新加坡和韩国资本,对外投资一般会依据其本国国家发展战略而行,因此倾向于在某几个地区和某几个产业集中投资,以挤占适当的市场份额,目前新加坡较集中于江苏、海南和广西等地,韩国较集中于山东和辽宁等地。日本一直将中国视为未来潜在的竞争对手,又始终力图通过直接贸易控制部分中国市场,因此目前日本对华直接投资项目仍规模较小,比较分散。德法资本,较少附带政治考虑,且多以政企携手的方式,努力开发中国市场,因此为达到长期发展目标,一定程度上愿意转让最现代化技术。为加大市场开发力度,1995年以来,德国的一些大公司已着手对华进行大规模系统性投资,并重点投资于交通等基础设施项目。美英资本,受国际关系的影响,但主要仍以打进中国市场为根本,因此其投资决策极为慎重,目标多元,循序渐进,不在乎一时一地的得失,而重在依据母公司的全球化经营战略来安排投资项目及空间布局,使中国最终纳入其全球生产与销售网络之中。美国在华投资一般均要经历一个较长的过程,从窗口贸易开始,了解市场,然后遍寻合作伙伴,再投资办厂,之后再对相关产业进行系统化投资,以确保主业生产和销售的稳定。如惠普公司,1979年确立与中国合作,1981年在华设立惠普产品销售点,1985年6月才在华建立中国惠普。再如IBM公司,1979年开始将产品推向中国,80年代中期在北京、上海设立办事机构,1992年在京成立IBM中国有限公司,之后又在上海、广州成立分公司,目前已将业务推至全国。

参考文献

1. 薛凤旋、杨春,"外资:发展中国家城市化的新动力——珠江三角洲个案研究",地理学报,第52卷第3期,1997年5月。
2. United Nations(1996), World Investment Report 1996, Investment, Trade and International Policy Arrangements, New York and Geneva: United Nations
3. Anthony R. de Souza and Frederick P. Stutz(1994), The World Economy, Resources, Location, Trade and Development, pp. 511 – 622, New York: Macmillan College Publishing Company
4. Kalm, H. (1973), If the Rich Stop Aiding the Poor..., Development Forum 1(2):1 – 3
5. John H. Dunning (1993), The Globalization of Business, London: Routledge
6. Victor F. S. Sit & Chun Yang, Foreign-investment-induced Exo-urbanization in the Pearl River Delta, China, Urban Studies, Vol. 34, No. 4, 647 – 677, 1997
7. 杨忠,"台商投资大陆的动因、特点及对策",《国际经济合作》,1996年第1期。
8. 王志乐,"对外商直接投资几个问题的探讨",《国际经济合作》,1996年第5期。
9. 任启民、邢厚媛,"外商投资对中国汽车工业的影响",《国际经济合作》,1996年第6期。
10. 裴长洪,"90年代日本跨国公司海外投资趋势",《国际经济合作》,1996年第2期。

11. 朱玉杰,"跨国公司在京投资分析",《国际经济合作》,1996年第11期。
12. 储祥银,"美国企业扩大对中国大陆投资的机遇与障碍",《国际经济合作》,1996年第6期。
13. 胡兆量等著,《开放后的中国》,37~47页,中国环境科学出版社,1996年。
14. 薛荣久,"走向21世纪的国际贸易发展与中国对外贸易"(上下),《国际贸易问题》,1995年第9期、第10期。
15. 杜念申,"中国外贸如何进驻国际市场",《中外管理导报》,1995年第2期。
16. 王学真,"一些国家和地区吸收跨国公司的经验",《国际经济合作》,1996年第9期。
17. 李牧,"论中国出口产业梯度发展战略",《国际商报》,1995年8月12日。
18. 陈淮,"从外商抢占国内市场引出的思考",《国际经济合作》,1996年第7期。
19. Friedman, J., 1986, The World City Hypothesis, Development and Change, 17(1):69-84
20. 储祥银,"积极有效地利用跨国公司直接投资",《国际经济合作》,1996年第9期。
21. 赵永清,"用好用活外资,推动名牌出口",《国际经济合作》,1996年第7期。
22. 朱雪宝,"中德经济合作新动向",《国际经济合作》,1996年第4期。

第八章　地区经济技术合作的政策和实践

80年代是中国区域经济迅速发展和地区经济发展差距明显扩大的时期。随着国家对外开放、管理体制的变革和社会主义市场经济的逐步建立,地区发展的差异性、缺陷和困难也更加突出。主要体现在:

* 地理区位特别是地缘经济关系的优劣势显著不同;
* 各地区主要资源的供需状况、技术装备和人才水平正在拉大;
* 许多地区在计划经济体制条件下形成的"大而全"、"小而全"的社会经济结构带来新旧体制交替过程中经济效益的低下;
* 为了保持和促进地区经济的迅速发展,普遍面临着资金不足的困难;
* 由于大规模工业化和城市化的发展,一些经济发达地区,特别是沿海地区的港口城市、经济特区和经济技术开发区,其粮食、副食品和工业农产品原料的供需矛盾愈来愈大;内地经济走向国际市场需要在沿海地区建立"窗口"和基地;
* 有些工业、城市聚集地区面临着生态环境的巨大压力,有必要进行部分产业的转移改造。

以上这些差异以及地区缺陷、问题的发展,在90年代的地区发展中产生了寻求合作、联合以及区域协调发展的强烈愿望和要求。

由于体制的转轨而市场经济制度又尚未完善,80年代以来地区之间以及中央与地区之间的利益矛盾变得普遍而突出。地方保护主义几次盛行是中国80年代出现的一个突出的区域问题:1980～1982年,许多地区为了保护本地幼稚的加工工业不受外地产品的冲击而采取了一系列保护措施;1985～1988年,一些地区的加工工业的生产能力迅速扩张,能源原材料供应严重不足,全国范围内出现了各种资源大战:"烟叶大战"、"羊毛大战"、"蚕茧大战",等等;1989年下半年起,一些地区为摆脱市场疲软、启动当地市场而采取的一系列市场保护措施。

为了缓解地区间社会经济发展差距扩大的趋势,加快广大中西部地区的发展,实现地区之间的优势互补,克服严重的地方保护主义倾向,自80年代国家就提倡并采取措施加强地区之间的联合与协作。同时,各级地方政府也逐步明确认识,积极响应。愈来愈多的地区认识到:在社会主义市场经济条件下,上级政府的支持固然重要,但与其它地区加强联系,特别是建立合作关系对于本地区的社会经济发展是愈来愈重要了。因此,中央和地方政府都力求制定、实施一整套促进地区联合、建立各具特色的(一体化)区域经济的政策和措施。

1996年3月17日八届人大四次会议批准的《"九五"计划和2010年远景目标纲要》,首次将区域经济协调发展作为国民经济和社会发展的指导方针之一,提出要"正确处理全国经济总体发展与地区经济发展的关系,正确处理建立跨省(区、市)的具有特色的区域经济与发挥各省(区、市)积极性的关系,正确处理地区与地区之间的关系"。

加强地区经济技术合作在中国90年代区域政策框架中占有重要地位。"八五"以来中央采取的区域政策的调整主要表现在两个方面：第一，改变投入的地区分配，调整优惠政策的区域倾斜方向，加强对相对落后的中西部地区的政策支持。这些政策措施与美国联邦政府本世纪30年代以来针对地区经济发展不平衡采取的干预手段很类似。第二，加强对地区间关系的宏观引导，制订政策推动地区间建立合作关系，鼓励地方政府自己来解决地区关系问题。与其它国家针对地区差距问题的区域政策经验相比，中国的这一政策途径是比较独特的。

目前围绕中国的地区经济技术合作政策存在着学术争议。首先，对于解决上述区域问题的基本途径以及地区经济技术合作的地位和作用有不同看法；其次，对于开展地区经济技术合作的政策目标的合理性存在疑问，争论焦点问题是地区经济合作如何同时执行提高市场效益和促进地区经济均衡发展的双重任务。

根据西方学者的区域经济学原理，市场的力量在短期内一般只会使区域间的差距加大，而不是缩小，劳动力、资本、物品的自由流动倾向于加强区域间的差距。核心地区的经济发展对欠发达的毗邻地区也可能通过扩散效应发生积极作用，但是，只有在区域之间有高度互补性的条件下，才能发生扩散效应。国家内部的集聚发展是客观规律，一个地区在某个重要发展阶段形成的初始优势会在后面的发展过程中得到不断加强。国内一些学者强调在解决区域问题上的政府职能，提出协调地区关系的职能只能由中央政府来承担；强调80年代至90年代中央汲取财政能力呈下降趋势，中央的财力物力已不可能实施地带性战略转移，中国应争取通过建立规范的财政转移支付制度来解决中国的地区差距问题。有些学者把关注重点放在机制转变的意义上，强调地方保护主义问题实质上是一个地区利益矛盾问题，解决地方保护主义的根本举措应从利益机制入手，尽快建立与市场经济体制相适应的行政管理体制；指出"改革开放以来建立起来的市场机制，非但未能打破'条块分割'以及'小而全'、'大而全'的弊端，反而加剧了地区间的市场分割"。对于地区间横向联合和协作的基本认识也有明显的观点分歧，近年来一些学者指出80年代国家推行的通过促进地区横向联合来打破"条块分割"的政策目标基本落空；而另一些学者仍然持积极肯定态度，认为"区域性经济协作与家庭联产承包责任制、乡镇企业以及外向型经济一样，是中国改革开放以来市场经济的产物，是自下而上群众自己创造出来的"，开展地区"横向经济联合是建立市场经济体制、缩小地区差距、实现经济协调发展的重要途径"。

本章报告以系统总结和探讨"八五"以来中国有关地区经济技术合作的政策措施及其实施效果为中心内容，有两个基本目的，第一，为评价中国地区经济技术合作政策的合理性提供实证基础；第二，从地区与地区间关系角度加强对中国区域发展省际区域差异的认识。文中把分析重点放在省级政府开展地区合作的动机、目标及其实现程度，以及90年代区域合作组织的目标调整和进展状况上。试图通过对地方政府政策目标与中央政府政策目标的对比、各级政府目标和地区发展实际情况的对比分析，区分现阶段中国地区关系中政府行为与市场力量的影响力，进而认识国家有关加强地区经济技术合作政策的合理性，并对其执行效果进行评价。

地区经济技术合作政策框架

<u>中央政府的基本目标和政策措施</u>　90年代中央扩展和深化了地区经济技术合作的总体目标。80年代国家推动横向经济联合和地区经济协作的基本目标在于打破过去计划经济体制下"条块分割"造成的种种弊端,促进经济发展,而在90年代的区域协调发展战略下,地区经济技术合作被作为协调统一国民经济发展目标和国家政治、社会稳定目标的重要途径。

【促进市场经济发展,提高整体经济效益】

打破地区和部门割据局面、建设全国生产要素统一市场、发挥市场在资源配置中的作用,建立高效的具有国际竞争力的国民经济体系,是中国深化改革的基本目标。国家把开展地区合作作为建立全国性市场的基础,要求通过地区合作,推动商品、物资、科技、信息和人才、劳动力、资金等生产要素的跨地区自由流动。"九五"期间,国家提出"要使各类市场逐步摆脱部门垄断、行业分割,形成全国统一大市场"。

【逐步实现地区均衡发展】

中央政府高度重视区域差距扩大问题,而"中国现阶段仍以提高宏观经济效益为首要目标,要在不削弱东部经济发展活力的情况下,增加对中西部的投入是有限的"。中央希望通过加强地区合作发挥先进地区对落后地区的支援和带动作用,以逐步缩小地区差距、实现共同繁荣。

"八五"以来,中央政府关于地区经济技术合作的政策措施主要围绕三个方面制定的:① 继续倡导和促进区域合作组织的建立与发展;② 重点发动和组织东中西三个地带间的区域合作;③ 全面推动在区域性合作组织以外的省际间经济技术合作。

具体政策内容可概括为以下四个方面:

* 提出对内开放战略方向和原则

1994年,《中共中央关于经济体制改革的规定》强调指出:"对外要开放,国内各地区之间更要相互开放"。江泽民在中央经济工作会议上强调"要研究采取一些必要的鼓励性政策和措施,吸引外商和东部发达地区资金更多地投向中西部地区"。

中央确立"以市场为导向、企业为主体"的经济协作原则。倡导按照社会主义市场经济法则和现代企业制度开展新一轮横向经济联合;对企业跨地区经营的政策激励重点从单纯的生产、贸易和技术合作转变为基于市场需求的结构调整和资产经营,国家鼓励东部的优秀企业吸收和兼并中西部的企业。

中国共产党"十四大"报告在倡导加强区域经济发展的同时,明确提出"互惠互利,优势互补,共同发展"的地区合作原则。

* 制订规划和项目计划

把区域市场体系建设和跨地区产业结构调整纳入国家宏观规划。1991年3月七届人大第四次会议通过的十年规划和"八五"计划纲要中,提出要开展地区间"多领域、多层次、多形式横向联合与协作,推动生产要素的优化组合,加快地区产业结构的合理化"。要"促进全国统一市场的形成与发展。"

"九五"计划中提出加快跨地区产业转移的战略部署,要"有步骤地引导东部某些资源初级加工和劳动密集型产业转移到西部地区"。东锭西移就是具有代表性的产业转移政府计划(专栏8.1)。

> **专栏8.1**
>
> **东锭西移**
>
> "八五"期间,中央提出在全国范围内对一些传统行业的战略布局调整和重新部署。1991年,国务院决定组织纺织行业的区域结构调整,把棉纺织加工生产能力逐步向原料产区和劳动力输出地区转移,在主要棉花产区,依托植棉成本低的优势,建立新的棉纺基地,即所谓东锭西移,提出"压锭改造"500万锭的目标。其中1994年初国家决定从1995年开始首先从上海转移50万锭到新疆。1995年3月,国务院再次做出将沿海城市棉纺初加工能力向棉花产地转移的指示,确定1997~1998年在中心城市再集中压缩340万棉纺锭。

组织开展了全国七大经济(协作)区规划。在"六五"以来提出的"沿海与内地"、"东、中、西"等经济地带划分基础上提出七大经济区的地域结构概念。1992年春天,国务院决定在全国开展七大经济区的规划。截至1996年,国务院已经召开了(国家计委具体组织规划)除中部地区以外的六个大区的规划会议。此次大区经济发展规划的目标是在明确各大区的优势和发展潜力的基础上,就区域经济一体化及跨省区的重大能源、交通、通信、金融、供水、信息服务等发展提出建设方案和措施。

提出乡镇企业东西合作示范工程。1994年初,农业部为配合国家加快缩小东西差距的战略部署以及加快实施国家扶贫攻坚计划,报请国务院批准,提出乡镇企业东西合作示范工程项目计划。鼓励东部沿海地区取得成功的乡镇企业到中西部投资和联合开发,以带动中西部乡镇企业的发展。

* 分配下达行政性对口支援任务

向有关部门和地方政府直接下达对口支援三峡库区移民和对口帮扶脱贫任务。为在本世纪内消除贫困,国家在加强用于扶贫的财政援助的同时,动员经济发达地区协助经济落后地区脱贫,发出对口支援三峡库区移民和对口帮扶脱贫工作的号召,确定对口帮扶脱贫对子;同时,强调实行开发性移民,由"输血型向造血型"、由单向支援向双向互利转变;鼓励支援者和受援者之间建立"优势互补、互惠互利、长期合作、共同发展"的关系,"对口支援省市出资金,带来名牌产品和技术;库区有丰富的自然资源和劳动力,还有广阔市场"。

* 提供政府专门资助和服务

提供经济协作专项支持资金。"八五"期间设立了规模有限的国家横向联合贷款,每年约

1亿元,用于支持横向联合重点项目。1996年后,国家不再设此专项资助。

提供有关信息和中介服务。除国家计委外,国家经贸委和国务院特区办等国家部门参与有关的组织管理。1996年9月,国家经贸委和云南省政府在昆明共同举办第一届促进东部和中西部企业合作会议;1997年4月,由国务院特区办、江苏、上海、天津和陕西共同举办'97'中国东西部合作与投资贸易洽谈会。

| 地方政府的合作战略与政策措施 |

在80年代以来的经济管理体制改革的过程中,国家逐步下放部分决策权力给地方政府,省级地方政府逐渐成为相对独立的投资主体和利益主体,地方性的制度环境直接影响地方经济的发展方向和模式。这一趋势在各地政府对国家出台的地区经济技术合作战略导向的不同反应中表现的很清楚。

1. 主要目标(动机)

总体上看,90年代地方政府对开展地区合作的态度是比较主动的,提出的目标和重点也与国家总体战略目标比较一致。实际上,各地政府倾向于追求本地利益最大化,地区竞争意识在加强,地方政府要在权衡地方利益和合作集体利益的基础上确定地区合作战略。省级政府制订和推广地区经济技术合作的主要目标(动机)有以下方面:

* "招商引资",开拓市场,优化本地区产业结构

进入90年代后,中国对资金和市场的地区竞争日趋激烈。1993年以来,国家贷款规模一直控制较紧,各地普遍存在企业资金需求规模和当地资金供给能力的差距,各地政府急需解决影响本地经济发展的资金紧缺问题。无论是发达地区还是欠发达地区,都对通过地区合作提高吸引和利用外部资金能力给予较高的期望值;同时,90年代以来各地区普遍把在地区合作框架下开发广阔的国内市场、扩大本地产品国内市场覆盖率作为主要的发展战略,而且希望将"招商引资"和优化本地区产业结构相结合。

中西部地区省份纷纷提出把加强对内"招商引资"作为其实现"两个根本性转变"的重要途径以及"九五"期间加快经济发展的重大举措。有的省提出要把"把本省支柱产业培植、对现有企业改造与东部地区产业结构的调整和转移对接起来",其中进出口贸易和利用外资水平较低的西部省份寄厚望于沿海地区。综合性工业中心城市沈阳市提出"对内开放是解决我市'吃饭致富'的关键";黑龙江省提出要"实现两个根本转变……必须加大南联力度……没有南联就没有改革开放的深入,没有南联就没有经济振兴"。

* 发挥地区比较优势,提高本地区经济收益

充分发挥地区经济发展潜力。大多数省区市把开展地区经济技术协作作为充分发挥本地区比较优势的重要途径,各地区强调的比较优势重点不同,而且随国家改革开放的深入呈动态变化。参见表8—1。

* 共同追求区域性集团利益

区域合作组织的建立和发展以各级地方政府的自发行为为基础,而追求区域性集团利益一直是各级地方政府自愿参与和建立区域合作组织的主要动因。与80年代相比,"八五"以来各类区域经济协作组织提出的合作目标有所变化。可归纳为三个方面:

表 8-1 发挥地区比较优势的地方政府目标

比较优势类型	地方政府目标
区位优势	大多数沿海省份强调自己具有区位优势,而且日益重视对于市场竞争的区位优势,开始强调信息网络发达、与国际市场接近等方面的市场营销优势。以安徽和湖南为代表的中部地区省份1995年以来强调自己承东启西、联结南北的区位优势将使其充分利用东西合作的重大机遇。河北省把环绕接近京津,安徽等省把接近上海、江苏和浙江,湖南、广西等省份把接近广东的地理区位看做自己开展招商引资的有利条件。黑龙江、云南等边境省份强调自己开展边贸的区位优势;上海强调自己作为全国性金融中心的发展条件与优势地位,提出"借助和依靠全国的力量办好上海证券市场","使上海成为投资机会最多,交易成本最低的地方"。
政策资源优势	80年代中国省份之间的政策环境的差别比较突出,1990年以来中央有关深化改革开放以及加强东西合作的有关战略部署,改变了政策性资源的地区分布格局。中西部地区认为国家加强东西合作战略为其提供了良好的发展机遇,而东部地区更多地强调自己在贸易体制、金融体制和企业产权改革等方面的先行优势。
自然资源优势	山西、内蒙古、新疆、甘肃、宁夏、西藏、贵州等西部地区自然资源丰富省份以及位于东部和中部的一些自然资源开发潜力较大的省份,如黑龙江、安徽、河北、广西把联合开发资源作为地区经济发展的重点方向。
生产要素优势	沿海省市在制定对口支援和帮扶战略和计划时,一般都以自己在资金、技术、人才方面的比较优势为合作出发点。安徽、湖南等中部地区省份认为自己与西部地区省份相比,在技术、设备、科技、人才等方面有一定优势。以上海为代表,发达省市开始明确强调自己在管理、技术、名牌方面的全国性优势,重视对本地无形资产优势的开发和利用。同时上海、浙江等东南沿海发达省市明确提出土地、劳动力要素成本上升已成为影响本地区经济发展的不利因素,迫切需要提高结构效益水平。除自有资金积累优势外,东部地区的比较优势更突出地反映在资金融通能力和资金使用效益水平上。上海新近提出了"以资金、技术换市场"的口号。

共享优惠政策,在跨地区联合基础上充分利用国家有关不同类型地区的倾斜政策和地方优惠政策。与国家宏观区域发展战略相关的政策资源对由发达和欠发达地市组成的省际毗邻地市协作区和城市协作网的建立和发展产生推动作用。例如,长江沿岸中心城市经济协调会提出"要利用浦东开发开放和三峡库区移民的优惠政策"。闽粤赣三边协作区提出要充分利用该协作区由"经济特区"、"保税区"、"老少边穷地区"、"中西部地区"等多种区域类型构成的优势,争取用足用活各种优惠政策。

形成区域整体形象和影响力,扩大知名度和社会影响以争取更多重视和支持,改善区域性投资环境。

实现区域联合发展,办"一地一市办不了而通过联合协作能够办成的实事"。以合作伙伴在政策环境、资源、区位、交通、人才等方面的差异性为基础进行互补性发展,使处于不同发展水平的地区组合形成高水平的协作分工体系,实现综合发展效应。其中,发挥整体区位优势共同发展国际化经济,和加强港口—腹地的协同配合,是两个主要目标。例如,辽宁中部经济区提出以城市群整体优势面向东北亚;闽西南赣东南粤东经济区提出要发挥面对台湾、毗邻港澳的区位优势,共同建设海峡西岸繁荣地带;淮海经济区提出要综合发挥陇海——兰新带"新亚欧大陆桥"的优势和连云港、日照港对外窗口的作用。

* 贯彻国家关于扶持欠发达地区的方针,促进地区均衡发展

90年代以来,大多数地方政府对于对口支援三峡和对口帮扶的任务给予高度重视。分工明确,措施具体。全国20个省(市)、10个大中城市、中央50多个部门参与支援三峡库区移民工作,一个省(市)、一个大中城市重点对口支援三峡库区一个县(市、区)的格局已基本形成。中西部地区省份在国家实施加强东西合作战略和对口帮扶战略后,对东部地区摆出全面开放的积极合作姿态。

沿海发达省市内部的不平衡也相当突出,如江苏省的苏北、福建的闽西、广东的粤西等与所在省内发达地区的差距也愈来愈大。为了带动相对落后地区的发展,广东、福建等在本省内部开展对口帮扶。1993年厦门、漳州和泉州与龙岩地区和三明市结为"山海协作"对口扶持的"对子"。始于1995年的闽西南五地市区域合作提出"山海协作,梯度推进,优势互补,共同发展",促进省内区域经济一体化。

2. 主要政策措施

90年代初,企业是地区经济技术合作主体的观念已为广泛接受,各省区市纷纷把这一领域的政府职能重点转向加强宏观规划和引导、改善政策环境,为企业合作创造条件和提供服务,重视建立地区合作的规范化和制度化基础。主要的政策措施有以下方面:

* 规划和规范化管理

编制经济协作专项规划。与"八五"相比,各省区市在"九五"社会经济规划中都较多地增加了地区经济技术合作的内容。上海、天津、河北、安徽等省市还编制了经济协作的专项规划。

联合编制区域经济发展规划。一些区域组织,如南京区域经济协调会、武汉经济协作区、重庆经济区、淮海经济区、中原经济区、闽东南经济区、闽西南赣东南粤东经济区等相继进行了经济区经济发展规划。积极为企业提供规划咨询和信息服务。

签署省际双边合作协议。近年来,一些相对发达的东部省份之间及其与中部省份达成一系列双边合作协议。如:《天津市人民政府河北省人民政府关于全面发展经济技术合作的会谈纪要》、《上海市人民政府安徽省人民政府关于进一步加强经济技术合作的会谈纪要》等。河北省有关部门就加强联合与协作签署对口合作协议30多份。至1997年初,国务院指定的对口帮扶对子省份之间都签署了对口帮扶协议书,明确对口帮扶和经济协作的指导思想和原则,确

定重点帮扶的对象、目标和任务。

* 制订有关优惠政策,实施鼓励措施

近年来沿海省区市对于开展国内横向联合与协作的政策激励除有关企业税收优惠条件外,还涉及帮助解决外来人员的户口和子女就学问题,以及为外地企业提供跨地区贷款等方面。沿海发达省份制定促进地区合作的有关政策法规由笼统的宏观产业指导转为比较具体的项目和企业方案。1995年以后中西部地区的省区纷纷出台鼓励其它地区与本地区开展横向联合的优惠政策,包括简化项目审批手续、减免税收、提供市场以及在土地和场地租用等方面的优惠条件等。

一些区域经济合作组织的伙伴之间共同制定和实施一些区域性的优惠政策和措施,主要目标是取消地区性贸易壁垒,推动生产要素的区域性自由流动。其中以省际区域合作组织的政策协调最有代表性。参见专栏8.2。

> 专栏 8.2
>
> **闽浙赣皖九方经济区的区域性优惠政策**
>
> (1986～1994)
> ——九地市在税务、物价、信贷等方面主动与邻省接轨;
> ——制订"九地市贸易往来的若干意见"
> ——对区域内客商参与展销购销活动优先安排摊位;
> ——物价部门参照邻省的价格政策制订灵活变通措施;
> ——税务部门采取了减免税收办法
> ——工商银行系统实行"集中资金、分批安排、利率优惠、周转使用"的融资办法,选择在成员行开户的经济效益好、影响较大的企业或项目进行联合投资。

多数东部省区市制定对口支援优惠政策,宗旨在于鼓励本地企业进入三峡库区。除东部省市外,安徽、黑龙江等中部省份也制定了以鼓励企业参与支援工作为核心的对口支援三峡库区移民优惠政策。

中西部省区制定了针对加强东西地带间合作的优惠政策,多数内容是为吸引外来资金提供地方性优惠条件。一些地区明确提出把用于吸引外资的优惠政策全面推广到面向国内其它地区的"招商引资"。90年代初新疆针对国家有关开展跨地区产业转移的战略部署专门制定了"加快发展新疆棉纺工业的若干优惠政策"。

* 设立专项支持资金

一些省区市政府设立规模有限的内联发展基金。1996年云南省建立横向联合扶持基金,从1995年起,每年从省财政拿出3000万元用于支持省际间重点联合项目。

一些经济发达的东部省区市政府计划利用地方财政对欠发达地区进行直接资金支持,但规模较小。至96年,广东省由省财政和13个对口支援市财政无息出资9000万元,江苏省已经筹资3000多万元，上海、山东和浙江等省也已分别筹资4000多万元。部分沿海省市建立对口支援合作基金。

上海市划出一块地方财政贴息贷款用于鼓励本地区生产名牌产品、经济效益好的企业进入三峡库区。鼓励企业对库区搬迁企业进行嫁接改造、兼并、租赁，从而帮助库区进行产业结构和产品结构的调整改造，帮助对口扶贫地区建设符合当地特点、有发展后劲的项目。

除了上述做法和措施以外，一些省区市在开展合作中，还采取了培训干部、对口招工、援建教育设施、救助灾害等措施（专栏8.3）。

专栏8.3

深圳对口帮扶的若干措施

——建立经济合作基金。从1990年8月开始，深圳市首先选择粤北山区为目标开始以投放基金为主要形式的扶贫工作。同年12月，省政府确定深圳对口扶持梅州市。截止1995年底，该基金已滚动发展到5个多亿，扶植了省内的梅州、河源、韶关、清远地区，四川阿坝藏族羌族自治州，江西井冈山，陕西延安，以及三峡库区的万县、巫山、巴东等地，共140多个投资项目；

——培训干部。从1993年始，出资举办18期培训班，培训内地干部近2000人；

——对口扶贫。广东省确定深圳扶持省内大埔、五华、丰顺和紫金4县，国家把深圳确定为扶持贵州4市之一；

——对口招工。从中西部来深的劳务工已超过150万，其中贫困地区招工80多万人；

——援建希望小学，为11地区援建142所希望小学，帮助64万失学儿童复学；

——救助灾害

——提供科技文化信息窗口

地区经济技术合作的主要目标和形式

省际间的经济技术合作、区域合作组织内部的合作和根据上级政府要求开展的对口支援是"八五"以来中国各省区市开展地区经济技术合作的三种基本形式。地区合作的区域社会经济背景和基础条件有明显差别，合作的发展历史进展（阶段）不同，导致地区合作的目标、形式和合作方向也很不一样，并呈现一定的区域特征，其中观念上的地区差距比较突出。

1. 合作伙伴区域的选择

各省区市开展地区合作的基本取向

在各省区市的"八五"和"九五"规划等重要政府文件中，普遍涉及开展地区合作的区域方向。表8—2归纳了"八五"以来部分省份提出的横向联合和对内开放的区域重点，各省份加强地区联系的重点方向选择在各地区间政府互访、建立友好关系、政府和企业代表处机构设置的区位分布等方面都有明显反映。可

表8-2 部分省区市开展对外经济协作的伙伴区域选择

地区	发展战略中提出的经济技术合作区域重点
天津	1994年后更加重视京津冀联合和环渤海经济协作;1996年提出"西进东出"战略,以京津冀周边地区和"三北"为重点
河北	1994年提出以环京津、环渤海为重点全方位对内开放,依托京津、紧挂部委、联盟周边、面向全国;1996年开始强调加强与上海等南方发达地区联系
辽宁	1994年提出全方位招商引资开拓市场,加强与蒙、新、晋等中西部地区联系,利用国家发展中西部政策;1996年沈阳提出以"吸资"、"引制"为重点,加强与东南沿海的合作
山东	1995年提出"欠发达地区是发达地区的用武之地";重点方向是"北上"、"西进"
上海	1995年提出发展和各省市尤其是长江三角洲和长江流域的横向经济联合;1997年强调打"长江牌"、"中华牌",重点是长江三角洲和沿江地区、国内主要经济中心城市和其它地区、中西部地区尤其是国务院指定的对口支援帮扶地区
福建	1996年提出以沿海、沿江、沿边和沿交通干线作为协作主轴线
广东	1994年提出加强与东北、西北的物质协作,加强与华东、中南的市场、物资联系;1996年提出重视巩固与冀、吉、黑、桂、川、甘等资源省区的联系,全方位开拓市场
黑龙江	1995年提出密切与东南沿海省市的联合与协作,充分利用其资金、技术、人才、产品优势和企业北上西进的机遇;重点邀请东南沿海和经济发达省市参加"哈洽会"
山西	1995年提出"东引西联,面向全国",积极与沿海地区进行广泛的横向经济联合与协作
湖南	1992年提出以沿海地区为重点,全面展开省际间的联合协作,"东引、西联、南出、北进";1995年提出横向经济联合的重点是长江流域和沿海地区,"跟近广东"、"迎接浦东辐射",大力发展与云、贵、川的联系、开拓大西南市场
安徽	1992年提出以同上海、沿海省市的协作为重点,"东引西联、南北交流";1996年提出结合三峡对口支援,由长江下游向中、上游地区推进,沿海、沿江、中西部一起上;安徽省经协系统先后在北京、上海、深圳、珠海、黑河、满洲里等地设立联络处和办事处,全省组织省际间经济互访319次,发展和建设友好城市(地区)324对;
江西	1995年提出打"京九"牌,把招商引资重点放在沿海发达地区
四川	1996年后,以东部沿海发达省份为对内开放重点,围绕东西合作,形成川沪合作、长江产业带合作、东部省市对口支援三峡库区、东南沿海省市对口支援四川省藏区等省际合作新热点,"东西合作、中西合作、西西合作全面展开"
贵州	1996年强调重视对外通道建设,加强与上海、江苏、福建、广东、山东的企业联系;目前在20多个沿海省区市设立生产、销售、科技、信息等各类协作网点窗口200余个
云南	历来以东部沿海地区作为开展国内合作的重点;1995年提出以上海、广东和山东为重点;1996年提出在继续巩固发展与西南各省区和沿海发达地区的联合与合作,以滇沪合作为重点;一些地州和企业在上海、北京、广东等地设置办事机构
宁夏	1996年提出要与上海、浙江、江苏、福建、青岛等省市加强交流与协作;宁夏驻外办事设在深圳、上海、杭州、北京、西安、厦门等地

注:本表资料系根据国家计委国土地区司1995年编《全国部分省区市经济技术协作办公室主任座谈会资料汇编》和1995年、1997年全国经协主任会议资料整理。

以粗略概括为以下几个基本方向:

第一,沿海地区省份与内地省份之间的联系是最突出的地区联系方向;国家提出的东西合作战略促使东部地区省份提出加强同中西部地区联系的政策导向;同时加强了中部地区和西部地区省份对东南沿海地区的倾向性;

第二,全国范围的区域联系格局趋向多向性,除了以三大地带为基础的东西向关系外,南北关系也成为一条重要的方向性线索,在东部地区的北方省份和南方省份之间反映突出;与地区联系目标多样化相对应,经济发达省份的区域联系方向相对多元化;中部地区省份的区域联系呈现双向性特征,即在资源开发和产业发展上主要面向东部,在开拓市场方面以西部为重点。安徽明确提出"与东部争夺西部市场,与西部争夺东部资金"的战略。

第三,从总体上看,现阶段区域经济合作组织的毗邻性不是各省区市强化省际联系的主要出发点;国家倡导的七大经济区战略思想只对东部沿海地区的上海、河北、北京、天津等部分省份的地区联系重点方向选择产生明显影响;

第四,国家生产力布局宏观战略对各省区市确定加强对外联系方向选择具有一定的引导作用,围绕主要发展轴线(如长江、京九铁路)的合作发展普遍受到重视。

2. 联合扩大"招商引资"的主要方式

各省区市实施跨地区资金交流协作一般有两种方式:从外省引进资金及联合利用外资。利用外资是改革开放以来中国沿海经济高速发展的重要因素之一,1992年以来内地各省,特别是长江流域各省的一些重要城市也已获准对外国投资者和出口型企业实施优惠政策,国内各地区加强了对外资的竞争,通过地区联合提高利用外资潜力成为普遍愿望。

中西部地区对开展地区间金融合作的认识仍然停留在扩大相互间资金转移和资金引进规模的笼统概念上。从资金来源上,中部地区省份强调发挥地理毗邻优势从东部引进资金,一些北方沿海省市,包括辽宁、河北和天津等,1992年以来强调自己面临利用东南沿海省市资金和产业转移,即所谓的"南资北移"、"经济北伐"的发展机遇。而东南沿海发达省份更重视开拓跨地区筹资和投资的新的有效途径。

各地区在吸引和利用外来资金的产业导向上呈现动态变化和地区差别。"八五"期间,东部和中部地区主要用来发展支柱产业,建设重点项目,增加对技改项目的投入;西部地区和部分中部地区主要用于自然资源的开发。近两年一些沿海省份开始注重将利用外资重点转向高新技术产业,而同时,对内招商引资的产业限制性不大。

利用外资条件好的一些沿海省份,以广东、福建和上海为代表,为了支持本地区经济的持续增长以及促进地区金融业的发展等目标,引资重点转向联合其它省份共同利用外资。广东和福建的一些地市都提出要发挥华侨在海外融资渠道多、信息灵的作用,共同打好"侨牌",实施"以侨引侨"、"以侨引外"、"以外引外"的战略方针。上海提出要加强沪港融资合作力度,发挥筹资渠道优势,共同到国内第三地进行投资,组建大型企业集团。同时,许多内陆省份对与沿海省份通过联合建设"中中外"企业表示极大兴趣。

3. 围绕自然资源开发和深加工的合作形式

"八五"以来,许多省区市间经济技术合作都把"围绕资源开发和深加工开展联合和协作"放在重要位置。在80年代第一轮横向经济联合中,加工业发达而原料不足的发达省市,特别是上海、北京、天津等沿海地区大城市,就着手在自然资源丰富地区建设原材料基地,这是该阶段跨地区投资规模较大的领域。对开发资源,促进地方经济发展发挥了重要作用,一些项目至今有良好效益。从表8—3可以看出,进入90年代后,围绕自然资源开发利用的合作目标和形式有了新的发展。

表8—3　部分地区对进行跨地区资源开发和利用的合作意向

地区	制定和推行的资源开发和利用战略
广东	通过省际企业联合从省外引进广东经济发展所需的资源和物资
上海	在资源丰富的地区投资建设若干原材料开发基地和出口货源基地,发展资源开发和加工项目,促进当地经济发展;投资建设上海工业发展所必需的原材料基地,以及副食品生产基地;形成出口货源全国化格局;"三峡工程库区移民对口支援……要利用当地资源……"
浙江	东部地区和中西部在资源上的互补性,是浙江省企业参与东西合作的主要动因之一
福建	联合开发资源,建设协作资源基地,根据省际周边地区的资源优势,重点建设绿色食品基地、商品粮基地、化工、建材基地等;以协进省内紧缺能源、原材料为重点,千方百计从省外协进资源;积极引进技术和先进管理经验、引进资源
河北	成为京津农副产品供应基地,本省内部"以沿海开放促内地资源开发"
黑龙江	变资源优势为产业优势,联合建出口货源基地;欢迎广州市到本省开发资源和进行资源深加工,争取扩大产品出口
山西	充分发挥资源优势,以优势的能源和资源,煤炭、电力原材料等支持沿海省市的经济发展,换取沿海省市在轻工、纺织、服装、食品、医药等消费品工业的支持与合作,引进资金、技术、人才、管理、产品开发能力和质量保证体系,名优产品联牌生产等
安徽	围绕资源开发和深加工开展联合合作,根据外省市的市场需要,在沿江地市县联建畜禽、水产、蔬菜、瓜果、农副产品生产基地,联合开发旅游资源
内蒙古	以本地能源、原材料为基础,联合建立农畜产品和基础工业品的生产基地,发展独资资源加工业
陕西	以资源换技术
甘肃	依托资源,以开放促发展
宁夏	围绕开发资源优势,引进资金、引进技术

注:同上表。

80年代地方政府间采用建设原材料基地和出口货源基地的合作模式,由于当时缺少投资保护,企业产权不明晰,投资方和资源拥有方出现利益矛盾的较多,投资回报率低的现象很普遍。90年代以来,原材料和农副产品基地建设依然是重要的合作形式,但是地区间的合作关系更趋向于市场行为,通过地方政府间意向合作取得原材料和出口货源的发展模式不再流行,政府只发挥行政信用作用。按照现代企业制度,以资产为纽带进行跨地区资源开发正逐步成为新的重要形式。

自然资源比较丰富的省份,无论是位于沿海地带的河北、中部地带的安徽和黑龙江,还是内蒙古、陕西、宁夏、甘肃等西部省份,目前提出的资源联合开发战略基本局限于两类,一是笼统的生产要素互换,二是基地建设。

在自然资源相对不足的沿海省份中,广东、浙江、和上海等省份已转向以企业跨地区资源开发为主,同时继续重视农产品基地、加工工业原料基地、外贸货源基地三大类基地建设。1994年以来,上海开始按照现代企业制度,以资产为纽带进行资源开发,原材料基地建设范围压缩,集中在牛奶、烤烟和生铝等少数产品品种。一些原材料资源相对不足的沿海省份,如福建省,提出的利用区外资源战略仍基本停留在传统的基地建设模式上。

大城市,特别是沿海地区的大城市,仍然重视在资源丰富地区建设安全保障城市供应的能源和农副产品基地,而且逐步采取以现代企业制度为基础的新模式。中西部地区也希望借此模式促进本地资源开发的产业化水平。

4. 以地区产业结构调整为目标的合作

"八五"期间,开展跨地区产业结构调整是许多省区市的经济发展战略要点之一,而各省区市提出的跨地区产业合作重点和采用的主要协作方式有明显的特点。

"八五"以来省际双边经济技术合作中,跨地区产业合作都是重要内容,而且多数涉及较全面的产业领域:联合开发农业,加强主要工业部门的联合与协作,加强商贸流通领域交流,加强一体化的基础设施建设和管理。在对口支援合作计划中,农业开发普遍被列为重点合作产业。近年来有两个新趋势,一是更重视工业和商业领域的跨地区合作;二是开始突破传统的企业生产经营方式,日益重视开展跨地区投资和资产经营,明确跨地区企业组织和协作是跨地区产业结构调整的主要途径。几年前流行的围绕"三个配套",即指围绕发展名优短线产品、发挥进口设备的能力和提高国产化水平的相互配套开展跨地区协作的发展模式已经过时。

在全国各省区市中,只有以上海为代表的少数省份明确提出要向其它地区进行工业转移以实现对自身产业结构的调整。1994年上海提出要结合发展的需要以及国家和其它地区对上海的要求,以长江流域为重点进行跨地区产业结构调整,"八五"和"九五"以棉纺、机电(一般机电、汽车等)为产业转移的行业重点。

浙江省近期提出本省民营企业已完成原始积累发展阶段,应通过跨地区资产重组进行产业结构更新换代。其它沿海相对发达省份提出的产业转移战略多在本省内部考虑。广东省提出今后把劳动密集项目从珠江三角洲退出并主要放在不发达的山区。福建省把推动本省沿海地区的劳动密集型生产和零部件加工向山区转移作为加强山海协作的重要途径之一。同样位于沿海地带的河北省却提出积极利用接受其它地区产业转移的战略。

中西部地区许多省区提出"认真做好与东部发达地区产业结构对接"，要"有选择寻求部分产业扩散和转移"。明确提出承接东部沿海地区，特别是上海的产业转移的省份较多。安徽、湖南、江西、四川、云南、贵州、新疆等省区市都对吸引产业转移的来源和接受产业转移的重点行业方向提出明确选择。近两年来中西部省份也开始把通过横向联合盘活资产存量作为优化产业结构和企业结构的主要途径。一些签定合作协议的省份，如湖北和安徽之间把推进两省跨地区资产重组作为双边合作的重点方向之一。

5. 以开拓市场为目标的合作形式

"八五"以来，国内各地区对相互间市场的竞争更为激烈。越来越多的省份把开拓市场提作为地区合作的主要目标之一。

各省区市提出的在其它地区开拓市场的途径有多种，主要包括到外省区举办商品博览展销会、商品订货会和商品信息发布会，组织本地企业参加国内重要的商品交易会等商贸活动，争办具有全国性和区域性影响的交易会、博览会和展销会，定期或不定期到省外组织本地产品的大型展销活动。通过这些活动，在它地区培育市场。还有，政府部门在外地区设置驻外办事机构作为本地区经济"窗口"，代理本地产品，帮助企业扩展产品销售渠道，借助行政力量构筑跨地区商业网络。

广东、浙江、福建、上海等东南沿海省份最先提出把开拓本地产品国内市场作为开展跨地区经济协作重点之一，安徽、湖北、湖南等中部地区省份紧随其后。上海最近提出"以市场换市场"的战略设想。1995年以来多数中部地区的省份和四川等西部省份开始强调当地市场对开展地区经济技术合作的重要性，陕西省在1996提出的发展战略的中心内容之一是"以市场换项目"。

东部地区省市的目标市场较为多元化。"九五"期间，上海把开拓国内市场的重点放在经济增长快现实购买力比较强的长江沿岸城市以及国内其他一些重要城市。中部地区明确加大对西部地区市场的开拓力度。

广东、浙江、上海等发达省份率先采取跨地区开拓市场的企业战略。90年代，上海面向全国进行商业网点和企业商业网络建设。1996年上海市开始强调把市场开拓与跨地区投资相结合，重视建设全国市场营销体系。采取市场拓展带动工业转移、销地生产促进市场开拓、创名牌重营销、以无形资产拓展有形市场的新思路，成立了上海工业品配售公司，1996年在武汉、万县、成都等地建立6个上海工业品配售中心。通过实行会员制、代理制等实现由产地销向销地售的转移。商业系统在市外拓展项目已有350多个，投资总额超过13亿元。乡镇企业发达的一些省份，如浙江省，逐步建立了非国有经济的跨地区市场营销体系，人口不多的温州市有14万农民购销员在全国各地搞市场营销。"八五"后期以来，西部地区省份以及黑龙江、河南、湖北、湖南、甘肃、天津等省市提出的市场战略仍以培育区域市场为主，但一些中西部省份，如四川近两年来也开始采取企业战略。目前中国许多内地中小外贸企业主要是为沿海贸易口岸提供货源，沿海发达地区开始致力于建立规范的、以现代企业制度为基础的国际贸易委托代理关系。

区域合作组织的发展及合作形式

与80年代相比,"八五"以来全国区域合作组织的基本类型没有变化,仍然是省际间的经济协作区、省毗邻地区经济协作区、省内经济协作区、城市间经济协作网络四种基本类型。一些80年代建立的组织处于停滞状态或基本消亡,同时出现了少数新的区域组织。区域性合作组织的发展,有以下两条主要发展脉络。

1. 区域合作组织的组织制度建设

主要形式有组织合作区域内不同地区之间开展双向经验交流和参观学习,高层领导互往;坚持定期轮换地点召开高层领导人联席会议;建立省(市、区)长或市长专员联席会;正式建立起协作区的常设机构——联络处和相应的组织制度,同时加大行业网络的工作力度和组织程度;加强宣传,一些组织,如淮海经济区(1993)和辽宁中部城市群经济区(1997)建立经济区总部大楼。

2. 联合开展跨地区经济技术活动和建设项目

90年代以来,区域合作组织的合作重点不再局限于以地区间调剂余缺、物质串换为主的物质协作。各类区域合作组织提出的经济技术合作重点有所差异,其中涉及跨省合作的比较相似。省际合作组织重视联合开发利用自然资源;为发展各类商品、生产等要素的区域性市场建立相应的环境和设施,强调联合建设以交通为主的区域基础设施网络和各类区域性市场设施;普遍提倡联合建设区域产业体系。基础设施发展相对落后的中西部地区,更强调新建区域性基础设施,而对于基础设施较为发达的东部沿海地区来说,实现区域性重大基础设施的统一协调布局是合作要点。1994年后,加强跨地区资金市场建设和信息网络建设,而且开始强调投资参股的合作方式;同时,努力发展企业间实质性合作对共同发展大型产业项目呼声较高。以经济区名义联合招商,与海外客商建立联系,也是新的重要合作形式。参见表8—4。

表8—4 部分区域合作组织提出的重点合作方向

区域合作组织名称	区域合作组织主要目标
西南五省七方经济协调会 (1994第11次会议;1996年第12次会议)	利用国家加快西部开发优惠政策,共同争取和配合国家政策;联合争取区域性重大项目;加快区域市场体系建设;争取建立区域经济发展银行;联合建立对外贸易综合商社;联合加大对外开放力度
西北五省区经济协调会 (1995年会议)	联合建设国际大通道;联手开发和利用资源;联合"走西口"
黄河经济协作区(1995年第七次会议)	联合培育"黄河大市场";深化行业协作

(续表)

区域合作组织名称	区域合作组织主要目标
南京区域经济协调会(1996年第八次会议)	联合开展区域性基础设施建设;创立区域名牌;扩展商贸市场;发展旅游经济
闽西南赣东南粤东经济协作与发展联席会议(1995年)	共同争取中央和三省帮助支持;制定区域发展规划;加快交通网络建设;开展经济项目协作;建立区域性信息网络
辽宁中部经济区(1996年会议)	联手外向牵动;以流通、交通、融通、通信为重点的区域市场体系建设;区域产业结构调整。
闽西南区域合作(闽西南区域合作规划,1996)	联合开发资源;共建共同受益的交通设施;外向型经济合作;共同培育区域市场;围绕支柱产业开展区域专业化分工和配套;联办大中型工业项目,组建企业集团
长江沿岸经济协调会(1996年7月第八次会议)	联合发展长江产业带;联合建设沿江重大基础设施;重视技术、信息、外贸等方面的市场建设;推动企业联合;巩固和发展跨地区跨行业企业集团

地区经济技术合作的总体进展

90年代以来,中国资金、能源原材料、设备技术和人才等生产要素的空间流动性明显提高,从1996年全国银行间同业拆借市场上各省份的业绩和1996年各省份的技术交易额来看,比较活跃的地区既包括沿海省市,也包括部分内陆省份。总体上,省际经济联合和技术合作更加密切,资金和物资流量持续扩大;跨地区商业贸易活动频繁,规模不断扩大。据不完全统计,1994年全国各省区市共执行经济技术协作项目4.4万个,其中省际间项目占32.2%;执行项目实际投入资金532.2亿元,其中省际间项目占40.7%。地区之间的经济技术的合作广泛而有力地推动了中国区域经济的发展。总体上看,全国范围的经济技术联系呈现如下地区特征。

> 中西部的生产要素向沿海地区进一步集中

在国家加强地区经济技术合作政策背景下受益最大的是沿海发达地区。90年代以来,大量的资金、人才、能源原材料等通过各种合作途径,流向沿海地区,特别是经济特区和开放城市。其中,上海和深圳是最主要的聚集地。所谓"孔雀东南飞"现象继续存在。通过地区间的开放与合作,引入内资、人才是沿海地区90年代新一轮经济快速增长的主要动力之一。

沿海地区经济联合和技术合作项目中协进项目比例提高。天津市1992～1994年经济联合和技术合作项目中协进项目在逐年增长,而协出项目在逐年减少,1994年协进项目是协出项目的4倍。技术人才向沿海移动规模较大。目前广东省的高级管理人员和科技骨干力量吸引外地人员占到80％以上。跨地区资金流动的空间集聚现象十分突出。有人粗略估计,自1994年中央政府拨入西部的资金,约有40％回流东部地区。

1. 资金向上海、深圳等沿海开放城市和经济特区要素集结能力继续增强

国内其它省区市大规模投资上海,是上海"八五"经济快速发展的重要支撑因素之一。据对7000多个外地在沪企业统计,1995年共上交税收67多亿元人民币,是该年上海地方财政收入的近30％,而且吸收了近25万上海籍劳动力。"八五"期间,上海市与其他省市工业联营返回利润总计30亿元以上。

整个"八五"其它省区市在上海的投资达600亿元。到1994年底,上海的内资企业已达1.26万个,其中产值达286亿元,盈利7亿多元,1995年底,外地在沪企业数目增到1.4万多家,与上海市的三资企业数目基本相同。四川、湖北、湖南、江西、安徽、江苏和浙江沿江7省在上海投资兴办各种企业达2300多家,上海与沿江7省的经济合作项目达25400多项,直接投资项目169项,投资总额9.86亿元。目前上海内资企业中来自中西部地区的占一半以上。

外省市在上海的投资集中在浦东。到1994年底,浦东新区外地投资企业达3805家,占外地在沪投资总额的73％,至1996年6月,企业数目上升到4200多个,其中包括一些规模较大的重大项目,涉及高科技工业、能源、物资和房地产等领域。不少省份在浦东大规模投资建综合办公大楼,安徽投资13亿元建起裕安大厦。

到1995年底,进入浦东外高桥保税区的2224个项目中,国内28个省区市和中央部委直属企业兴办的有900个,接近外商项目数,其中外贸企业比重大。浙江和江苏在浦东投资兴办项目名列各省前茅,其中浙江在浦东办企业300多家,投资200亿元以上。国内各地区和国家许多部门的大量资金投入是浦东发展取得巨大进展的重要因素。

经济特区等沿海开放热点地区吸引国内各地投资,包括大量沿海省份的资金。据不完全统计,至1994年底,全国30个省区市和中央有关部委在深圳兴办企业7000多家,投资总额约50多亿元,而且许多内联企业取得的利润继续留在深圳滚动发展。

至1995年4月,珠海市已拥有3498家内联企业和700多个各地驻珠海办事处。

2. 证券市场和金融中心的发展刺激资金向沿海地区集中

"八五"以来中国证券市场的地区不平衡发展,加强了沿海地区的资金集结功能。沿海地区的若干中心城市正在成为中国区域性的金融中心。融资中心是1996年全国银行间同业拆借市场的主体。其中上海在金融机构设置、证券市场规模、金融基础设施水平等方面是国内领先的,证券融资能力迅速提高。在银行机制转轨和证券资金市场上领先发展的上海等地,具有发展跨地区企业集团的相对有利条件。

1996年在沪外资金融机构业务量占全国外资金融机构业务量的40％,国内营业性金融机

构达 2693 家,至 1996 年 9 月底,上海市证券市场的交易品种已达 340 种。上海外汇市场上,1993 年以前拆入规模大于拆出,1994 年以来拆出超过了拆入规模。1992 年以来上交所和深交所会员开始向全国发展,证券营业部逐步向全国大中城市铺开,上市公司和股民分布逐步由点到面,覆盖了全国各省区市,内陆省份资金大量流向深沪。1995 年底,外省市在上海设立的 1.4 万多家企业中,有近 600 家是证券公司和经营部、业务部。到 1995 年底,上海、深圳两市的上市公司仍占全国总量近一半,除上海和深圳外,上市公司较多的省份依次为四川、广东、福建、江苏、浙江、海南和辽宁,除四川外均处于沿海地区,参见表 8—5。1996 年这一局面有所改变,至 1997 年 5 月全国的上市公司中有 27.2% 分布在中西部。

表 8—5　中国上市公司的地区分布(1995)

```
          上海 92      深圳 48
四川 27  广东 22  江苏 13  福建 12  浙江 11  海南 10  辽宁 10
吉林 9   山东 7   湖北 7   北京 6   黑龙江 5  陕西 5   云南 4   天津 4
              其它各省区 1~3 家
```

资料来源:中国证券报,1995 年 12 月 30 日

3. 沿海地区中心城市逐步成为各省区的信息基地和交流节点

在市场经济条件下,中国中心城市的社会经济综合影响力明显增强。发达地区中心城市日益成为地域联系广泛的办事机构设置和信息中心。1995 年底,国务院和外省市在沪办事机构已达 700 家;全国各省区市和大型企业驻京办事机构已经有 530 多家;国家部委及各省区市驻津机构已超过 1200 家,在天津站后广场的黄金地段规划设置"国内使馆区";各地驻厦门、福州、广州和武汉的单位数目分别为 341 家、211 家、1155 家和 600 家以上。1995 年上海市外贸出口中,约有 1/3 的货源来自其它省区市。

<u>沿海地带内部南北向经济联系增强</u>　在沿海省份之间的南北资金流动在加强,产业合作项目增多。从天津市 1992~1994 年全市重点协作项目的地区分布来看,与天津市经济技术关系密切的省份是广东、山东、福建、浙江、山西、辽宁、陕西、北京、上海、湖南、湖北、河北和内蒙古等。至 1995 年初深圳在国内其它地区的投资集中在上海、江苏和浙江等东南沿海省份。据河北省经济协作办公室的统计,至 1995 年 6 月河北共从北京和天津引进资金 65 亿元,占全省引资金额的 67%。北京投资 1.2 亿元于唐山港建设;天津原材料开发公司在迁安县投资 3936 万元建设津西铁厂,夏利轿车有 157 个零部件由河北企业生产。天津外贸先后投入 1769 万元在河北建立 16 个出口货源基地,平均每年从中收购 1.26 亿元的出口货源,创汇 2370 万美元。河北省 1996 年与上海开展产业合作取得明显进展,最突出的是以张家口第二毛纺厂和上海第五毛纺厂的联合为代表的企业合作获得成功,实现了"同南方发达地区开展经济技术合作的历史性突破"。1996 年河北省引进技术 1532 项,引进人才 1.1 万人,至 1995 年 6 月河北从北京和天津引进的人才和技术项目占其总引进数的 2/3。

另外，沿海发达地区的帮扶带动作用从本省内部开始。与跨省区的对口支援和帮扶相比，省区市内部社会经济发展水平不同的地区之间的连带发展战略见效更快。广东省深圳市对稍欠发达地区的帮扶效果较明显。

中部地带开始加强与东部和西部的双向合作

“八五”以来，特别是1995～1996年间，中国中部地带的一些省经济增长超过了全国的平均水平，其中，加强了与东部和西部的经济和技术合作是个重要因素。中部地带的多数省份在注意开拓东部市场的同时，开始把本地产品推入西北市场。1995年，中西部地区有30多个城市在上海举行招商洽谈会和产品展示会。安徽省在“97中国东西部合作与投资贸易洽谈会”上内贸总成交额为12.9亿元，销售额较高的是轻工、粮油、纺织机械、化工类产品。

东南沿海是“八五”期间中部地带在国内“招商引资”的主要来源。至1992年湖南与上海共有13个地州市与上海各区县结成友好对子。1986～1991年间全省共从省外引进资金7.5亿元，主要来自浙江、广东和武汉等省市。1991年至1992年初，与华东地区签订经济协作项目213项，其中上海和浙江各占64项和46项。1995年安徽赴上海招商，达成900多个内联项目，协议协进资金163亿元。1997年初，安徽省有2000多家企业与上海有联合关系，皖沪经济技术联系的紧密程度明显高于安徽与其毗邻的江苏等其他省份的联系。1996年，安徽省工业产值的1/4、利税的1/3与内联有关。据安徽省人民政府发展研究中心的调查，1996年阜阳市内商（阜阳市以外的投资者）投资总额大于外商（含港、澳、台）投资总额。

中部省区对外投资主要集中在沿海发达地区，同时，也向国内其它地区扩展。湖南自1991年起在浦东设窗口。至1992年，湖南省在深圳共投资4亿多元，兴办了130多家企业；在海南省建立168家企业，形成资产近3亿元。安徽省在“97中国东西部合作与投资贸易洽谈会”上，达成140个内联合作项目，协议投资16.4亿元，其中有60项合同项目，60项中与西北地区签订的占60%，其中农业农垦畜牧业合同占总合同数的13.3%，而且签约的17项技术转让和技术合作方面的合同全部是与西北地区签定的。

“97中国东西合作与投资贸易洽谈会”的签约情况表明，目前中部地区是东部发达地区开展轻工、化工、食品和机械等重要产业跨地区资产重组的重点。中部地区一些省份也在跨地区企业合作有所收益，突出表现在通过与东部地区名牌联合，利用以前闲置的生产能力，企业获得发展，企业产品有了市场。安徽省有84家企业参加了东部地区的24家企业集团，主要涉及轻工、化工和商业领域。

资金和技术开始流向西部地带

近年来东部地带和中部地带流向西部地带的资金和技术和规模有所扩大，形式趋于多样化，成为西部地区的重要投资来源，对改善当地投资环境、促进自然资源的市场化开发和资产重组有所贡献，是推动西部地区经济增长的重要因素。

1. 西部资金的引进及来源

国内资金在西部地区省份全部引资中的比重明显上升，1996年以来与外资增长基本同步。除东部沿海省份外,一些中部地区省份也开始与西部地区建立投资联系。

1996年四川全省引进资金中的国外引资、省外引资和区外引资比重"三分天下"。贵州1996年引进内联资金13亿,而外资很少。1992~1996年,除深圳、青岛、宁波、大连4个对口帮扶城市外,贵州与上海、南京、福建、广东和山东等省市企业合作项目2000余项,引进资金30多亿元,其中1996年全省引进内联资金13亿元,引进与交流人才1.5万多人次。宁夏1983~1994年共引进资金5亿元,在1994年引进资金4985万元中,引进外省资金3818万元,占76.6%。新疆1994年引进外省市资金6.69亿元,大大高于同期引进外资(折合人民币2.18亿元)数量,与广东、江苏、山东、四川、深圳等省市签订发展棉纺、合办铝型材加工等12个大项目。

中西部地区向沿海发达地区的劳务输出成为资金西向回流的主要形式之一。据邮政系统的调查,1996年在广东省和上海市的外地打工人员向中西部地区汇出的资金总量分别在200亿元和100亿元以上。

资料表明,近年来东部省市对中西部地区投资规模的增加与东部地区省份执行中央制订的对口支援三峡和对口帮扶政策密切相关。据不完全统计,1992~1996四年来有关省市、中央各有关部门与三峡库区实施的支援项目共820个,支援方已到位资金15.91亿元。至1996年底上海在三峡库区的投资达1.6亿元,在西藏共投入资金1.3亿元。

2．技术的引进及来源

技术的引进是西部地带与东部和中部地带开展合作的最主要目标。宁夏技术引进的主要来源地有天津、北京、哈尔滨、浙江、上海等地。1994年与北京、上海、天津、山东、江苏、福建、广东、四川和西北各省实施协作项目47项;与浙江、天津、辽宁等地开展的一系列企业技术合作项目对宁夏的冶金工业技术改造发挥了重要作用。内蒙古与东北、河北、京津的经济技术联系都有加强。东部地区在对口支援地区进行的基础设施建设、人才培训和发展教育等项目有利于当地增加长远发展后劲。

3．资金、技术主要投向

"八五"期间,中国东西部地区之间的跨地区投资项目产业结构水平较低,项目中农副产品深加工、土地与资源开发、技术转让和轻工、服装等劳动密集型项目占很大比重。"八五"以来东部地区在西部地区投资有两种重点形式,一是东部地区资金投向以大农业开发和矿产资源开发为主的自然资源开发性项目。新疆1994年引进外省市资金6.69亿元中有13%是江苏、安徽、山东、四川、湖北、深圳等省市建立棉花基地的投入;1994年云南省旅游开发项目协议投资8.3亿元,其中横向筹集6.8亿元,占82%,1995年初外省市到云南省开办边贸企业总数已突破500家。近年来贵州与沿海省市建立了一些稳定的资源开发合作项目,上海、江苏、浙江、广东等在赫章、龙里开发锌、铁系列产品,上海与贵州联合建设申湄烟草基地。二是东部名牌产品与西部受援地区企业的联合发展以及对搬迁企业的技术改造,如涪陵的浙江娃哈哈饮料厂和万县的上海白猫洗涤剂厂,项目投产快,产品有市场竞争力。

省际间合作存在的主要问题

1. 联合开发利用资源的利益分配问题较多

跨地区资源开发利用的合作非常符合资源富集地区和资源短缺的发达地区的客观需要，但由于各种因素特别是体制因素的影响，主要由政府推动和参与的合作形式效果并不算理想。有的按照协议，资源开发基地建立起来了，但产品（资源或资源型产品）并没有供给投资者；也有的正好相反，协议中的需求方拒绝购买对方生产出来的资源或资源型产品。从"六五"至"八五"，上海在其它省市共投资15亿元，其中很大比例用于建原料基地，但只有1/5左右的投资获得较好收益。珠江三角洲地区与西南和广西红水河地区的水能资源开发利用的合作，并没有按协议使各方受益。在资源开发领域，近年来东中西部的企业合作出现了一些成功的范例，但在目前的国家经济管理体制和区域特点下，东部沿海地区企业西进开发资源仍面临很多难题。

2. 内地与沿海地区共同发展外向型经济动力不足

内地与沿海地区在发展外向型经济、扩展国际贸易方面的合作进展落后于设想。其中，内地利用沿海港口保税区发展出口加工工业的合作进展缓慢。

3. 跨省市产业转移互惠性较差

已经实现的省际政府协议性跨省市产业转移规模很有限，转移出的二手设备对一些县、乡镇的中小企业的发展有贡献，但是很难为其它城市所接受。而且多发生在国家指定开展对口帮扶对子地区之间。至今为止，上海产业转移的规模相对较大。政府引导下的本省内部地市级的产业转移多发生在经济较发达省份的地市之间，进展最快的是广东和福建。

4. 跨地区企业集团的发展遇到困难

尽管各地提供的已建立或加入的企业集团数目很大，大企业集团跨地区兼并重组困难重重。突出障碍是：跨地区产权和金融市场欠发达，从中央到地方没有形成一个有效的推动机制，跨地区贷款机会少，外地企业没有融资权，缺乏必要的投资地当地金融支持。由于软、硬环境的限制，企业跨地区兼并过程中总体交易成本高。

5. 跨地区商贸合作效果不理想

地区间对市场的竞争日趋激烈，深化跨地区商贸合作有难度。各地纷纷要争取全国性和区域性商品交易中心地位。上海90年代初的跨地区商业合作未收到预期满意效果，国内市场交易成本可能高于进入国际市场成本，积极性受到影响。上海第一百货公司曾在全国开了20多家连锁分店，目前仍继续生存的仅有合肥、武汉和西安3家。调查表明，上海发展跨地区商业连锁的成果之所以并不理想，当地合作不积极、交易成本高是主要原因。

区域合作组织的深入发展及其困境

总体上看，90年代区域性合作的实际进展落后于国家建设区域市场体系和区域经济一体化发展的目标，区域合作组织自己制订的合作目标实现起来有难度，其中跨省区市的区域合作组织遇到的发展障碍最为突出。

取得的主要进展

1. 增强区域意识,逐步扩大对外区域影响

"八五"以来,全国范围的100余个区域合作组织中比较活跃的,约有1/3左右,大多数区域合作组织的组织制度建设处于松散型、低层次上。但绝大多数区域组织发挥了沟通信息、联络感情、加强对外宣传的作用,其中一些组织提高了区域知名度,对有关地区深化改革开放、加快地区经济发展有促进作用。省内毗邻地市协作区发展比较活跃的主要类型是相对发达的东部沿海省市内部不同地市之间开展的区域合作,如闽东南经济区和闽西南经济区,而欠发达省份的这类区域协作组织进展缓慢。近年来长江沿岸中心城市经济协调会等城市经济协作网络组织趋于活跃。参见表8—6。

表8—6 "八五"以来比较活跃的区域经济合作组织

区域合作组织类型	区域合作组织名称
省(区)际间的经济协作区	西南五省七方经济协调会;西北五省区经济协调会;黄河经济协作区;中南经济协作区
省毗邻地区经济协作区	南京经济协作区;淮海经济协作区;中原经济协作区;陇海兰新地带市(州)长联席会;闽西南赣东南粤东经济协作与发展联席会议;湘鄂川黔边区;闽浙赣皖九方经济区
省内毗邻地市经济协作区	辽宁中部经济区;闽东北五地市经济协作区;闽西南区域合作;滇中八地州协作区
城市经济协作网络	江苏苏锡常通经济协作区;湖南长株潭经济协作区;长江沿岸中心城市经济协调会;长江三角洲十四城市经协委(办)主任联席会;丝路重镇经联会

2. 区域合作的范围更加广泛

"八五"以来区域协作涉及领域更广、层次更多,大多数区域组织在文化、卫生、教育和科学技术等非经济领域的联系和交流明显增强。从协作组织自己的统计看,许多组织开展协作项目数、实施协作项目的产值和创利税额、物资商贸协作规模、融资规模等都有提高,多种类型的边境商品市场发展较快。工商行政、财政税收、金融保险、公安等部门的区域性行业协调和网络建设有进展,科学技术的合作、信息管理经验的交流也有了明显的发展。参见表8—7。

3. 跨地区基础设施联合建设已取得初步成效

"八五"以来,付诸实施的跨地区联合建设项目集中在区域基础设施建设方面,主要包括较小规模跨地区交通设施建设和区域性环境治理。毗邻地区,包括地市际、县际、乡际联合修建断头路和建设联络线数量较多,合力建设了一些对形成沟通不同省份的公路网络有重要意义的高等级国道、省道公路干线,直接改善地方交通条件、提高省际联通性。西南五省七方经济协调会1984~1994年10年间修建断头公路49条,近千千米。晋陕豫黄河金三角协作区在联

表 8-7 代表性区域合作组织取得的主要合作成果

区域合作组织名称	区域合作组织主要进展
五省区七方经济协调会	1984~1994年联合开发能源、交通、通讯和农业重点项目160多项,实施合作项目6478项,内联外引资金50多亿元,商贸物资协作达400多亿元,人才交流上万人次,新增产值62.5亿元,新增税利15亿元
黄河经济协作区	建立约10对省区和70多对地市友好合作关系,结成一批行业协作联席会,达成万余个协作项目,省际间融通资金数亿元,物资协作总金额约200亿元,资源联合开发得到全面加强
南京区域经济协调会	建立67个行业网络和86个企业集团,1986~1994年协调会共达成经济协作项目4220项,新增产值89.5亿元,新增税利12.6亿元,物资流通金额265亿元,资金融通207亿元,引资51亿元
武汉经济协作区	由湘鄂豫皖4省24地市组成,1987~1995年完成经济协作项目1833项,新增产值12亿元,利税2亿元,完成技术协作、人才交流项目8165个,实现效益8.3亿元。武汉商场等十大商业集团依托区域组建200多个联营连锁联销商店,共实现销售收入324亿元,武汉市人民银行利用长江沿岸中心城市金融网络,融通各地资金达2300多亿元,调剂外汇40多亿元
重庆经济协作区	1988~1996年初,共达成协作项目2789个,新增产值38.1亿元,创利税8.4亿元,物资商贸协作金额818亿元,融资196亿元,组建企业联合体532个
湘鄂川黔边区	新建各类专业市场和批发市场80多个,累计物资协作总金额约80亿元
闽浙赣皖九方经济区	1996年,金融系统资金融通总量达20多亿元;物资协作总额达814亿元;在区域接壤地段新建断头公路11条,计693千米
闽西南区域合作(1995)	成立区域经济合作办公室,编制区域发展规划,制定区域发展政策,联手建设国道省道,共投资近50亿元,完成国道省道建设改造近1800千米,加强"山海协作",促进五地市企业合作,开展联合招商
长江沿岸经济协调会	长江金融网络取得成绩,仅1994年同业资金拆借金额达3085亿元,调剂外汇225亿美元

资料来源:根据有关各区域合作组织的会议资料整理

合开发黄河航运上有所作为,联合建设了三门峡和风陵渡两座黄河公路大桥。淮河经济协作区中位于淮河上、下游的地市之间就联合治理淮河环境污染初步达成共识。环渤海地区内部的河北、天津与北京等地就跨地区水资源供给保障加强了友好磋商。

4. 区域性金融流通水平有所提高

区域合作组织是各地区通过同业资金拆借进行资金横向流通和余缺调剂的重要舞台,1992年区域组织内部跨地区资金拆借市场规模迅速增长,1993年国家加强对同业资金拆借市场的管理后,规模下滑,流向变化较大。1996年1月,全国统一的银行间同业拆借市场网络市场开始试运行后,跨地区资金交易的网络性开始增强。另一方面,跨地区外汇调剂的规模和地域跨度有所提高。同时,区域性金融网络建设有所突破,在上海浦东发展银行和长江金融网络的带动下,长江沿岸资本市场网络已具雏形,在全国范围内相对领先。参见专栏8.4。

专栏8.4

上海浦东发展银行和长江金融网络

上海浦东发展银行是1993年1月正式开业的区域性综合性股份制商业银行,目的是运用灵活多样的信用形式,筹集和融通国内外资金,推动浦东开放开发和长江流域经济发展。至1996年6月,资产规模超过400亿,已有22家直属分支行,其中包括在上海各县区设立的18个支行(办事处),以及杭州、宁波、南京和江阴分支行,正准备在苏州、无锡、扬州、南通、绍兴、嘉兴、金华、舟山、温州等地设分支机构,并在未来3~5年内扩展到武汉、重庆、芜湖、九江、镇江等中上游城市。

1986年10月,根据上海、南京、武汉、重庆4城市市长联席会议精神,由4城市人民银行和交通银行总行发起,长江沿岸28个城市在武汉召开了长江沿岸中心城市金融横向联系网络会议,建立长江金融网络(长江金融网络办公室),明确网络性质是松散型的金融联系网络,是长江沿岸中心城市经济协调会的组成部分;其宗旨是推动资金横向流动,探索形成以长江沿岸中心城市为依托的资金融通网络,开拓区域性资金市场,支持和促进长江流域经济的横向联合。取得的主要成果是:广泛开展同业资金拆借活动,据不完全统计,1986年10月~1996年6月近10年长江金融网络融通资金达10087亿元;活跃流域外汇市场,尤其在汇率并轨前调剂规模很大;推动长江流域联合调研和学术活动的开展;实现长江流域金融信息交流制度化和经常化。

区域组织合作进展面临的主要困境

1. 大型区域性基础设施项目的协同建设难落实

对联合发展涉及不同行政区域、对区域社会经济发展有重大影响的大型基础设施的必要性认识达成共识,统筹规划有所加强。但是,由于资金来源、利益分配和征地拆迁退赔负担等地区间利益协调较难落实,使许多已达成共识的较大规模的跨地区重要项目实现起来有难度。突出地反映在铁路新线建设和大型机场、港口的统一布局等方面,重复建设的问题依然存在。

由于体制复杂、问题多,长江联运仍停留在协商准备阶段;长江三角洲联合建立深水港口问题、上海与长江三角洲其它主要城市之间的现代化高速交通的建设,因为上海与江苏、浙江之间利益协调的困难而滞后于实际需求;闽西南赣东南粤东经济协作区的有关省地市在加强加快闽、粤、赣3省间交通网络建设上做了很多共同努力,在争取国家和省有关部门对梅坎铁路、汕潮漳铁路广东段、汕潮汾高速公路、汕揭梅高速公路等交通干道的批准立项方面取得成效,但尚未进入实际建设阶段。

2. 区域性金融合作体系发展条件尚不成熟

对内开放、区域经济协作的深入发展迫切需要区域金融内部开放与合作。"八五"期间中国金融机构设置行政区域化的格局基本未变,信贷资金管理依然实行地区规模控制,严禁跨地区发放贷款。同时,发展跨地区跨部门的企业债券市场仍受到资金行政管理界限的限制,区域性资本市场发展缓慢。目前,多个区域组织对发展区域性开发银行呼声较高,普遍呼吁并寄希望于国家自上而下的支持,但实现起来难度大:除了国家的现行宏观金融调控体制外,地方保护主义倾向下的地区利益冲突、现代化电讯设施以及支付和清算体系发展水平低也是重要障碍因素。

3. 区域性产业协作未达到预期效果

区域产业经济一体化方面的进展较慢,涉及多边联合的大的单项投资项目很少,地区产业结构雷同仍很严重。国家的项目审批制度和用地限制对发展跨地区项目的制约仍很突出。

从区域协作组织自己发表的统计来看,跨地区企业联合体发展很快。实际上,现阶段以有机协作和分工为基础开展跨地区产业组织合作难度大。至1996年初,上海同长江流域省市达成各类经济联合协作项目2万余项,投资总金额约10亿元,其中投资项目只有169项。至1996年6月,在闽西南赣东南粤东经济协作区中,汕头市有72个部门或单位在区域内建立了经济合作关系,但其中生产性项目只有十多个。

长江三角洲经济协作区是国内发展跨地区产业合作战略提出时间最久呼声最高的区域组织,也是产业一体化发展条件最好的地区之一。80年代初,国家有关部门对整个三角洲地区第二产业如何协调发展作过专题研究。但是,目前整个三角洲产业结构趋同化倾向突出,却难以取得整体性的协调。三角洲14个城市都把采用高科技、具有高附加值的汽车工业、石化工业、电子工业、新型建材等行业列为本地区经济发展的支柱产业。同处于长江三角洲地区之内的两大汽车企业,上海桑塔纳汽车和南京跃进汽车集团如何进行协调合作至今未提上议事日程。闽西南五地市中,作为龙头的厦门在工程机械制造行业很有实力,泉州、漳州和三明都有与其联合配套发展的愿望,但是目前没有实质进展。

评价与结论

推动地区经济技术合作的战略导向及其政策措施,是中央政府90年代以市场机制为基础的宏观经济调控政策体系的重要组成部分,旨在通过宏观政策引导来改善地区关系,解决区域问题。这一政策导向得到省级地方政府的普遍积极响应,地区合作战略成为各地社会经济发展战略的重要组成内容。地方政府采取的地区合作战略直接构成建立和发展地区与地区之间关系的新的地方性制度环境,地方政府关于地区合作的战略选择成为中国现行体制下影响地方关系和区域差异的重要因素。与此同时,随着国家改革开放的深入,90年代以来市场对地区关系的塑造力在上升,并主要反映在企业行为的深刻变化上。在此背景下,中央政府推动地区经济技术合作的政策能否成功,关键要看其政策目标与地方政府和企业参与和开展地区合作的目标和方向是否基本一致,目标是否符合现实。

根据对90年代中国地区经济技术合作进程的回顾,可以初步作如下总结:

第一,加强地区经济技术合作符合各地发展利益,地区间合作对中国地区经济发展的作用越来越大。

随着国家把决策权力进一步下放给地方,中央支持资金份额愈来愈小,地方必须比以往更努力自谋生路,通过建立合作关系从其它地区获取投入来源对任何地区都有必要性和吸引力。另外,要在开放的环境下构筑基于地区竞争优势的区域结构,无论是发达地区还是欠发达地区,扩大地区间的合作和交流必不可少。发达地区的创新优势更要通过发展广泛的区域性网络联系来实现。

第二,现阶段中国地区经济技术合作的重点在东西向合作,但这是政府政策导向与市场经济客观规律交互作用的结果,与国家加强东西合作的目标并不完全一致。

在市场力量下,一些生产要素不可避免地从中西部地区流向东部地区,与国家促进区域平衡发展的目标相背离,也与中西部地区"招商引资"的愿望相背离。中国的改革开放实质上是个逐步释放市场能量的过程,国际化和市场化进程本身开发和加强了一些东部沿海地区固有的以及经长期历史发展积累的发展潜力和比较优势,特别是在地缘经济、产业结构效益水平以及劳动力素质等方面的优势,即东部沿海地区在改革开放形势下具有较突出的地区比较优势。偏重沿海地区的区域政策使新时期的比较优势和集聚经济惯性相叠加,使之处于经济增长的核心位置。随着改革开放的逐步深入,市场对资源配置作用加强,生产要素报酬差异对资源配置空间格局的影响力不断上升,影响资金供求的市场力量逐步加强。而百元固定资产实现产值和实现利税,东部地区是西部地区的2~3倍和2~4倍。另一方面,在开发式扶贫的政策激励下,越来越多的企业从东部西进发展,成为东部地区带动中西部发展的主导力量。总体上看,跨地区经济合作关系主要发生在沿海主要开放(港口)城市与其直接腹地之间,其次是沿海地区之间以及中西部的地区之间。以产业类型划分的合作伙伴,主要是加工制造业发达与资源开采和资源型产业为主的地区之间。这些地区经济技术联系的地理趋向表明,中国国内东西向经济一体化发展存在客观基础。

第三,现行体制下,建立跨地区的经济技术合作关系遇到一系列行政和制度性障碍因素,这些障碍不可能由地方政府行为和企业行为来克服。

国家的"条"、"块"经济管理体制仍在发挥作用,而且企业和地方政府日益成为利益共同体,强化"诸侯经济"特征。金融体制限制十分突出,所得税归属问题也直接阻碍跨地区投资。

按现行国家统计体制规定,外地企业进入其它行政区域进行经营,所得税交回当地,所创造的国内生产总值也算在当地。如果一地向外地给予贷款支持,宏观上会降低该地区资金的投入产出比。这些因素直接影响地方政府支持跨地区合作积极性。

第四,"八五"以来地区经济技术合作政策的实施对解决两大区域问题有所贡献。

尽管存在以上所讨论的障碍因素,90年代以来中国地区经济技术合作政策的实施,对减轻地方保护主义和缩小地区差距仍然有积极贡献,主要表现在加强市场力量对地方保护主义的冲击,防止市场发育地区差距的扩大。如文中讨论,中央和地方各级政府对地区经济技术合作制定了众多的政策和措施投入,尽管直接资金支持很有限,但促进了地区间的广泛交流。除了重要的信息交流外,推动市场观念和现代意识从相对发达地区向欠发达地区的传播,区域性基础设施条件的逐步改善使跨地区商品贸易交流的条件大为改观。而且这些都为企业的跨地区一体化发展创造着必要条件,从而加强市场力量对地方保护主义的冲击。市场机制发育水平和市场竞争力的区域差异,是中国目前经济发展地区差距的主要指标之一,也是80年代以来经济发展地区差距扩大趋势的原因之一。在国家全面开放战略和东西合作战略的推动下,中西部地区正在迅速开放市场,提高进入市场能力。借助外部力量对当地自然资源进行开发和资产重组,打破封闭性发展的模式;同时,在互惠互利性对口支援和互补性区域经济发展的地区合作原则指导下,中西部地区正在逐步熟悉市场竞争的观念,开始积累有利于长期持续发展的潜能。因此,从发展市场经济角度分析,推动地区经济技术合作比直接加大中央对中西部的投入对解决地区差距问题更有意义。

第五,区域合作组织的发展只能对中央政府推动地区合作战略目标的实现作局部贡献。

区域性一体化发展是国际性区域合作组织的基本目标,中国国内不同地区和城市组合而成的区域合作组织与国际性区域合作组织的发展背景和机制有明显差别,但在追求区域性集团利益的目标上是较为一致的。联合起来争取更多的中央投入是多数跨省区的区域合作组织现阶段的主要集团利益目标之一,这与通过地区间互相带动以促进地区平衡发展的国家目标不相一致。从理论上讲,区域合作组织内部的区域性产业组织和市场建设是克服地方保护主义的阶段性步骤,但是地方保护主义弊端和一些体制性障碍的存在反过来正制约着区域一体化目标的实现。

参考文献

1. 李思名等,《中国区域发展面面观》,台湾大学香港浸会大学联合出版,1996年。
2. 金锋等,《区域经济与政策分析》,中国环境科学出版社,1992年。
3. 陆大道,"地区合作与地区经济协调发展",《地域研究与开发》,1997年第1期。
4. 陈耀邦,"促进地区经济协调发展",《未来与发展》,1996年第5期;1996年第6期。
5. 胡鞍钢,"分税制:评价与建议",《中国软科学》,1996年第8期。
6. 杨开忠,"中国区域经济差异变动研究",《经济研究》,1994年第12期。
7. 刘铁民,"制度创新与中国地区经济协调发展",《未来与发展》,1996年第6期。
8. 魏后凯,"中国地区经济增长及其收敛性",《中国工业经济》,1997年第3期。

9. 魏后凯,《区域经济发展的新格局》,云南人民出版社,1995年。
10. 卢现祥,"我国区域经济发展中的四大问题",《中国工业经济》,1997年第3期。
11. 国家计委国土所,《1996年中国地区发展报告》,1997年。
12. 国际货币基金组织,《中国在市场经济的门槛上》,中国金融出版社,1994年。
13. 张万清等,《区域合作与经济网络》,经济科学出版社,1987年。
14. 马洪主编,《中国市场发展报告》,中国发展出版社,1997年。
15. 厉有为,"迎接回归,加强合作,共创繁荣",《环渤海经济瞭望》,1996年第5期。
16. 汪洋,《皖江开发的历史性跨越》,安徽人民出版社,1995年。
17. A. Malmberg & O. Solvell, Spatial Clustering, Accumulation of Knowledge and Firm Competitiveness, 1995, 国际会议论文。
18. 覃成林,中国人民大学博士论文,1996年
19. "费孝通副委员长在淮海经济区第八届市长专员会议上的讲话",《淮海经济区第八届市长专员会议文件汇编》,1993年10月。
20. 国家计委国土开发与地区经济研究所,"加强横向经济联合促进地区经济发展",1996年。
21. 国家计委市场与价格调控司,《"九五"时期我国市场体系培育和发展规划纲要(征求意见稿)》。
22. 国家计委国土地区司,中国科学院地理研究所联合课题组,《地区经济协调发展与区域经济合作》,1997年。
23. 广东—广西,上海—云南,辽宁—青海,深圳、大连、青岛、宁波—贵州,福建—宁夏,北京—内蒙古,山东—新疆,浙江—四川,国务院办公厅《国务院办公厅转发国务院扶贫开发领导小组关于组织经济较发达地区与经济欠发达地区开展扶贫协作报告的通知》([96]26号文件)。
24. 《国务院办公厅关于对口支援三峡库区移民的通知》([94]58号文件)。
25. 《李鹏总理在国务院三峡工程移民暨对口支援工作会议上的讲话》,1996年10月。
26. 黑龙江省经济技术协作委员会,《围绕实现两个根本转变坚持不懈抓好南联工作》,1997年4月。
27. 《安徽省经济技术协作"九五"规划纲要》。
28. 河北省经济技术协作办公室,《关于1996年对内开放工作的总结报告》,1996年12月。
29. 安徽省人民政府经济技术协作办公室,《安徽经协》,1996年10月6日。
30. 闽浙赣皖九方经济区第九次联席会议大会秘书处,《闽浙赣皖九方经济区第九次联席会议文件汇编》,1994年10月。
31. 上海市人民政府发展研究中心,《上海市人民政府发展研究中心研究年报(1996—1997)》。
32. 河北省人民政府办公厅,《河北省"九五"对内开放工作纪要》,1995年11月。
33. 上海市人民政府研究室,《决策参考》,1997年第1期。
34. 国家计委国土地区司经济协作处,《1994年经济技术协作统计表》。
35. 上海市人民政府研究室,《决策参考》,1997年第2期。
36. 上海市人民政府经协办,《上海市国内经济协作"九五"计划和2010年远景目标》,1995年12月。
37. 长江沿岸中心城市经济协调会第八次会议组委会,上海市人民政府协作办公室,《长江沿岸中心城市经济协调会第八次会议文件汇编》,1996年。
38. 长江沿岸中心城市经济协调会第八次会议组委会,《长江沿岸中心城市经济协调会第八次会议文件汇编》,1996年7月。
39. 顾朝林,《大中城市集聚与扩散研究》(打印稿),1997年。
40. 安徽省人民政府经济技术协作办公室,《安徽经协》,第14期,1997年4月。
41. 安徽省人民政府经济技术协作办公室,《重振雄风,再创辉煌》,1997年。

42. 安徽省人民政府发展研究中心,课题研究报告1996年第6号,"安徽三大战略的主要内涵及实施措施",1996年12月。
43. 贵州省对外经济协作办公室,《贵州省与大连青岛深圳宁波四个计划单列城市对口扶贫协作工作全面启动初见成效》,1997年。
44. 新疆经协办,《加强东西联合,共兴边疆经济》,1995年。
45. 宁夏回族自治区政府经济协作办公室,《适应形势,转变职能,进一步加强横向经济联合与协作》,1995年。
46. 宁夏回族自治区政府经济协作办公室,《1994年全区经协工作总结及1995年工作计划要点》,1994年。
47. 上海浦东发展银行,"搞活资金融通,为长江流域经济发展服务",《长江沿岸中心城市经济协调会第八次会议文件汇编》,1996年7月。
48. 上海市人民政府研究室,《决策参考》,1996年第1期。
49. 李雄,《闽西南赣东南粤东区域合作1995年度工作报告》,1996年7月。

第九章　中国区域粮食供需与农业政策

粮食问题在本世纪 80 年代以前一直长期困扰着中国人民。始于 70 年代末的农村经济体制改革,极大地刺激了中国农业特别是粮食生产的增长,并因此摆脱了粮食和农业困境。80 年代末 90 年代初,伴随着非农产业的迅猛发展和城镇建设规模的拓展,加之人口绝对增量庞大,中国所感受到的耕地压力、粮食压力和农业压力愈来愈大。粮食和农业即已引起中国国内学者的高度重视。布朗(Lester R. Brown)先生的"谁来养活中国"一文,将全世界的注意力一下子集中到了中国的粮食问题上,引起国际社会对中国粮食问题的高度警觉。这里且不谈布朗先生的数据取得、计算方法、逻辑推理存在什么样的欠缺甚至错误,客观上,他的言论确为中国人敲响了警钟。作为世界上人口最多、经济发展迅速的发展中大国,中国的粮食问题将继续引起世界性的广泛关注。

在中国,粮食问题的影响不仅仅局限于粮食或农业范围。历史证明,粮食供需情况的好坏对农业和农村的发展,乃至对整个国民经济的发展都有着重大影响。"无粮不稳"和"农业是基础"是长期经验教训的真谛。长期以来,粮食问题也是引起中国通货膨胀的主要因素之一。90 年代初中国出现的通货膨胀在很大程度上源自 80 年代末的农业不景气和粮食生产萎缩。中国国内学者认为,粮食问题在今后相当长时期内仍将主导中国农业发展的走势和农业政策的主要取向。

在中国,粮食问题不仅表现为总量不足,也表现为区域供需不均。粮食问题将在相当长时期内主导中国农业政策的取向,粮食问题的区域差异将继续导致区域农业政策的区域差异。粮食供需的区域差异与农业政策的区域差异,构成中国农业发展区域差异的主流,也是中国农业可持续发展所必须考虑的关键方面。这就是本章的立意。

本章将简述全国粮食供需与农业政策概况,分析粮食和农业生产赖以进行的自然物质基础,以此作为对粮食供给能力区域差异分析的依据;以社会人均粮食占有量为指标分析了粮食供需状况的区域差异;比较各地区的粮食目标和农业规划;并对各地区近期农业走势和前景进行简单的预测。

全国粮食供需与农业政策

近期中国粮食供给状况概述

1981～1995 年 15 年间,中国全国粮食总产量由 3.25 亿吨增至 4.67 亿吨,年平均增长率为 2.62%。其中,年增长率较高的年份是 1990 年(9.49%)、1983 年(9.25%)和 1981 年(9.07%);总产下降的年份是 1985 年(降 6.92%,主要原因是上年创纪录的丰收导致了卖粮难)、1988 年(降

2.21%,主要原因是经济过热和房地产热)、1991年(降2.45%,主要原因是发生大面积的自然灾害)和1994年(降2.50%,主要由于第二次房地产热导致耕地大量被占用)。

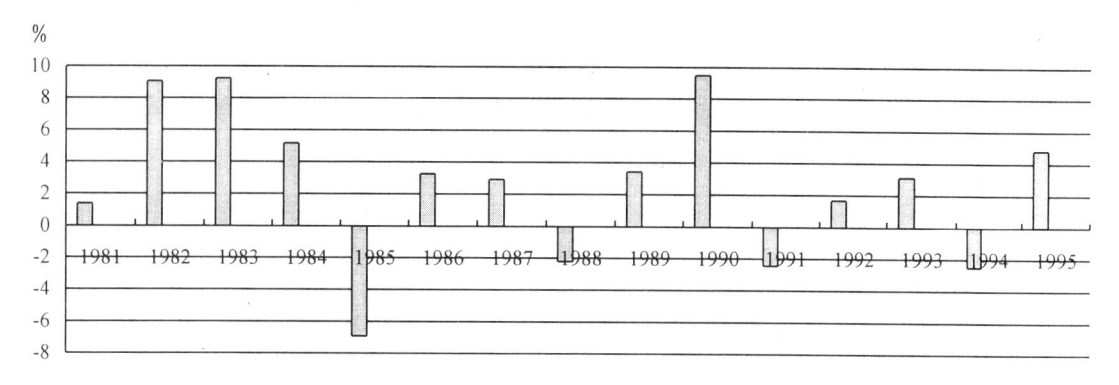

图9—1 中国粮食总产年际增长率(1981~1995)

近期中国社会人均粮食占有量

1981~1995年间,中国社会人均粮食占有量总体走势是增加的,年平均增长率为1.05%,年际增长率平均1.16%。这期间,粮食的社会人均占有量有两个高峰,1984和1990年人均达到了393公斤。但有一点须指出的是,社会人均粮食占有量400公斤的目标在此期间始终未实现。进入"八五",社会人均粮食占有水平基本处于停滞状态。

近期中国粮食进出口情况

1981~1995年期间,中国粮食进出口有如下4个特点:其一,粮食进口在1995年达到高峰,为2081万吨,即使如此,进口量也仅为当年总产量的4.46%;其二,粮食出口峰值年是1993年,达到1535万吨,即使如此,出口量也仅占当年总产量的3.36%;其三,鉴于以上两方面情况,中国的粮食进出口显然出于对国内粮食供需微调的目的,并不显著构成对国际粮食市场的压力;其四,15年中,粮食净进口共有10个年份,净出口年份5个,且其中3个分别为1992、1993和1994年,如果说中国对世界粮食市场有轻微压力的话,也仅仅是始于1995年。

表9—1 中国粮食进出口(1981~1995)(万吨)

年份	生产	进口	出口	净进口	年份	生产	进口	出口	净进口
1981	32502	1481	126	1355	1989	40755	1658	656	1002
1982	35450	1612	125	1487	1990	44624	1372	583	789
1983	38728	1344	196	1148	1991	43529	1345	1086	259
1984	40731	1045	357	688	1992	44266	1175	1364	-189
1985	37911	600	932	-332	1993	45649	752	1535	-783
1986	39151	773	942	-169	1994	44510	915	1263	-348
1987	40298	1628	737	891	1995	46662	2081	214	1867
1988	39408	1533	717	816					

中国农业政策概要

中国的农业政策涉及农产品政府收购、农业生产资料供给、土地使用、农业财政和农业信贷等方面。1981~1995年,中国农业政策的演变大致经历了两个阶段。第一阶段(1981~1991年),打破计划经济长期束缚、逐步推行农村经济体制改革,给农民以越来越多的生产经营自主权,极大程度地调动了农民长期受到压抑的积极性。但仍未突破传统农业经营方式,计划经济与市场经济时常处于双轨制的矛盾状态,称为有计划的商品经济。第二阶段(1992年之后)是社会主义市场经济体制全面建立和发展的全新时期,以给农民绝对的经营自主权和地方政府管理主动权为主要特征。

"八五"(1991~1995年)是中国建立市场经济的起始阶段,相继制定了《中华人民共和国农业法》(1993年7月全国人大常委会通过)、《中华人民共和国农业技术推广法》(1993年7月全国人大常委会通过)、《基本农田保护条例》(1994年7月国务院通过)、《九十年代我国农业发展纲要》(1993年8月国务院通过)等法律法规;也陆续推出了一系列还明显带有计划经济与市场经济混合色彩的农业政策。"八五"期间执行的农业政策有:(1)将耕地承包期"再延长30年不变",实行"增人不增地、减人不减地"的办法;(2)"国家对粮食实行保护价制度,并相应建立粮食风险基金和储备体系";(3)"支持粮棉主产区发展经济","选择500个商品粮大县、150个优质棉大县,由国家安排专项贷款,适当增加基地建设投资,集中力量进行扶持"(以上均见《中共中央国务院关于当前农业和农村经济发展的若干政策措施》,1993年11月);(4)"各级政府特别是省一级政府必须承担起保证当地粮食供求平衡的责任,落实省长负责制"(见《中共中央国务院关于做好1995年农业和农村工作的意见》,1995年3月);(5)实行农资综合供需平衡计划和化肥储备制度(《国务院关于改革化肥等农业生产资料流通体制的通知》,1994年8月);(6)征收农业特产税(见《国务院关于对农业特产收入征收农业税的规定》,1994年1月),等等。

针对国际社会对中国粮食问题的高度关切,中国政府于1996年10月发表了《中国的粮食问题》白皮书。此白皮书共分7部分:新中国解决了人民的吃饭问题;未来中国的粮食消费需求;中国能够依靠自己的力量实现粮食基本自给;努力改善生产条件,千方百计提高粮食综合生产能力;推进科教兴农,转变粮食增长方式;综合开发利用和保护国土资源,实现农业可持续发展;深化体制改革,创造粮食生产、流通的良好政策环境。此白皮书指出,在进一步增加粮食生产的同时,将发展食物多样化,既挖掘粮食生产潜力,也挖掘非粮食食物生产潜力;将引导居民食物消费,建立科学适度的食物消费模式;将粮食自给率不低于95%、净进口量不超过5%作为主要目标,立足国内资源,实现粮食基本自给,同时不排除利用国际资源作为补充,但只起品种、丰歉调剂和区域平衡的作用。白皮书最后指出,实践将证明中国人民不仅能养活自己,而且还将会使自己的生活质量一年比一年提高;中国不但不会对世界粮食安全构成威胁,还将为世界粮食发展做出更大的贡献。

耕地资源变化的区域差异

耕地是粮食生产必不可少的资源基础,其数量上的变化对粮食生产的影响是巨大的。一个地区的耕地资源基础,是决定其粮食及整个农业发展前景的关键因素之一。在此有必要分析中国耕地资源变化的区域特点。

"八五"耕地资源变化的区域特点

1. 南北耕地资源格局未发生显著变化

南方15省区市(包括上海、江苏、浙江、安徽、福建、江西、湖北、湖南、广东、广西、海南、四川、贵州、云南及西藏)耕地资源占全国的比重,1991年和1995年分别为39.8%和39.2%,5年下降了0.6个百分点;北方15省市区(包括北京、天津、河北、山西、内蒙古、辽宁、吉林、黑龙江、山东、河南、陕西、甘肃、青海、宁夏和新疆)耕地资源占全国的比重,1991年和1995年分别为60.2%和60.8%,5年增加了0.6个百分点。全国耕地资源的南北区域分布,在"八五"期间未发生显著变化。

2. 三大地带耕地资源格局亦未发生显著变化

东部地区耕地资源占全国的比重,1991年和1995年分别为32.5%和32.0%,下降了0.5个百分点;中部地区所占比重,1991年和1995年分别为43.8%和44.3%,上升0.5个百分点;西部地区,1991年和1995年均占23.7%。可见,耕地资源在三大地带的分布格局亦未发生显著变化,东部略有下降,中部略有增加。见图9—3。

3. 东南沿海地区是"八五"全国耕地资源减少的主策源地

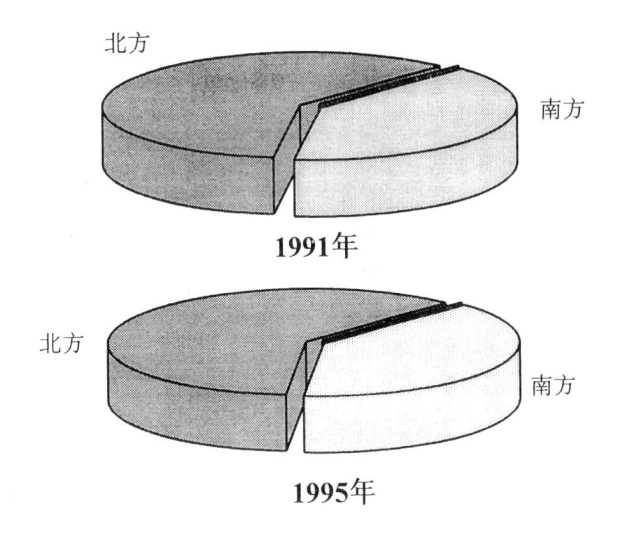

图9—2 耕地资源南北比重的变化

东南沿海地区(包括上海、江苏、浙江、福建、广东、广西和海南等7省区市),耕地面积由1991年的1339万公顷下降为1995年的1292万公顷,净减少47万公顷,占同期全国耕地净减少总量68万公顷的70%。显然,全国耕地资源减少的主要策源地是东南沿海地区。

"九五"耕地资源目标的区域差异

1. 增加耕地—土地垦复

"九五"明确提出开垦荒地和土地复垦的地区有15个:内蒙古计划开荒32万公顷,辽宁垦复6.7万公顷,吉林开荒13万公顷,黑龙江开荒60万公顷,江苏垦复6.7万公顷,浙江围垦海涂2万公顷,江西开荒3.4万公顷,山东瞄准黄河三角洲66.7万公顷盐滩地,湖北开发河滩地10万公顷,湖南开

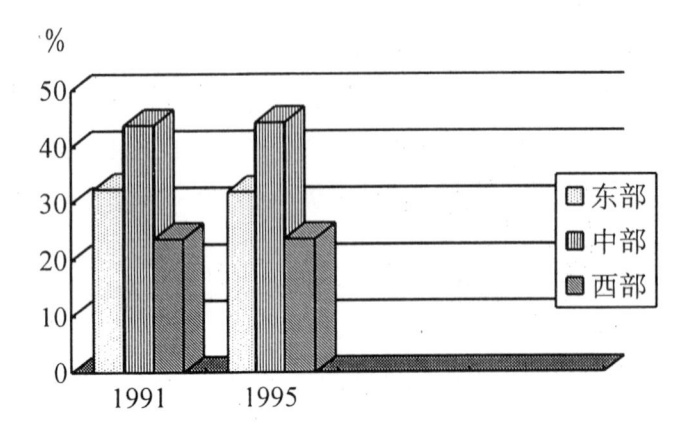

图9—3 三大地带耕地资源比重变化

荒13.3万公顷,广东开荒4.3万公顷,西藏开荒1.5万公顷,青海垦复3.4万公顷,宁夏开荒若干,新疆开荒46.7万公顷。

据此,"九五"期间可望增加耕地280万公顷,与"八五"相比,全国开荒的地区重心预计将发生北移。

这新增加的耕地主要集中在东北地区及新疆,5省区(黑龙江、辽宁、吉林、内蒙古、新疆)占计划新增耕地面积的57%。而"八五"期间,中国的开荒大省为内蒙古、黑龙江、新疆、广西和云南。5省区占同期全国开荒总面积的70%以上。

显然,"九五"计划土地垦复的地区较"八五"要多,这主要是受"八五"期间粮食等主要农产品供应偏紧的影响。但这并未从根本上改变土地垦复的区域格局。

需要指出的是,并非所有计划土地垦复的地区都是宜垦地区,在部分地区(如内蒙古的东部地区及部分南方红黄壤地区),开荒可能导致水土流失、土地沙化或湿地及生物多样性破坏。"九五"期间应对部分地区开荒中的短期行为给予高度重视。

2. 控制耕地减少、稳定耕地面积:传统农业大省的选择

部分无耕地后备资源或尚不具备土地垦复条件、非农用地压力尚可承受的地区,目前唯一可做的是严格控制耕地减少的速度,以静态方式稳定耕地面积。这些地区有河北、山西、安徽、河南、湖北、海南、四川、贵州、甘肃、辽宁、吉林、山东、云南、陕西和江西等15省区。

3. 保证粮食耕地占用:发达地区的现实目标

少部分非农用地压力需求极大的地区,在耕地不可避免萎缩的情况下,提出优先保证粮食的耕地占用。这些地区有浙江、福建、广东、广西、北京、上海和天津等。

4. 耕地形势判断:动态平衡否?

根据以往耕地变化趋势及"九五"耕地资源发展对策,可对各地区"九五"耕地形势作如下判断:

可在动态平衡基础上实现略有增加的地区有黑龙江、内蒙古、西藏、甘肃、青海、宁夏、新疆等7省区,除西藏外全在北方,尤其集中在东北和西北。

可基本实现动态平衡的地区有河北、山西、辽宁、吉林、安徽、江西、山东、河南、湖北、湖南、海南、四川(含重庆市)、贵州、云南、陕西等15省区,东西南北中均有。

耕地将不可避免地下降的地区有北京、天津、上海、江苏、浙江、福建、广东、广西等8省区市,全部为东部地区。

专栏9.1

耕地动态平衡

国务院副总理邹家华认为,至少可以从两个方面来认识在中国保持耕地动态平衡的必要性和可能性:"从可持续发展的战略高度,充分认识保护耕地的重要性和紧迫性","充分认识走集约发展,保护耕地动态平衡的必要性和可能性"。国家土地管理局局长邹玉川认为,实现耕地总量动态平衡至少应从5个方面入手:"控制城市发展规模,提高土地使用效率,减少对耕地的占用";"调整村镇居民点用地,改造村镇,退宅还田,可以增加大量耕地";"开发后备荒地资源,可以增加新的可利用土地面积";"复垦废弃地可增加耕地面积";"国家建设项目节地潜力很大"。

耕地总量动态平衡政策的出台,是不得已而为之。其实际效果如何还有待于进一步观察。但有一点是显然的,即应避免耕地变化中等量不等质所带来的耕地质量下降的问题。另外,也应区分各地区的实际情况差异。

1.农作物总播种面积变化的区域特点

> 农作物播种面积变化的区域特点

【南北格局基本未变】

"八五"期间,农作物播种面积的南北格局基本未变,只是在1994年略有变化,但之后又恢复原有格局。

表9-2 中国农作物播种面积南北比重(%)

年份	1990	1991	1992	1993	1994	1995
全国	100.0	100.0	100.0	100.0	100.0	100.0
北方	47.6	47.5	47.4	47.8	47.9	47.4
南方	52.4	52.5	52.6	52.2	52.1	52.6

【东中西格局略有变化】

"八五"期间,农作物播种面积的东中西格局略有变化。在农作物播种面积中所占比重,西部地区略升,东部地区略降,且升降幅度基本相等。中部地区所占比重保持不变。

表9-3 中国农作物播种面积东中西部所占比重(%)

年份	1990	1991	1992	1993	1994	1995
全国	100.0	100.0	100.0	100.0	100.0	100.0
东部	35.1	35.0	34.8	34.4	34.3	34.3
中部	42.2	42.1	41.9	42.2	42.2	42.2
西部	22.7	22.9	23.3	23.4	23.5	23.5

2.播种面积变化的区域特点

【南北格局略有变化】

南北各半是中国粮食播种面积的典型区域格局特点之一。"八五"期间,粮食播种面积的南北格局略有变化,南方所占比重略降,尤其是在全国粮食出现严重短缺的1993年下降明显;北方所占比重略升。

表9-4 中国粮食播种面积南北方所占比重(%)

年份	1990	1991	1992	1993	1994	1995
全国	100.0	100.0	100.0	100.0	100.0	100.0
南方	50.3	49.7	50.1	49.1	49.4	49.5
北方	49.7	50.3	49.9	50.9	50.6	50.5

【东中西格局基本未变】

"八五"期间,粮食播种面积东中西格局基本未变,中部地区所占比重相对稳定,西部微升,东部微降。

表9-5 中国粮食播种面积东中西所占比重(%)

年份	1990	1991	1992	1993	1994	1995
全国	100.0	100.0	100.0	100.0	100.0	100.0
东部	34.7	34.6	34.4	34.2	33.9	34.1
中部	39.6	42.0	41.9	42.2	42.2	42.2
西部	25.7	23.4	23.7	23.6	23.9	23.7

> 主要农业资源潜力区及主攻方向

1.东北平原地区

该地区主要的可持续性因子包括:耕地及其后备资源丰富,水资源较为丰富,农业环境污染较轻,生态状况较好,农业劳动生产率较高。主要非可持续性因子包括:农业类型单一,经营较粗放,夏冷、春旱、夏涝较频繁。

主攻发展方向:耕地后备资源在不破坏生态环境前提下适度开发,农业多种经营与产业化。

2.黄淮海平原区

主要可持续性因子包括:地势平坦,地理位置优越,光照充足,种植类型多样。主要的非持续性因子有:春旱、伏旱严重,土地盐渍化严重,中低产田比例较大,水资源严重匮乏,农业劳动生产率较低。

主攻发展方向:节水灌溉,中低产田改造。

3.西南山地丘陵地区

主要的可持续性因子包括:地形和自然资源的多样性为多样化种植和特种种植提供了便利条件,降水较为充足。主要的非持续性因子包括:可耕地资源少、质量较差,水利用率和利用效率较低,局部地区水土流失严重。

主攻发展方向:坡土改梯田,地下水或暗河利用。

> 专栏9.2
>
> ### "坡改梯"
>
> "坡改梯"是山地丘陵地区增加耕地、减少水土流失的有效措施。但其为当地农民所接受的程度却有较大区域差异。在部分地区(主要是土石混杂及有一定降水的山地或丘陵地区,如沂蒙山区和云贵川地区),"坡改梯"既可减少水土流失、增厚耕层,又可显著增加耕地面积(幅度可在20%以上),还可改善灌溉条件,资源效益和经济效益均比较显著,因而很受当地农民欢迎。在另一些地区(主要是土山和降水极少的地区,如青海部分地区),"坡改梯"不仅减少耕地,还由于降水极少而无法灌溉,农业产量变化不大,故当地农民对此持保留态度。由此看来,"坡改梯"虽好,但不一定都为农民所接受,关键要看改后能否增加耕地、能否灌溉、能否增产。

4. 新疆地区

主要的可持续性因子包括:耕地后备资源较多,光照充足。主要的非持续性因子包括:水源短缺、荒漠化严重。

主攻发展方向:耕地后备资源的适度开发,节水灌溉和旱作农业及绿洲农业。

粮食供需关系的区域差异

受耕地等资源基础区域差异及其他因素的影响,中国粮食供给呈现出显著区域特点;与此相关,并受人口分布和经济发展区域特征的影响,中国粮食需求亦呈现出一定的区域特点。由此构成中国粮食供需区域差异的基础,并对各地区的粮食和农业发展目标及政策取向产生持续影响。

粮食生产区域格局变化

1. 南北格局:重心北移趋势不可逆转

南方粮食总产占全国粮食总产的比重,1990年为55.4%,1995年为54.0%,下降1.4个百分点;北方粮食总产占全国的比重,1990年为44.6%,1995年46.0%,上升1.4个百分点。说明中国粮食生产重心在"八五"期间已发生北移。相信这种趋势在"九五"期间仍会持续下去。

2. 三大地带格局:西部是希望所在

1990年,东、中、西三大地带粮食总产分别占当年全国粮食总产的34.9%、45.3%和19.8%;1995年,则分别占到33.7%、44.7%和21.6%。东部和中部地区所占比重分别下降了1.2和0.6个百分点,而西部地区则相应地提高了1.8个百分点。说明受农业比较利益格局的影响,粮食生产空间格局在"八五"期间已发生西移。相信这种趋势在"九五"期间同样会持续下去。

3. 东南沿海地区:比重下降势所必然但绝对量不应下降

东南沿海7省区市(上海、江苏、浙江、福建、广东、广西和海南),是中国经济对外开放最早的地区,也多为农业发达地区。该地区粮食总产占全国的份额由1990年的21.0%,下降为1994年的19.3%和1995年的19.9%;不仅如此,甚至上海、江苏、浙江、广东和广西的粮食总产绝对数量也出现了下降。

> 社会人均粮食占有量的区域差异

1. 社会人均粮食占有水平的区域差异在缩小

【社会人均粮食占有量区域差异系数变小】

在此,社会人均粮食占有量区域差异系数,为低于(或高于)全国人均占有量的各区域的人均占有量与全国人均占有量之差的总和,与各区域人均占有量之和的商。

据此,社会人均粮食占有量区域差异系数在1990年为14.49%,在1995年下降为13.43%,下降了1个百分点强。

【全国平均水平正在成为全国代表水平】

1990年,社会人均粮食占有量低于全国平均水平的地区共18个,而1995年下降为16个,发生变化的这两个地区是河北省和河南省,其人均粮食占有量由低于全国平均水平发展为高于全国平均水平,仅仅发生在很短的时间内。

2. 差异缩小:原因与结果

社会人均粮食占有量区域差异在缩小,主要源于"米袋子"省长负责制。这一十分严厉的粮食生产政策,承袭了计划经济的作法,对"八五"期间稳定农业形势,特别是对于稳定受制于国内外压力的粮食生产局面起到了积极作用。"米袋子"省长负责制,实际操作中形成了各级行政首长负责制和粮食播种面积目标责任制,这是该政策产生效力的基础。

人均粮食占有量区域差异缩小,说明粮食生产的区域专业化水平在下降。显然,这与耕地等农业资源的有效配置和高效利用目标,与农业生产区域专业化和规模化的发展方向不一致,粮食主产区和调入区都深深感受到不小的压力。由此看来,这一政策是不得已而为之,与市场经济有一定距离。能否在"九五"期间继续实行,尚有疑问、尚需观察。

专栏9.3

"粮食省长负责制"

针对1992和1993连续两年粮食大减产、全国粮食出现巨额缺口、国家粮食安全受到严重威胁的情况,国务院在《关于深化粮食购销体制改革的通知》(1994年5月9日)中提出:"实行省、自治区、直辖市政府领导负责制,负责本地区粮食总量平衡,稳定粮田面积,稳

专栏9.3(续)

定粮食产量,稳定粮食库存"。

之后,在《中共中央、国务院关于做好1995年农业和农村工作的意见》(1995年3月11日)中,再次强调"各级政府特别是省一级政府必须承担起保证当地粮食供求平衡的责任,落实省长负责制"。接着在《国务院关于深化粮食棉花化肥购销体制改革的通知》(1995年4月2日)中,对粮食省长负责制作了详细解释,并延伸为"省长必须承担起保证本地区粮食等主要农产品和化肥等主要农业生产资料供求平衡、价格稳定的责任",认为这样有4方面作用:"有利于调动地方发展农业生产的积极性,有利于在国家宏观调控下发挥各地的优势,有利于促进主要农产品的供求平衡,有利于加速建立社会主义市场经济体制的进程"。

粮食余缺区及其分类

1.粮食余缺的划分标准

根据中国目前实际人均粮食占有水平及实际食物消费水平与结构状况,我们以社会人均占有原粮320公斤作为从全国统一确认粮食余缺区的分界线,是粮食安全的警戒线。另外,我们还认为320~400公斤的范围为粮食基本平衡的区间,400公斤为粮食富余的下限。

专栏9.4

粮食安全

粮食安全是食物安全的基础组成部分。粮食安全概念是在粮食供给出现严重问题、粮食最不安全的背景下提出来的。它一般由粮食总量安全、粮食质量安全、粮食品种结构安全、粮食储备安全、粮食供给系统安全等方面组成。在通常情况下,粮食总量安全是最重要的,并由此而产生了另一概念即粮食安全警戒线。粮食安全警戒线因区域而异,主要取决于一个地区的食物消费水平和消费结构,通常是经济发达地区安全警戒线高于经济欠发达地区。在中国,比较公认的粮食安全警戒线有两种说法,其一是社会人均粮食占有量400公斤,其二是社会人均粮食占有量320公斤。结合目前全国实际占有量不足400公斤的情况,认为以320公斤似更妥。

2.缺粮区

【缺粮区分布】

依据社会人均粮食占有量320公斤为缺粮的高限,1995年全国缺粮地区共有13个,其中北方6个,南方7个。见表9—6。

【缺粮类型与原因】

缺粮有3种类型:口粮总量短缺型,如贵州、甘肃、青海、陕西、西藏等;口粮结构性短缺为主型,如山西、云南等;工业及饲料用粮短缺型,如北京、天津、广东等。

表 9-6 基于社会人均粮食占有水平划分的缺粮地区

地区	人均占有原粮（公斤/人）	缺口率（%）	地区	人均占有原粮（公斤/人）	缺口率（%）	地区	人均占有原粮（公斤/人）	缺口率（%）
北京	218.7	32	广东	255.9	21	陕西	261.2	18
天津	221.1	31	海南	281.3	13	甘肃	267.5	16
山西	299.6	7	贵州	272.4	15	青海	281.3	12
上海	151.9	53	云南	299.9	6			
福建	286.6	12	西藏	294.1	8			

3.余粮区

依据社会人均粮食占有量400公斤为区域粮食富余的低限，则主要余粮区有10个（表9—7）。这些是中国的农业大省，其耕地及耕地后备资源丰富、传统种植技术较为发达是粮食生产力和人均粮食占有水平较高的主要原因。

表 9-7 基于社会人均粮食占有水平划分的余粮区（1995年）

地区	人均占有原粮（公斤/人）	商品率（%）	地区	人均占有原粮（公斤/人）	商品率（%）	地区	人均占有原粮（公斤/人）	商品率（%）
吉林	771	140	江苏	467	17	安徽	431	8
黑龙江	692	73	山东	489	22	新疆	436	9
内蒙古	465	16	湖北	423	6			
河北	427	7	湖南	422	6			

4.粮食供需基本平衡区

社会人均粮食占有量在320公斤～400公斤的粮食基本平衡区，主要有江西、辽宁、四川、河南、宁夏、浙江、广西等省区。这些地区的农业压力要比余粮区和缺粮区小些，正常年份基本不存在买粮难或卖粮难的问题。

山地丘陵地区粮食供需差异

1.丘陵地区是粮食压力最大的地区

中国平原、山地和丘陵地区分别拥有全国总人口的40%、18%和34%（其余8%生活在盆地及其他地区），其社会人均粮食占有量分别为453公斤、408公斤和333公斤。

若以社会人均占有粮食400公斤为粮食安全的高限，那么，丘陵地区是中国粮食安全受威胁最大的地区，而山地地区则刚刚在警戒线之上。

若以社会人均占有粮食200公斤为粮食极度缺乏地区，根据计算，全国极度缺粮总人口中分别有34%、39%和27%生活在山地、丘陵和平原地区。

社会人均占有粮食在200～400公斤之间的轻度缺粮人口，分别有41%、29%和31%生活在山地、丘陵和平原地区。

由此,全国粮食安全工作的重点应在丘陵地区,而这里也正是农牧或农林交错地带,是水土流失最为严重的地区,从而也是农业可持续发展面临问题较多、解决问题也较困难的地区。

2．人口压力和耕地资源数量及质量的差异

显然,山地、丘陵地区的人口压力、耕地数量和质量、农业投入水平等方面的差异,是导致丘陵地区粮食安全压力最大的主要原因。

表9-8　不同类型地区农业生产条件比较

	人均耕地面积(公顷/人)	耕地有效灌溉率(%)	耕地机耕率(%)	每公顷耕地化肥施用量(公斤/公顷)	耕地复种指数	乡村年人均用电量(千瓦小时/人·年)
山区	0.104	43.1	47.9	293.3	157.1	104.5
丘陵	0.115	29.9	33.5	180.3	152.8	46.9
平原	0.116	60.2	71.0	367.9	158.5	176.5

【食物保障度的区域分析】

1．全国肉类生产南北格局变化：重心北移显著

北方肉类生产量1991年和1995年分别为1088.3万吨和2148.7万吨,在全国所占比重分别为34.6%和40.8%,上升了6.2个百分点;南方肉类生产量在1991年和1995年分别为2056.1万吨和3111.4万吨,在全国所占比重分别为65.4%和59.2%,相应地下降了6.2个百分点。由此可以看出,中国肉类生产重心北移是十分显著的。

肉类生产重心北移与粮食生产重心北移所形成的合力,将愈来愈使北方的食物保障度不断提高。

2．农牧区食物保障度比较：牧区状况好于农区

【牧区的分布】

全国120个牧区(含半农半牧区)县(旗市),分布在内蒙古自治区(33个)、青海省(26个)、新疆维吾尔自治区(23个)、西藏自治区(13个)、四川省(10个)、甘肃省(7个)、黑龙江省(7个)和吉林省(1个)等8省区,其中前5个省区通常称为中国的五大牧区(甘肃有时也被称为大牧区之一)。

【农牧区的食物保障度比较】

由表9—9我们可以得出如下结论：

其一,农牧区人均农业总产值水平相差无几,说明农牧区的大农业劳动生产率基本在同一水平。

其二,牧区人均粮食占有水平远高于农区。严格意义上的牧区没有耕地,只有草场,从而没有粮食生产。但在中国,半农半牧区十分常见,在北方尤其如此。在这些半农半牧区,人均耕地面积较大,数倍于农区,尽管其单位产粮能力较差,但由于这些耕地主要用于种植粮食作物,而使得人均产粮水平仍明显高于农区水平。

其三,牧区人均猪牛羊肉生产量近乎2倍于农区;若单计人均牛羊(草食性)肉产量,牧区

更近乎 9 倍于农区。

其四,单从总量上看,牧区(作为一个整体)的食物保障度要高于农区;但若考虑到食物供给的结构、稳定性和空间可达性等问题,还难以得出这种结论。

表9-9 中国农牧区乡村人口人均占有水平（1995年）

	农业总产值(元)	粮食(公斤)	猪牛羊肉(公斤)	牛羊肉(公斤)	耕地(公顷)
全国平均	2219	509	46.53	6.73	0.10
农区平均	2220	507	46.20	6.29	0.10
牧区平均*	2082	680	88.68	55.87	0.36

* 含半牧区。

3. 开发两种食物资源

【拓展非粮食食物资源】

中国许多知名专家已经指出,中国的食物问题不应单单局限于粮食或耕地,要面向整个国土拓展食物资源,今后尤其要拓展非粮食性食物资源。拓展非粮食性食物资源要把重点放在牧区,提高牧区的食物综合生产能力。尽管目前牧区的人均肉类产量远远高于农区,但牧区肉类总产量在全国所占比重还很低,牧区对全国食物安全还形不成显著的贡献。

表9-10 牧区在全国肉类生产中的地位（1995年）

	猪牛羊肉产量(万吨)	占全国比重(%)	牛羊肉产量(万吨)	占全国比重(%)
全国	4265.3	100.0	616.9	100.0
农区	4197.6	98.3	571.1	92.6
牧区	72.7	1.7	45.8	7.4

【农区粮食转化增值】

农区是全国食物的绝对主产区,提供了98.3%的猪牛羊肉和98.8%的粮食。根据资源合理配置和可持续利用的原则,农区须向全国提供愈来愈多的粮食。但是,农区粮食增产面临着效益低的压力;且由于粮食需求弹性较小,时常出现卖粮难现象。这两方面促使农区一方面增加粮食生产以保障全国的粮食安全,另一方面又要为可能出现的结构性、临时性粮食过剩找到解决的途径。粮食转化可有助于双重目标的实现。

"九五"区域农业规划和政策

各地方政府面对耕地等资源基础的变化走势,面对供需关系状况及可能的发展趋势,针对"八五"粮食和农业存在的问题,根据中央政府的要求都相应地制定了"九五"农业和粮食发展规划,并对政策取向进行了描述。在中国,规划和政策对经济生活有着不可替代的重要作用。这些规划和政策将是地方政策管理农业的指南。

> 粮食问题仍将主导"九五"农业规划和政策的取向

1."八五"粮食后续效应不容忽视

"八五"农业和粮食形势可用一波三折来概括。从1991年的停滞不前,到1992和1993年的连续下滑,再到1994年的大减产,又到1995年再创历史最高纪录。这种变化不是发生在局部地区,而是遍及大部分地区,导致从卖难到买难再到卖难的戏剧性变化。典型的余粮区和缺粮区在这种动荡中均经受了严峻考验,对少部分粮食内部供需基本平衡地区则影响有限。相信,主要余粮区和缺粮区会对"八五"期间的粮食形势记忆犹新。在"九五"期间,将自我粮食供需平衡作为制订农业和粮食发展规划和政策的重要基础之一。

2.各区域"九五"粮食发展目标

表9-11 各区域"九五"粮食发展目标

地区	粮食发展目标
北　京	总产稳定在250万吨以上
天　津	总产稳定在225万吨以上,基本自给
河　北	自给有余、结构优化、提高质量
山　西	总量平衡
内蒙古	完成国家要求的增产35亿公斤粮的任务
辽　宁	供需基本平衡,实现自给有余
吉　林	进一步提高商品率和产粮效益
黑龙江	进一步提高净商品率,优化结构,提高效益
上　海	控制和减缓粮食下滑速度
江　苏	总量供求平衡,粮食自给有余
浙　江	基本自给,余缺调剂
安　徽	再增50亿公斤粮
福　建	逐年增粮
江　西	实现粮食净调出
山　东	增产10%以上,增加省内粮食储备
河　南	维持现有粮食调出量
湖　北	年增1.47%,人均430公斤
湖　南	巩固数量,提高质量,保障有效供给
广　东	自给率70%,口粮和种子用粮自给
广　西	内部基本平衡
海　南	基本自给
四　川	继续总量基本自给
贵　州	农村口粮基本自给,提高社会自给率
云　南	粮肉油基本自给
西　藏	逐步实现农牧民粮油肉基本自给
陕　西	先实现粮食自给,后争取粮食有余
甘　肃	争取自给
青　海	自给率83%
宁　夏	提高商品率
新　疆	提高商品率,建成西部粮仓

在各区域已制订出的"九五"农业和农村经济发展规划中,均明确地提出了粮食发展目标。

3. 各区域"九五"农业与粮食生产对策

各区域围绕各自提出的粮食发展目标,相应地提出了"九五"发展粮食和农业生产的主要对策。

表9-12 "九五"农业与粮食生产对策

地区	粮食和农业生产主要对策
北京	规模化、优质化;农业多元化
天津	农田水利
河北	旱作,良种化,"节打蓄引增排"的水利方针
山西	提高复种指数,旱作
内蒙古	开荒32万公顷,新增灌溉面积40万公顷,旱作
辽宁	垦复6万多公顷;节粮养殖;"海上辽宁"
吉林	开荒13万多公顷,改造中低产田200万公顷;"五个一"工程
黑龙江	开荒60万公顷,改造中低产田173万公顷;发展粮食加工和饲料加工
上海	科技集约化、贸工农、郊区经济一体化
江苏	垦复6万公顷,改造中低产田100万公顷;农业风险保障体系;提高劳动生产率和农资自给率
浙江	稳定面积、主攻单产、优化品质,生存粮—经济粮二元结构,围垦海涂30万公顷,改造中低产田500万公顷;改革户籍制度、实现规模经营
安徽	稳定耕地面积;农业产业化;科技联姻
福建	改造中低产田20万公顷,提高复种指数;抗灾减灾
江西	开荒3万公顷,改造中低产田64万公顷,治理水土流失94万公顷;果业工程、三元结构工程
山东	提高复种指数,稳定耕地面积,改造中低产田30万公顷;"海上山东"工程;加强"统"的功能
河南	扩大商品粮基地;压烤烟;农产品加工
湖北	稳定耕地和粮食面积,坡改梯,改造中低产田30万公顷,开发河滩地10万公顷
湖南	开荒13万公顷,改造中低产田30多万公顷
广东	基本农田保护,稳定耕地面积;农业保护(价格保护、储备、风险金);家庭农场
广西	稳定粮食面积,种植优质稻;特色农业
海南	稳定耕地,发展热作,琼台合作;农产品营销
四川	"稳粮增收奔小康",攀西开发;"八龙兴牧"
贵州	稳定粮食面积,坡改梯等农业综合开发
云南	稳定粮食面积,提高复种指数;滇西南、金沙江流域开发
西藏	开荒1.5万公顷,改造中低产田10万公顷

(续表)

地区	粮食和农业生产主要对策
陕　西	部分开荒；多渠道农业筹资
甘　肃	改造中低产田，"121"集水灌溉，旱作农业
青　海	垦复3万多公顷，改造中低产田12万公顷
宁　夏	开荒，引水、节水灌溉
新　疆	开荒46万公顷；四大种植带；"排灌平肥林草"

由此可见，天津、山西、安徽、陕西等地的农业和粮食生产对策尚不太明确。在后面分析中将得知，这些地区也恰恰多是"八五"期间农业和粮食形势不太好的地区，尤其是陕西和山西。

专栏9.5

"农业强省"

农业强省的思想，几乎贯穿所有农业大省区的"九五"农业和农村经济发展规划。但在规划中明确有此提法的省区主要有：

吉林：建立在农副产品转化和加工基础上的"农业强省"。

黑龙江：建立在规模化经营和农副产品加工基础上的"农业强省"。

安徽：建立在治理大江大河、改造中低产田基础上的"农业强省"。

山东：提出率先建成"农业强省"。

河南：建立在农业内部结构调整、发展畜牧业、农副产品加工增值基础上的"农业强省"。

湖南：省委省政府作出了"关于加速建设农业强省的决定"。

广西：依靠发展亚热带农作物实现"农业强省"。

海南：发展热带农作物、良种繁育基地等，建成"农业强省"。

国家农业目标：权威性与可行性

1. 国家总体规划目标与区域规划目标的对比

国家粮食和农业生产目标的实现，必须建立在可靠的区域目标及其实现的基础上。随着社会主义市场经济体制的建立和完善，国家农业发展目标和指标中硬性指标或指令性指标的成份正逐步减少以至取消。

在现阶段，国家农业发展目标及其指标仍对区域农业发展规划及其目标和指标的制定，有一定的约束力，粮食生产目标和指标尤其如此。

然而，通过下面的分析我们不难看出，由于国家农业形势的变化特点，由于农产品预期供求关系变化的趋势，以及由于各区域内部农产品供求关系及其变化的特点，区域农业发展目标及其指标值的加总，与国家农业发展总目标及其指标值之间有一定的出入，除肉类各区目标加总值低于全国目标10%之外，其余主要农产品生产目标值均是区域加总高于全国目标。其中，粮食目标高出7%，棉花目标高出40%，水产目标高出20%。这一方面说明各区域吸取

"八五"农业经验教训而对农产品生产的重视,也说明部分区域有意识地与国家目标取向有所不同,并试图从这种目标间的细微差异而实现本区域的目的。

2. 国家农业目标的权威性与可行性

国家农业目标的权威性须建立在其可行性基础之上,国家农业目标的可行性又须建立在国家目标与地区目标的协调基础之上。地区农业发展目标不单单是对国家农业目标的分解,更重要的是对国家农业目标的认可。国家农业目标的权威性又与国家实现其农业目标的手段有关,粮食生产目标目前以"粮食省长负责制"为主要保障,带有较多行政色彩,其权威性不容置疑,其可行性在短时期内亦有保证,但毕竟与市场经济有一定距离。除粮食之外的农业目标,已越来越不具约束力,其权威性受到越来越多的挑战。

表9—13 "九五"农产品生产国家目标与区域目标对比

地区	粮食	棉花	油料	肉类	水产	地区	粮食	棉花	油料	肉类	水产
全国	50000	450	2500	6800	3200						
北京	250	—	—	50?	?	河南	3750	80	300	400	26
天津	225	—	—	220.5	18	湖北	2650	65	220	400	200
河北	3000	60	120	350	45	湖南	3000	30	130	500	120
山西	1000	11	50	90	25	广东	1900	—	—	380	720
内蒙古	1350	—	?	120	6	广西	1650		50	310	180
辽宁	1600	—	?	325	280	海南	236	—	8.5	40	80
吉林	2500	—	50	174	15	四川	4800	16	200	607?	65
黑龙江	3250	—	?	180?	32	云南	1340	—	25	180	21
上海	200	—	—	80?	27	贵州	1050		65	115	5.5
江苏	3400	50	150	340	280	西藏	100	—	5	12.5	—
浙江	1550	7	55	130	400	陕西	1400	10	60	110	6
安徽	3000	37.5	200	280	200	甘肃	900	3	50	80	1.2
福建	980	—	28	160	360	青海	135		22.5	22	0.4
江西	1850	20	135	290	150	宁夏	240	—	9	16.6	3
山东	4500	70	350	700	550	新疆	850	150	40	85	5

注:打"?"者或未列数字或据2000年目标推算。

区域农业状态比较

在对各区域农业资源基础、粮食供需、粮食和农业发展目标及政策进行比较分析之后,有必要对今后各区域农业的基本走势进行预测性的比较分析,即进行农业状态的比较分析,以观察各区域今后农业发展的前景究竟如何。农业状态从近期农业形势、农业长期生产能力、自定农业增长率等3个方面进行比较分析。

各区域"八五"农业形势

1. 大农业形势

所谓大农业,包括种植业、林业、畜牧业和渔业。对"八五"农业形势的判断,基于1991～1995年大农业总产值平均指数。

表9－14 "八五"大农业总产值平均指数

地区	平均指数	地区	平均指数	地区	平均指数	地区	平均指数	地区	平均指数
北 京	106.2	吉 林	106.8	福 建	113.9	广 东	107.6	西 藏	107.6
天 津	107.5	黑龙江	108.5	江 西	107.8	广 西	112.5	陕 西	107.5
河 北	109.5	上 海	106.4	山 东	110.6	海 南	112.6	甘 肃	106.7
山 西	105.5	江 苏	110.6	河 南	110.5	四 川	106.0	青 海	102.9
内蒙古	105.7	浙 江	108.6	湖 北	107.8	云 南	106.3	宁 夏	105.8
辽 宁	110.4	安 徽	107.6	湖 南	107.9	贵 州	106.0	新 疆	108.2

"八五"全国大农业总产值平均指数为107.5。由此,对各地区"八五"大农业形势可作如下排序:

形势好的地区:福建、海南、广西、山东、河南、江苏和辽宁。它们的农业总产值指数都在110以上,明显高于全国平均指数。其中,形势最好的当属福建、海南和广西,其总量、结构的发展均比较好。这些形势好的省份,可以分为3类,其一是农业生产结构调整较快、农产品增值增效较好的山东、福建和江苏。广告优势推动的酒业发展,为山东粮食增值起到了巨大作用。其二是以发展热带和亚热带特种优势农业为突出口、实现农业增值、增效的海南和广西;其三是自我调适能力较强的辽宁省。

形势较好的地区:河北、浙江、黑龙江、江西、湖南、湖北、广东、西藏、陕西、新疆、安徽和天津。其农业总产值指数在107.5～110之间,略高于全国平均指数。

形势一般的地区:北京、吉林、上海、四川、云南、贵州和甘肃。它们的农业总产值指数都在106～107,略低于全国平均指数。

形势较差的地区:宁夏、山西和内蒙古。

形势最严峻的地区:青海,增长停滞。此地农业发展空间尚大,本不应出现增长停滞甚或下降的现象。

2. 小农业形势

在此,小农业是指种植业。对"八五"各地区小农业形势的判断,基于"八五"各地区种植业产值平均指数。

由此,"八五"种植业形势可以分为5类:

形势好的地区:福建、海南、新疆、河北、广西、江苏和山东,其种植业产值指数都在107以上,也就是年增长率在7%以上。

形势比较好的地区:河南、云南、天津、辽宁、贵州和陕西,其种植业产值年增长率在6~7%。

表9—15 "八五"种植业产值平均指数

地区	平均指数	地区	平均指数	地区	平均指数	地区	平均指数	地区	平均指数
北 京	104.6	吉 林	102.6	福 建	110.9	广 东	105.6	西 藏	105.4
天 津	106.6	黑龙江	104.9	江 西	101.9	广 西	108.6	陕 西	106.0
河 北	108.5	上 海	103.3	山 东	107.4	海 南	109.3	甘 肃	105.9
山 西	102.6	江 苏	107.7	河 南	106.9	四 川	104.1	青 海	101.6
内蒙古	104.1	浙 江	104.8	湖 北	104.2	云 南	106.8	宁 夏	104.4
辽 宁	106.5	安 徽	105.3	湖 南	104.9	贵 州	106.1	新 疆	108.2

形势一般的地区:甘肃、广东、西藏、安徽、湖南、黑龙江、北京、湖北、四川、宁夏、浙江和内蒙古,其种植业产值年增长率在4~6%。

形势较差的地区:上海、山西和吉林,其种植业产值年增长率在2~4%。

形势最差的地区:青海和江西,其种植业产值年增长率在2%以下。"八五"期间这两个地区的种植业形势十分严峻,在"九五"期间必须给予高度重视。

3.粮食生产形势

从表9—16我们不难看出,各地区"八五"粮食生产形势可以分为5种主要类型:

粮食持续增产的地区:海南、西藏、安徽、河南、云南、贵州、新疆、山东和河北。这些地区多为宜农荒地较多或中低产田较多、从而粮食增产潜力较大的地区。其中,西藏和贵州的粮食增产以小幅度和持续为特征,属于特殊类型的民族和自然区域。

粮食产量总体增长地区:福建、天津、黑龙江、江西、湖北、湖南和宁夏。这些地区粮食产量从总体上讲是增长的,在个别年份由于自然灾害和农业生产基础设施较差,或者由于政策影响而有小的下降。

粮食总产量相对稳定的地区:内蒙古、山西、吉林、江苏、四川和甘肃。

粮食总产波动较大的地区:辽宁和广西。这两地区之所以粮食总产波动较大,可能是由于其受开发区政策变化的影响较大,但另一方面也正说明这两地区的粮食生产自我调适能力较强,对外界农业与非农产业关系变化有较强的适应能力。

粮食生产连年下滑的地区:陕西、青海、广东、北京和上海。这里有两种情况,其一是经济发达、耕地萎缩势所必然的地区,如广东、北京和上海,它们的经济基础和实力较强,从自身角度看允许以非农产业的迅猛发展来弥补农业发展的下滑,说到底它们可以做到有钱买粮;另一类是经济欠发达地区,农业潜力尚在,还未到萎缩的地步,说到底还没有足够的经济实力去放任农业、放任粮食生产,还没有摆脱贫困,还没有足够的钱来买粮。

表 9-16　各地区"八五"粮食产量增减情况

地区	1991	1992	1993	1994	1995	增减	地区	1991	1992	1993	1994	1995	增减
北京	↑	↑	↑	↓	↓	3增2减	河南	↓	↑	↑	↓	↑	3增2减
天津	↑	↑	↑	↓	↑	4增1减	湖北	↓	↑	↓	↑	↑	3增2减
河北	↓	↓	↑	↑	↑	3增2减	湖南	↑	↓	↑	↑	↓	3增2减
山西	↓	↑	↑	↓	↑	3增2减	广东	↑	↓	↓	↓	↓	1增4减
内蒙古	↓	↑	↑	↓	↓	2增3减	广西	↑	↑	↓	↑	↓	3增2减
辽宁	↑	↑	↑	↓	↑	4增1减	海南	↑	↓	↑	↑	↑	4增1减
吉林	↓	↓	↑	↓	↑	2增3减	四川	↑	↑	↓	↓	↓	2增3减
黑龙江	↑	↑	↑	↓	↓	3增2减	云南	↑	↑	↑	↓	↑	4增1减
上海	↑	↓	↓	↑	↓	2增3减	贵州	↑	↑	↓	↑	↑	4增1减
江苏	↓	↑	↑	↓	↓	2增3减	西藏	↑	↑	↓	↑	↑	4增1减
浙江	↑	↓	↓	↑	↓	2增3减	陕西	↑	↓	↓	↓	↓	1增4减
安徽	↓	↑	↑	↑	↓	3增2减	甘肃	↓	↓	↑	↓	↑	2增3减
福建	↑	↑	↑	↓	↑	4增1减	青海	↑	↓	↓	↑	↓	2增3减
江西	↓	↓	↓	↑	↑	2增3减	宁夏	↑	↓	↓	↑	↓	2增3减
山东	↑	↓	↑	↓	↑	3增2减	新疆	↑	↑	↓	↑	↓	3增2减
							全国	↓	↑	↑	↓	↑	3增2减

> 农业长期
> 生产能力

1．农业固定资产

在此以每个农民家庭平均拥有的生产性固定资产(扣除役畜及产品畜)为主要指标。将全国分为 5 类地区：

第一类地区有浙江、西藏、宁夏、黑龙江和北京,其每个农民家庭所拥有的固定资产在 3700 元以上,属于农业长期生产能力较强的地区；

第二类地区有青海、新疆、内蒙古、吉林、云南、河北、安徽、广东、天津、河南,其每个农民家庭所拥有的固定资产在 2000～3000 元；

第三类地区有海南、辽宁、福建、江苏、山东、四川,其每个农民家庭所拥有的生产性固定资产在 1500～2000 元；

第四类地区有甘肃、上海、山西、广西、陕西和江西,其每个农民家庭所拥有的生产性固定资产在 1200～1500 元；

第五类地区有湖北、贵州和湖南,每个农民家庭生产性固定资产千元左右。

2．农业抗灾能力

在此,农业抗灾能力以农业成灾面积占受灾面积的比例计。据此,也可将各地区分为 5 类：

第一类是具有很强抗灾能力的地区,包括上海、天津、北京、山东；

第二类地区抗灾能力较强,其中包括海南、黑龙江、江苏、河北、河南、广西、广东、山西、浙江；

第三类地区有内蒙古、吉林、四川、新疆、安徽、青海、辽宁、湖北、云南、福建；

第四类地区有贵州、西藏、陕西、湖南、江西；

第五类地区有甘肃和宁夏，抗灾能力极差。

> **自定农业增长率**

在此，我们认为各地区自定的农业产值增长率在一定程度上可以反映出该地区政府对本地区农业状态的基本认识，所自定的增长率较高，可能意味着自我感觉状态良好，反之亦然。通过分析，我们将各地区按自定增长率分为5类：

第一类地区设定增长率较高的地区，有海南、辽宁、天津、广西和福建；

第二类地区包括甘肃、山西、河北、山东、江西、安徽、湖南、湖北和广东；

第三类地区包括宁夏、浙江、黑龙江、陕西、吉林、四川和新疆；

第四类地区包括内蒙古、江苏、河南、贵州、云南；

第五类地区有青海、西藏、上海和北京。

> **各地区"九五"农业状态总评**

【农业状态赋值】

如果我们对上述评价结果分别赋以分值，即第一类（如大农业或小农业形势好的地区、粮食持续增产的地区、农业固定资产第一类地区、具有很强抗灾能力的地区、设定增长率较高的地区）赋以5分评价值，其余4类分别赋以4分、3分、2分和1分，结果列表9—17。

表9—17　各地区农业状态赋值情况

地区	大农业 a	小农业 b	粮食 c	固定资产 d	抗灾能力 e	农业长期生产力 f=(d+e)/2	自定增长率 g	农业总体状态 h=(a+f+g)
北京	3	3	1	5	5	5.0	1	9.0
天津	4	4	4	4	5	4.5	5	13.5
河北	4	5	5	4	4	4.0	4	12.0
山西	2	2	3	2	4	3.0	4	9.0
内蒙古	2	3	3	4	3	3.5	2	7.5
辽宁	5	4	2	3	3	3.0	5	13.0
吉林	3	2	3	4	3	3.5	3	9.5
黑龙江	4	3	4	5	4	4.5	3	11.5
上海	3	2	1	2	5	3.5	1	7.5
江苏	5	5	3	3	4	3.5	2	10.5
浙江	4	3	1	5	4	4.5	3	11.5
安徽	4	3	5	4	3	3.5	4	11.5

(续表)

地区	大农业 a	小农业 b	粮食 c	固定资产 d	抗灾能力 e	农业长期生产力 f=(d+e)/2	自定增长率 g	农业总体状态 h=(a+f+g)
福建	5	5	4	3	3	3.0	5	13.0
江西	4	1	4	2	2	2.0	4	10.0
山东	5	5	5	3	5	4.0	4	13.0
河南	5	4	5	4	4	4.0	2	11.0
湖北	4	3	4	1	3	2.0	4	10.0
湖南	4	3	4	1	2	1.5	4	9.5
广东	4	3	1	4	4	4.0	4	12.0
广西	5	5	2	2	4	3.0	5	13.0
海南	5	5	5	3	4	3.5	5	13.5
四川	3	3	3	3	3	3.0	3	9.0
云南	3	4	5	4	3	3.5	2	8.5
贵州	3	4	5	1	2	1.5	2	6.5
西藏	4	3	5	5	2	3.5	1	8.5
陕西	4	4	1	2	2	2.0	3	9.0
甘肃	3	3	3	2	1	1.5	4	8.5
青海	1	1	1	4	3	3.5	1	5.5
宁夏	2	3	4	5	1	3.0	3	8.0
新疆	4	5	5	4	3	3.5	3	10.5

【农业状态总评】

根据赋值结果将各地区的农业总体状态分为5种类型。

第一类是农业状态最好的地区,其农业状态总分值为13以上(含13),包括天津、辽宁、山东、福建、广西和海南等6个地区。其中,天津的农业发展较为均衡,辽宁农业具有较强的自控能力,山东农业发展以高度均衡为主要特征,福建、广西和海南以大农业快速发展为主要特征。

第二类是农业状态较好的地区,其农业状态总分值在11以上(含11)13以下,包括河北、黑龙江、广东、浙江、河南和安徽等6个地区。这类地区又可分为两种情况,河北、黑龙江、河南和安徽农业以结构均衡、发展速度适中为主要特征;而广东和浙江农业则以粮食生产严重滞后的非均衡发展为主要特征。

第三类是农业状态一般的地区,其农业状态总分值在9以上(含9)11以下,包括江苏、江西、新疆、湖北、湖南、陕西、吉林、北京、四川和山西等10个地区。此类地区,除北京和江苏外均为中国传统农业省份。

第四类是农业状态较差的地区,其农业状态总分值在7以上(含7)9以下,包括内蒙古、上海、云南、西藏、甘肃和宁夏等6个地区。其中,除上海外均为中国经济相对落后的地区。预计,除内蒙古及西藏外,其他地区的农业状况在短时期内不会有大的改进。

第五类是农业状态最差的地区,其农业状态总分值在7以下,包括贵州和青海两地区。这两地区以全面落后为特征,今后所面临的压力会更大。

评价与结论

粮食问题在今后相当长时期内将主导中国农业发展的走势和农业政策的取向。中国粮食问题不仅表现为总量不足,也表现为区域供需不平衡;粮食供需的区域差异将继续导致区域农业政策的差异。

全国粮食供需有如下特征:其一,自80年代以来,粮食总体上是增长的,15年中增产年份11年、减产年份4年;其二,社会人均粮食占有水平仍然很低,且提高速度极其缓慢,进入90年代更是停滞不前;其三,中国粮食进出口量以对国内供需微调为目的,对国际粮食市场并不构成显著压力。

作为粮食生产之基础的耕地资源,其区域变化有如下2个特点:其一,南北格局及东中西三大地带格局均未发生显著变化,但东南沿海地区是全国耕地资源减少的主策源地;其二,各地基于当地耕地资源供需情况,选定不同的耕地资源目标,东北及新疆地区以增加耕地和复垦为目标,传统农业大省以控制耕地减少、稳定耕地面积为目标,少数经济发达且非农用地压力较大的地区则以保证粮食用地面积为最现实的目标。国家制定了以耕地动态平衡为特点的耕地方针,但具体分析,黑龙江、内蒙古、西藏、甘肃、青海、宁夏和新疆等7省区可在动态平衡基础上实现略有增加,北京、天津、上海、江苏、浙江、广东和广西等8个地区耕地将无可避免地减少。

由耕地资源的区域差异及政策的区域差异等原因所决定,粮食总供需亦呈现出如下的区域特点:其一,生产重心北移的趋势不可避免;其二,西部将是全国增产潜力最大的地区,但须克服缺水问题;其三,东南沿海地区比重下降势在必行,但不应容许绝对量的下降。由粮食总供需及人口增长等原因所决定,基于社会人均粮食占有量划分的缺粮区有13个,缺粮有3种类型,即口粮总量短缺型,如耕地资源极度匮乏的贵州省;口粮结构短缺型如山西省;工业用粮及饲料用粮短缺型如广东和北京等。

各地区粮食供需形势对今后的农业发展规划和政策有着重要的影响,并因此而均制定了明确的粮食生产目标,多数地区以粮食增产为目标,只有极少数地区如广东和贵州提出了较切合实际的粮食自给率目标。各地增产粮食的途径也不尽一样,可以归结为5种类型:开荒及坡改梯增粮、水利增粮、复垦增粮、结构调整增粮、提高复种指数增粮。毫无疑问,水利增粮、复垦增粮、坡改梯增粮和结构调整增粮与可持续发展方向是一致的,而开荒及提高复种指数的环境和生态效应必须引起高度重视。

总结过去,展望未来,各区域农业生产的态势不尽相同。其中以天津、山东和海南等3省市为最好,这与其粮食、种植业及农业生产结构调整是联系在一起的,也与其重视长期生产能力建设密切相关;贵州和青海两省的农业态势为最差,这是由其耕地资源和水资源极度短缺、农业生产基础设施薄弱等所决定的,必须在改土改水增投方面有所作为才能实现粮食和农业的可持续增长。

参考文献

1. Lester R. Brown, Who Will Feed China?, 1995, Worldwatch Institute.
2. 陈耀邦,《中国粮食发展问题研究》,中华工商联合出版社,1995年。
3. 梁鹰编,《中国能养活自己吗?》,经济科学出版社,1996年。
4. 邹家华,"保持耕地动态平衡的必要性和可能性",《中国土地》,1996年第7期。
5. 邹玉川,"实现耕地总量动态平衡的思路和措施",《中国土地》,1996年第7期。
6. 孙鸿烈,"充分利用我国各类国土资源、保障人民日益增长的食物需求",《中国科学报》,1996年10月11日。
7. 《全国农村经济发展"九五"计划和2010年远景目标规划》编委会,《全国农村经济发展"九五"计划和2010年远景目标规划》,中华工商联合出版社,1996年。

第十章 交通通信基础设施与区域投资环境

基础设施既是区域经济发展的主要内容和必然结果，又是区域经济进一步发展的基础和条件，为经济发展提供必要的投资环境。

关于"八五"期间中国交通通信基础设施发展状态的评价，有关部门和研究机构均得出了令人鼓舞的结论。最有代表性的状态评价当属中国交通运输协会的评价，认为"综合运输网和通信网从规模容量、结构布局到装备水平都有明显变化，有力地支撑了经济和社会的快速发展。总体上说是新中国成立以来发展最快和变化最大的一个时期。交通通信的发展成就可归结为5个方面：运量稳步增长，通信快速发展；交通基础设施建设逐年得到加强；客货运载工具和通信传输工具大为增强；技术装备水平有了新的提高；运输、邮电业改革走向深入。另一权威性的评价是中央政府的《中华人民共和国国民经济和社会发展"九五"计划和2010年远景目标纲要》，认为"八五"期间中国基础设施"……水利建设得到加强，能源、交通、通信建设创造了历史最好水平……"。此外，国家统计局、国家计委国土开发与地区经济研究所以及相关管理部门也对基础设施的发展进行了评价。这些评价基本上是从总体上进行评价的，而对区域的差异及特征未进行系统评价。而现有其它有关论著仅对90年代以前交通基础设施的地域差异进行了系统分析。

基础设施包含的内容比较广泛，为了突出重点，本章侧重从区域角度分析评价中国第八个五年计划期间交通通信基础设施的发展成就、地域差异及其所引起的发展环境变化，尤其是各地区发展基础设施的政策及其所产生的效果。以实证分析结论验证和评判以往的研究对基础设施发展状态的评价，更重要的是填补以往研究对区域基础设施研究的不足。

本章内容将围绕基础设施与区域发展关系这条主线，对下列内容进行分析评价：
* 交通通信基础设施的总体发展态势
* 不同层次区域交通通信基础设施的增长与经济(投资等)的关系
* 区域交通通信基础设施的状态类型及其所形成的投资环境
* 重点交通通信基础设施地带的评价

"八五"时期发展态势

总体评价　"八五"期间，中国的基础设施尤其是交通通信基础设施建设，取得了较大成就。基础设施体系体现的基本发展特征可简略概括为：

* 建设投入大幅度增加，地区投资规模相差悬殊。整个系统正在从低级向中高级转化。

* 地区差距进一步扩大。
* 多方式、协同化的综合体系初步形成,服务能力大幅度提高。东部发展远优于中西部。
* 空间网络的优化和服务的多样性、及时性等呈现出良好发展势头;干支结合、主次分明、技术档次较高的大能力综合基础设施通道建设得到加强,区域发展的投资环境得到改善。沿海少数省市变化尤为明显。
* 固定设施的技术档次提高,规模扩大,与发达国家的差距逐步缩小。
* 服务系统的供给能力与社会需求之间的矛盾趋缓,"滞后型"发展局面有所改变。

> **发展态势**

"八五"期间,总投资6800亿元,比"七五"期间的1463.1亿元增加了3.6倍;占国有单位固定资产投资总额的比重达18.9%,比"七五"期间提高7个百分点。在上述投资总量的支持下,交通通信基础设施建设步伐加快,规模、结构和装备水平都有明显变化。

表10-1 交通通信基本建设及构成(国有单位)

年份 项目	"七五"期间	"八五"期间	1996
投资总额(亿元)	1463.6	6799.4	2671.4
基本建设	956.4	4606.2	1838.4
更新改造	336.3	1914.1	833.0

【铁路干线建设成效明显】

5年间新建铁路铺轨5900千米(交付运营3719千米),复线铁路3885千米,电气化铁路2762千米。建成中国第一条单元重载铁路——大秦铁路,以及侯月、宝中等铁路;对浙赣、胶济、大包、滨绥、焦枝等铁路进行了复线改造;对京广铁路京郑段,鹰厦、川黔、湘黔、贵昆、兰武等铁路进行了电气化改造,干线运输动脉如京广、京沪、陇海—兰新、浙赣等基本上形成了4000万吨以上的贯通能力。铁路系统的整体技术水平和供给能力有所提高,供小于求的矛盾有所缓解;主要干线旅客列车提速试验成功,广深准高速铁路开通运营,京沪、京广铁路上开行了5000吨级货物重载列车,标志着铁路技术装备水平有了新的提高。到1995年,铁路总里程达5.46万千米,复线比重达31%(1990年为24%),电气化比重达18%(1990年为13%)。铁路机车从1.4万台增加到1.6万台,客车从2.72万辆增加到3.3万辆,货车从36.5万辆增加到43.6万辆。

1995~1996年:"八五"期间建设的铁路基本在这两年投产或完成。1995年完成新建铁路正线铺轨1601.1千米,完成复线正线铺轨1068.9千米;全年新建铁路交付运营2394.1千米,复线交付运营859.7千米,电气化铁路交付运营817.2千米。1996年新建铁路正线交付运营里程1954千米,复线交付运营里程1522千米,建成电气化铁路696千米。

【公路进入"高级化"、"高速化"发展阶段】

主要标志是新线建设的高速度和高速公路及其它高等级公路的快速发展。新增公路里程

12.9万千米,其中新增高速公路1619千米,新增一、二级汽车专用公路9328千米,新增普通二级公路39169千米。年均建成高速公路324千米,增长速度居世界前茅。

中国公路发展在经历了50年代高速扩展路网、60和70年代扩展路网与提高路面质量并重、80年代提高等级与路面质量的发展阶段后,90年代开始进入干线骨架公路高速化发展阶段,以国家规划实施的"五纵七横"国道主干线建设为标志(即"交通基础设施工程"),构筑了高速公路网络发展框架。到1995年,高速公路已达2141千米,一、二级公路达9.45万千米,高等级公路所占比重达8.4%,比"七五"期间提高近4个百分点。汽车保有量从551万辆增加到1041万辆。

1995~1996年是新中国公路建设史上高速公路和一、二级高等级公路发展最快的年度,1995年新增高速公路538千米(1994年新增458千米,1993年新增493千米),1996年新增高速公路1117千米。

> 专栏10.1
>
> ### 国道主干线系统
>
> 国道主干线系统是国道网的一部分,由"五纵七横"12条干线构成,总长3万多千米,连接了人口规模在100万以上的特大城市和绝大部分50万以上人口的城市。
>
> 国道主干线中5条纵向干线分别是:黑龙江省同江—海南省三亚公路,北京—福建省福州公路,北京—广东省珠海公路,内蒙古自治区二连浩特—云南省河口公路,重庆—广东省湛江公路;7条横向干线是:黑龙江省绥芬河—内蒙古自治区满洲里公路,辽宁省丹东—西藏自治区拉萨公路,山东省青岛—宁夏自治区银川公路,江苏省连云港—新疆霍尔果斯公路,上海—四川省成都公路,上海—云南省瑞丽公路,湖南省衡阳—云南省昆明公路。国道主干线是1990年代乃至下世纪初叶中国公路建设的重点,"八五"期间建成5000千米左右。已有的高速公路和一级汽车专用路基本上分布在这些干线上。

【沿海港口体系进一步完善,专业系统配套能力加强】

建成泊位296个,其中万吨级以上深水泊位100个,中级泊位51个,新增吞吐能力1.2亿吨。到1995年,沿海主要港口深水泊位达394个。新建成的100个深水泊位中,集装箱泊位13个,煤炭泊位11个,装备水平较高的散货泊位12个。最大泊位吨级达20万吨,5万吨级以上的大型泊位达5个。这些深水泊位一改中国港口设备简陋、工艺水平落后和与世界技术水平差距较大的面貌,使中国港口的部分港区具有世界先进水平。特别是在集装箱码头建设和煤炭码头建设方面取得了卓越成就。

煤炭码头建设主要是为了地区经济发展的需要,增加新的卸煤点。到"八五"期末,中国已经建成煤炭码头专用深水泊位44个和一批中小泊位,形成了超过1亿吨的下水能力和相应的接卸能力。

1995~1996年沿海主要港口新增泊位125个(1995年107个,1996年18个),其中深水泊位 38 个(1995 年 35 个,1996 年 3 个)。

【现代化的集装箱运输系统正在形成】

中国的集装箱码头建设始于 70 年代末,到 1995 年已达 39 个,其中万吨级以上集装箱泊位 16 个,设计总装卸能力达 400 万标箱。毋庸置疑,香港应是中国集装箱运输体系中的重要组成部分。以香港、上海等为枢纽港,中国的现代化集装箱运输体系正在逐步得到完善。"八五"期间集装箱码头的建设,技术水平高,泊位吨级大,以符合国际贸易航运未来发展趋势为指导,注入了大量的资金和力量,充分利用国外的先进技术和经验,在引进国外集装箱装卸和运输设备的基础上,建成了符合中国经济发展布局需要的集装箱运输基础体系。能停靠第三代集装箱船的港口有大连港、青岛港、宁波港和深圳港。拥有两个以上集装箱泊位的港口有:上海港 10 个,天津港 6 个,深圳港 4 个,大连港 3 个,青岛港 2 个。1995 年中国大陆港口的集装箱吞吐量达 609 万箱,其中,沿海港口集装箱吞吐量 551.51 万箱,长江沿岸港口吞吐量 37.85 万箱。集疏运方面,正在向系统网络化方向发展。全国已有公路集装箱运输中转站 250 个,比 1990 年多 170 个,分布在全国绝大部分省区,拥有集装箱运输车辆 3.6 万辆;铁路系统能够办理集装箱运输业务的车站达 476 个,比 1990 年多 417 个。

【民航建设快速发展】

新增民用航空线 360 条,新迁建机场 19 个,改扩建机场 15 个,增加飞机 299 架(中国交通统计年鉴为 210 架),旅客运量突破 5000 万人。

运输总周转量、旅客运输量、货邮运输量年增长率分别为 23.4%、25.3% 和 22.2%。总周转量由 1990 年的世界第 18 位上升到 11 位。1995 年航线 797 条,其中国内航线 694 条,通航全国 133 个城市,比 1990 年增加 39 个城市;国际航线 85 条,通航 33 个国家 53 个城市,比 1990 年增加 9 个国家 21 个城市;新迁建深圳、武汉、珠海、济南、石家庄等 19 个机场;改扩建昆明、拉萨等 15 个机场;还有 12 个重点工程在建。到 1995 年有航班运营的机场 139 个,比 1990 年增加 38 个,其中能起降 B 747 飞机的 14 个,起降 B 737 飞机的 81 个。

1995~1996 年基本延续"八五"的建设格局,多数项目集中在这两年投产,使民航系统整体水平有了较大提高。

【内河航道整治有所发展】

改善内河航道 2400 多千米,增加内河客货泊位 92 个,新增吞吐能力 2400 多万吨,内河航道由 1990 年的 10.92 万千米增加到 11.1 万千米。1995 年改造内河航道 1317 千米,建成泊位 16 个,新增吞吐能力 495 万吨;1996 年改善内河航道 518 千米,建成泊位 8 个,新增吞吐能力 106 万吨。

【邮电发展迅速】

新增光缆干线 10 万千米,微波线路 78.6 万千米,局用电话机交换机容量 5972 万门,整体规模、技术装备水平和社会服务能力均达较高水准。公用通讯网已完成由人工网向自动网的转换,基本实现了由模拟技术向数字技术的转变。实施建设了省际长途光缆 22 条 3.5 万千米,基本形成了覆盖省会城市(拉萨除外)和沿海开放城市的光缆干线。有 315 个地市和 1920

个县进入了国际长话自动网,比1990年增加了153个和991个。局用电话交换机达7203万门,全国城乡电话交换机总容量达8510万门。

专栏10.2

中国长途电信传输干线网

长途电信传输干线网是中国电信网络的骨架,基本由省际干线光缆、数字微波干线、中同轴电缆和地球站组成。"八五"期间,中国规划建设了22条省际光缆,19个卫星地球站,奠定了全国电信传输干线网的骨架。22条光缆是:沪宁光缆(上海—南京),沪闽光缆(上海—福州),榕穗光缆(福州—广州),京济宁光缆(北京—济南—南京),京汉广架空光缆(北京—武汉—广州),郑西光缆(郑州—西安),西成光缆(西安—成都),成昆光缆(成都—昆明),广琼光缆(广州—海口),广邕光缆(广州—南宁),中日海底光缆(上海—日本),京沈哈光缆(北京—沈阳—哈尔滨),西兰乌光缆(西安—兰州—乌鲁木齐),乌伊光缆(乌鲁木齐—伊宁),南昆光缆(南宁—昆明),郑徐光缆(郑州—徐州),长邕光缆(长沙—南宁),汉渝光缆(武汉—重庆),京汉广直埋光缆(北京—武汉—广州),京太西光缆(北京—太原—西安),京呼银兰光缆(北京—呼和浩特—银川—兰州),杭福贵光缆(杭州—福州—贵阳)。1996年正在建设的光缆干线有京九广光缆(北京—南昌—广州)、北沿海光缆(大连—上海)等。

地域差距的扩大

相差悬殊的投资规模

"八五"期间全国基本建设固定资产投资中有近20%用于交通通信基础设施建设。交通通信基础设施投资的多少基本决定了一个地区基础设施和进一步发展经济之投资环境的改善程度。"八五"期间,交通通信基础设施投资的地区差距是非常巨大的。

总的趋势是:经济较发达的省投资能力强,力度大,基础设施发展速度快,投资环境改变明显;经济欠发达的省区投资能力弱,力度小,基础设施发展速度较慢,投资环境的改善程度有限。

以交通通信基本建设投资为例,投资规模最大的省区是广东省,5年用于交通通信基础设施的基本建设投资达700亿元左右,远远多于其它省区;投资规模最小的是青海省,5年用于交通通信基础设施的基本建设投资为10亿元左右。图10—1和表10—2反映了投资规模和交通通信基本建设投资比重的省区差异。

从人均投资水平分析,反映的特征是:广东(1078元,5年合计)和海南(1053元)的人均投资在1000元以上;人均投资在500~1000元之间的省区有5个:北京(915),天津(600),上海(675),福建(528),西藏(988);人均投资在200~500元之间的省区有13个:山西(312),内蒙古(295),辽宁(273),黑龙江(253),江苏(259),浙江(366),山东(217),湖北(238),广西(214),

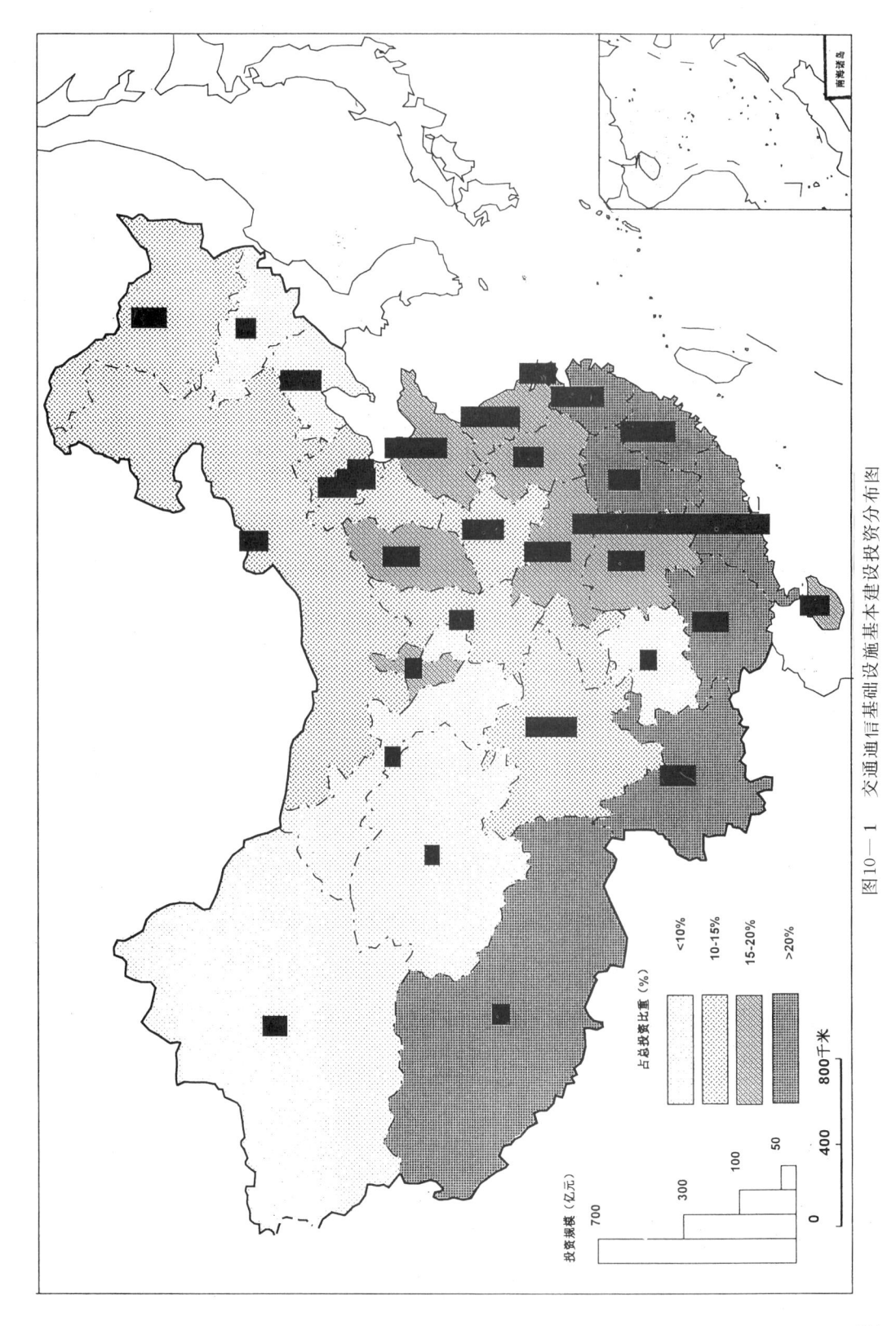

图10—1 交通通信基础设施基本建设投资分布图

云南(237),青海(257),宁夏(414),新疆(313);人均投资在200元以下的省区有10个:河北(157),吉林(133),安徽(119),江西(192),河南(127),湖南(151),四川(136),贵州(61),陕西(141),甘肃(63)。

受经济实力和区位优势等因素的影响,沿海地区的交通通信基本建设投资规模远大于中部地区和西部地区,使得交通通信基础设施在本来发展水平相对较高的基础上又有了较快发展,导致宏观区域上基础设施水平差距的拉大。"八五"期间,东部地区交通通信基本建设投资占全国交通通信基本建设投资的比例,保守估计在1/2以上,而中西部合计不到1/2(见表10—3),但国土面积则占全国的85%以上。因此,仅从交通通信基础设施的改善程度方面来评价宏观区域投资环境的变化,沿海地区优者更优,中西部地区虽有所改善,但与沿海地区的差距在扩大。引起这种变化的直接原因除了地区经济实力外,投资政策的推动也起了较大作用,沿海地区从新的投资政策中获利较大。

表10—2 交通通信基本建设投资规模与其占全部基本建设投资比重间关系("八五")

投资规模＼投资比重	≥=20%	15～20%	10～15%	<10%
≥=150亿元	闽(77,36.2%) 粤(223,24.9%)	苏(73,21.2%) 浙(65,21.3%) 鲁(57,15.4%)		
100～150亿元			豫(39,12.3%) 鄂(37,10.6%) 川(55,15.9%)	辽(34,10.5%)
50～100亿元	赣(27,26.8%)	晋(39,30.2%) 湘(39,19.5%) 桂(35,22.4%) 琼(17,13.5%) 滇(25,16.9%)	京(29,10.8%) 津(17,10.9%) 冀(44,15.3%) 蒙(15,12.6%) 黑(29,14.4%) 皖(28,16.6%)	沪(29,5.3%)
<50亿元	藏(7,23.8%)	宁(7,27.3%)	陕(15,12.8%)	吉(6,3.8%) 黔(9,14.2%) 甘(3,5.1%) 青(3,10.8%) 新(18,9.8%)

注:括号内数字分别为1995年投资规模及其占全部基本建设投资的比重。

1995～1996年,中国交通通信基础设施的建设重点仍在东部沿海地区。国家确定的46项水利、交通通信重点建设工程中,有19项全部位于东部沿海地区,此外还有11项跨地区项目与沿海地区有关,如沿海重点港口建设,京九、南昆铁路建设,沪宁杭甬高速公路建设等;中西部地区基础设施重点项目只有30多项。见表10—4。

表 10-3 交通通信基本建设投资占全国比重(%)

	"八五"	1991	1992	1993	1994	1995
东部地区	42.4	36.8	53.1	37.7	41.3	44.2
中部地区	14.8	13.2	15.0	13.1	15.5	15.5
西部地区	10.4	10.8	13.5	10.5	9.5	10.0
不分地区	32.4	39.2	18.4	38.7	33.7	30.3
总计	100.0	100.0	100.0	100.0	100.0	100.0

表 10-4 1995～1996年基础设施重点建设项目地区分布

项目	工程内容	
水利 6项	东部地区：1项	1.太湖综合治理骨干工程
	中部地区：3项	1.河南小浪底水利枢纽，2.长江三峡水利枢纽，3.湖南江垭水利枢纽工程
	西部地区：2项	1.甘肃引大入秦工程，2.新疆乌鲁瓦提水利枢纽工程
铁道 17项	东部地区：3项	1.陇海线徐连复线，2.徐州枢纽，3.北京西客站
	中部地区：2项	1.焦柳复线，2.侯月线
	西部地区：5项	1.宝中线，2.兰新复线，3.成达线，4.成昆铁路电气化，5.宝成复线
	跨地区：7项	1.浙赣复线，2.湘黔复线及电气化，3.京九铁路，4.南昆线，5.京广线京郑段电气化，6.横南铁路，7.哈大线电气化
水运 13项	东部地区：12项	1.秦皇岛煤码头四期工程，2.天津港，3.上海港，4.烟台港，5.广州港，6.西江航道整治，7.日照港，8.汕头港，9.连云港墟沟港区一期，10.大连港大窑湾港区一期，11.青岛港前湾港区二期，12.营口港鲅鱼圈港区二期
	中部地区：1项	1.湖南湘江航运二期
公路 6项	东部地区：3项	1.沪宁杭甬高速公路，2.福建泉厦高速公路，3.江苏江阴长江公路大桥
	中部地区：1项	1.黑龙江哈同公路
	西部地区：1项	1.川藏公路一期工程
	跨地区：1项	1.京深高速公路
邮电 6项	跨地区：6项	1.京太西光缆，2.京汉广直埋光缆，3.杭福贵成光缆，4.京呼银兰光缆，5.京九广光缆，6.北沿海光缆
民航 2项	东部地区：2项	1.桂林两江机场，2.首都机场航站扩建

> "优者更优"的区域增长

"优者更优"是中国区域交通通信基础设施增长的基本趋势。交通通信基础设施基本建设投资的地区分布决定了其增长的空间分布格局。公路、铁路、港口、民航、邮电通信的增长基本都遵循了这一模式。这一模式的形成，并不能完全归咎于国家区域发展政策倾斜的原因。虽然其起了一定作用，但主要的是需求拉动的结果。"八五"期间，东部沿海地区人口增长占全国总人口增长的 38.8%，GDP 增长额占全国的 63.5%，公路增长占全国的 59.7%，铁路增长占全国的 41.3%，电话机增长占全国的 65.4%，电话交换机增长占全国的 62.0%，农村电话交换机增长占全国的 77.3%。

表10-5 "八五"期间交通通信增长占全国份额(%)

地区	公路	铁路	长话电路	电话交换机	市话交换机	农话交换机	电话机	GDP	人口
东部	59.7	41.3	65.2	62.0	57.6	77.3	65.4	63.5	38.8
中部	19.8	25.2	21.3	25.0	27.3	17.0	23.3	23.7	33.3
西部	20.5	33.5	13.5	13.0	15.1	5.7	12.8	12.8	27.9

【偏重沿海地区的高等级公路建设】

高等级公路的迅速发展是"八五"期间中国公路发展的主要特征，5年新增高等级公路5万千米，是1990年前全部高等级公路里程的1.1倍，使中国高等级公路网的密度从1990年的0.49千米/百平方千米上升到1995年的1.01千米/百平方千米。

高等级公路的增长来自三大区域，其中包含了沿海地区的11个省市。

* 环渤海地区的辽、冀、鲁3省和京、津2市，全国公路总里程增长的21.1%分布于此地区，其中高等级公路增长的26.5%分布于此地区。其公路网密度为32.27千米/百平方千米，其中高速公路网密度5.52千米/百平方千米，是全国高等级公路网密度最发达的地区。

* 华南的闽、粤、琼，其公路增长量占全国的29.0%，其中高等级公路增长量占全国的19.4%；公路网密度达43.76千米/百平方千米，是全国公路网密度最高的区域，其中高等级公路网密度达0.76千米/百平方千米。

* 长江流域的沪、苏、浙、皖、鄂、川以及位于中原的河南省，其公路增长量占全国的18.5%，其中高等级公路增长量占全国的28.8%，是东西向高等级公路网发展较快的区域。这些省市原有的公路基础已居较高水平，又经过"八五"期间的快速发展，优势地位进一步加强，部分省市干线路网的高级化和高速化发展势头强劲。

省级区域中，高等级公路网增长较快的当属粤、鲁、辽3省，其高等级公路的增长分别占全国的14.7%、13.7%和7.3%，干线公路的高速化已是其主要发展趋势，而内陆大部分省区则还处于努力提高一般公路等级的发展阶段。

东、中、西三大地带对比，"优者更优"的空间发展趋势则更为明显。东部沿海地区集中了公路增长的59.7%，其中高等级公路增长占全国的55.3%，但其国土面积只占全国的17.3%，高等级公路网密度由1990年的1.81千米/百平方千米上升到3.95千米/百平方千米;而占全国国土面积56.6%的西部地区,公路增长量只占全国的20.5%,高等级公路增长仅占全国高等级公路总增长量的14.2%。

【重点建设沿海与中部地区干线铁路的发展模式】

"八五"期间新线建设投产的线路规模有限,但也对局部区域交通基础设施的改善起了不容忽视的作用,主要集中在铁路网相对密集的东、中部省区。大秦和侯月铁路建成改善了能源基地乃至全国整个能源运输系统的运输状况;宝中铁路建设加强了西部地区运输干线的能力;广梅汕和三茂铁路的建设完善了改革前沿地区——广东省的路网骨架;京九铁路的建设强化了沿海地区与中部地区的联系,并大大改善了沿海地区与中部地区结合部地区的交通条件;集通铁路的建成改变了内蒙古东中部地区的经济发展条件,合九铁路建成完善了安徽省的铁路网。另一重大项目——南昆铁路正在建设之中。

铁路建设的另一方面是既有线的改造,充分体现了"优者更优"的发展模式。涉及沿海地区与中部地区的重大工程有京广扩能工程和浙赣复线工程,强化了运输通道的能力,改善了彼此间的交通运输联系;兰新复线改造工程一定程度上改善了西北地区的对外交通条件。此外,胶济复线、徐连复线、鹰厦电化均位于沿海地区,纵贯中部地区南北的焦枝复线工程正在改造之中。

从统计数据反映的情况是,"八五"期间全国新增铁路的41.2%集中在沿海地区,25.2%分布在中部地区,33.5%位于西部地区。

【强化地域性枢纽大港建设的港口发展模式】

主要集中在沿海主要港口的现代化改造与建设方面。深水泊位建设和集装箱码头的建设同样体现了"优者更优"的发展模式。"八五"期间沿海主要港口(56个)新增的100个深水泊位中,57个集中在大连、天津、青岛、上海、宁波、深圳和广州8个港口中。新增集装箱泊位主要集中在上海、天津、大连、深圳和青岛港。

【突出沿海的航空建设】

"优者更优"的发展模式也反映在民用航空最重要的基础设施——机场的建设方面。"八五"期间,新迁建的19个机场,有11个位于沿海地区,使得沿海地区大型机场的数量迅速增加;但扩建的中小型机场多分布在中西部地区。1995年旅客吞吐量在100万人以上的24个机场中,有15个位于沿海地区。

【偏重沿海的邮电建设】

"八五"期间全国各省区市邮电基础设施的建设,均保持了相当高的发展速度,使得邮电基础设施体系的整体水平跃上一个新的台阶,但在地区的发展形式、目标、对象等方面,仍存在着较大差异。沿海地区的发展已从点(城市)上发展向面(农村)上发展扩展,而中西部还仅仅局限在点上发展阶段。两个指标最能说明这一现象,即农话交换机和农村电话的增长。"八五"期间,全国农话交换机和农村电话分别增加了1360万门和805.6万部,其中77.3%和81.8%来自于沿海地区农村电话的增长,尤以粤、苏、浙3省最为突出。见表10—6。

现代化通信基础设施如光缆、微波干线等,也主要集中在沿海地区。

表10—6 部分省的农村电信

项目 省	农话交换机 增长量(万门)	占全国增长(%)	农村电话 增长量(万部)	占全国增长(%)
广东	365.5	26.9	230.1	28.6
江苏	180.7	13.9	131.4	16.3
浙江	160.6	11.8	119.0	14.8
山东	97.8	7.2	58.52	7.3
全国	1360.2	100.0	805.6	100.0

特征明显的地域发展类型

评价指标 综合评价各省区市交通通信基础设施发展水平及其所形成的硬投资环境,是较为困难的。本节试图用定量和定性相结合的方法,进行综合分类。主要选取下列衡量指标:

* 铁路分4级:

A. 既有基础较好,运输干线经过改造或有重大新干线建设、对外联系有较大改善;

B. 基础较好,或经过改造建设有明显改善;

C. 基础一般,经过建设有一定改善;

D. 基础一般,无明显改善。

* 公路分4级:

A. 公路网密度25千米/百平方千米(全国平均的2倍)以上,"八五"增加量4千米/百平方千米(全国平均的3倍)以上,高等级公路密度3千米/百平方千米以上,"八五"增长量1.5千米/百平方千米(全国平均的3倍)以上;

B. 上述4个指标的界定值为18~25千米/百平方千米、3~4千米/百平方千米、2~3千米/百平方千米和1.0~1.5千米/百平方千米;

C. 上述4个指标的界定值为10~18千米/百平方千米、2~3千米/百平方千米、1~2千米/百平方千米和0.5~1.0千米/百平方千米;

D. 上述4个指标的界定值为10千米/百平方千米以下、2千米/百平方千米以下、1千米/百平方千米以下和0.5千米/百平方千米以下。

* 邮电分4级

选取长话电路、电话交换机和电话机3个指标。

A. 基础雄厚并与全国保持了同步增长速度或高于全国增长速度;

B. 基础较好并与全国保持了同步增长速度;

C. 基础一般但与全国保持了同步增长速度；

D. 基础落后但与全国保持了同步增长速度。

* 港口分为4级

按大中小及其地位作用和地域体系：

A. 枢纽港；

B. 拥有较重要的区域性港口；

C. 拥有较重要的地方港口；

D. 拥有一般港口。

* 机场：

按国际机场、干线机场、支线机场的作用及其网络体系分为A、B、C和D 4级。

发展类型 利用上述指标，全国30个省级区域的交通通信基础设施发展水平类型可归纳为以下4类：

基础好、发展迅速、改善突出的省区市：北京，辽宁，上海，天津，江苏，浙江，山东，广东。

基础较好、发展较快、改善较大的省区市：河北，安徽，福建，河南，湖北。

基础一般、发展一般、局部改善明显的省区市：山西，内蒙古，吉林，黑龙江，江西，湖南，海南，广西，四川，云南，陕西。

基础落后、发展相对缓慢的省区市：西藏，甘肃，宁夏，青海，新疆，贵州。

第一种类型的省区市对硬投资环境的改善幅度最大，各种基础设施在"八五"期间均取得了很大发展，硬投资环境变得更加优越，但这仅仅是从交通通信基础设施发展角度评价的。这些省区市均位于沿海发达地区，充分反映了"优者更优"的区域基础设施网络发展模式。值得一提的是，中部地区的安徽、河南、湖北等基础设施的发展势头较为强劲，投资环境的改善程度较大。

基础设施环境改善最大的当属广东省，可以称之为"八五"期间中国交通通信基础设施建设中的"广东"现象。其各项基础设施的发展指标均居全国各省区市首位，仅仅5年时间，使得原本不太突出的基础设施一跃成为全国最发达的区域。

定量评价 本小节试图利用加权赋值分析对区域交通通信基础设施发展状态进行定量评价，并结合各种交通通信方式对经济发展的作用和对投资环境的影响，进行加权赋值，以公路的D级为基准。根据各种方式的相对地位，各方式的加权赋值如下：

公路：A—3，B—2.5，C—2，D—1

铁路：A—4，B—3.5，C—2.5，D—2

港口：A—3.5，B—2.5，C—1.5，D—0.5

航空：A—3，B—2，C—1，D—0.5

内河：A—2，B—0.5，C—0.2，D—0.1

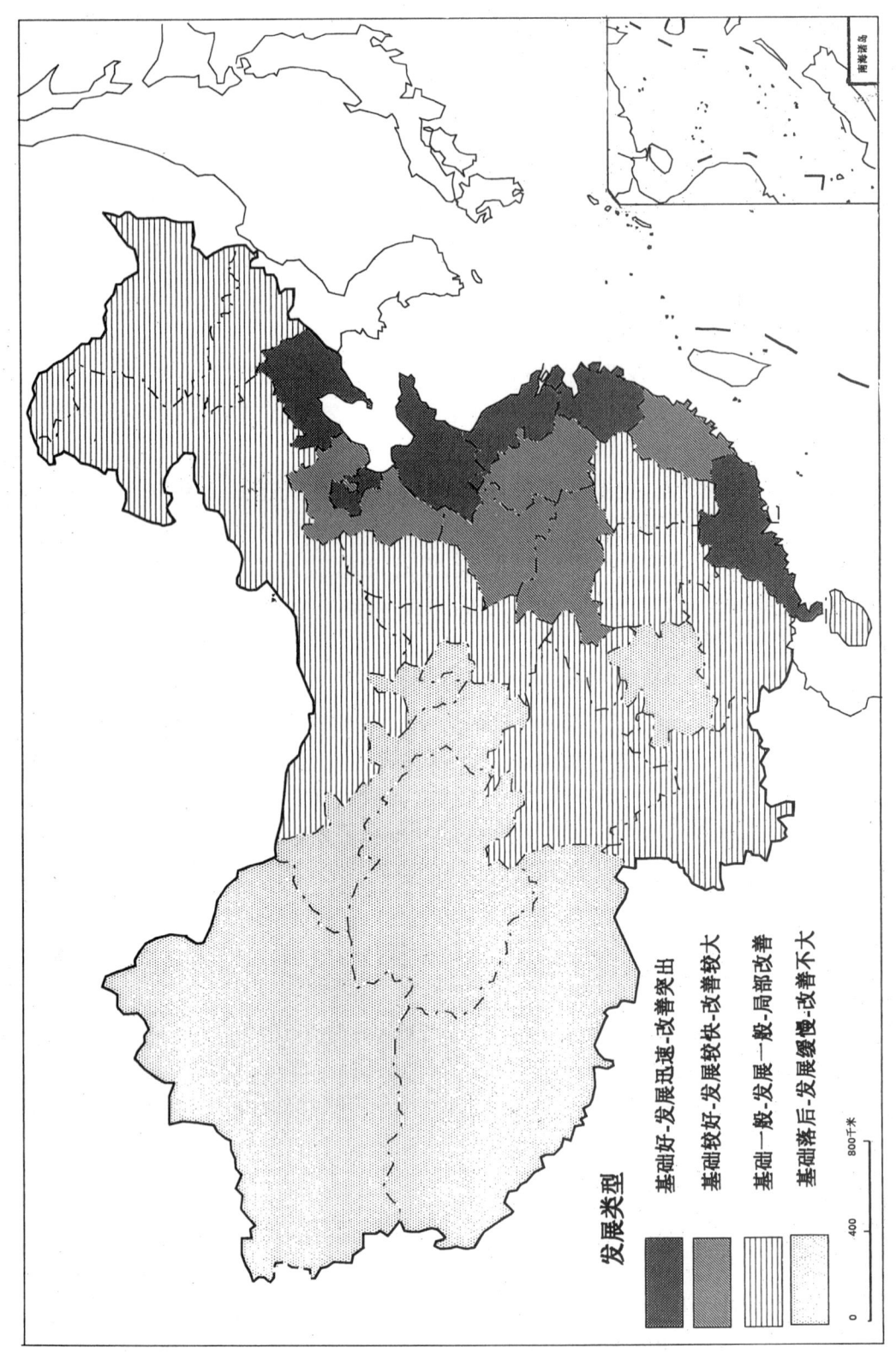

图10—2 交通通信基础设施发展类型分布图

邮电:A—2,B—1.5,C—1,D—0.5

根据上述赋值,各省区市交通通信基础设施发展状态及所反映的投资环境的优劣顺序为:广东(17.5),上海(17.0),辽宁(15.5),江苏(15.5),山东(15.5),浙江(15.5),北京(13.5),天津(13.5),河北(13.0),湖北(12.5),福建(12.2),安徽(12.0),河南(10.5);广西(10.1),海南(10.0),湖南(10.0),江西(10.0),四川(10.0),陕西(9.0),云南(8.6),山西(8.5),黑龙江(7.2),吉林(7.1),内蒙古(6.5),宁夏(6.5),甘肃(6.0),贵州(5.6),新疆(5.0),青海(4.5),西藏(2.0)。

专栏10.3

交通通信基础设施建设的"广东奇迹"

"八五"期间,广东省交通通信基础设施的发展取得了惊人成就,成为中国交通通信基础设施建设中的"广东奇迹"。其基础设施整体水平一跃成为全国最发达的区域之一。其主要指标的增长在全国相应指标增长中举足轻重:公路集中了全国新增量的23.2%;高等级公路增长占14.7%(高速公路20.7%);新增沿海港口深水泊位占全国的30%;建成了京九、三茂和广梅汕铁路及广深准高速铁路;长话电路增长占全国的16.9%,电话交换机容量增长占全国的13.8%,市话交换机增长占全国的10%,农话交换机的增长量占全国的26.9%,电话机增长量占全国的15%,其中农村电话增长占全国的28.6%。

1995年全省公路已达8.46万千米,居全国第二位,公路网密度从1990年的30.7千米/百平方千米增加到47.5千米/百平方千米,从第三位跃居到第一位,高等级公路网密度从1.1千米/百平方千米上升到5.3千米/百平方千米,净增4.4千米/百平方千米,从第十一位跃居到第三位,仅次于山东和江苏;铁路网密度已达1.04千米/百平方千米;城乡电话普及率达10.63%,是全国平均水平4.66%的2.3倍。

广东省交通通信基础设施高速发展的主要原因是多元化商业投资的驱动效应,采取了"以地换路(港)"、"卖旧建新"、发行债券等多种集资方式,经营上采用了BOT等方式。"八五"期间用于交通通信基础设施的基本建设投资近700亿元,相当于中部地区同期交通通信基本建设投资的总规模。但其建设过程中也存在着建设过热超前、盲目建设、各为其事、缺乏统筹规划等现象。

表10—7 全国各地区交通通信基础设施综合评价

	公路	铁路	港口	航空	内河	邮电		公路	铁路	港口	航空	内河	邮电
京	A	A	B	A		A	晋	B	A		C		C
津	A	A	A	B		C	蒙	D	B		C		C
辽	A	A	A	A		A	吉	D	B	D	C	D	C
沪	A	B	A	A	A	A	黑	D	A		C	C	C
苏	A	A	B	B	A	A	赣	C	A	C	C	B	C

(续表)

	公路	铁路	港口	航空	内河	邮电		公路	铁路	港口	航空	内河	邮电
浙	A	B	A	A	B	A	湘	A	B	C	C	B	C
鲁	A	A	A	A		A	琼	B	C	B	C		C
粤	A	A	A	A	A	A	桂	C	B	B	C	D	C
冀	A	A	B	B		B	川	C	C	C	B	B	C
皖	A	A	C	B	B	C	滇	C	C	D	B	D	C
闽	B	B	B	B	C	B	陕	C	C		A		C
豫	A	A		B		B	黔	D	C		C	D	D
鄂	A	A	C	B	B	B	藏	D			D		D
							甘	D	C		C		C
							宁	C	C		C		D
							青	D	D		D		D
							新	D	D		C		D

优势突出的基础设施地带

交通通信基础设施发展对区域投资环境和经济发展环境的改善,在地域空间上是以"线状"形式表现的。目前中国的基础设施水平较低,"线状"交通通信基础设施的空间差异大于以省区反映的差异。"八五"期间,中国局部区域的交通通信基础设施改善较大。主要集中在下列几个"线状"区域。

基础设施趋于发达的滨海沿岸

滨海地带是指拥有海岸线或河口岸线的市县("沿用中国海岸带调查"所采用的界定范围),是中国经济发展水平最高、区位最优、基础设施发达、投资环境最佳的区域。

逐步完善的现代化港口体系。沿线分布着50多个重要港口,是中国面向世界的窗口,上海、大连、天津、青岛、宁波、深圳、广州、香港等大型港口在中国经济走向世界过程中发挥了重要作用,秦皇岛、日照的大型专业港口在中国能源运输体系中占据举足轻重的地位。"八五"期间建设了100个深水泊位,使深水泊位达394个;集装箱泊位发展迅速,已初步形成了装备水平现代化的集装箱港口体系,有力地保证了国际贸易的发展,大大改善了港口周围地区及其腹地的投资环境。

伸向内陆腹地的大能力铁路运输干线。经过改造的连接重要港口的铁路运输干线有哈大线、京山线、胶济线、陇海线、沪宁线、浙赣线、京广线、黎湛线,均是能力较大的复线铁路,是沿海地区联系内陆地区的保证。

飞速发展的高速公路和高等级公路。将在投资向城市周围地区扩散中起重要作用。已建成的伸向内地的高速公路有京津塘、沈大、济青、沪宁、广花等高速公路,沿滨海地带走向的高速公路有沪杭甬、深汕、广深珠等高速公路,在建的有泉厦、京沈、广湛等高速公路。这些高速公路正在形成网络。

现代化的通信系统。"八五"期间建设了沪宁、济青、京沈哈、京汉广、南沿海、杭福贵等多条光缆,形成了现代化的通信系统。

方便的航空运输系统。有27个不同规模的机场。

享有多类型优惠政策的发展区域。滨海地带有92个城市,其中7个特大城市和7个大城市,13个国家级高新技术产业开发区,23个国家级经济技术开发区,13个保税区,5个经济特区,14个沿海开放城市,3个特殊开放地区,均享有不同的投资优惠政策。

> 以黄金水道为核心的长江沿岸

长江沿岸是中国经济布局的重要轴线,也是投资环境较好的交通通信基础设施走廊。

能力巨大的黄金水道。长江干流通航里程达3600多千米,是中国最重要的黄金水道;重庆以上可通航200~800吨的船舶,重庆—宜昌段可通航1500吨级的船舶,宜昌—汉口可通航1500~3000吨级的船舶,汉口—南京可通航5000吨级的船舶,南京至长江口可通航2.5万吨级的海轮。通航能力巨大,据有关单位计算,长江航道的通航能力相当于数条复线铁路的运力。

沿江港口星罗棋布。长江沿岸分布着大小港口近30个,拥有南京、武汉、重庆等重要港口,其中南京、镇江、江阴、芜湖、九江、黄石、武汉、城陵矶、重庆等是对外开放港口,部分港口如武汉、九江、城陵矶等"八五"期间建设了外贸码头,集装箱运输发展迅速。最重要的是拥有中国最大的港口——上海港,也是除香港以外的中国大陆最大的集装箱港口,1990年集装箱吞吐量发展迅速,1995年已跃居世界第十九大集装箱港口。

迅速发展的高等级公路网。国家"八五"重点建设的国道主干线——上海—成都高等级公路基本上与长江平行;同时,以沿江主要港口为中心,辐射腹地的高等级公路如合宁高速公路、合芜一级汽车专用路、昌九高速公路、穿越武汉的京珠高速公路、成渝高速公路等已建成,大大改善了沿江地区的投资环境。

规划逐步实施的沿江铁路。沿江铁路是长江基础设施走廊的薄弱部分,只有铜陵以下和武汉—九江等少数区段有铁路连通,不能形成沿江贯通的运输线。"八五"期间建设的合九铁路和京九铁路,改善了局部地区的基础设施环境。

较先进的通信基础设施。"八五"期间沿长江建设了宁汉、汉渝光缆以及数字微波通信干线等。

有利的区域经济基础和发展政策。沿江有40个城市,"八五"期间设立了芜湖、九江、黄石、武汉、城陵矶、宜昌、万县、涪陵和重庆9个沿江内陆开放城市;拥有南京、武汉和重庆3个国家级高新技术开发区,8个国家级经济技术开发区,并以上海浦东开发区为龙头,享受各种发展经济的优惠政策。而且,长江沿线也是中国确立的仅次于沿海的经济发展轴线。既有经济基础雄厚,可为新兴产业发展提供配套协作能力。

> 基础设施不断完善的陇海—兰新铁路沿线

欧亚铁路大陆桥形成并不断完善。1990年兰新铁路乌阿段（乌鲁木齐—阿拉山口）建成通车，形成了东亚连通中亚和欧洲的捷径运输线。此后，又对兰新铁路的兰州—乌鲁木齐段进行了复线改造，形成了自连云港到阿拉山口能力巨大的运输动脉，并与11条南北向铁路在不同地点交会。运输方面，90年代初开行了自连云港至阿拉山口的集装箱列车，沿线有35个集装箱办理站。

高等级公路发展迅速。与铁路平行的公路是中国正在建设的连云港—霍尔果斯公路国道主干线。"八五"期间已建成了开封至洛阳、西安至临潼、西安至宝鸡等高速公路，在建的还有商丘至开封、洛阳至三门峡、乌鲁木齐至奎屯等高速公路，其基础设施优势开始显现出来。

能力巨大的通信通道。相继建成了郑州—徐州、郑州—西安、西安—兰州—乌鲁木齐—伊宁光缆。

局部区域的城市、产业集聚优势。沿线有33个城市，其中3个特大城市和3个大城市；6个国家级高新技术开发区。开洛地区、关中地区、黄河上游沿线地区、天山北坡地区均有一定的经济基础和较大的经济发展潜力。

> 基础设施进一步改善的哈大铁路沿线

能力巨大的哈大铁路运输动脉。哈大铁路自沿海的大连港伸向中国的东北内地，是最早的复线铁路之一。"八五"期间，国家开始对其进行电气化改造，能力将进一步增加，可保证地区经济协作的发展。

最发达的地区高速公路网。80年代末就建成了中国迄今为止最长的高速公路干线——沈大高速公路，之后不断建设，长春以南已基本形成了连通的高等级公路网，也是中国自港口向内地延伸最远的高速公路网，大大缩短了沿海港口与内陆腹地的联系时间，有效地改善了投资环境。

现代化的通信系统。"八五"期间建设了京沈哈光缆，邮电通信基础设施发展迅速，已达较高水平。

港口的龙头作用。拥有全国最主要的港口大连港，"八五"期间重点建设了大窑湾港区，拥有3个集装箱泊位。此外，还有新兴的鲅鱼圈港。

实力雄厚的经济基础和较好的发展政策条件。沿线有城市15个，其中特大城市就有5个；5个国家级高新技术开发区，5个国家级经济技术开发区；辽中是中国重要的工业基地之一。

> 基础设施正在完善的京广铁路沿线

中等程度现代化的铁路运输干线。"八五"期间对京广铁路进行了以提高运行速度和能力为目标的电气化改造，形成了可"日开行50对客车，年运货物7000万吨"的中等程度现代化铁路干线。为全国各地与珠江三角洲的联系提供了保证。

贯穿南北的京珠高速公路。国家规划建设的南北公路交通运输干线——京珠高速公路正在建设之中，部分区段已经建成，如北京至石家庄段、郑州至许昌段、长沙至湘潭段、广州至珠海段已经建成通车，在建的高速公路还有石家庄至安阳、安阳至新乡等高速公路。

现代化的通信轴线。"八五"期间，先后建成了京汉广架空光缆和京汉广直埋光缆通信干线工程，形成了能力强大的现代化通信轴线。

良好的区位条件和经济基础。此基础设施走廊纵贯中国中部地区，在全国经济发展的战略转移中居有利区位。沿线有城市35个，其中特大城市6个，大城市4个，广州和武汉是对外开放城市；沿线有8个国家级高新技术开发区，2个国家级经济技术开发区。

> **基础设施进一步改善的胶济铁路沿线**

围绕青岛港的港口建设和配套设施建设。重点建设了青岛前湾港工程以及胶黄铁路和公路工程；对胶济铁路进行了复线改造。

建成了济青高速公路。此公路也是国家规划的12条国道主干线之一，现正在向内陆延伸，太原至石家庄段高速公路已建成通车。

现代化的通信系统。已建成了济青光缆，邮电通信水平较高。

发达的经济基础。沿线有城市7个，其中青岛为全国14个开放城市之一；3个国家级高新技术开发区，1个国家级经济技术开发区。

> **基础设施逐步完善的京九铁路沿线**

能力强大的京九铁路。京九铁路是中国铁路建设史上规模最大、投资最多、一次建成线路最长的铁路干线，也是"八五"期间中国经济建设上最主要的工程之一。其北起首都北京，南至香港九龙，全长2370千米，已于1996年建成通车。途经霸州、衡水、聊城、菏泽、商丘、阜阳、麻城、九江、南昌、吉安、赣州、河源、惠州、深圳等16个城市。沿线地区位于中国东部沿海地区与中部内陆地区的结合部，此线的建设对于发挥沿海地区带动内陆地区经济发展的作用、开发沿线地区资源、发展地区经济，具有重要意义。

逐步改善的公路交通条件。中国公路国道中的106和105干线，其走向基本位于京九铁路沿线地区，"八五"期间进行了重点改造，且南昌至九江高速公路已经建成通车，交通条件大大改善，此外沿线地区通向沿海及内地其它地区的公路网也得到了较大改善。

逐步改善的通信条件。国家通信主干线的京九广光缆已建成，提高了沿线地区的邮电通信水平。

有利的政策环境。沿线有北京、南昌、惠州和深圳4个国家级高新技术开发区和惠州国家级经济技术开发区，以及深圳经济特区；同时，沿线地区制定了众多的吸引投资的优惠政策，目的在于利用新兴的基础设施优势发展地方经济。

评价与结论

> 投资增长、投资体制多元化、政策引导和积累效应是快速发展的主要原因

投资能力增长。由于经济的不断发展,使得投资能力大幅度增长,这是交通通信基础设施发展较快的直接原因。

投资体制的多元化。国家"八五"期间有关部门的一系列涉及交通通信基础设施的投资政策导致了投资体制的多元化,刺激了投资者的积极性。除了中央和地方加大交通基础设施投入外,各地还采用地方集资、贷款、发行债券、股票、转让经营权、向国际金融组织和政府贷款、BOT方式、多渠道筹集建设资金等办法引进建设资金,加大了投资力度,加快了交通通信基础设施建设的步伐。"八五"期间,公路、水运基础设施建设中利用世界银行、亚洲银行和日本海外协力基金以及其它政府贷款项目35个,贷款额约38.89亿元。

投资体制多元化使得一些地区和部门的投资力度加大并形成利润极大化导向,导致了投资方向的改变。前面分析的地区差异扩大与"优者更优"模式的形成就是这种投资方向转变的空间后果。而交通通信部门间也出现了投资结果的改变。表10—8显示了投资结果的变化。公路、航空和邮电基础设施投资力度的加大,提高了其在整个基础设施体系中的地位。投资结构的改变也很快在运量中反映出来(图10—3)。

表10—8 各时期运输邮电基本建设投资及其构成

项目 时期	投资额 (亿元)	铁路	公路	水路	航空	管道	邮电
一五(1952~1957)	90.15	65.6		27.9	1.1		5.3
二五(1958~1962)	163.30	63.8		30.3	1.2		4.7
1963~1965	53.78	63.2	23.1	6.1	3.6		4.0
三五(1966~1970)	150.01	63.5		30.4	1.4	0.2	4.6
四五(1971~1975)	317.59	54.5		37.7	2.9	0.1	4.8
五五(1976~1980)	302.45	46.4	14.9	24.7	3.1	4.9	6.0
六五(1981~1985)	455.13	48.1	13.0	24.3	6.2	1.1	7.9
七五(1986~1990)	956.38	40.3	21.5	20.3	6.6	0.9	10.4
八五(1991~1995)	4018.36	36.6	26.5	8.4	10.0	0.3	18.2

宏观发展政策的引导。国家在《"八五"计划与十年发展纲要》中提出了把交通、通信等基础设施和基础产业作为发展重点,1992年6月,中共中央、国务院又作出《关于加快发展第三产业的决定》。发展的重点是:商业、对外贸易业、咨询业、各类技术服务业、为农业和生活质量

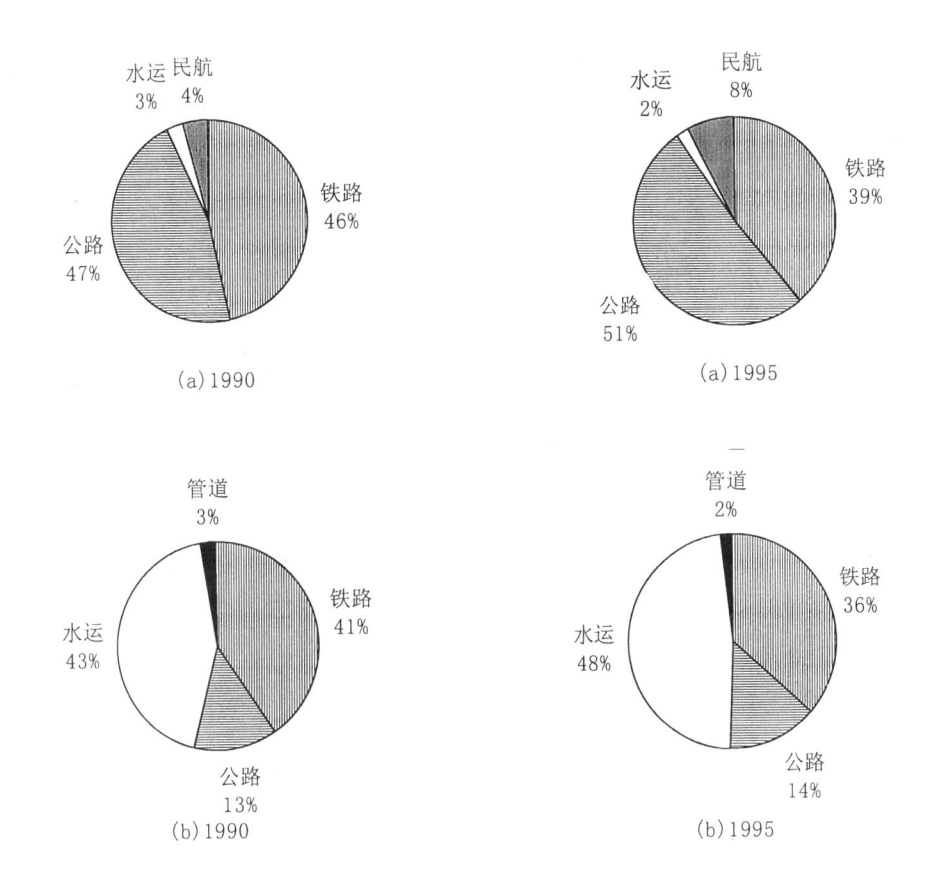

图 10—3 运输周转量结构变化(a:客运,b:货运)

服务的交通运输业、邮电通信业等。这些宏观政策,有力地推动了基础设施的发展。

在邓小平1992年南方讲话后,有关部门及各级地方均出台了许多政策措施,鼓励交通通信基础设施建设,对"八五"后几年的全国基础设施大发展起了重要影响。1992年7月交通部印发了《关于深化改革、扩大开放、加快交通发展的若干意见》,1993年铁道部出台了《关于发展与地方合资建设铁路的实施办法》,1994年邮电部印发了《关于试行联合投资进一步加快通信发展的通知》,1994年6月民航总局和外经贸部印发了《关于外商投资民用航空业有关政策的通知》,等等。鼓励采取更为灵活的方式,多方筹集建设资金,给予国内外投资者多途径、多方式参与交通基础设施的诸多优惠条件。外商等投资者投资建设港口和公路等基础设施,标志着多元化投资体制的形成。

"十年磨一剑"效果的集中体现。80年代初以来,中国的基础设施建设始终在"短缺"的阴影下"痛苦挣扎",经受着社会需求高速增长和建设资金短缺的双重压力,即社会经济发展要求基础设施快速建设以适应其需求,而另一方面社会又不能为基础设施快速建设提供充裕的资金。虽然国家始终把基础设施的建设作为重点,但基础设施是一种要求系统性很强、各环节相互匹配的空间协同网络,一地或某一方式、环节的改善并不一定能发挥其应有的效益,因而交通通信基础设施建设总给人以"修了路而桥未通"之感。尽管如此,80年代的建设为90年代交通通信基础设施体系整体水平的提高打下了必要的基础。

进入90年代后,交通基础设施建设的积累效果开始释放,集中体现在1994年以来的3年中。主要表现在:共同占有同一市场的综合运输体系开始形成;铁路运输大动脉骨架网络基本形成贯通能力;干支结合的公路系统开始发挥主力军作用,与铁路运输的激烈竞争局面已初露端倪;航空网络迅速扩展,开始冲击铁路运输的中远程客运市场;多层次的沿海港口体系已经初步形成;能源的铁—水联合运输系统基本形成协同能力;现代化的集装箱港口运输体系以及宏观区域范围的铁路、公路集装箱集疏运系统已经形成;初步建成了技术先进、功能齐全、运行高效、安全可靠的电信网,以及布局合理、手段先进、传递快速、管理科学的邮政网。

> 目标的短效性、经济需求的首位性和市场导向是发展的主要特征

发展目标的短效性和应急性。由于中国交通基础设施体系的社会服务供给能力相对于社会经济对其需求潜力而言,始终处于"供给短缺"状态,加之投资体制和投资能力的制约,交通通信基础设施的建设基本处于"应急性"建设状态中。

建设发展的短效性主要表现在固定设施技术等级标准的选择等方面,长远的考虑不足。例如,1992年交通部制定的交通发展规划和措施中,确定的"八五"发展重点——"两纵两横"国道干线,仅设想以二级以上路贯通,未明确提出以高速公路为主,这与后来建设实施的结果出入很大。再如,铁路新线建设也未考虑未来双层集装箱运输的要求。此类现象在各种基础设施规划建设中均有一定程度的体现。

经济需求的首位指导性。"八五"及以前中国交通通信基础设施建设的指导思想,始终把满足经济发展需求作为首要原则和依据,这当然是非常正确的。但是,对交通通信基础设施的社会效益重视不够,尤其是对人类居住环境和舒适性方面的社会效益重视不够,这两方面也是人类社会发展追求的主要目标。忽视这两方面的因素,容易引起基础设施建设的短效性和功利性。

基础设施是人类自身有目的地建设的可持续利用的资源,种类资源越来越多,对人类发展的影响越来越大,人类对基础设施的依赖性也越来越强。同时,基础设施又占据人类赖以生存的有效空间资源,其一旦布局确定,则很难改变,且其所占据的空间资源再很难被其它社会经济活动所利用,即基础设施具有空间独占性。中国从理论界到从事实际管理的政府部门,对基础设施的主流观点,认为基础设施只是经济发展的附属物,而忽视其对社会经济具有反馈和引导作用的一面,导致基础设施建设总是在被动状态中发展。

市场导向。上述分析与数据都反映了90年代中国交通通信基础设施的建设已在新的政策和体制下走向了市场导向的发展道路。这种市场导向的体制明显地有利于经济较活跃、吸引力较大的省区市获得更多的投资进一步改善基础设施,因为它们可以较好地保证投资者和经营者的利益,而政府也对发展基础设施比较重视或有较大的投资能力。公路和邮电建设在这方面表现的较为显著。

> 未来交通通信基础设施的发展势头强劲

前3年,由于国民经济高速增长,运输、通信需求保持强劲的增势,交通紧张状况非常突出;后两年国家加强了对国民经济的宏观调控,对交通尤其是运输的需求增长趋缓,导致在某些地区或交通通信方式上的紧张状况出现一定程度的缓和。但就总体来看,外贸物资和长途客货的需求始终保持着持续增长的势头,通信需求正在发生新的变化,对通信新业务的需求日趋旺盛。因此,运输、通信的供需矛盾仍很突出,不能低估。

"九五"期间,中国的交通通信基础设施发展仍将保持高速增长态势,整体水平将进一步提高,高速公路将形成基本骨架;基础设施所反映的生活舒适性的地区差异将进一步拉大,多方式共同占有同一服务市场的竞争服务体系将逐步形成。

> 基础设施适度建设、科学管理、合理使用应是未来基础设施体系发展与完善的关键

中国的交通通信基础设施发展经历了相当长的时期才达到目前的水平,但与发达国家相比,中国的交通通信基础设施还相当落后,无论从人均水平还是从空间网络密度等方面衡量,质量和管理水平则差距更大。即使与一些发展中国家相比,中国的交通通信基础设施也是落后的。美国有20多万千米的铁路,600多万千米的公路,其中高速公路就达8.3万千米,而中国目前还只有5.6万千米铁路、118万千米公路。高速公路只有3000多千米,还不及德国、法国和英国的数量,只相当美国的4%。与印度相比,中国的交通通信基础设施也存在一定差距。文中多处提到的"优者",实是一个相对的标准。

初步估计,中国的公路发展阶段,即使是最发达的地区,也仅大致相当欧美等发达国家60、70年代的水平;港口发展大致也是如此。铁路始终未出现较明显的大发展时期。航空所表现的发展特征也仅相当于发达国家70年代的水平。邮电通信的落后主要表现在服务系统不完善等方面。

基本管理的完善是交通通信基础设施发挥应有效率的关键。中国基础设施体系的管理利用系统滞后,技术经济水平较低,引起固定设施"不足"与"浪费"两种现象并存,"所建非所用"的现象普遍存在。突出表现在高速公路规范严格的管理体系还未形成,一定程度上影响到高速公路效益的正常发挥;铁路管理系统在适应市场经济的大潮中存在值得改进的诸多地方;道路变市场、停车场的现象普遍存在,多头管理各行其是,功利主义充斥管理体系等。因此,提高管理水平将是中国交通通信基础设施发展的一项长期的艰巨任务,如发展联合运输、多区域联运系统的建立等。

因此,发展中国交通通信基础设施的任务任重道远,须在发展经济的同时做长期努力,提高固定设施、管理利用系统等方面的水平。

限于篇幅和资料,本章没有展开对基础设施管理水平的空间差异进行深入分析,但这方面对基础设施的发展也是重要的。对于中国进入全球经济体系来说,从管理和利用上讲究整体配合、联合运作的基础设施支持系统在地域上的伸展,将在很大程度上与中国工业地域结构的演变相互影响,决定中国未来经济的空间格局。

参考文献

1. 中国交通运输协会,"'八五'期间中国交通产业发展状况简述",《中国交通统计年鉴—1996》,中国交通统计年鉴社,1996年。
2. 陈航等,《中国交通运输地理》,科学出版社,1993年。
3. 李景和,"'八五'期间的公路建设",《中国交通统计年鉴—1996》,中国交通统计年鉴社,1996年。
4. 张保胜,"国道主干线规划",《中国交通统计年鉴—1994》,中国交通统计年鉴社,1994年。
5. 张继顺,"'八五'期间沿海港口建设",《中国交通统计年鉴—1996》,中国交通统计年鉴社,1996年。
6. 刘树萍,"邮电'八五'计划简介",《中国交通统计年鉴—1992》,中国交通统计年鉴社,1992年。
7. 史善新,"铁路十年规划和'八五'计划简介",《中国交通统计年鉴—1992》,中国交通统计年鉴社,1992年。
8. 倪祖彬等,《京九经济带开发研究》,气象出版社,1997年。
9. 孙国庆,"'八五'期间交通基础设施建设利用外资情况",《中国交通统计年鉴—1996》,中国交通统计年鉴社,1996年。

第十一章 环境政策与区域环境

80年代以来,中国经济获得持续的高速增长,大大增强了综合国力,显著地提高了人民的物质生活水平。然而,在获得令人鼓舞的经济发展成就的同时,也付出了巨大的生态环境代价,即造成了严重的环境污染和生态破坏。一部分资源正在加速消耗,部分资源正趋于耗竭。中国环境污染由大中城市扩大到广大的人口密集地区。全国范围内,受工业、城市污水污染而没有洁净水体的平原、三角洲、河谷地带达70~80万平方千米,属环境污染严重的地区,在这一范围内居住人口达1.5亿左右。严重的水质污染已威胁到该范围内几千万人的身体健康。还有100多万平方千米的人口密集区大多数水体受中度以上的污染。严重污染的湖泊有太湖、巢湖和滇池;淮河、长江、辽河、珠江等大江大河也受到不同程度的污染。环境污染将破坏许多生产的自然基础,有些地方甚至会影响经济国际化的进程,从而影响到经济的发展。与此同时,大量的耕地被占用。1984~1994年间全国耕地减少了778.4万公顷,各项建设占用耕地的总规模与GDP的增长速度的相关系数达到0.98。这说明:经济的高速增长是耕地锐减的最主要的原因。森林和草地退化,水土流失、荒漠化加剧,生物多样性降低。

本报告在第一至第四章从空间和时间方面揭示中国各地区经济增长的差异。如果对照中国这个阶段出现生态环境问题的地区及其严重的程度,可以看出二者是相当一致的。生态破坏、环境污染严重的地区一般是具有以下情况的地区:

* 经济持续高速增长、特别是经济超高速增长的地区。如珠江三角洲地区,以苏南、浙北为主的长江三角洲地区,胶济铁路沿线地区等;

* 建立在资源开发和部分基础产业大规模发展基础上的经济高速增长的地区。如河南、安徽、山西、四川、云南等省的部分地区;

* 自然生态本身脆弱又加上人类不合理开发利用的地区。如晋、陕、蒙接壤地区,贵州、云南和广西的石灰岩山区,长江上游部分地区,内蒙古西部阿拉善盟黑河的中下游地区等。

日益严重的生态环境问题最直接的原因是由于全国及大部分地区迅速的工业化和城市化进程。而在这一进程中市场的短期行为又在客观上加剧问题的严重性。水和废气排放量的持续上升,主要大城市大气中的总悬浮颗粒物(TSP)和二氧化硫(SO_2)含量已超过世界卫生组织(WHO)推荐标准的2倍。1996年全国仅有不到1/5的城市生活污水进行了治理,酸雨区面积已超过国土总面积的29%。

1996年在全国第四次环境保护会议上国务院总理李鹏强调指出:"我们清醒地看到,我国环境保护的形势还相当严峻,由于我国现在正处于迅速推进工业化和城市化的发展阶段,对自然资源的开发强度不断加大,加之粗放型的经济增长方式,技术水平和管理水平比较落后,污染物排放量不断增加。从全国总的情况来看,以城市为中心的环境污染仍在加剧,并且在向农村蔓延,生态破坏的范围仍在扩大"。

面对生态环境的严重挑战,国家和地方提出了环境保护和环境政策的新思路,加强了环境管理和执法力度。科学界也开展了一系列研究工作,但多从技术和方法上进行探讨。

本报告从环境政策分析入手,概述了1995～1996年国家和地方实施的环境政策,阐述这些政策实施后的效果及区域差异,分析各地区用于环境治理和生态建设的投资规模与效益,指出区域生态环境的状况、问题和对策。

环境政策与管理制度改革

1995～1996年是中国环境保护事业取得重大进展的两年,环境政策与管理制度进行了改革和深化。

* 1996年3月,全国人大八届四次会议通过了《国民经济和社会发展"九五"计划和2010年远景目标纲要》,提出了实现经济体制和经济增长方式两个根本性转变,实施科教兴国和可持续发展两大战略,确定了"九五"期间和2010年环境保护目标。强调到2000年,要力争使环境污染和生态破坏加剧的趋势得到基本控制,部分城市和地区的环境质量有所改善。

* 1996年6月中国政府向国内外发表了《我国的环境保护》白皮书。

* 1996年7月,国务院召开了第四次全国环境保护会议,对实现跨世纪的环保目标作了总动员和总体部署,这是中国环境与发展史上一次具有里程碑意义的大会。8月,作出了《关于环境保护若干问题的决定》,提出了实现"九五"环保目标的10个领域的保障措施。

* 1996年9月国务院批准《国家环境保护"九五"计划和2010年远景目标》,其附件《"九五"期间全国污染物排放总量控制计划》和《我国跨世纪绿色工程规划(第一期)》是实现"九五"环保目标采取的两项重大举措。

为实施可持续发展战略,在过去中国环境保护八项管理制度(专栏11.1)的基础上,正在推行一系列严格的环境保护政策和措施。

专栏11.1

环境保护的八项管理制度

(1) 环境影响评价
(2) "三同时"制度(即建设设施的环保项目要与总体工程同时设计、同时施工、同时投产)
(3) 排污收费
(4) 排污许可证
(5) 污染限期治理
(6) 污染集中控制
(7) 环境保护目标责任制
(8) 城市环境综合整治定量考核

> 强调环境与发展的综合决策，从决策的"源头"控制住环境问题的产生。

国务院《关于环境保护若干问题的决定》中规定，在做经济发展和生产力布局等重大决策时，必须综合考虑经济、社会和环境因素，进行环境影响评估，避免走"先污染后治理"的老路。中国工业污染防治的方针正在实现3个转变：一是从末端治理转向源头控制，二是从分散治理转向分散治理与集中治理相结合，三是从单纯的浓度控制转向浓度控制与总量控制相结合。

> 加强环境法制、改革环境管理制度，强化监督执法。

目前，中国环境资源法律体系已初步形成，包括6部环境保护法律和9部资源法律(专栏11.2)，由国务院制定的环境与资源保护行政法规120多部，地方性法规600多部；国务院有关部门还制定了300多项规章和近400项国家环境标准。同时，环境执法有了实质性的加强。

制定了环境影响评价招标原则，提高了环境评价效率和质量，完善了"三同时"制度。排污收费从污染超标收费向排污收费，从单一浓度收费向浓度与总量相结合收费，从单一因子收费向多因子收费转变，逐步提高收费标准，实现排污费资金有偿使用。实行环保目标责任制。全面推行固体废物、噪声、污染排放申报登记制度，在全国地市级推行水污染物和大气污染物排放许可证制度。

专栏11.2

环境资源法律

水污染防治法、大气污染防治法、固体废物污染环境防治法、海洋环境保护法、环境噪声污染防治法、野生动物保护法、森林法、草原法、渔业法、农业法、矿产资源法、土地管理法、水法、水土保持法。

从1993年以来，中国已经连续4年在全国范围内开展了环保执法检查，查处了一批环境违法案件，严厉打击了违法行为。

1996年6月30日之前，淮河流域的河南、安徽、山东、江苏4省关闭了流域内1000余个年产5000吨以下的化学制浆造纸厂，限期治理了一批污染严重的企业，削减了流域内的污染负荷，为实现2000年使淮河水变清的目标打下了基础。

1996年9月30日前，全国采取统一行动，取缔和关停了5万多家污染严重的"土"、"小"企业，受到了公众的欢迎。国务院《决定》还明确规定，到2000年全国所有工业企业的污染物排放都要达到国家或地方规定的标准，达不到标准的，将被责令关闭、停业或转产。

> 完善环境经济政策，增加环境保护投入。

国务院《决定》明确规定，国务院有关部门要在基本建设、技术改造、综合利用、财政税收、金融信贷及引进外资等方面，抓紧制定、完善促进环境保护、防治环境污染和生态破坏的经济政策和措施；要建立并完善有偿使用自然资源和恢复生态环境保护投入，逐步提高污染防治投入占本地区同期国民生产总值的比例。"九五"期间，这个比例将比"八五"有较大幅度的提高，力争由0.8%增加到1%以上。

> 实施《全国污染物排放总量控制计划》和《我国跨世纪绿色工程规划》

实施污染物总量控制是中国环境管理工作上的一次转轨,它将促进结构优化、技术进步和资源节约。推行清洁生产是企业完成污染物总量控制任务指标的重要手段,深化排污许可证制度,严格执行排污收费。由浓度控制到总量控制是环境保护工作质的飞跃,是向环境污染宣战的重大举措。

跨世纪绿色工程规划是有项目、有重点的具体工程计划,目的是组织国家有关各部门、各地方和企业,针对一些重点地区、重点流域和重大环境问题以及履行国际公约的要求,集中财力、物力,实施一系列工程措施,打几个大战役,带动全局,向污染环境和生态破坏宣战,以求在本世纪末基本控制环境污染和生态破坏加剧的趋势,局部城市和地区的环境质量有所改善,并在2010年逐步实现中国环境保护的总体目标。

国家和省两级政府下达了《污染物排放总量控制计划》。"九五"期间,将先对12类环境危害大的污染物进行总量控制,以确保实现"九五"环保目标。《绿色工程规划》是实现环保目标、改善环境质量的一批实际工程措施。该计划在"九五"期间和下世纪初15年内分3期实施。"九五"期间,重点治理淮河、海河、辽河、太湖、巢湖、滇池的水污染,以及酸雨控制区和二氧化硫污染控制区内的大气污染,工程项目约1591个,总投资需求约1880亿元。这些资金主要来自国内各地,同时也要吸收40亿美元的外资。

重点地区环境污染状况与治理

在总体上,中国以城市为中心的环境污染仍然在发展,并向农村蔓延。环境问题日益突出,已成为制约经济发展和影响人体健康的重要因素。

1995～1996年,中国环境质量的主要问题依然是:以煤烟型为主的大气污染,以尘和酸雨的危害最大,污染程度在加重;以城市河流水质恶化为代表的水体污染;以及道路交通噪声长期居高不下为特征的噪声污染三大类。环保重点地区包括海河、淮河、辽河、松花江、太湖、巢湖、滇池、南方酸雨区、三峡工程、晋陕蒙接壤地区、珠江三角洲和海南省。

> 环境污染状况

1. 大气污染严重

大气污染依然呈现为典型的煤烟型污染特征,各地悬浮微粒和降尘污染普遍严重,二氧化硫污染未见明显好转,机动车尾气排放污染物剧增,氮氧化物污染呈加重趋势,广州等少数特大城市表现为煤烟型污染和汽车尾气污染并重。

1985～1994年间,全国废气排放总量年平均增长率为4.9%,二氧化硫排放量年平均增长率为0.98%。同期能源消费量年平均增长率为4.9%,煤炭消费量年平均增长率为5.2%。虽然废气排放增长率低于GDP增长率,但排放总量仍在增加。

据88个城市的监测数据统计,1995～1996年中国二氧化硫污染以贵阳、重庆、宜宾等西南高硫煤地区最为严重,以山西、山东为代表的北方地区污染较严重,尤以冬季采暖期最为突出。总悬浮微粒污染最严重的城市有吉林、兰州、延安、太原、万县、焦作、济南、包头、宝鸡9个城市。

降尘污染在各类规模的城市都十分普遍,但全国总体呈下降趋势,尤以南方城市下降明显。污染严重的城市有包头、长春、唐山、大同、哈尔滨、石家庄。北方重于南方,最严重的地区为东北三省、西北地区及内蒙古、山西、河北、河南、山东的主要城市。南方主要集中在四川、贵州、湖北、湖南、上海、浙江、安徽等省的大中城市。

全国大城市汽车尾气污染趋势加重,氮氧化物已成为少数大城市空气中的首要污染物。国控网络城市空气中氮氧化物浓度年均值为5～152微克/立方米,北方城市平均值为53微克/立方米,南方城市平均值为41微克/立方米,全国平均值为47微克/立方米,与上年度持平。氮氧化物污染主要发生在100万人口以上的大城市和特大城市,广州、北京污染较重,其次是上海、鞍山、武汉、郑州、沈阳、兰州、大连、杭州等城市。

中国酸雨主要分布于长江以南、青藏高原以东地区及四川盆地。以长沙为代表的华中酸雨区,降水酸度值最低,酸雨出现频率最高,并呈逐年加重趋势;西南酸雨区污染程度仅次于华中酸雨区;华南酸雨区、华东沿海酸雨区分布较广,污染较重。

1996年酸雨降水污染普遍加重,分布区域有所扩展。据84个国控网络城市监测,降水年均pH值低于5.6的城市有43个。长沙降水平均pH值达到3.5,为监测城市中的最低值。降水年均pH值小于4.5的城市有长沙、厦门、赣州、宜宾。酸雨频率大于60%的城市有24个,其中酸雨频率大于90%的城市有宜宾、衡阳、长沙、赣州;酸雨频率大于80%的城市有梧州、厦门、怀化、南昌、图们;酸雨频率大于70%的城市有乐山、广州。

2. 水污染呈加重趋势

1996年,中国江河湖库水域仍普遍受到不同程度的污染,除个别水系支流和部分内陆河流外,总体上仍呈加重趋势。78%的城市河段不适宜作饮用水源,50%的城市地下水受到污染,工业较发达城镇附近的水域污染突出。

与1994年相比,1995年除北京、山西、辽宁、黑龙江、江苏、湖南、海南、西藏、青海外,全国70%的省、市、自治区废水排放总量增加。1985～1994年间,全国GDP年平均增长率为9.8%,废水排放总量年平均增长率为0.73%。虽然废水排放总量的增长率低于GDP的增长率,但排放总量却逐年增加,在环境容量有限的情况下,水污染仍呈加重趋势。

根据全国2222个监测站的监测结果,中国七大水系的污染程度次序为:辽河、海河、淮河、黄河、松花江、珠江、长江,其中辽河、海河、淮河污染最重。主要大淡水湖泊的污染程度由高到低次序为:巢湖(西半湖)、滇池、南四湖、太湖、洪泽湖、洞庭湖、镜泊湖、兴凯湖、博斯腾湖、松花湖、洱海。

与1995年相比,1996年七大水系的水质状况没有好转,水污染程度在加剧,范围在扩大。据七大水系重点评价河段统计,1996年符合《地面水环境质量标准》I、II类的约占32.2%,符合III类标准的占28.9%,属于IV、V类标准的占38.9%。1995年七大水系水质状况见表11—1。

表 11-1 1995年七大水系水质状况（达到不同水质河段占水系的百分比）

水系 \ 水质	I、II类	III类	IV、V类
长江	45	31	24
黄河	5	35	60
珠江	31	47	22
淮河	27	22	51
松花江、辽河	4	29	67
海河	42	17	41

资料来源：1995年中国环境状况公报，国家环保局，1996。

* 长江水系水质污染与1995年相比呈加重趋势。水质符合 I、II 类水质标准的河段为 38.8%，符合 III 类标准的为 33.7%，属于 IV、V 类标准的为 27.5%，主要污染参数为氨氮、高锰酸盐指数和挥发酚，个别河段铜超标。长江干流总体水质虽好，但干流岸边污染严重，干流城市江段的岸边污染带总长约500千米。

* 黄河水质污染日趋严重。全流域符合 I、II 类水质标准的占 8.2%，符合 III 类标准的占 26.4%，属于 IV、V 类标准的占 65.4%，主要污染参数为氨氮、高锰酸盐指数、生化需氧量和挥发酚。黄河的水污染随着水量的减少和沿岸排污量的增加有加重的趋势，托克托到龙门河段的1100余家企业直接排污入黄，污水量占干流日径流量的5%。

* 珠江水系水质总体较好，部分支流河段受到污染。水质符合 I、II 类水质标准的占 49.5%，符合 III 类标准的占 31.2%，属于 IV、V 类标准的占 19.3%。主要污染参数为氨氮、高锰酸盐指数和砷化物。

* 淮河水系污染问题仍十分突出，枯水期干流水质污染严重（专栏11.3），重污染段向上游延伸，但一些重点治理的支流的超标程度在逐步降低，符合 I、II 类水质标准的占 17.6%，符合 III 类标准的占 31.2%，属于 IV、V 类标准的占 51.2%。主要污染参数为氨氮、高锰酸盐指数。颍河、沂河有时达到 IV、V 类标准。

* 松花江、辽河水系污染严重。松花江水系主要污染参数为总汞、高锰酸盐指数、氨氮、挥发酚。其中，同江段总汞污染严重，水质较历年都差。辽河水系枯水期污染严重，流经城市河段的水质均超过地面水 V 类标准。全水系符合 I、II 类水质标准的仅占 2.9%，符合 III 类标准的占 24.3%，属于 IV、V 类标准的占 72.8%。主要污染参数为氨氮、高锰酸盐指数和挥发酚，铜、氢化物、汞也有超标现象。

* 海河水系水污染问题一直比较严重。一些重要的地面水源地已受污染或有污染威胁。包括水库在内，符合 I、II 类水质标准的占 39.7%，符合 III 类标准的占 19.2%，属于 IV、V 类标准的占 41.1%。主要污染参数为氨氮、高锰酸盐指数、生化需氧量和挥发酚。流域内的大小河流及水库除了拒马河、陡河及密云、怀柔、黄壁庄、潘家口、章泽和王快水库水质尚好外，其余河段基本为污染河段。

浙闽片的水系水质较好,少数河段受到污染,符合Ⅰ、Ⅱ类水质标准的占40.7%,符合Ⅲ类标准的占31.8%,属于Ⅳ、Ⅴ类标准的占27.5%。主要污染参数为氨氮。

中国内陆河流水质良好,受自然地理条件的影响,个别河段的总硬度和氯化物含量偏高。符合Ⅰ、Ⅱ类水质标准的占63.5%,符合Ⅲ类标准的占25.4%,属于Ⅳ、Ⅴ类标准的占11.1%。

专栏11.3

淮河流域水污染治理

淮河是淮河沿岸1000多万人口的生活饮用水源。河流沿岸城市和城镇3000多家造纸厂、加工厂及酿酒厂的工业废水直接排入淮,每年接纳的未经处理的工业废水和生活污水量高达30亿吨之多。1995年,淮河流域水质符合Ⅲ类标准的水域仅占22%。流域内生活饮用水中毒物水平比国家标准高10~20倍。1994年淮河上游发生的特大洪水伴随着高浓度的污染废水一泄而下,造成波及4个省份的特大污染事故。为此,国务院专门成立了一个负责淮河流域水污染防治的领导小组,不得不采取强制措施以达到污染削减目标,其中包括与当地政府签订污染削减责任状。截至1996年底,淮河流域已有1094家造纸厂停产关闭。中央政府已制定了一项投资总额为66亿元人民币的投资计划,用于1995年至2000年间淮河水污染治理。

来源:《中国环境年鉴》(1995及1996年)

此外,城市河段和局部区域水污染相当严重(专栏11.4)。1996年,在统计的138个城市河段中,有133个河段受到不同程度的污染,占统计总数的96.4%。属于超Ⅴ类水质的河段有53个,属于Ⅴ类水质的河段有27个,属于Ⅳ类水质的河段有26个,属于Ⅱ、Ⅲ类水质的河段有32个,分别占统计总数的38.4%、19.6%、18.8%和23.2%。城市河段的主要污染参数是石油类和高锰酸盐指数,悬浮物超标现象仍普遍存在。

专栏11.4

小清河的"死亡"

山东省境内的小清河可以称得上是中国工业及城市水污染最为严重的水域之一。如今的小清河正濒临死亡,昔日游鱼戏水的景象已荡然无存。水质监测表明,几乎所有河段水体中溶解氧含量均趋于零。小清河接纳的污染物中,数量最多的是来自造纸厂(19家)、酿酒厂(10家)、化工厂(9家)、制药厂(3家)及钢铁厂(1家)。仅5%的污染排放大户COD排放量就占小清河流域工业废水COD排放量的95%,其中仅齐鲁石化总厂一家的COD排放量就高达约10%。齐鲁石化邻近的淄博和济南两大城市的工业废水就占小清河流域

> 专栏11.4(续)
> COD总排放量的70%左右。
>
> 近十余年来,小清河最主要的污染物为氨氮、BOD、COD、挥发酚、石油类及其他有机污染物。重金属污染虽然在个别年份、个别河段时有发生,但年平均浓度尚未超标。通过分析近年来的浓度变化过程,发现小清河水体氨氮、BOD、挥发酚、石油类及总悬浮物(SS)的含量逐年增长,而COD的含量呈下降趋势。

来源:世界银行中国与蒙古局,面向21世纪的中国环境,1997。

环境污染的治理

1. 重视工业技术进步,严格控制污染企业

针对日益严重的环境污染,国家和各地区的政府采取了一系列技术革新的措施,包括:优化结构,促进工业增长方式的转变。强制淘汰了一批能源消耗高、资源浪费大和污染严重的工业产品。到1996年10月,已经关停并转了污染严重的小型企业近5万家。

转变工业污染防治战略,积极推行清洁生产。中国在工业污染防治的指导思想上确立了"三个转变",即在污染防治基本战略上,从侧重污染的末端治理逐步转变为工业生产全过程的控制;在排放污染物的控制上,由重浓度控制转变为浓度与总量控制相结合;在污染治理方式上,由重分散的点源治理转变为集中控制与分散治理相结合。各级政府在工业企业中推行清洁生产,全国石化行业通过实施清洁生产,减少向大气排放二氧化碳500万吨,增加效益14.7亿元。

加快工业技术进步,加大城市工业污染治理力度。实施"双加"工程。从1994年开始实施加大技术改造投资的力度,加快企业改革步伐,建立技术进步机制。国家重点安排了57个项目,总投资216亿元。吉林化学工业公司是50年代建立的老企业,多年来依靠科技进步,对资源浪费严重、排污量大的生产装置进行了技术改造,从根本上解决了多种化学品对环境的污染。

结合城市环境综合整治和城市建设,关闭、搬迁、治理了一大批污染严重的企业,使部分地区的污染趋势得到缓解。北京市关闭了污染严重的首钢特钢南厂,消除了市区一大污染源;上海市加快苏州河、黄浦江上游和重点城区的污染防治,使部分城区的环境明显改善。

2. 加大重点流域水污染综合治理的力度

有效控制水污染,保护水环境。1995年中国政府颁布了《淮河流域水污染防治暂行条例》,编制了《淮河流域水污染防治规划及"九五"计划》,制订了流域水污染排放总量的控制目标及主要城镇、主要排污口的最大允许排放量。

3. 控制烟尘和二氧化硫排放量,积极防治大气污染

1995年国家修订了《大气污染防治法》,在一些污染较严重的城市实行大气污染物排放许可证制度和试行二氧化硫排放收费制度,以控制烟尘和二氧化硫的排放。明确划分酸雨和二氧化硫控制区;适当提高工业窑炉、电厂的二氧化硫污染物的排放标准,加强了对大气污染物

的管理。在西南地区大气污染严重的南充、宜宾、重庆和遵义等城市,烟尘污染和酸雨危害的程度有所缓解。在控制二氧化硫污染方面,推广洁净煤和清洁燃烧技术措施。1995年全国燃煤废气消烟除尘率达88%,生产工艺废气净化处理率达到69%。

4. 加强固体废物的管理

开展固体废物申报、登记和废物交换试点;建设城市和危险废物填埋场;加强放射性废物的安全监督和管理;严格控制危险废物的进口;提高工业"三废"的综合利用率,实现再生资源化。1995年煤矸石的综合利用率达39%;粉煤灰达41%;冶金行业大中型企业的可燃气体的综合利用率平均达到90%;主要城市工业用水重复利用率在60～85%。5年累积工业"三废"综合利用实现产值700亿元,利润180亿元,废旧物资回收利用总值达1300亿元。

5. 改善能源生产和消费结构

坚持节约与开发并举,把节约放在首位;大力调整能源生产与消费结构;积极开发新能源和可再生能源;大力开发和推广太阳能、风能、地热能、潮汐能、生物质能等新能源和可再生能源。大力发展洁净技术。限制直接燃烧原煤,并采取扶持政策,鼓励居民和企业使用型煤。1995年型煤已占城镇生活用煤的40%,占民用煤消耗量的70%。强制淘汰落后的锅炉和燃烧装置,推广应用节能高效的锅炉。

区域生态状况与生态工程建设

区域生态环境存在的主要问题和趋势

由于自然和人为因素的影响,中国生态状况形势严峻,主要表现在水资源短缺,植被破坏严重,水土流失加剧,土地荒漠化仍在发展,生物多样性在减少,导致农田、森林、草原以及江河湖海等自然生态系统生产力的下降。在生态系统功能较强的东部地区已出现土地退化和环境恶化的现象,原本生态系统十分脆弱的西部地区恶化趋势更为严重。

1. 水资源短缺及河湖水文状况严重恶化

中国人均水资源量仅为世界平均水平的28%。80年代以来,淡水资源短缺和许多河湖水文状况严重恶化已经成为中国许多地区导致生态环境恶化的主要因素,成为中国北方地区和部分沿海城市社会经济发展的重要制约因素。

【河流断流】

随着全球出现干暖化趋势和中国经济快速增长,水资源消耗急剧增加,导致全国中小河流数量减少,长度缩短,水资源量在减少乃至耗竭。其中西北地区、辽中南地区、胶东半岛以及一些沿海城市尤为突出。全国缺水城市达300多个,严重缺水的130多个。由于缺水,许多农田得不到充足的灌溉,每年因此而减产250多万吨。

黄河流域大部分属于干旱和半干旱地区,水资源十分贫乏,而用水量却在逐年增加,致使下游断流日趋严重。黄河干流自1972年出现自然断流现象以来,断流频率越来越高,断流河段越来越长,断流天数越来越多。1995年利津断面断流121天,河口地区断流153天,不仅山东全境断流,还延伸到河南境内,全长近700千米。黄河断流给沿岸经济、社会发展和基本生态过程带来了严重危害,污水增加、水质恶化,改变了下游和河口地区生态演替规律,导致生态环境退化等。1972~1996年黄河下游因断流和供水不足造成工农业经济损失286亿元,年均损失14亿多元。其中90年代,由于断流日趋严重,年均损失已达36亿元,农田受旱面积7042万亩,粮食减产98.6亿公斤。1995年山东省东营市在断流期间受旱面积350万亩,其中不能耕种的面积达230万亩;胜利油田直接经济损失4亿多元,其中农业损失9154.5万元,采油损失3.1亿元。由于断流和小流量,改变了河道冲刷模式,泥沙淤积,河道萎缩,给防汛带来潜在威胁。断流还使海水入侵加重,滩区沙化、盐渍化发育,致使植被破坏。恶化的水质又使下游鱼类种群急剧减少,使生态平衡受到破坏。

【湖泊、水库萎缩】

中国许多湖泊、水库正在日益干涸、萎缩、消失,以及水质污染和富营养化。

由于四川、湖南上游地区开荒面积不断扩大,植被受到破坏、水土流失严重,流入洞庭湖的长江、和湘、资、沅、澧4水泥沙含量不断增加,使洞庭湖成为泥沙淤积最严重的湖泊。1996年长江发生了历史上最大的洪水,受损最大的是洞庭湖地区,人工水库因蓄水不足或水土流失造成淤积而不能发挥作用。

2. 植被覆盖率低且破坏在加重

【森林覆盖率低,增长缓慢】

中国是世界少林国家之一,现有森林面积1.34亿公顷,森林覆盖率13.92%,与世界平均水平31.4%相比仍然很低。人均森林面积仅0.11公顷,灌木蓄积量8.6亿立方米,分别只相当于世界人均水平的11.7%和12.6%。

在中国,虽然每年开展大规模植树造林,但由于成活率低,管理水平不高,乱砍滥伐,使森林破坏仍相当严重,覆盖率从1993年到1996年一直是13.92%。广大的西部干旱、半干旱地区大片森林退化,覆盖率不到1%。

长江流域几十年来森林覆盖率一直呈降低趋势,占长江流域上游面积56%的四川省,覆盖率由50年代的20%下降到80年代的13%,东部降到6~11%,四川盆地仅4%。三峡库区历史上森林茂盛,从50年代到80年代森林面积减少一半多。库区19个县市目前森林覆盖率为19.5%,个别县不足3%。中游的鄱阳湖流域森林覆盖率17.8%,低于江西省平均水平(33.6%)。下游的安徽、江苏两省森林覆盖率分别为13.5%和8%。长江流域森林的破坏导致水土流失加剧。据统计,全流域水土流失面积73.94万平方千米,占流域面积41.1%。

【草原生态功能退化】

中国现有草地4亿公顷,占国土面积30%,其中可利用草地3.1亿公顷,这些草原大多处于干旱、半干旱或高寒地区,生态脆弱。由于长期不合理开垦和过度放牧,使草原生态功能退化,出现沙化和盐渍化。目前全国严重退化草原面积达7300万公顷,占草地面积18.3%,平均产草量下降30~50%。

新疆和内蒙古自治区草地退化最为严重,其中新疆草地严重退化面积800多万公顷,鼠害面积1300多万公顷,减产25%以上。40多年来,内蒙古自治区载畜能力降低了1/3。1995年对内蒙古西端的阿拉善地区生态环境进行了调查,结果表明,由于不合理的开发利用而使生态环境急剧恶化:草场退化,土地沙漠化,大片植被消失,地下水矿化度增加3倍,50多万亩湖泊全部干涸,破坏了生物乃至人类基本的生存条件(专栏11.5)。

专栏11.5

阿拉善地区生态环境恶化

阿拉善地区位于内蒙古自治区西端。历史上是中国少数民族游牧的天然牧场,黑河水润育而成的居延绿洲(也称额济纳绿洲),以及绵延800千米的天然梭梭林带,茂密的贺兰山次生涵养林等,构成阿拉善地区独特的生态植被系统,成为保护河西走廊、宁夏平原、河套平原乃至西北、华北的3道天然屏障。由于黑河中游地区水资源的长期超量开发,大量筑坝截水,不断扩大灌溉面积,导致下泄水量减少。1958年东、西居延海航测计算水面分别为276平方千米和35.5平方千米,到1991年、1992年彻底干涸,变成了茫茫的沙海和盐碱滩。著名的天鹅湖也于1992年缩小。现在额济纳河两岸的胡杨林也由75万亩减少到30多万亩,曾闻名于世的居延绿洲正在消失;横亘阿拉善地区的梭梭林带,由1700万亩变成稀稀疏疏的300万亩;贺兰山次生涵养林也正在退化。生态环境的恶化,使这一地区沙暴肆虐、灾害狂獗。

来源:陈耀邦主编,《可持续发展战略读本》,中国计划出版社,1996年。

3. 水土流失加剧

中国是世界上水土流失最严重的国家之一,尽管中国开展水土保持综合治理工作取得明显成效,但是水土流失面积、侵蚀程度、危害程度仍呈加剧趋势。到1994年,中国水土流失面积增加到179万平方千米,流失土壤总量达50亿吨,其中33亿吨是耕地土壤。水土流失导致土壤严重退化,造成湖泊、水库和河道淤塞,给生产和生活带来恶劣影响。全国2000多个贫困县中有87%属于水土流失严重地区。黄土高原和长江流域尤其是上游是中国水土流失最严重的地区。

【黄土高原】

包括7个省区287个县(市、旗),总面积62.4万平方千米,90%面积在黄河中上游。由于黄土高原自身生态环境脆弱,加上长期以来不合理的土地利用,植被遭受严重破坏,土壤侵蚀极为严重。水土流失和沙漠化使黄土高原"越垦越穷,越穷越垦"。水土流失使黄河下游干流河床逐年淤高,每年平均增高10厘米,致使下游大堤"越险越加,越加越险"。

【长江流域】

包括10个省、区、市,流域面积180万平方千米,占国土面积1/5,耕地面积1/4,人口占全国1/3,是中国重要的经济带。近几十年来,流域的森林覆盖率一直呈降低趋势。水土流失是长江流域的重大生态环境问题。80年代全流域水土流失面积73.9万平方千米,占流域面积的41.1%。目前最严重的是上游,面积36万平方千米。三峡库区以上每年土壤侵蚀量15.6亿吨,每年过三峡泥沙量6.8亿吨。宜昌以上水库总库容166.7亿立方米,平均每年却被淤积3亿立方米。荆江段1987年曾隆起"沙垄",多次发生堵航造成严重损失。上游水土保持工程6年仅治理3万平方千米,如此要70年才能完成治理。

中下游水土流失也在加剧,50年代江西流失面积1.1万平方千米,80年代增加到4.6万平方千米;湖南从1.9万平方千米增加到4.7万平方千米,形成了"红色"荒漠化。

严重的水土流失导致土地退化,抗灾能力下降。50年代上游旱灾是5年一大旱,70年代上升到10年8旱,80年代几乎年年有旱情。近年来几乎年年有洪、涝、旱灾。中下游地区农田低洼、排水不畅,洪涝频繁。生态失调也使滑坡、泥石流等地质灾害增多,如从江源到河口有1203处滑坡,遍布全流域,中、东部在13条铁路干线内有576处滑坡,三峡地区泥石流沟有271处。

4. 荒漠化在发展

荒漠化是全球性的灾难,被称为地球的"癌症"。目前,全球陆地面积的1/4受到荒漠化的危害,荒漠化土地面积达3600万平方千米。所谓荒漠化,是指包括气候变异和人类活动在内的种种因素造成的干旱、半干旱和半湿润地区的土地退化,是人类不合理经济活动和脆弱生态环境相互作用的结果,表现在耕地退化、林地退化、草地退化而使土地沙漠化、土壤次生盐渍化以及石质荒漠化。

【荒漠化概况及经济损失】

中国是全球荒漠化面积较大、分布较广、危害较严重的国家之一,共有荒漠化土地262.2万平方千米,占整个国土面积的27.3%,主要分布在西北、东北、华北地区的13个省区市。有近4亿人口生活在受荒漠化影响的区域内,60%的贫困县集中在沙区。仅"三北"地区就有1300万公顷农田遭受风沙危害,粮食产量低而不稳,1亿公顷草场严重退化,3000多千米铁路和数千千米公路常年受到风沙威胁。全国每年因荒漠化危害造成的直接经济损失约540多亿元。

【荒漠化急剧加快】

50~70年代以来,中国沙化土地面积每年增加1560平方千米,70~80年代以来扩大到2100平方千米,现在以每年增加2460平方千米的速度蔓延。西北是中国风沙危害最严重的地区,目前,沙漠、戈壁、沙漠化和风化土地面积共174.7万平方千米,占国土面积18.2%。内蒙古自治区的沙化面积占草原面积的6.2%,鄂尔多斯草原的沙化面积已占26.3%。新疆喀什地区次生盐渍化面积占耕地面积的57.7%,河套平原、银川平原、黄河三角洲等地的盐渍化也在发展,全国盐渍化面积已达23.3万平方千米。西南石灰岩地区石化、半石化面积在迅速扩大,如贵州省,20年来基岩裸露以每年9万公顷的速度扩展。

5. 生物多样性不断减少

中国生物多样性非常丰富,高等植物和野生动植物物种均占世界的10%左右。但是,生物多样性正受到来自人口增加与经济发展的双重威胁。已有许多物种灭绝,其中高等植物

200种。15~20%的动植物处于濒危或受威胁状态,包括4600种高等植物和400多种野生动物。

生态环境保护与生态工程建设

中国政府把生态环境保护作为环境保护工作的重点,成功地实施了生态建设工程,主要是林业生态体系建设、生态农业建设、自然保护区建设及生物多样性保护工程。这些生态工程建设已获得良好的生态效益、经济效益和社会效益。

1. 造林绿化和林业生态体系建设

【造林绿化方针与成就】

"八五"期间,中国造林绿化工作的方针是以造林灭荒特别是山区造林和防沙治沙为重点。要求"八五"期间森林资源总生长量大于总消耗量。"八五"计划实施的结果是,完成造林总面积2900多万公顷,超额计划的40.2%,其中封山育林2667多万公顷,人工造林合格率由1990年的75%提高到89%。

1996年完成造林面积491.9万公顷,封山育林面积366万公顷(表11—2)。

目前,全国森林面积达1.34亿公顷,森林覆盖率从1986年的12.98%上升到13.92%。人工造林保存面积已达3425万公顷,活立木蓄积量117.85亿立方米,实现了森林面积和蓄积量双增长。现在全国已有12个省区基本消灭了宜林荒山地。城市绿地覆盖率为23.8%,人均公共绿地面积5.7平方米。

表11—2 "八五"期间和1996年全国植树造林情况

年 份	造林面积(万公顷)			封山育林(万公顷)	零星植树(亿株)
	人工	飞播	合计		
"八五"期间	2500以上	400以上	2900以上	2667	
1995年	412.9	58.6	521.5	453.8	35
1996年	431.5	60.4	491.9	366.0	24

【十大林业生态工程】

从80年代起,国家着手建设以保护和改善自然生态环境、实现资源永续利用为主要目标的十大林业生态工程,规划造林面积1.2亿公顷,速丰生产林基地造林面积357万公顷。

这些林业生态工程基本上覆盖了中国的主要水土流失、风沙危害和台风、盐碱区,约占国土的80%。在全国内形成了布局合理、结构完整、功能齐全的生态屏障,构筑着中华大地生态防护网络,形成中国生态建设的基本框架,"九五"期间继续实施十大林业生态工程(图11—1)。

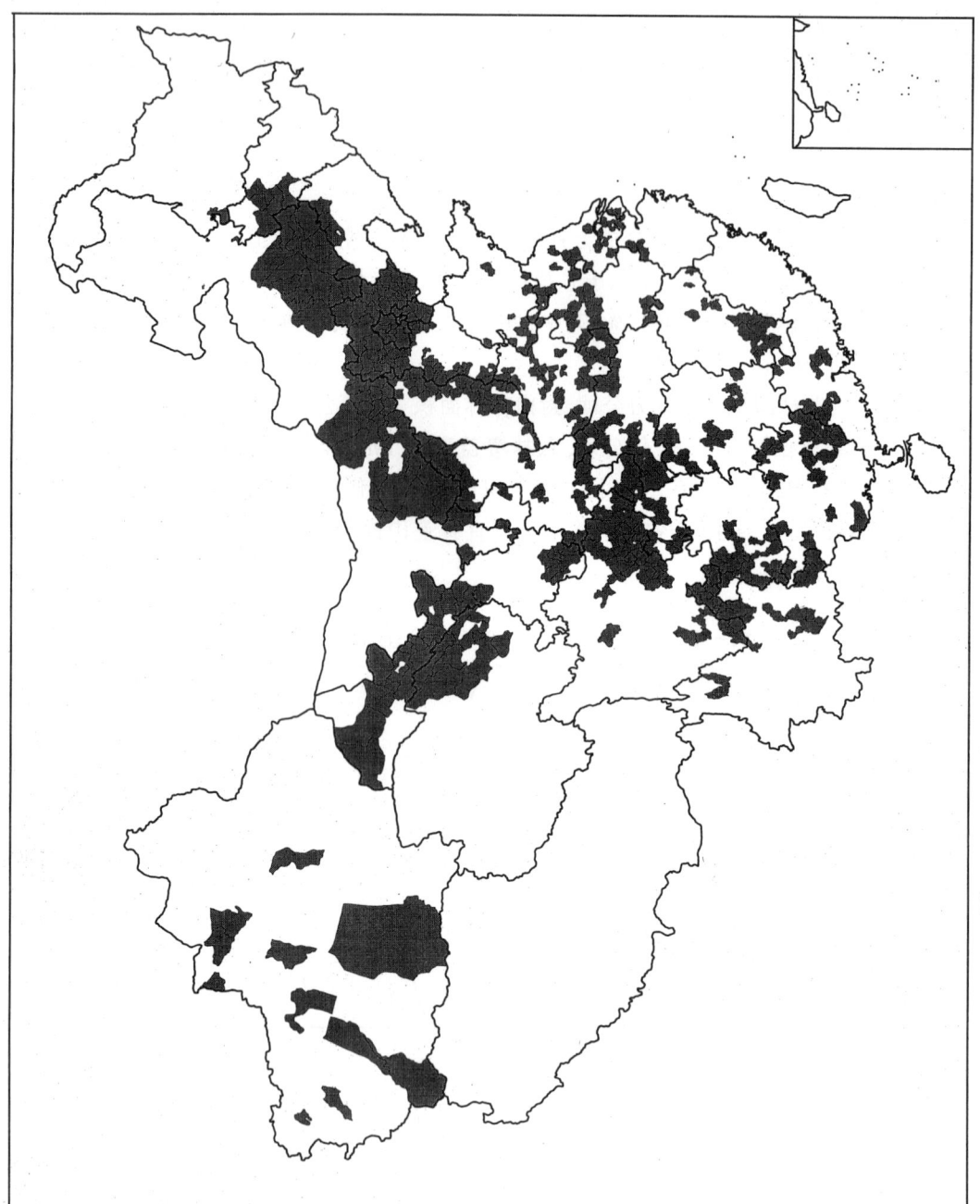

图11-1 "九五"期间林业生态工程建设实施的地域范围

* 三北防护林体系建设工程

这是世界上规模最大的生态工程,涉及的范围包括西北、华北北部、东北西部,横跨新疆、青海、甘肃、宁夏、陕西、内蒙古、山西、河北、北京、天津、辽宁、吉林、黑龙江等13个省区市的551个县(区、市),总面积406万平方千米,占国土面积42%,覆盖了中国北方半壁江山。国家规划在1978~2050年期间,共造林3508万公顷,有林地面积将增加到4000万公顷,森林覆盖率将提高到9.26%,使亿亩农田得到保护,20万平方千米的沙漠化土地得到治理。

"八五"期间已完成人工造林600多万公顷,封山封沙育林433万公顷,零星植树40亿株。其中1995年完成133万公顷,1996年完成134.2万公顷,目前,一、二期工程已经结束,正进行三期工程。至此,共完成造林1851万公顷,森林覆盖率由70年代末的5.05%提高到现在的8.2%。这样,使2100万公顷农田实现了林网化,治沙造林保存面积520万公顷;133万公顷沙地被改造成农田、牧场和果园;893万公顷草场得到恢复,产草量增加20%以上。黄土高原营造水土保持林245万公顷,近800万公顷水土流失地域得到初步治理。因此,"三北"地区1/3县的农业生态环境开始趋向良性循环。

* 长江中上游防护林体系建设工程

1989年中国为综合治理江河而首次实施了大规模林业生态工程,这是关系到长江中上游水土保持及长江流域生态环境和社会经济可持续发展的重大工程。工程区域范围包括11个省市的271个县,实施时间是1989~2000年,计划新增造林面积667万公顷。

"八五"期间完成造林300多万公顷,其中1995年完成53.5万公顷,1996年完成46.4万公顷,使62个县达到一期工程建设标准。

目前,这项工程已全面展开,突出建设了三峡库区、金沙江中下游和嘉陵江流域等十大重点区域。工程已完成营造林366.3万公顷,工程区森林覆盖率比1989年提高了约5个百分点。经过7年建设,100多个县基本消灭了荒山,过去的荒山秃岭变成了绿色的海洋。湘、鄂、黔等省山区沙化、石化速度开始下降,很多昔日干涸的小溪恢复了常年流水,多年不见的野生动物开始在森林中繁衍生息。在绿色屏障的保护下,水土流失得到初步治理(专栏11.6)。

专栏11.6

珙县林业生态工程的综合效益

四川省宜宾市珙县是长江上游生态防护林体系建设的重要组成部分,是全国生态示范区建设试点地区。该县在50~70年代期间,历史上遗留下来的原始森林遭到严重破坏。至70年代中期,全县森林覆盖率只有8.24%。随着森林的急剧减少,自然灾害频繁。中度及以上水土流失面积680平方千米,约占全县总面积的一半。冰雹、滑坡、泥石流及水旱灾害时常发生,农业产量低而不稳。

珙县自70年代中期起实施林业生态工程建设。先后承担了四川省速丰林基地建设(70年代,8万亩)、联合国粮食计划署的中国2606—2项目工程造林(80年代,30万亩)和

专栏 11.6(续)

世界银行国家造林项目(90年代,5.2万亩)的工程造林。同时实施了果树基地、竹木基地、桑蚕基地、茶叶基地等经济林木工程项目。20多年来,共投入资金6300万元,已营造55万亩人工用材林和10万亩经济林。1993年通过省、地核查验收,全县成片林面积达到61.8万亩,其中包括退耕造林绿化面积15万亩。

1995年全县森林覆盖率上升到42.4%,活立木蓄积量由1975年的20多万立方米上升到200多万立方米。1994年大林业综合产值达到9262万元,1995年超过1.5亿元。1995年获得全国造林绿化"百佳县"称号。

十多年来,珙县自然灾害明显减轻,保障了水利设施长期发挥效能,粮食获得稳产高产。1980年全县粮食总产8.95万吨,平均亩产只有194公斤。1995年,在耕地减少和人口增加的情况下,全县粮食总产量达到11.93万吨,亩产达到248公斤,人均粮食达到312公斤。林业发展促进了农村产业结构的调整,通过发展用材林和竹林、果品、桑蚕、茶叶、药材,大大增加了农民收入,还建立了大林业管理体制,使林业发展获得最佳的生态效益、经济效益和社会效益。

来源:调查资料,1997年

* 沿海防护林体系建设工程

该项工程1988年开始建设,北起中朝边界的鸭绿江口,南至中越边界的北仑河口,全长1.8万千米,跨越辽宁、河北、天津、山东、江苏、上海、浙江、福建、广东、广西、海南等11个省区市的195个县(区、市),计划到2010年造林355.8万公顷。

1991年工程全面启动,"八五"期间完成造林160万公顷,1996年造林7.2万公顷,有62个县达到一期工程建设标准。在1.8万千米海岸线上已建起1.3万千米基干防护林带,有效地保护了656万公顷农田,减灾能力达30～40%。沿海地区还建起30个森林公园。许多地区已建成林种结构合理、带网片点相结合,生态效益、社会效益、经济效益显著的防护林体系。国务院将沿海基干防护林带划为国家特殊保护林带,实行特殊保护。

* 平原农田防护林体系建设工程

中国共有平原、半平原县(旗、市、区)918个,平原面积占国土面积15%。1988年林业部把平原绿化列入全国防护林建设工程。平原绿化以县、市为单位,以农田防护网为主体,建设以防护林带、农林间作、田旁植树、成片造林为主要内容的带网片点相结合的农田防护林体系。计划到2000年平原地区农田全部实现林网化。

"八五"期间有769个县实现了平原绿化,其中1995年造林5.14万公顷,45个县达到平原绿化标准。1996年造林3.6万公顷,又有26个县达到建设标准。现在平原地区累计营造林面积21.4万公顷,全国已有林网化面积3420万公顷,共有795个县基本实现了平原绿化,占全国平原、半平原县86.6%。山西、北京、河南等11个省市基本实现了全省(市)平原绿化。

平原绿化明显改善了农区生态环境,有农田林网保护的农田地表风速降低20~30%,农田蒸发量减少8~21%,粮食产量增加15~20%。大部分平原区初步实现了林茂粮丰、六畜兴旺、经济繁荣的景象。

* 全国防沙治沙工程

中国是世界上沙漠面积较大,分布较广,沙化危害严重的国家之一,沙化土地面积占国土面积的17.6%。该工程建设范围包括27个省区市共599个县(市、区)。1991年起动到2000年,计划用10年时间综合治理开发沙区(主要是风蚀荒漠化土地)面积718.6万公顷。工程以保护、扩大林草植被和沙生植被为中心,建立防、治、用三者有机结合的防沙、治沙工程体系,逐步形成沙产业体系,采取治沙种草、治沙造田等一系列措施,建立起绿色生态体系,恢复并开发利用土地资源。

"八五"期间完成一期造林16.9万公顷,治理开发沙区面积370多万公顷。1996年又完成综合治理开发面积86.7万公顷。工程启动以来,共治理开发沙区400多万公顷,包括人工造林治沙、飞播造林治沙、封沙育林育草、治沙造田及低产田改造,并在沙区开发建设多种经营项目600多个。

* 太行山绿化工程

这项工程被列为全球环境建设的重点,已纳入《中国21世纪议程》。该工程实施对于改善华北及京津地区的生态环境,促进地方经济和国民经济发展,实现农民致富奔小康具有重要的现实意义和深远影响。工程涉及北京、河北、河南、山西等4个省市的110个县(市、区),总面积1200万公顷。工程计划在保护好现有植被的基础上,通过开展大规模植树造林、飞机播种和封山育林,建设起以防护林为主体,多林种科学布局,多树种合理配置,乔、灌、草相结合,生态、经济、社会效益相统一的综合防护林体系。规划实施时间是1987~2000年,工程总任务量是完成造林绿化面积396万公顷,森林覆盖率达43.6%。工程完成后太行山将成为华北地区的绿色屏障。

工程经过7年试点,1994年全面启动。"八五"期间造林102万公顷,其中1995年造林42.7万公顷。1996年造林40.2万公顷,现已完成营造乔木、灌木、草215.1万公顷。

* 黄河中游防护林体系建设工程

1996年启动的这一工程,建设范围包括内蒙古、陕西、山西、甘肃、宁夏、河南等6个省区的188个县(市、旗)。工程建设为期15年,规划营造315万公顷的多功能防护林,森林覆盖率将增加10个百分点,土壤流失减少30亿吨。

"九五"期间,重点在黄河各支流的上游营造水源涵养林,在干流和支流两岸及陡峭的沟坡上营造护岸固坡林,在较平缓的丘坡上营造农田、牧场防护林。

1996年完成造林面积17.8万公顷。

该工程通过营造防护林,按照生物措施与工程措施相结合的原则,实行综合治理,减少黄河中游地区水土流失和输入黄河的泥沙,改善生态环境,保障黄河中下游地区的水利设施特别是正在建设中的小浪底水利枢纽工程长期发挥效能。同时,增加林产品产量。

* 珠江流域防护林体系建设工程

林业部制定的这项工程总体规划,建设范围为广东、广西、云南、贵州等4个省区的32个地(州、市)的177个县(市)。工程建成后,将新增森林面积120万公顷,森林覆盖率将由35.01%提高到37.94%,不合理的林种结构将得到调整,水土流失将基本得到控制,生态环境将明显改善。

1996年工程开始试点启动,以调整林种树种结构、加快造林绿化速度、提高综合效益为重点。工程全年投入1亿多元,共完成营造林10.3万公顷,其中13个首批重点县完成造林3.87万公顷。

* 淮河太湖流域防护林体系建设工程

国家计委1995年11月批准该项工程总体规划。工程建设范围包括河南、安徽、江苏、山东、湖北、浙江、上海等7个省市的208个县(市、区),造林总规模104.7万公顷。防护林体系建成后,流域内森林覆盖率将从现在的13.9%提高到17.3%,增加林木总蓄积量6991.2万立方米,每年增加森林蓄水3.14亿立方米,减少土壤流失2826万吨,新增防护林保护农田面积33.33万公顷,每年增产粮食8.75亿公斤。

首批34个试点县共完成人工造林104.5万亩,为试点任务的3.4倍。

* 辽河流域防护林体系建设工程

这项工程于1996年开始实施,建设范围包括河北、内蒙古、吉林、辽宁等4个省区17个市的77个县(市、旗)。规划造林面积120万公顷。重点建设以保持水土、涵养水源和防风固沙为主的防护林,同时发展经济林和薪炭林,适当发展用材林,加强建设骨干工程。工程完成后,水土流失、风沙等主要自然灾害将得到遏制,整个流域的生态环境将得到明显改善。

在建设林业生态工程的同时,国家加大了对水土保持的投入。"八五"期间共投入35亿元,实施了水土保持工程(专栏11.7)。

专栏11.7

水土保持工程

"八五"期间,全国人大通过了《水土保持法》,国务院批准了《全国水土保持纲要》(1991~2000年),实施七大流域水土保持工程。全国已建立25片国家级水土流失重点治理区,在1万多条水土流失严重的小流域开展了山、水、田、林综合治理,全国累计治理水土流失面积7100万公顷,平均每年减少土壤流失11亿多吨,增强保水能力180亿立方米。

长江、黄河流域的水土保持已列入国家基本建设计划,共治理水土流失面积1753万公顷。黄土高原水土流失面积已治理1500万公顷,使30%的水土流失面积得到不同程度的治理,年输入黄河的泥沙量减少了3亿吨以上。

来源:《中国环境年鉴》编辑委员会,《中国环境年鉴》,中国环境年鉴社,1996年。

2. 生态农业建设

生态农业是中国农业实现可持续发展的一个重要途径。国家已将生态农业发展确定为中国农业发展的基本方针和政策。

近年来,中国的生态农业试点示范建设有了较大发展。全国已有7个生态农业村、乡被联合国授予"全球500佳"的称号,成为全世界可持续发展的成功模式。生态农业示范村、示范乡的成功,推动了生态农业示范县的发展。到1995年底,国家级生态农业示范县有50个,省级生态农业示范县有近100个。有20个地方开展了生态农业建设。到1996年底,生态农业试点县160个,乡、村级试点2000多个,覆盖面积2亿亩,69个全国生态示范区建设试点工作已全面启动。目前,初步形成了以国家级生态农业试点县为主导,国家级与省级相结合,县与地区(市)相结合,示范点与技术推广相结合的发展态势。

生态农业建设增强了农业发展后劲,减轻了自然灾害,已取得良好的生态、经济和社会效益。(专栏11.8)。

专栏11.8

陕北地区治理水土流失建设生态农业的成效

榆林地处毛乌素沙漠与黄土高原过渡带。过去这里生态环境恶劣,风沙危害极其严重,大片农田、牧场和村庄被流沙侵蚀,建国初期林草覆盖率仅为1.8%。由于生态环境恶化,经济发展极为缓慢,群众生活困难。新中国成立以来,特别是改革开放以来,坚持不懈地开展固沙治沙,取得了明显的生态效益、经济效益和社会效益。到1996年底,沙区竹林保存面积达1460万亩,林草覆盖率达到38.9%,沙漠腹地营造万亩以上的成片林165块,建成总长1500千米的4条大型防风固沙林带,固定半固定流沙600万亩,受风沙危害的150万亩农田基本实现林网化。与50年代相比,沙丘高度平均降低30～50%,沙区年移速从5～7.7米降为1.68米,每年流入黄河的泥沙减少一半以上,全区实现了由沙进人退到人进沙退的历史性转变。生态环境的改善促进了农业综合生产能力的提高。目前全区建成基本农田587万亩,农民人均超过两亩,1996年粮食总产达到12.55亿公斤。5年建设高产农田50万亩,累计增产粮食5亿公斤,多种经营发展较快,1996年沙区农民人均纯收入1220元,多数农民解决了温饱问题。

延安市是典型的黄土高原丘陵沟壑区。80年代初全市水土流失面积2.88万平方千米,占总面积的78.4%,每年流入黄河的泥沙达2.58亿吨。这些年来,把治理水土流失作为脱贫致富的战略措施来抓,成效显著。到1996年底,全市累计完成综合治理面积1.67万平方千米,占水土流失面积的58%,林草覆盖率达到42.9%,农村人均占有2.4亩基本农田和1.5亩经济林;粮食总产达到8.9亿公斤,人均产粮基本稳定在400～500公斤。烟、果、羊、薯4大主导产业形成一定规模,多种经营产值13.6亿元,占农业总产值的68%。农民人均纯收入1120元,贫困人口从1988年的67万人下降到23.6万人。

来源:姜春云,"陕北地区治理水土流失建设生态农业调查报告",人民日报,1997年9月3日。

* 是解决农业生态环境恶化的重要途径,如陕北地区治理水土流失建设生态农业,使生态环境发生显著变化,同时增强了抗灾能力。延安市实施生态农业建设5年来,建设了高标准的基本农田,大面积推广节水抗旱技术,1995年遭百年不遇的持续262天大旱,粮食产量仍创历史最高记录。辽宁省1995年遭受严重水灾,国家级生态农业县昌图和大洼仍取得丰收,显示了生态农业建设的优越性。

* 促进农业生产和农村经济持续发展。据部分省区市生态农业试点的调查,开展生态农业建设后,粮食增幅一般在15%以上,亩产增长10%,人均收入高于当地平均水平12%。湖北省105个试点单位,1995年人均收入比全省平均水平高32%。

* 普及生态思想,提高了农民和干部的环境意识,提高了广大农村地区可持续发展的能力,其结果又会促使各级政府更加重视生态农业的示范和推广工作。

3. 自然保护区建设和生物多样性保护工程

【自然保护区建设】

中国是世界上野生动植物最多的国家之一。建立各种类型的自然保护区是保护野生动植物和生态环境行之有效的方式。

从50年代起,中国就开始建立自然保护区。目前,全国自然保护区网络已初具规模。"八五"期间新建森林和野生动物类型保护区130处,新增加保护面积4800万公顷,建立10处野生动物救护基地。建成类型齐全的自然保护区799处,总面积7185万公顷,占国土面积7.2%,其中国家级99处。1996年国务院批准新建国家自然保护区7处,总数达106处,其中浙江天目山等12处加入《国际人与生物圈保护网络》,6处列入《国际重要湿地名录》。

全国现已建成各种类型森林公园780处,总经营面积720万公顷。黄山、武陵源、九寨沟、黄龙等风景名胜区被联合国教科文组织列为世界自然与文化遗产。1996年,中国又加入了《世界自然保护同盟》。

自然保护区的建设与发展,使一批具有代表性、典型性、科学价值的珍稀濒危物种和自然生态系统得以完善保存,其中国家重点保护的258个野生动物种和种群以及354个珍稀植物类群都得到有效地保护和繁衍。

【生物多样性保护工程】

中国生物多样性保护采取了就地保护和迁地保护相结合的途径,建立自然保护区是就地保护的有效途径,建立动物园、植物园及各种引种繁殖中心(基地)是迁地保护的有效措施。到1995年底,中国共建立动物园和公园动物园175个,野生动物繁殖中心227个。

中国政府实施了一系列濒危物种拯救工程,许多濒危物种的种群正在恢复,包括大熊猫保护工程、朱鹮拯救工程、扬子鳄保护和发展工程、海南坡鹿拯救工程、麋鹿拯救工程、高鼻羚羊拯救工程等七大拯救工程。1996年投资700多万元用于大熊猫保护工程建设,共建25个保护区,总面积10690平方千米。

近年来,中国珍稀植物保护工作得到进一步加强。现已建立400余处珍稀植物迁地保护繁育基地和物质资源库,120多处植物园和树木园以及1.3万公顷种子园,使1000多种珍稀植物得到保护与繁殖，使90％受国家保护的野生植物得以迁地保存。

各省区市环境治理投资效果与政策效应分析

<u>投资与效果分析</u> 中国各地区污染严重程度很大程度上受到了工业企业污染强度——即单位产值的污染排放和单位废弃物的投资额度——的影响。附录11列出了1995年各省、自治区、市的污染治理资金使用总额，其中包括治理废水和治理废气的金额，各省、自治区、市废水、废气排放总量。通过分析得出，单位废水的治理投资强度，河南、新疆、吉林、山东、山西、河北、黑龙江、安徽、甘肃和天津位于全国前10名，说明环保治理投资强度较大。而西藏、湖北、广东、北京、四川、青海、江西、上海、湖南和云南投资强度低，位于全国后10名(见表11—3)，说明环境治理的投资强度小。

以废水处理率和处理排放达标率可以部分反映投资的效果。1995年工业废水处理率位居前10名的依次是天津、北京、河北、上海、山东、河南、湖南、辽宁、广东和黑龙江，均在80％以上，最高为90.4％。工业废水处理排放达标率位居前10名的依次是海南、北京、宁夏、山西、上海、河北、天津、辽宁、青海和湖北，处理达标率均在70％以上，最高为86.7％(见表11—4)。

河南、山东、河北、天津均位于单位废水投资强度和工业废水处理率的前10名，可说明这些地区投资集中解决工业废水处理问题。

比较工业废水处理率和处理排放达标率，可分为几种类型：北京、上海、天津、辽宁、河北为一类，废水处理率和处理排放达标率均较高；第二类为海南、宁夏和青海，工业废水处理率低，而处理排放达标率较高。说明这些地区集中财力用于部分工业废水的处理；第三类为湖北、山西等省，工业废水处理率和处理排放达标率均处于中等水平。

表11—3 各省区市单位废水处理的投资强度(1995年)
（废水治理资金(万元)/废水排放量(百万吨)）

河　南	33.01	江　苏	14.77	云　南	8.56
新　疆	32.74	宁　夏	12.78	湖　南	8.42
吉　林	30.40	福　建	12.08	上　海	7.83
山　东	29.63	广　西	11.16	江　西	7.44
山　西	20.69	浙　江	10.98	青　海	6.25
河　北	19.79	贵　州	9.81	四　川	4.30
黑龙江	19.25	海　南	9.49	北　京	4.20
安　徽	18.24	辽　宁	9.02	广　东	4.07
甘　肃	16.13	陕　西	8.68	湖　北	4.01
天　津	15.67	内蒙古	8.61	西　藏	1.02

表 11-4 1995 年各省区市工业废水处理率和处理排放达标率(%)

地区	处理率	处理排放达标率	地区	处理率	处理排放达标率
北 京	87.7	82.9	河 南	84.3	45.8
天 津	90.4	75.8	湖 北	75.2	70.5
河 北	88.5	76.8	湖 南	83.2	53.4
山 西	77.1	81.2	广 东	81.1	56.6
内蒙古	72.2	42.4	广 西	69.8	45.3
辽 宁	82.5	71.1	海 南	58.4	86.7
吉 林	71.6	56.1	四 川	55.6	49.6
黑龙江	80.6	47.4	贵 州	76.6	54.3
上 海	85.9	80.4	云 南	63.3	44.7
江 苏	73.5	56.0	西 藏	2.2	0.0
浙 江	76.0	56.3	陕 西	77.9	67.4
安 徽	69.2	52.7	甘 肃	69.2	56.2
福 建	64.1	46.6	青 海	45.0	71.0
江 西	69.6	48.3	宁 夏	66.7	82.7
山 东	84.8	64.5	新 疆	58.1	50.3

各省区市的工业结构不同，造成污染的程度也不同，即使是同一工业部门，各省区市的污染强度都存在一定差异，从而造成污染程度的不同。通过对辽宁、北京、上海、广东和四川的案例研究得出，所有省区市的废水的 COD(化学耗氧量)和大气中的 SO_2 及 TSP(总悬浮颗粒物)从 1988 年至今均有所降低，尤其是广东和四川下降明显。但各省区市污染强度的差异仍然存在。假定工业结构不变，那么四川的企业是污染最严重的，而上海最轻。工业污染强度的变化主要取决于环境管理，附近居民的压力和意识及工业行业本身。

据 1996 年山东省环境状况公报，1996 年山东省用于污染防治的环保总投资达 32.64 亿元，比上年增长 50.8%；环境影响评价和"三同时"执行率分别达到 99.8% 和 91.8%；五大城市共完成限期治理项目 133 个，环保及水利发展史上一次性投资最大的工程——小清河干流综合治理工程全线开工。在经济持续稳定增长的情况下，环境污染和生态破坏加剧的趋势得到一定程度的控制，局部区域的环境质量有所改善。

政策效应分析

1. 经济改革促进环境保护

近十年来，中国经济的迅速发展，产业结构得到一定程度的调整，国际贸易有了大幅度的增长。与此同时，中国的环境政策在总体上得到了较好的实施。这种状况对中国的环境质量产生了 3 方面的正面影响：

* 一是工业平均生产规模的提高，大型企业所占比重从 1988 年的 30% 上升到 1994 年的 37%。上海市的增长速度尤为突出(同期由 41% 上升到 58%)。由于大型企业单位产值的污染强度低，因此，规模的提高已带来环境效益；

* 二是国有企业的比重已逐步降低，这一变化在上海市也表现突出(从 1988 年国有企业占 70% 下降到 1994 年仅占 54%)。由于非国有企业更趋于降低其单位产值的污染排放水平，因此国有企业数量的下降已带来污染强度的显著降低；

* 三是经济的快速增长促进了工业结构的调整。就全国范围而言，TSP 排放量大的工业行业所占比重显著下降,而 SO_2 和 COD 排放大户则基本未变。从北京、上海、广东、辽宁、四川 5 个省市来看,工业经济改革的环境"清洁"效应也是十分明显的。污染密集型工业企业所占比重就水污染而言各省份均有下降,而对大气污染而言,除了一个例外(辽宁省的 SO_2 排放),其它也都有所降低。变化幅度最大的是北京市 COD 排放量大的工业部门,以及广东省和上海市的 SO_2 与 TSP 排放量大的工业部门。

贸易改革对中国的生态环境保护也产生了一些积极影响。通过国际贸易对外向型企业的生产效率以及能迅速吸取发达国家新的、清洁的生产技术等因素所产生的对环境的潜在的积极影响,将会弥补由于中国企业受到的环境管理程度较小,而且使用低成本的污染型原材料而对环境造成的不利影响。

此外,中国的污染密集型工业所占的比例近年来逐步下降。五大重污染工业行业,即化工、纸浆造纸、有色金属、黑色金属及非金属冶炼(特别是水泥工业)所占比例已经得到降低。另一个指标是对五大污染工业行业净进口量(进口量减出口量)的变化。如果中国出现了污染密集型集中的趋向,那么,贸易自由化将伴随着污染产品净出口量的变化。而事实上,自 1987 年以来,这些行业工业产品的实际净出口量的增加是很快的。

总之,随着中国对外贸易的发展,污染较少的产品的产量不断扩大。中国所有工业部门包括污染密集型的行业在内,在过去的 10 年中都得到迅速发展。但是,非污染密集型的工业行业无论是在国内生产规模,还是国际贸易中,其发展更快。

2. 实际排污收费水平下降,未触及排污大户

采用"实际收费水平"作为工业企业环境管理的表征,取得了明显的效果。通过研究污染强度与管理力度的关系,可以看出,控制各工业部门的实际收费额已对中国各省市的工业污染强度造成显著的作用:实际收费水平每增加 1%,将降低约 0.8% 的 COD 污染强度(单位产值 COD 排放量)。而对于大气污染实际收费水平而言,每增加 1% 将降低约 0.3% 的 SO_2 污染强度。燃煤及工业生产排放的悬浮颗粒物等两种污染物也将分别降低 0.8% 和 0.4%。污染强度在实际排污收费水平高的省市明显低于收费水平低的地区,而且自 1987 年以后,在实际收费水平逐步提高的省市的污染强度也有降低。由此可见,中国环境管理工作的力度强弱会产生显著不同的效果,而各省份所采取的环境管理对策也是极为不同的。

不幸的是,在这段时间内尽管大气污染损害水平不断加重,但自 1987 年以来,所研究的 5 个省市的实际大气污染收费水平均有所下降,其中北京和上海下降的幅度令人吃惊。实际污水收费水平也普遍下降,只是辽宁和广东两省急剧上升(四川上升较慢)。排污收费尽管能影响企业水平的污染强度,但污染工业行业并未出现因管理原因而转移的现象。

自 1987 年以来,北京和上海市大气和污水实际收费水平的降低是会刺激其污染强度的上升。因此,事实上所出现的污染强度的降低是由于经济改革及其它管理措施的影响所产生的工业规模、企业所有权和工业结构等因素的抵消作用。对于大气污染强度而言,这一结论也同样适用辽宁、广东和四川 3 省,因为其实际收费水平也是降低的。而对于水污染而言,上述 3 省的污染强度的大幅度降低是由于两个因素的相互作用导致的:实际污水收费水平显著上升

以及经济改革促使其工业结构向低污染型转移。

3. 环境保护新举措初见成效,但治理污染任务仍十分艰巨

1996年,国务院颁布了关于环境保护若干问题的决定,为实现本世纪末的环境保护目标,作出了十项决定。《决定》颁布后,产生了较大的影响,部分措施已初见成效。

* 1996年,在全国范围内关、停了15种6.2万个严重污染环境的小企业,关闭率达85.5%,在促进产业和产品结构调整,推动经济增长方式转变等方面取得了重要进展(专栏11.9)。

* 广西、广东、湖南3省关停污染严重的小企业工作取得了良好成绩,平均关停率在97%以上,关停企业总数达2681家,但执法不力及行政干预现象仍很严重。

* "三河"(淮河、辽河、海河)、"三湖"(巢湖、太湖、滇池)水污染防治工作已全面展开,有的已初见成效。至1996年6月30日止,淮河流域已取缔了年制浆能力5000吨以下的造纸厂1111家,至1996年9月30日止,取缔了污染严重的小企业3876家。经历了关停的阵痛后,已有许多企业转产成功。江苏省关停小造纸厂最多的铜山县,在47家小造纸厂中现已有21家实现转产。由于抛弃了高耗低效、污染严重的粗放型经营方式,转向技术含量高、环境污染轻、经济效益好、发展后劲足的新项目,企业很快焕发生机。但面对1997年底实现全流域工业污染源达标排放的目标,而全流域1562家日排废水100吨以上的企业目前能达标排放的还是少数,治理污染任务仍十分艰巨。

> 专栏11.9
>
> **关停的15种污染严重的小企业**
>
> 在1996年9月30日以前,对现有年产5000吨以下的造纸厂,年产折牛皮3万张以下的制革厂,年产500吨以下的染料厂,以及采用"坑式"和"萍乡式"、"天地罐"和"敞开式"等落后方式炼焦、炼硫的企业,由县级以上人民政府责令取缔;对土法炼砷、炼汞、炼铅锌、炼油、选金和农药、漂染、电镀以及生产石棉制品、放射性制品等企业,由县级以上地方人民政府责令其关闭或停产。

评价与结论

"我们清醒地看到,我国环境保护的形势还相当严峻,由于我国现在正处于迅速推进工业化和城市化的发展阶段,对自然资源的开发强度不断加大,加之粗放型的经济增长方式,技术水平和管理水平比较落后,污染物排放量不断增加。从全国总的情况来看,以城市为中心的环境污染仍在加剧,并且在向农村蔓延,生态破坏的范围仍在扩大。一些地区环境污染和生态破坏已经阻碍了经济的健康发展,甚至对人民群众的健康构成直接威胁。因此,在环境保护问题上,我们应该警钟长鸣。未来15年,一方面,中国经济仍将以较快的速度增长,加之人口继续

增加,对资源的需求总量越来越大;另一方面,在温饱问题解决以后,人民群众对环境质量的要求越来越高,因此,资源、环境和生态面临着更大的压力。我们要实现国民经济持续、快速、健康发展,既要解决历史上遗留下来的环境污染问题,又要控制发展过程中出现的新的环境问题,环境保护工作的任务上非常艰巨的"。

> 离实现中国环保工作的目标还有较大的差距

1996年全国人大四次会议通过的"九五"计划和2010年远景目标纲要,明确提出了今后15年环境保护工作的要求,这就是:2000年,力争使环境和生态破坏加剧的趋势得到基本控制,部分城市和地区的环境质量有所改善;2010年,基本改变环境恶化的状况,城乡环境有比较明显的改善。这是中国跨世纪环保工作的奋斗目标,也是我们今后15年奋斗总目标的一个重要组成部分。从环境保护的高标准要求来说,这是一个有限的目标;但就中国目前的环境状况而言,离实现这一目标还有不小的差距,还需要作出很大的努力(专栏11.10)。

专栏11.10

中国的环境保护目标

中国已制定了一套清楚的可度量的目标体系。对水来说,目标包括在"九五"计划中将废水排放增长率控制在14%,而且控制COD排放量不继续增长。对大气而言,政府希望年基本保持TSP和SO_2排放水平。

2000年中国环境保护的目标

	1995年水平	2000年目标
水		
废水排放(10亿吨)	42.2	48
工业废水	27.1	30
生活污水	15.1	18
COD排放(百万吨)	22.3	22
工业来源	10.9	16
生活污水来源	11.4	6
大气污染排放(百万吨)		
烟尘	17.4	17.5
工业粉尘	17.3	17.0
SO_2	23.7	24.6
其他(百万吨)		
固体废物产生量		1110
工业来源		930
生活垃圾		180
工业固体废物处置量		60
石油类污染物(吨)		83100

> 专栏 11.10(续)
>
> 水环境目标要求将工业废水处理率从63%提高到74%,城市污水处理率从5%提高到25%。政府估算的未来5年的污染控制总投资额达4500亿元人民币,其中一半用于大气污染控制,约40%用于污水排放控制。

来源:《国家环境保护"九五"计划和2010年远景目标》,国家环境保护局等, 1996。

需要对现行环保政策和措施继续进行改革

中国工业行业不断增长的市场倾向性更为有效地利用以市场为基础的污染控制措施提供了机遇。但是,对现行管理体系的变革如果不加以合理引导,势必将对中国的环境管理造成消极影响。在引入市场机制的同时,也必须加强现行的控制机制。考虑到污染控制对策的有效性必须依靠地方政府,对于国家级的环境政策需采取如下改革措施。

* 重新设计环境影响评价和"三同时"制度。必须采用新的管理方法将环境影响评价和"三同时"制度与污染物总量控制战略结合起来,使它们成为工业行业应用清洁生产技术的有效动力。环境影响评价及"三同时"制度的评价基础应逐步扩展将当地与区域大气/水体环境自净能力考虑在内,而不是目前的仅着重于能否达到污染物的排放标准。环境影响评价及"三同时"制度与以市场为基础的排污许可证制度的相结合,也将促使企业采取费用最小化的污染削减措施。

* 改革排污收费制度。为实现污染控制目标,需要大幅度提高排污收费水平。国家环保局已提出了一个将大气污染排污收费增加10倍的建议。世界银行的研究显示郑州市 SO_2 排污费的理想值应是目前水平的50倍,由此表明目前污染问题的严重性以及改善中国城市大气环境质量必须大笔的投资。

改进排污收费设计并提高其效果。目前排污收费是建立在超标排污的基础上,因此当排放达标时,就可以免交排污费。污水收费也是针对超标最严重的单一污染因子,没有考虑各个污染物之间的交叉作用。对于废气和废水的排放,采用一个能针对特定污染物质并对造成的所有影响均能进行评估的完整的收费体系,将是切合实际的。一个以总量为基础的排污收费体系将有助于其与排污许可证制度有机地结合起来。

改革排污费资金的管理对完全实现收费体系的管理潜能将是十分关键的。排污收费中有一部分资金以低息贷款的形式返回给企业用于污染控制投资,以降低排污费征收过程的难度,然而,财务监督必须保证这部分资金的合理使用。至少,这笔资金应集中起来,然后以单位费用最大边际削减量为依据进行重新分配。其次,排污费中的拨款部分应当有资金透明度,而且应作为财政收入的一部分;第三,排污费资金应与环境管理部门的自身建设脱钩,其自身建设资金应从财政开支中列支。

* 应当高度重视乡镇企业污染排放量的迅速增长现象。如果以往的环境管理也将严重污染的乡镇企业纳入了其管理的话,那么就可以避免近期大规模关闭这些乡镇企业。无论如何,要想长期解决数量极大且对市场价格十分敏感的乡镇企业的环境管理问题,必须依赖于市场机制。针对乡镇企业,中央政府应着手研究及试行一套建立在自然资源和环境税完全货币化的基础上的管理制度,同时不断改进和加强现有的管理措施。

为保护过去环境保护工作的成果,有必要进行持续的经济改革。经济改革以及所带来的技术和结构组成、所有权转换及市场规模的变化足以弥补因工业总产值的上升而产生的污染影响。未来10年内改革的持续发展也会产生同样的减缓作用。快速的工业增长如果缺乏所有制和生产规模的进一步变革将造成更为严重的环境污染。

一个以刺激为基础的排污许可证管理制度将降低污染控制成本,并实现当地和区域污染控制目标。中国应通过实行排污许可证制度尽快实施其污染总量控制战略。排污许可证制度与现行的污染管理制度的有机结合是中国环境管理部门将要面临的主要任务。

> 机构改革

在中国,管理机构的臃肿已阻碍了各项环境制度的有效实行,这尤其表现在那些要求各政府部门以及共享同一资源(如水)或共同面对同一污染问题(如酸雨)的各地方政府协作实施的环境制度。此外,在中国环境管理体系中,缺乏公共参与也是一个较大的缺陷。

【国家应将部门的生态环境保护权与资源开发权分开,使政府资源管理部门尽快实施政企分离】

建议国家把保护工程、开发项目和开发运行这3大块从政府部门中分离出来,交给商业性质的公司管理运行。政府部门的功能集中于生态环境、资源的保护和所有开发活动是否损害生态环境和资源利益的监督,内容包括法规、检查、许可证颁发、资源费收取、宣传、教育、打击违法活动等。考核指标主要是生态环境的改善,全部生态资产和资源的保值和升值,全面生态、资源保护意识的提高,各种保护措施的提出和实行等。

【强化环境保护部门的职能,建立统一管理自然资源的机构】

建立国家自然资源管理机构。国外有许多先例,如美国的内务部(U. S. Department of Interior)统一管理全国的水资源、土地资源、野生动植物资源等。统一管理可以改善中国长期存在而不能解决的"九龙治水"现象,可以明确责任、减少部门之间的争利推责问题。由于它的权利高于其他部委,它可以协调各部门,做到统一评估,统一规划,统一标准,统一执行。授予高权威可以使它在市场经济巨大的利益驱动面前进行强有力的管理。名称可用"自然资源管理委员会",由土地管理局、水利部、林业部、环保局等部局的自然资源管理功能部门联合组成。全国的自然资源管理和保护采取按天然水系和自然地理走向进行分区的区域分级管理。

【理顺部门关系,加强各地区、各部门之间的协调】

目前应当完善生态环境保护的中央管理机构,建立健全地方管理机构。改革现行管理机构中不合理的分工,加强部门间的合作,建立协调的管理机制和反馈机制。

以湿地为例,建立健全全国湿地保护管理机构体系,明确部门职能,加强部门管理。成立由林业部牵头,有关部委参加的中国湿地保护领导小组,以加强部门之间的联系和协调,以便在重大问题上取得共识,采取一致行动。强化管理机构的责任和义务,建立协同合作的工作网络。就中国目前实际,仍然实行行业管理为宜,但实行分散的管理体制又不能完全适应湿地资源的综合管理。应从国家整体利益出发,通过方针、政策和法规的制定、实施及职能分工,共同推进重点地区的区域管理以及跨省区的流域管理。

金融改革——建立中国的生态环境保护金融支持系统

目前中国几乎没有这个系统。各省、地区的生态环境保护大型项目除政府拨款外,主要依赖于世界银行、亚洲开发银行、外国政府贷款等国际支持系统,每年几十个贷款项目在运行。目前中国急需建立自己的生态环境金融支持系统。该系统的功能为:

(1) 在资金紧缺的情况下,该系统给予生态环境保护项目专用优惠贷款。

(2) 以优惠贷款为启动资金,带动地方政府或企业的配套资金。

(3) 变中央政府拨款形式为银行优惠贷款形式,变政府一家的行为为金融机构为主的行为,有利于资金使用的有效性、科学性,也有利于资金的监管,符合国际惯例。

生态环境保护金融支持系统可以是新成立的国家政策银行,或者是国家开发银行内部的新部门。由于它的资金投向社会公益和可持续发展性质,它必须和其他资金分别处置。近期投入的资金至少应大于世界银行对中国生态环境保护项目投入资金的总和,然后逐年增加。

提高公众参与意识

目前,中国公众环境意识普遍薄弱,环境决策参与感差,环境道德缺乏。建议国家应从教育、舆论宣传和思想政治工作各个环节引导,提高国民的资源和环境保护意识,并将其作为爱国爱家的具体要求,列为社会主义精神文明建设的重要方面予以提倡。在区域资源评价、资源规划和管理以及资源开发的各个步骤,以法规形式明确公众代表参与制度,并授予较大的决议权力,由此鼓励群众关心环保,参与环保的热情,这对于民主决策,强化环境法规执法监督,加强管理队伍廉政建设有着非常重要的意义。

参考文献

1. 国家环保局等,《中国跨世纪绿色工程规划》(第一期,1996～2000年),中国环境科学出版社,1996年。
2. 中国环境科学学会,《实施主要污染物总量控制的理论与实践》,中国环境科学出版社,1996年。
3. 《中国环境年鉴》编辑委员会,《中国环境年鉴》,中国环境年鉴社,1995年。
4. 《中国环境年鉴》编辑委员会,《中国环境年鉴》,中国环境年鉴社,1996年。
5. 陈耀邦主编,《可持续发展战略读本》,中国计划出版社,1996年。
6. 中国科学院黄土高原综合科学考察队,《黄土高原地区综合治理开发总体方案及重大问题研究》,中国经济出版社,1992年。
7. 中国科学技术协会学会工作部,《长江——二十一世纪的发展》,测绘出版社,1995年。
8. "1996年中国环境状况公报",中国环境报,1997年6月7日。
9. 李杰,"黄河断流:治黄新课题",人民日报,1997年5月24日。
10. 李育才主编,《中国向荒漠化宣战》,中华人民共和国林业部,1997年。
11. 李育才主编,《绿染中华》,中华人民共和国林业部,1997年。
12. 姜春云,"陕北地区治理水土流失建设生态农业调查报告",人民日报,1997年9月3日。
13. 国家环境保护局,《迎接新世纪的挑战——环境与发展理论论文集》,中国环境科学出版社,1996年。

第十二章 分税制：90年代中央与地方财政关系的重大变化

中央与地方关系指中央政府与地方政府在管理国家和社会公共事物过程中所结成的一种纵向权利关系。无论是实行单一制还是联邦制的国家结构形式，无论是实行中央集权制还是地方分权制的政府结构形式，都存在着中央政府与地方政府的关系问题。中国的中央与地方关系主要包括事权、人事权和财政权3方面关系。在中央与地方的财政关系中，又包括中央政府与地方政府在财政税收、政府资产所有权，重要物资的分配权，大型项目的审批权以及投资权等方面的权利关系。由于中央政府与地方政府的关系实质上是国家整体利益与局部利益的对立统一和动态平衡的关系，涉及到经济利益的区域配置，因而财政关系就成为中央与地方关系中极为重要的内容和敏感的领域，也是诱发许多当代中国区域发展问题的动因与机制。

一个主权独立的国家在一定时期内财政资源的总量是一定的，那么在国家内部，中央与地方的财政关系对地区经济发展的影响实质上涉及两个主要方面。一是中央从地方应收多少钱，怎么收？依据什么标准收和从哪些地区收？二是中央财政支出除国家必要的开支外，承担协调地区发展的财政支持(返还或转移支付)份额应该有多大？这笔钱应该怎么发，发给谁？依据是什么？即如何收钱和发钱的问题。

改革开放后，中央政府与地方政府在政府资产所有权、重要物资的分配权、大型项目的审批权、投资权和财政税收等财政关系等方面进行了一系列的改革，但"八五"期间的财税体制改革，是体制改革中动作最大、制度创新历时最短、效果最显著的改革。把地方财政包干制改革为在合理划分中央与地方事权基础上的分税制，涉及到各方的利益，难度极大。分税制改革，也是建国以来中央与地方财政关系最重大的变化。正如有的学者所说："1994年的分税制改变了中央与地方的博弈格局，使中央与地方关系向制度化方面迈出了重要的一步"。

本章在简要回顾中央与地方财政关系变化的基础上，以分税制为主线阐述中国90年代财政改革的目标、内容和实施的效果，并分析财政改革后面临的问题和建议。

财政关系的变化历史及主要问题

中央与地方财政关系的历史变革

中国的中央与地方财政体制变化多端，收钱和发钱所采用的标准与方法在各个时期有所不同。从建国后到90年代初期财政关系变化可分为3个主要阶段。

1. 50~60年代

建国后至60年代，在计划经济体制下，中央与地方的财税体制是以集中为主的基本格局。

在此期间采取了不同的财税体制模式。

1949~1953年,实行高度集中的财税体制,属"统收统支"模式;

第一个五年计划时期,实行以集中为主的分级管理的财税体制,属"分类分成"的模式;

1958年,实行"以收定支,五年不变"的制度,实行"分类分成"模式;

60年代初至60年代中,实行"总额分成,一年一变"的集中统一的财税体制模式。

在此期间,中央与地方的财政关系,无论是采用哪种模式,均体现了以集中为主的格局,除"大跃进"和"三年自然灾害"期间,中央占全部财政收入的比重达25%以上(见表12—1)。

表12—1 历年中央财政收入占全部财政收入的比重变化(%)

年份	中央比重	年份	中央比重	年份	中央比重	年份	中央比重	年份	中央比重
1953	44.8	1961	21.5	1969	32.5	1981	26.5	1989	30.9
1954	45.4	1962	29.7	1970	27.6	1982	28.6	1990	33.8
1955	47.8	1963	23.1	1975	11.8	1983	35.8	1991	29.8
1956	46.0	1964	25.2	1976	12.7	1984	40.5	1992	28.1
1957	43.2	1965	33.0	1977	13.0	1985	38.4	1993	22.0
1958	20.8	1966	35.2	1978	15.5	1986	36.7	1994	55.7
1959	20.5	1967	31.6	1979	20.2	1987	33.5	1995	52.2
1960	22.5	1968	29.6	1980	24.5	1988	32.9	1996	49.5

资料来源:1.国家统计局,历年中国统计年鉴,统计出版社。

2.国家统计局,中国地区经济统计年鉴,统计出版社,1997年。

2. 70年代

处于经济秩序比较混乱的文革十年期间,中国的中央与地方财政关系实行了各种各样维持性模式。

1968年之后,实行收支两条线模式(地方组织的收入全部上交,地方财政支出由中央全额拨给);

1971~1973年实行包干上交模式;

1974~1975年实行收入按固定比例留成,支出按指标包干,超收另定比例分成的模式;

1976年10月粉碎"四人帮"之后,在江苏实行了固定比例包干的财政管理模式,又称"江苏模式"。其特点是:按收支总数计算,确定比例,进行包干,几年不变;

1978年,在陕西、浙江、湖南、北京、甘肃、江西、福建、山东、吉林、黑龙江等10个省、市试行"增收分成,收支挂钩"的模式。

这些模式有的以集权为主,有的以放权包干为主,有的则集中与分权相结合。但是,由于"文化大革命"的影响,中央的财政收入比重大幅度下降,1976年仅占全部财政收入的13%,达到历史上的最低点。

3. 80年代

【分级包干、分灶吃饭】

1978年中国实行改革开放后,随着经济领域的一系列变革,中央与地方财政关系主要实施了以"包干"为主要内容的一系列改革。

1980年实行划分收支、分级包干、"分灶吃饭"的财税体制。由"千家花钱,一家平衡"的"一灶吃饭"转变为"各家花钱,自求平衡"的"分灶吃饭"。这一模式的总原则是:在巩固中央统一领导、统一计划、确保中央必不可少的开支的前提下,明确各级财政的权责,力求权责结合,各行其权,各负其责,充分发挥中央、地方两个积极性。分级包干的财政改革措施,在改革初期对增加中央的财政实力起到了积极作用,中央财政收入占全部财政收入的比重从1979年的20%上升到1984年的41%。

1985年3月,为了适应第二步利改税改革和贯彻中共中央关于经济体制改革的决定的精神,在1980~1984年财税改革经验的基础上,国务院决定从1985年起实行"划分税种、核定收支、分级包干"的新模式。这一模式的总原则是:在总结已有财税管理体制改革经验的基础上,存利去弊,继续坚持"统一领导,分级管理"的原则,更进一步明确各级财政的权责,做到权责结合,充分发挥中央与地方两个积极性。

它的具体内容是:按照利改税第二步改革之后的税种,划分中央财政收入、地方财政收入、中央与地方财政共享收入3大类;财政支出仍按企、事业的隶属关系划分,并增加了财政专案拨款;还规定了中央、地方财政收支的分成方法,主要有地方固定收入大于支出的定额上解,地方固定收入小于支出的从共享收入中确定一个分成比例留给地方,地方固定收入加共享收入还不足以抵拨其支出的中央定额补助。这一模式,除广东、福建仍实行财政大包干外,全国其他省、市、自治区都予以实行。

【包干方法多元化】

1988年后地方财政大包干继续推行,目的是针对不同地区实行不同的财政模式。主要有6种方法。

收入递增包干方法。实行此法的有北京、河北、辽宁、沈阳、哈尔滨、江苏、浙江、宁波、湖南、重庆10个省市。此法以1987年决算收入与地方实际财力为基数,根据实际,确定地方收入递增率与留成、上解比例。

总额分成方法。此法在天津、山西、安徽实行。其主要内容是根据1986、1987年的财政收支状况,核定收支基数,以地方支出占总收入的比重,确定地方的留成与上解中央的比例。

总额分成加增长分成方法。此法在大连、青岛、武汉实行。其主要内容是,在总额分成方法的基础上,收入比上年增长的部分,另加分成比例,每年以上年实际收入为基数,基数部分以总额分成比例划分,增长部分除按总额分成比例划分外,另加增长分成比例。

上解额递增包干方法。此法在广东、湖南实行。其主要内容是,以1987年上解中央的收入为基数,每年按一定比例递增上解。

定额上解方法。此法在上海、山东、黑龙江实行。其主要内容是,按原来核实收支基数,收大于支出的部分确定固定的上解数额。

定额补助方法。此法在吉林、江西、甘肃、陕西、福建、内蒙古、广西、西藏、宁夏、新疆、贵州、云南、青海和海南实行。其主要内容是,按原来核足的收支基数,支大于收的部分,实行固定数额补助。

主要特征与问题

中华人民共和国中央与地方的财政关系几十年中变化多端,但到70年代末改革开放以前,基本上以高度集中的计划经济为主要特征,地方财政依附于中央财政。80年代以后开始实行以地方财政包干为主的变革措施。财政大包干是改革的产物,它促进了中央与地方关系的变革,在改革开放后的十余年中,对中国的区域经济发展起到了重要作用。财政大包干确立了地方利益的主动地位,调动了地方各级政府发展经济的积极性,使各地经济一浪高过一浪地前进;财政大包干增强了地方政府的财政权力,使地方政府有能力去解决本地区发展中存在的一些困难与难题。但财政大包干是一种过渡性措施,并非是按市场经济合理配置资源要求的制度化建设。到90年代初期,在经济体转轨过程中,中央与地方的财政关系存在着以下弊端:

1. 中央财政宏观调控能力严重弱化

由于包干制首先包死了中央财政收入,导致中央政府的财政收入既没有与国民经济的发展同步增长,又没有随财政总量的增长而增长。无论是定额上解包干、上解额递增包干,还是收入递增包干,都是把中央财政包死,于是,中央财政占国民生产总值的比重和全国财政收入的比重逐年下降。

【中央财政收入占国内生产总值的比重低于世界平均水平】

1978年,中国中央政府的财政收入占GDP的比重为31.2%,1980年下降为26%,1986年下降为21%,1993年下降为13%,平均每年下降一个百分点(见表12—2、图12—1)。尽管财政收入占GDP的比重应当有多大,在国际上并没有一个具体的上下限,但可以肯定地讲,中国的比重在世界上属于低水平的国家之一。据国际货币基金组织提供的有关数据看,80年代发达国家的平均比重为42.04%,80年代初为40.64%,80年代末上升为44.18%,其中1989年德国为45.7%,法国为46.2%,加拿大为40.3%,匈牙利为61.3%;80年代发展中国家平均比重为24.18%,80年代初为22.99%,80年代末为27.11%,1989年马来西亚为29.8%,

表12—2 历年财政收入占GDP比重(%)

年份	财政收入占GDP	年份	财政收入占GDP	年份	财政收入占GDP	年份	财政收入占GDP
1978	31.2	1983	23.0	1988	15.8	1993	12.6
1979	28.4	1984	22.9	1989	15.8	1994	11.2
1980	25.7	1985	22.4	1990	15.8	1995	10.7
1981	24.2	1986	20.8	1991	14.6	1996	10.9
1982	22.9	1987	18.4	1992	13.1		

资料来源:国家统计局,历年中国统计年鉴,统计出版社。

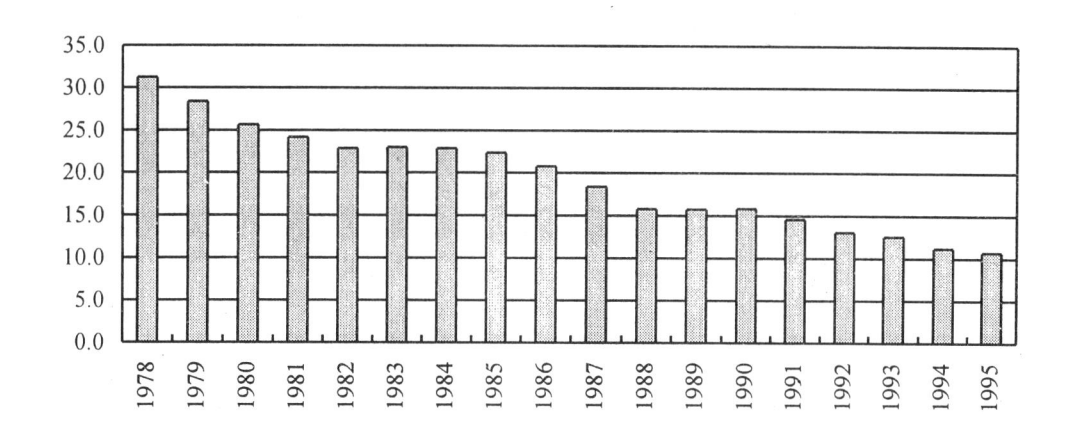

图 12—1 财政收入占国内生产总值的比重(%)

埃及为 34.9%。

【中央财政收入占全部财政收入的比重持续下降】

在 1984 年,这一比重为 41% 左右,其后逐年下降。1990 年这一比重下降为 34%,1993 年降低为 22%(见图 12—2)。

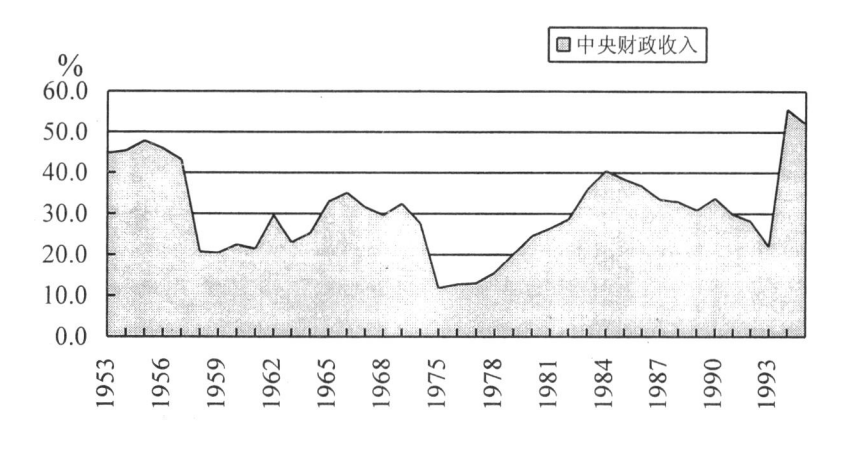

图 12—2 中央财政收入占全部财政收入比重(%)

【中央财政在新增财政收入中的比重很低】

据统计,1988 年,地方政府组织的收入新增加的部分,中央财政仅分到 3.3%,地方财政分得 96.7%。1989 年,新增加的财政收入中中央财政只分到 4.8%,地方财政分得 95.2%。

【中央财政赤字持续增长】

中央财政收支难以平衡,财政赤字居高不下,财政状况相当拮据、困难。从 80 年以来,中国的财政困难不断加剧,最突出的表现是赤字逐年增加。1980 年,财政赤字为 69 亿元,到 1990 年就增大到 146 亿元,1993 年达到 293 亿元。这还仅仅是人们一般讲的"软赤字"。倘若按国际通行的做法,把债务也打入赤字的话,那么1992年的赤字高达985亿元,占当年财政总收入的20%。1979～1992年13年的累计赤字为4220亿元(见表12—3、图12—3)。

表12－3 中国的历年财政赤字(单位:亿元)

年份	赤字	年份	赤字	年份	赤字	年份	赤字	年份	赤字	年份	赤字
1950	-2.89	1957	5.98	1964	60.52	1975	-5.27	1982	-17.65	1989	-158.88
1951	10.65	1958	-21.8	1965	6.99	1976	-29.62	1983	-42.57	1990	-146.49
1952	7.73	1959	-65.74	1966	17.15	1977	30.93	1984	-58.16	1991	-237.14
1953	2.74	1960	-81.85	1967	-22.49	1978	10.17	1985	0.57	1992	-258.83
1954	16.05	1961	0.04	1968	1.41	1979	135.41	1986	-82.9	1993	-293.35
1955	-21.44	1962	8.3	1969	-99.1	1980	-68.9	1987	-62.83	1994	-574.52
1956	-18.31	1963	2.62	1970	13.49	1981	37.38	1988	133.97	1995	-581.52

资料来源:国家统计局,历年中国统计年鉴,统计出版社。

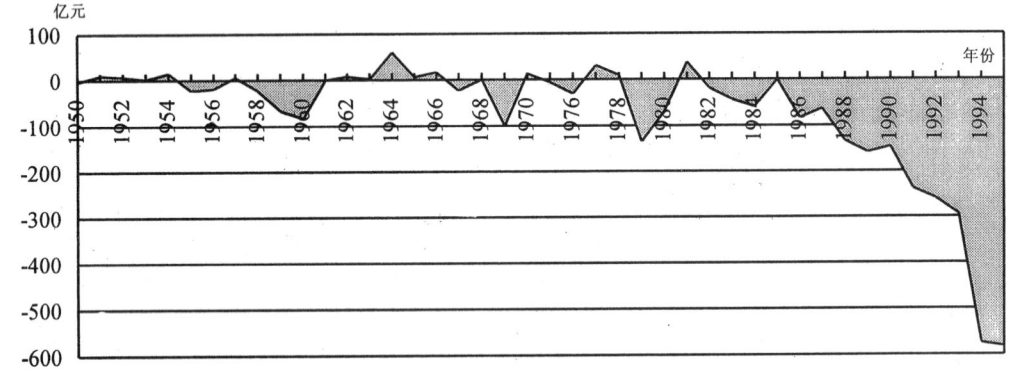

图12—3 历年全国财政赤字变化曲线

【中央财政的债务负担愈来愈重】

由于中央财政在国民收入初次分配中所占的比例越来越小,中央财政在财政收入总额所占的比例越来越小,财政收入中非农业税收占非农业国民收入的比例越来越小,从而地方政府向中央政府上缴的一部分分成收入的增长速度远远低于国民收入的实际增长速度,这些因素导致中央政府的财政收入状况不断恶化。但从稳定经济形势与社会生活的大局出发,中央政府的一些支出又必不可少,收支缺口扩大,造成中央政府只能越来越多地依靠债务收入来对付开支,无力有效地利用财政政策对经济生活进行调节与控制。1986年,中央政府本级组织的财政收入为778亿元(不包括债务收入),当年通过国库券和外债借款138亿元,向银行借款95亿元,债务收入占中央政府本级组织的财政收入的比例为30%;到1992年,中央财政组织的收入为980亿元,借款总额为843亿元,借款占经常收入的比例上升到86%。从发展趋势看,如果中央政府与省级地方政府之间的财政分配体制不改变,仍然维持包干体制,中央政府的财政收入状况会进一步恶化,并有可能陷入到债务危机之中去。

【财政收入的保证程度降低】

中国的财政收入主要以税收为主,税收占财政收入的比重在改革开放后逐年上升。1980年这一比重仅为49%,1993年这一比重高达97%(见图12-4、表12-4)。财政大包干没有理顺国家与企业之间的分配关系,形成税收累退之大势。中国的财政收入是以非农业部门的税收收入为主要来源,在通常情况下,税收收入应与非农业国民收入同步增长,然而财政包干体制却造成了税收累退的趋势。1985年开始实行利改税以来,税收累退趋势是十分明显的。1985年非农业税占非农业国民收入的比例为44%,到1992年则下降到22%,正好下降一半。年平均下降3个百分点。此外,由于税收监管漏洞较多,也使财政收入保障程度降低。按企业隶属关系划分收入的方法,使中央企业缺乏有效的监督,收入流失问题比较严重。国有企业的偷漏税面为50%,乡镇企业的偷逃税面为60%,个体户的偷税面为80%,三资企业的偷避税面为90%,个人调节税的偷逃税面为95%。虽然比例一个比一个高,但若论绝对值,偷逃税的大户并不是个体纳税人,而是姓"国"、姓"集"的大中型企业。从1985年开始,国家每年都进行财税大检查,到1993年9年间共追缴流失税金1000多亿元。但是,有报道称,近年来全国每年流失的国税达1000亿元。

图12-4 税收占财政收入的比重(%)

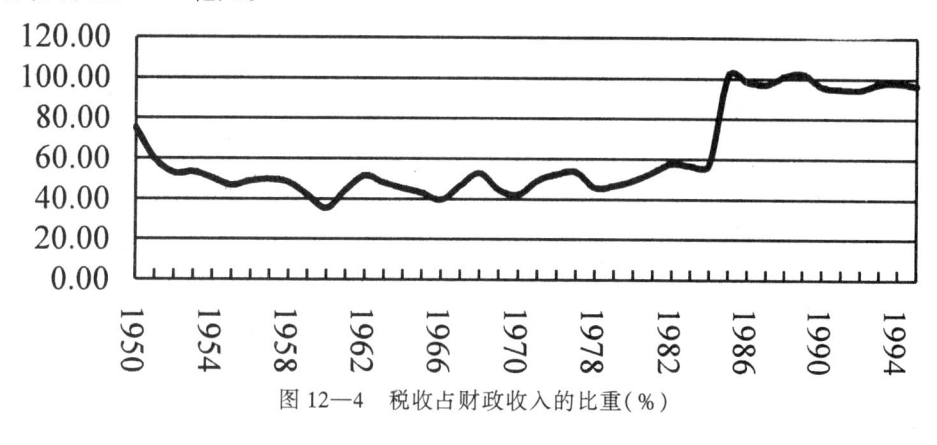

表12-4 历年税收占财政收入的比重(%)

年份	比重	年份	比重	年份	比重	年份	比重	年份	比重	年份	比重
1950	75.13	1957	49.93	1964	45.55	1975	49.38	1982	57.74	1989	102.35
1951	59.69	1958	48.34	1965	43.16	1976	52.53	1983	56.74	1990	96.08
1952	53.00	1959	42.02	1966	39.73	1977	53.55	1984	57.66	1991	94.94
1953	53.52	1960	35.59	1967	46.89	1978	45.86	1985	101.79	1992	94.65
1954	50.25	1961	44.59	1968	53.03	1979	46.91	1986	98.53	1993	97.85
1955	46.79	1962	51.69	1969	44.70	1980	49.29	1987	97.32	1994	98.25
1956	49.01	1963	48.01	1970	42.42	1981	53.57	1988	101.41	1995	96.73

资料来源:国家统计局,历年中国统计年鉴,统计出版社。

由于国家汲取财政能力在下降,中央政府已成为名符其实的"弱政府"。中央宏观调控能力的下降,使政策执行有效性锐减。中央政府统治能力的一个重要表现,就是它能在全国范围内有效地推行其政策。但是,几乎中国每一个地方政府都懂得如何与中央政府讨价还价来维护其地方的利益。它们或者是向中央争取更多的政策优惠,或者是向中央争取更多的投入,或者是争取向中央更少地缴纳税收等等。对于中央的任何一项政策,地方政府都要从如何对自己有利或不对自己有害的角度去理解、去执行,要么以"上有政策,下有对策"的办法应付之,要么就与中央软磨硬顶。中央相当一部分指令、决议、号召,到了一些地方政府往往会被大打折扣。因此,增强中央政府的宏观调控能力,改变中央与地方的失衡关系,大幅度提高国家财政收入在国民收入中的比重和中央财政收入在全国财政收入中的比重的呼声愈来愈高。

2. 地方政府自主能力大大增强

80年代财政大包干的体制,在中央财政能力降低的同时,地方财政实力大大提高,强化了地方自主的能力。由于财政大包干是以中央与地方财政核算为主要内容,并非建立在统一税负、合理划分事权的基础上,因而,这一政策实施10余年来,对中国的区域经济发展带来巨大影响。

【资源调控主体的下移】

政府的主要功能在于对社会资源进行权威性的分配。在高度中央集权的情况下,社会资源调控的主体主要是中央政府。随着改革开放的推进,中央逐步下放权力,对资源的控制权日益减少,而地方政府对资源的控制权日益增多,从而使资源调控的主体开始下移。80年代末和90年代初,地方政府在中央政府的权力下放中得到了很多实惠。根据1992年《全民所有制工业企业转换经营机制条例》,中央政府给企业下放了14项基本权力,但这些下放的权力真正落实到企业的并不多,其中的大部分被各级地方政府截留收走。另外,除地方财政能力增强外,地方政府通过投资自主权的扩大和直接融资权的实施,控制的资源也越来越多。以致于在很多地方,地方政府及地方官员远比中央政府及其官员有气派。他们有现代化的办公条件,有豪华的出行工具和通讯装备,有支配其所辖范围内的所有资源的权利,反映了地方政府的资源控制权和控制范围的扩大。

【强化了地方利益机制,加剧了地方保护主义】

由于财政包干体制采取了按企业事业隶属关系划分中央与地方之间收支范围的方法,就不可避免地使地方财政按最大化的目标配置本地资源,并为保护地方资源和企业的利益实行市场封锁,形成区域间贸易壁垒,造成资源的不合理配置。不利于国内统一市场的形成,不利于企业之间的公平竞争。

【造成地区产业结构趋同】

财政包干的利益关系导致地区为尽快达到经济目标,争投资,争项目,不考虑各地区的实际情况,争先发展效益好的产业,不利于产业结构的优化。由于地方利益的过度冲动,中央的调控能力和措施手段又无力抑制,使各地区产业结构严重趋同,极大地遏制了比较优势的发挥。

【地区间发展差距扩大】

财政包干制度实施的 10 多年中,中国的地区发展差距在急剧扩大,由于中央财政调控能力降低,无力调整或缩小区域间发展的差距。其重要的原因之一是大包干的体制弱化了中央作为协调地区间发展主体的能力。大包干的体制包死了中央财政,特别是给沿海等发达地区以较长时期的优惠政策,使该收的钱没收上来,对落后地区的财政转移支付无法实施,造成调整或缩小地区差距的愿望难以实施。

3. 中央与地方经济依附关系及各地区贡献率不尽合理

80 年代财政包干措施的实施,在中央财政占全部财政收入比重下降的同时,中央与地方的经济依赖关系发生了很大变化,并且中央对地方的财政返还和各省区对全国的贡献存在着严重的不合理现象。

【中央财政对各省区的依赖程度逐步降低】

80 年代初到 1994 年分税制改革的 15 年中,中国的中央与地方财政关系发生了很大变化,中央对地方的财政依赖程度逐步减弱。

1980 年,中央财政对各省区的经济依赖程度较强。在 30 个省、区、市中,有 17 个省、市财政自给率超过 100%(见表 12—5)。其中沿海地区包括除广西、海南外的 10 个省、市,中部地区包括湖北、湖南、安徽、河南,西部地区包括山西、四川和甘肃。上海市的财政自给率最高,达到 911%,对全国的贡献最大。全国只有 13 个中西部省、市、自治区财政不能自给,需要中央的支持。

"六五"末期的 1985 年,全国各地区财政自给率普遍降低,自给率超过 100% 的省市下降到 10 个,2/3 的省、市、自治区不能自给,需要中央的支持。

到"八五"初期的 1990 年,财政可以自给的省市仅有上海、江苏、浙江、天津、北京和辽宁 6 个。4/5 的省、市、自治区需要中央的支持。但仍有 13 个省市财政自给率达到 80%。

【地方对中央的贡献及负担程度苦乐不均】

中央政府承担着协调国家整体利益的责任,各地方政府有义务对国家的经济发展作出合理的贡献。但是,财政大包干的做法对各地区应承担的义务缺乏科学合理的划分依据,怎么收钱和该收谁的钱依据不科学,造成地方财政负担苦乐不均。

按国际上通用的做法,经济发展水平高于全国平均值的地区,一般应为对全国作出贡献的地区。而经济发展水平低于全国平均值的地区,一般则为受援地区或得到财政返还的被支持地区。以反映地区经济发展水平的人均国民生产总值与财政自给率的相关分析可以看出,各地区对中央的贡献与负担不尽合理。

1980 年全国财政自给有余,对全国作出贡献的 17 个省市中(见表 12—5),有山东、湖北、湖南、河北、安徽、甘肃、河南、山西、四川和福建等 10 个省人均国民生产总值低于全国水平。除西藏为国家特殊支持的民族地区外,黑龙江和青海为人均国民生产总值高于全国平均水平,且得到国家财政支持的地区。

1985 年在对国家作出财政贡献的省市中,仍有河北和湖北两个省的人均国民生产总值低于全国平均水平。但黑龙江和吉林两省为人均国民生产总值高于全国平均水平的受援地区。

"八五"前期的1990年,对全国作出贡献的6个省市人均国民生产总值都高于全国水平。但山东、广东、黑龙江、福建、吉林和新疆等6个省区为高于全国平均发展水平的受援地区。

表12-5 各地区主要年份财政自给率及人均GDP相当于全国平均水平的排序

1980年			1985年			1990年			1995年		
地区	财政自给率%	人均GDP为全国平均的%	地区	财政自给率%	人均GDP为全国平均的%	地区	财政自给率%	人均GDP为全国平均的%	地区	财政自给率%	人均GDP为全国平均的%
上 海	911	598	上 海	400	454	上 海	225	363	浙 江	138	171
北 京	345	346	天 津	179	259	江 苏	136	129	安 徽	109	71
天 津	279	304	江 苏	176	124	浙 江	127	130	福 建	108	147
辽 宁	255	177	北 京	159	318	天 津	112	223	上 海	85	401
江 苏	219	118	浙 江	156	125	北 京	111	198	北 京	75	276
浙 江	180	103	辽 宁	150	166	辽 宁	106	166	广 东	73	169
山 东	160	88	山 东	132	104	山 西	94	94	江 苏	68	154
广 东	145	103	湖 北	115	95	河 北	93	90	辽 宁	67	145
湖 北	128	94	河 北	108	85	河 南	93	67	海 南	67	110
湖 南	126	80	广 东	108	116	湖 北	92	96	天 津	66	218
河 北	123	93	河 南	99	68	安 徽	88	73	山 东	65	122
安 徽	122	64	湖 南	98	74	山 东	88	112	山 西	64	75
甘 肃	121	85	四 川	92	71	湖 南	88	75	河 北	63	94
河 南	119	69	安 徽	89	76	广 东	87	147	湖 南	62	
山 西	107	97	黑龙江	84	125	云 南	85	75	湖 北	61	88
四 川	103	72	福 建	82	87	四 川	84	68	河 南	60	70
福 建	102	76	云 南	75	57	黑龙江	83	125	四 川	60	68
陕 西	86	74	陕 西	74	72	福 建	83	110	黑龙江	58	116
吉 林	83	97	江 西	71	70	江 苏	80	69	江 西	58	65
江 西	78	75	山 西	70	99	陕 西	76	76	广 西	57	75
广 西	70	61	广 西	68	55	贵 州	74	50	吉 林	52	93
云 南	67	58	甘 肃	68	72	甘 肃	74	68	陕 西	50	60
黑龙江	66	152	吉 林	63	102	广 西	72	66	贵 州	45	39
海 南	57	77	贵 州	62	49	吉 林	71	107	内蒙古	43	64
贵 州	53	48	海 南	54	86	内蒙古	54	91	云 南	42	64
宁 夏	35	95	内蒙古	37	95	新 疆	45	111	甘 肃	42	48
青 海	28	103	宁 夏	30	87	宁 夏	43	86	新 疆	40	102
新 疆	25	90	新 疆	30	97	海 南	42	98	宁 夏	39	70
内蒙古	23	97	青 海	24	95	青 海	42	96	青 海	30	73
西 藏	0	103	西 藏	0	105	西 藏	1	78	西 藏	6	51

资料来源:1.国家统计局,历年中国统计年鉴,统计出版社。
2.国家统计局,改革开放17年中国地区经济统计,统计出版社,1997年。

【导致地区分配不公】

大包干措施实施的10多年中,由于缺乏科学合理的贡献与负担划分标准,使各地区的贡献和受援有失公允。如广东、山东等省改革开放后得到较快的发展,除其他有利条件和政策外,应有的财政贡献程度较低,从而可以积累更多的资金发展地区经济是一个重要因素。

财政包干有六、七种形式,在基数上、比例上都是不统一的。这种不规范、不科学的模式既不利于保证中央的财政收入,也不利于保证地方的财政收入。在不规范的条件下,中央可以依事项多征,地方也可以因地制宜少交,造成中央与地方之间、地方与地方之间不合理的攀比。

如80年代后期,上海每年上缴国家250亿元,其中约100亿元为中央在沪企业所创利税,其余150亿元为上海地方财政收入。直到1984年,上海地方财政收入留用本市的仅占10～20%。以1984年为例,上海地方财政收入为160亿元,留27.7亿元,约占17%。同年,北京市财政收入45.6亿元,地方留用27.22亿,留成率为59.7%。从1985年起,中央对上海采取让利的政策,地方财政收入留成率提高到25%左右,那也仅及北京的一半。广东省是另一种类型。为了加快发展,中央对其实行特殊政策,上缴中央的数额以1980年的基数每年递增10%。到1989年,与上海工业生产规模相当的广东省,上缴中央财政15亿元,不及上海的一个零头。在改革期间,广东等省份在包干期间得到了较其它省份更为优惠的政策,在经济高速增长的同时,相对上交的财政负担却很少。包干制造成地区的互相攀比和指责,进而就是封锁市场、争夺原料。

表12-6 各地区主要年份财政余额及人均值排序

1980年 地区	财政余额(亿元)	人均财政余额(元)	1985年 地区	财政余额(亿元)	人均财政余额(元)	1990年 地区	财政余额(亿元)	人均财政余额(元)	1995年 地区	财政余额(亿元)	人均财政余额(元)
上海	155.55	135.7	上海	138.16	113.6	上海	94.47	73.6	浙江	68.21	54.5
北京	36.42	40.3	天津	21.24	26.4	北京	7.39	6.8	福建	13.00	10.4
天津	26.27	35.1	北京	19.45	19.8	天津	4.68	5.4	安徽	11.85	9.5
辽宁	52.80	15.1	辽宁	28.30	7.7	江苏	35.23	5.2	海南	-13.86	-11.1
江苏	34.41	5.8	江苏	38.47	6.2	浙江	21.36	5.0	宁夏	-14.02	-11.2
浙江	13.79	3.6	浙江	20.85	5.2	辽宁	7.10	1.8	青海	-20.20	-16.1
山东	18.04	2.5	山东	16.23	2.1	河南	-5.94	-0.7	天津	-31.43	-25.1
广东	11.17	2.1	湖北	6.66	1.3	河北	-6.14	-1.0	西藏	-32.72	-26.2
湖北	7.48	1.6	广东	4.80	0.8	山西	-3.20	-1.1	北京	-39.14	-31.3
甘肃	2.63	1.4	河北	3.49	0.6	安徽	-7.07	-1.2	上海	-40.59	-32.4
河北	6.66	1.3	河南	0.58	-0.1	湖北	-6.97	-1.3	山西	-40.70	-32.5
湖南	6.15	1.2	湖南	0.90	-0.2	湖南	10.01	-1.6	江西	-46.21	-36.9
安徽	3.62	0.7	四川	-5.40	-0.5	山东	-14.74	-1.7	贵州	-46.53	-37.2
河南	5.12	0.7	安徽	3.72	-0.7	四川	-22.89	-2.1	甘肃	-47.47	-37.9
山西	1.40	0.6	福建	-5.56	-2.0	江西	-10.14	-2.7	陕西	-51.39	-41.1
四川	1.11	0.1	黑龙江	-7.21	-2.1	广东	-19.67	-3.1	吉林	-57.62	-46.1
福建	0.28	0.1	陕西	-8.55	-2.4	云南	-13.33	-3.6	新疆	-58.12	-46.5
陕西	-2.47	-0.9	江西	-9.57	-2.5	福建	-11.39	-3.8	内蒙古	-58.48	-46.7
江西	-3.52	-1.1	广西	-9.27	-2.7	陕西	-12.72	-3.8	广西	-61.15	48.9
吉林	-2.93	-1.3	云南	-9.38	-3.2	贵州	-12.50	-3.9	湖北	-62.73	-50.2
广西	-5.15	-1.5	贵州	-7.60	-3.7	广西	-18.17	-4.3	湖南	-65.78	-52.6
海南	-0.91	-1.6	甘肃	-10.50	-3.9	黑龙江	-16.13	-4.6	河北	-71.23	-56.9
云南	-5.68	-1.8	山西	-2.74	-4.6	甘肃	-11.73	-5.2	黑龙江	-73.30	-58.6
贵州	-5.97	-2.2	海南	-12.83	-5.6	吉林	-20.99	-8.6	江苏	-80.85	-64.6
黑龙江	-8.70	-2.7	吉林	-22.83	-11.3	内蒙古	-27.92	-12.9	河南	-82.65	-66.1
内蒙古	-14.21	-7.6	内蒙古	-20.13	-14.8	海南	-10.03	-15.3	辽宁	-89.20	-71.3
新疆	-12.19	-9.5	新疆	-6.94	-16.7	新疆	-26.04	-17.0	山东	-96.87	-77.4
宁夏	-3.71	-9.9	宁夏	-7.69	-18.9	宁夏	-8.24	-17.7	四川	-110.65	-88.4
青海	-4.23	-11.2	青海	-10.90	-54.8	青海	-9.89	-22.1	云南	-136.75	-109.3
西藏	-5.26	-28.4	西藏			西藏	-12.74	-58.4	广东	-143.29	-114.5

资料来源:1.国家统计局,历年中国统计年鉴,统计出版社。
2.国家统计局,改革开放17年中国地区经济统计,统计出版社,1997年。

【受援地区逐步扩大,但支持强度很低】

整个80年代,在31个省区市中受援地区在逐步扩大,但由于财政收入占国民生产总值和中央财政占全部财政收入的两个比重持续下降,中央对地方的财政支持强度一直很低。1980年,除西藏和青海外,受援的省区获得的人均年财政支持不到10元钱。到1990年,除少数民族地区财政支持强度在12~60元/人·年外,大部分省区都在年人均10元以下(见表12—6),不到1公斤猪肉钱,实际上中央的财政支持在许多困难省区被用作吃饭钱,难以起到促进地区经济发展的作用。中央政府承担着协调地区发展和缩小地区差距的责任与义务,但由于财政实力有限,难以以财政转移支付的手段完成缩小地区差距的任务。

分税制及其实施效果

分税制实施的背景 80年以来,中国的农村改革、城市改革,经济体制改革和政治体制改革,都取得了令人瞩目的成就。但唯独财税改革始终不尽人意。1979年以来的财政改革最大特征是行政分权,即从条条为主的经济运行变为块块为主,其实质没有变,仍然是行政经济。这种经济促进了社会的发展,但它最主要的后果是:地方"诸侯"势力膨胀,阻障统一市场的建立,削弱中央宏观调控能力,资源无法自由流动,使得中国的区域发展始终在条块分割和一放就乱、一抓就死的环境下运行。

1992年年初邓小平视察南方,发表了一系列重要谈话。社会主义市场经济登堂入室。紧随着市场经济到来的便是分税制的改革。在分税制实施历史上,十四届三中全会起了决定性作用。这次全会通过的《中共中央关于建立社会主义市场经济体制若干问题的决定》第18条指出:"积极推进财税体制改革。近期改革的重点,一是把现行地方财政包干制改为在合理划分中央与地方事权基础上的分税制,建立中央税收和地方税收体系。维护国家权益和实施宏观调控所必需的税种列为中央税,同经济发展直接相关的主要税种列为共享税,充实地方税税种,增加地方税收入。通过发展经济,提高效益,扩大财源,逐步提高财政收入在国民生产总值中的比重,合理确定中央财政收入和地方财政收入的比例。实行中央财政对地方的返还和转移支付的制度,……"。

分税制改革的阻力 分税制的提出和实施并非一帆风顺。分税制如果实行后,近期受益主要在中央,长期受益在中央与落后地区,阻力和担忧主要来自于既得利益的地方。地方的担忧主要是:

【既得利益受损,经济发展难度加大】

分税制后,地方财政失去了支持经济发展的税收优惠政策。过去,地方政府主要通过减免税、收入承包让利、税前还贷3个主要手段放水养鱼,支持当地企业。但在新税制实施后,即使要出台税收优惠政策,也只能自掏腰包。

【苦乐不均依然存在】

分税制将全国分为上交(上解)和补贴(返还)两类地区,仍沿用基数法。由于一些地方"吃亏在先",原本上交基数大,留用财力低,假若定为上交地区,每年除共享收入递增部分按共享比例上交外,地方收入递增还须按一定的比例增加基数上交。相反,某些近几年发展较快的地方,因为原上交基数低,留用比例大,经测算变成补贴地区,日后地方固定收入增收全留,而且共享收入还递增,可以相应增加0.3~0.5%的返还额。

【地方调控能力明显削弱】

分税制后,中央收入来源稳定,占收入高达60%左右,且增收潜力大的流转税大部分划为中央收入和共享收入,上缴中央财政将比1993年大大增加。而留给地方的是收入不稳、税源分散、增收较难的收益税、农业税等小税种,收入有限,可能财力明显减少。分税制后,地方预算外资金这一块也将不复存在,建设资金的来源大大减少;而且有些税收(城建税、教育费附加、排污费收入、耕地占用税)原先地方全留,专款专用,如今列入地方税收,参与递增上交,无疑使地方政府处于吃饭与建设两难境地,调控力度减弱不少。

原则与步骤 1994年1月1日起,中国正式实行了分税制。分税制是按照中央和地方的事权,合理确定各级财政支出的范围;根据事权与财权相结合的原则,按照税种统一划分中央税、地方税、中央与地方共享税,并建立中央税收和地方税收体系,分设中央与地方两套税务机构分别征管;科学核定地方收支数额,逐步实行比较规范的中央财政对地方税收返还和转移支付制度;建立健全分级预算制度,硬化各级预算约束。

【原则与重要指标】

分税制改革主要依据几个原则。集权与分权相结合的原则,既保证中央财力又保证地方财力的相对分权;发挥中央与地方两个积极性的原则;财权与事权相统一的原则;收入划分的原则:包括效率原则——以征税效率的高低为标准,宜于中央集中征收的归中央,相反,则归地方;适应原则——把税基宽作为划分标准,税基宽的税种归中央财政,税基狭窄的税种归地方政府;公平原则——强调以税收负担的分配是否公平作为划分标准;经济利益原则——税收应划归中央还是地方,应以是否促进经济发展和有利于经济利益的增加为标准。

分税制的关键指标是中央集中必要的财力,提高财政收入占国民生产总值的比重和中央财政收入占全部财政收入的比重。其中,中央财政收入占全国财政收入的比例将提高到60%左右。根据分税制国家的通行做法,中央直接组织的财政收入要占60%以上,否则,分税制本身就会变形、扭曲。中国历史上的中央与地方关系的发展史表明,中央财政占财政收入60%以上,才能保证国家的长治久安。

【实施步骤】

分税制实施步骤主要分为3个阶段。第一阶段的具体方法是以1993年为基期年。地方在1993年的既得财力保持不变。第二个阶段是使新旧体制并轨,进一步完善分税制。1995年坚持实行和进一步完善分税制财政体制。在初步确立了中央与地方分配关系的基本框架的基础上,要解决政府间的纵向和横向财力分配的合理及平衡问题;在理顺了中央与省级财政之间的分配关系的基础上,进一步推进和规范省以下分税制改革。第三个阶段在1997年以后推行科学的、规范的分税制。

【基本内容】

【按事权合理划分中央与地方之间的税种】

中央财政固定收入：指维护国家权益、实施宏观调控所必需的税种，包括关税，海关代征消费税和增值税，消费税中央企业所得税，地方银行和外资银行及非银行金融企业所得税，铁道部门、各银行总行、各保险公司等部门集中纳税的收入（包括营业税、所得税、利润和城市维护建设税），中央企业上缴利润等；外贸企业出口退税，除地方1993年已经负担的20%部分外，以后发生的出口退税全部由中央财政负担。

地方财政固定收入：指适合地方征管的税种，包括营业税（不含铁道部门、各银行总行、保险公司集中缴纳的营业税），地方企业所得税（不含上述地方银行和外资银行及非银行金融企业所得税），地方企业上缴利润，个人所得税，城镇土地使用税，固定资产投资方向调节税，城市维护建设税（不含银行总行、铁道部门、保险总公司集中缴纳的部分），房产税，车船税，印花税，屠宰税，农业税，耕地占用税，契税，遗产税，土地增值税，国有土地有偿使用收入等。

中央与地方共享收入：指同经济发展直接相关的主要税种，包括：增值税，资源税，证券交易税。增值税中央分享75%，地方分享25%；资源税按不同的资源品种划分，大部分资源税作为地方收入，海洋石油资源税作为中央收入；证券交易税，中央地方各享50%。

【按既得利益确定税收返还数】

为适应渐进式、温和式分税制改革的需要，从1994年开始中央财政对地方实行特定的税收返还制度。这是保持地方原有既得利益需要采用的过渡性措施，是逐步达到改革目标的必要步骤。这种特定的税收返还数额是以1993年为基期年核定。首先按照1993年地方实际收入以及税利改革和中央与地方收入划分情况，核定1993年中央从地方净上划的收入额（即消费税+75%的增值税-中央下划收入）。1993年中央上划收入，全部返还地方，保证1993年地方既得财力，并以此作为以后中央对地方税收返还基数。1994年以后，税收返还额在1993年基数上逐年递增，递增率按全国增值税和消费税的平均增长率的1:0.3系数确定。即上述两税全国平均每增长1%，中央财政对地方的财政返还增长0.3%。如若1994年以后净上划收入达不到1993年基数，则相应扣减税收返还数额。从这一规定可以看出，1994年虽然构建了分税制改革的框架，但原包干体制下的分配格局并没有发生很大变化，只是中央财政可以从每年的增量中多拿一部分收入，以适应加强宏观调控的需要。

【根据事权划分税收管理权限】

根据中央与地方行政管理体制和事权划分，税务管理权限应划分为：

属中央收入的税种，管理权由国务院及其主管部门掌握；属中央与地方共享收入的税种，管理权限按中央与地方各自收入归属划分。

地方自行立法的地区性税种，其管理权限由省级人民政府及其主管部门掌握。

除少数民族和经济特区外，各地均不得擅自停征全国性的地方税种。在不影响全国宏观调控和中央财政收入的前提下，经全国人民代表大会及其常务委员会和国务院批准，民族自治地方可以拥有一些特殊的税收管理权限，如全国性地方税种某些税目税率的调整权以及一般的税收管理权以外的一些管理权等。经济特区也可以在享有一般地方税收管理权之外，拥有一些特殊的税收管理权。

实施效果 分税制是中央与地方关系制度化的重大变化,取得了积极进展。正如财政部副部长刘积斌说:"5年来国家财税体制改革取得重大进展。这次改革,建立了以增值税为主体,以消费税和营业税为补充的新型流转税体制;实行分税制财政体制,建立了转移支付制度,一定程度上理顺了中央与地方的关系"。

1994年开始实施的分税制改革已3个年头,主要效果是:

【财政收入占GDP比重下降的趋势得到遏制】

分税制改革的两个最基本的目标是提高财政收入占GDP的比重和中央财政收入占全部财政收入的比重,实现国家和中央财政收入的稳定增长。从3年的实际运行结果看,财政收入占GDP的比重有所上升。

1996年全国财政收入达到7366.6亿元,占GDP的比重为10.9%,比1995年的10.7%回升了0.2个百分点(见表12—2),抑制了自1986年以来持续下降的势头。

【中央财政收入占全国财政收入的比重先升后降】

分税制实施后,中央财政收入占全部财政收入的比重大幅度提高,但其后又有所下降。分税制前的1993年,中央占全部财政收入的比重为22%。分税制后的1994年,这一比重提高到55.7%,比1993年上升了33个百分点。但其后中央财政收入的比重又有所下降。1996年中央组织的财政收入为4252.26亿元,比1995年增长12.1%,低于地方组织的财政收入增长24.5%的12.4个百分点。中央组织的财政收入的比重由1994年的55.7%、1995年的52.2%降为49.5%(见表12—1)。中央财政收入所占比重降低,而支出虽然经过努力压缩,仍有相当数量的赤字需依赖发行国债弥补,加大中央对西部地区财政转移支付的能力实质上难以提高。

【地方对中央财政依赖程度加强】

1995年分税制实施后的第二年,全国仅3个省财政可以自给,28个省、市、自治区依赖中央的财政援助。特别是沿海发达省市在实行分税制后,都由中央财政依赖地方型,变为地方财政依赖中央型。这表明,实行分税制前中央有求于发达地区,实行分税制后,发达地区不得不有求于中央财政返还,改变了中央与地方的关系格局,加强了中央的宏观调控能力。如将消费税划归中央所有后,大大抑制了各地发展"小烟厂"、"小酒厂"的积极性。

存在问题 【税收基数返还的做法不规范】

按1993年税收基数返还的做法不规范、公平,值得反思。继续用基数法确定各级政府的体制基数将使"苦乐不均"的现状延续下去,难以符合分税制财政体制的要求。一是不发达地区与发达地区所获得的中央财政援助额分配不公平,不少发达地区得到钱多(见表12—5)。二是中央对各省区市人均财政援助额与各省区市人均GDP相关性很差,转移支付的财政援助不规范。转移支付制度还只停留在形式上。分税制的一大特征是建立一个有效的财政收入调节制度,即中央政府通过转移支付形式调节各地方政府的行政能力,保证各地方政府行使必要行政能力所需的财力。从这次分税制的方案看,转移支付制度还不规范,暂时只能实现税收返还,而且可调节性极差。由于中央财政可用于返还的资金有限,因而难以有效地调节地区之间的差异。

基期的选择带来一定负作用。选择1993年为基期,保了地方既得财力,中央在基数上让给了地方一大块,也引起了一些地方在基数上弄虚作假,致使经济发达地区与经济不发达地区之间的差距不仅没有缩小,还有所扩大。短期内难以看到中央财力明显增大比例的可能性。

分税制的利益调整过于缓和。实施分税制的指导思想是,不触动各地方的既得利益以减少分税制实施的阻力。实际上,分税制改革中照顾地方利益一直是中央首虑之要,而且为了保护地方的既得利益,中央作出了较多让步。但是,财税体制改革本身就是利益关系的再调整,如果不触动原有的利益格局,分税制改革难以达到预定目标。

> 原因与缺陷

【主要原因】

造成分税制尚不能达到预期目标的主要原因是:

* 中央固定收入中的主要税种收入不能与经济增长同步。除了增值税、消费税低于经济增长外,主要是中央第二大税种——国有企业所得税的增长率较低,影响了中央财政收入与经济同步增长。

* 中央负担的出口退税增长过猛。目前中国的出口退税全部由中央财政负担。1996年出口退税比1995年净增300亿元,还没有完成原计划退税额。出口退税的大幅度增加,冲减了中央财政收入,是中央财政收入增幅骤然降低的一个主要因素。

* 地方税种的增幅大都高于中央税种的增幅。如营业税、个人所得税、非国有企业所得税等,在加强征管后,收入潜力都很大,增幅都比中央税高。

【主要缺陷】

分税制后不能实现预期的目标,主要存在以下缺陷:

* 在分税制税种设置上,中央税的收入弹性和收入潜力低于地方税,如中央征收的消费税,是国家宏观调控对某些商品实行限制生产和消费的税种,不可能与经济增长同步。而地方征收的个人所得税、非国有企业所得税(如乡镇企业、私营企业、三资企业等)实行公平税负后,过去减免税的优惠政策逐步取消,税收增长潜力较大。

* 在税收征管方面,地方税收在当地政府和有关部门的配合下,税收完成较好。随着中央税务机构的分设和健全(国税局和地税局),中央税的入库状况已有明显改善。但是,有些地方从本地利益出发,企业缴税先缴地方再缴中央,欠税大部分是欠中央的税。

* 在税收分配上,出口退税全部有中央财政负担,增加了中央财政的压力。出口退税的原则是将已征的税退回,实行"少"税政策,因此出口退税全部由中央负担在税制设计上有缺陷。

评价与结论

主要结论

中央与地方财政关系是中央与地方关系中敏感的领域,涉及到国家与地方的切身利益,也是诱发区域发展问题的动因。中华人民共和国成立后,中央与地方的财政关系历经了多次变化,"八五"期间的分税制是建国后这一关系的最大变革。从上述的分析中可以得出中央与地方财政关系变化的如下结论:

【90年代前中央与地方财政关系以高度集中的计划行政经济为主】

中国的中央与地方财政体制变化多端,从建国后到90年代初期的财政关系变化可分为3个主要阶段。然而,无论是改革开放前的多种收支方式,还是改革开放后对省、自治区、市实行的财政大包干模式,都是在计划经济体制下以高度集中管理的行政经济为主要特征,缺乏科学合理的收钱与发钱的依据和方法。

【财政大包干是不可持续的,并导致国家和地区发展的一系列问题】

财政大包干是改革的产物,在改革开放后的十余年中,对中国的区域经济发展起到了重要作用。财政大包干确立了地方利益的主动地位,调动了地方各级政府发展经济的积极性,促进了区域经济的快速发展。但财政大包干是一种过渡性措施,并非是按市场经济合理配置资源要求的制度化建设,主要特征是行政分权,即从条条为主的经济运行变为块块为主,其实质没有变。大包干导致中央财政收入占全部财政收入的比重持续下降,中央财政宏观调控能力严重弱化,在财政能力上成为"弱中央";地方政府自主能力大大增强,强化了地方利益机制,加剧了地方保护主义,阻障统一市场的建立,造成地区产业结构趋同;地方对中央的贡献及负担程度苦乐不均,地区分配不公,使地区间发展差距扩大。

【分税制加强了中央的调控能力,改变了中央与地方关系格局】

分税制改革实施的效果显示:财政收入占GDP比重下降的趋势得到遏制,中央财政收入占全国财政收入的比重大幅度提高,从而加强了中央政府的宏观调控能力;分税制的改革使地方对中央财政依赖程度加强,全国31个省、自治区、市中有28个财政不能自给,即使是沿海发达省市的自给程度也大大降低,有求于中央的支持,进而弱化了地方的利益机制,有利于建立规范的财政转移支付制度,缩小地区间差距扩大的趋势。

【分税制在"发钱"的制度建设方面还需完善】

分税制的改革虽然取得了积极进展,但还面临在税种设置、税收征管以及税收分配等一系列有待完善的问题。分税制的实施在中央与地方关系上的制度化建设方面重点解决了怎么收钱和收谁的钱,但怎么发钱(返还和转移支付)还存在着重大缺陷。基数返还的做法不规范,不发达地区与发达地区所获得的中央财政援助额分配不公平,中央对各省区市人均财政援助额与各省区市人均GDP相关性很差,转移支付的财政援助制度亟待完善。

完善分税制、加强中央与地方关系制度化建设的建议

中国正处在计划经济向市场经济的转型时期,分税制的改革是按市场经济的要求,在中央与地方关系制度化建设方面迈出的重要步骤。但分税制的改革在实施初期还暴露出不少问题与缺陷,有待进一步完善。

【按事权调整税种、稳定提高中央财政收入比重】

* 改变企业所得税按行政隶属关系征收的办法。随着市场经济和现代企业制度的建立,企业间的兼并,跨行业、跨地区企业集体的发展按行政隶属关系(国有归中央,非国有归地方)征税出现许多新的矛盾。因此,应将企业所得税改为中央与地方共享税,淡化地方政府与企业的关系,有利于促进企业资产的流动及统一市场的建立。

* 将土地税费收入由地方收入改为共享税。土地属国家所有,目前土地出让金流失十分严重,改为共享税后有利于清理整顿。分成比例应照顾地方利益,可考虑地方多一些,中央少一些。

* 个人所得税在条件成熟时可改为共享税。发达国家的个人所得税绝大多数列为中央税,或者是中央与地方共享税。个人所得税是收入弹性最高的,是发达国家财政收入比重稳定提高的内在机制。中国随着个人所得税征管工作的完善,增长比重将会稳定提高。

* 增强地方政府对税收征管的监督责任。可将地方的中央税收完成程度与中央对该地区增值税的返还比例挂起钩来,以促进地方政府征缴中央税的责任与积极性。

【建立科学、规范的地区转移支付制度】

尽快建立规范、统一的财政转移支付制度,取消1993年暂定的基数返还法。在确定收支基数时,应将"应变基数法"变为"客观因素法"。"应变基数法"就是基期年计算法,即以某一基期年的财政收支为标准数,增长的部分按比例调整。这一方法是很不合理的,应代之以"客观因素法",即以客观因素为基础进行测算,测算出各地区的收入能力和支出水平。以人均GDP水平排序,重新"发牌"。做到对各省、自治区、市一视同仁,明确界定各级政府的职能和事权。在此基础上推进规范的分税制,从而增强中央政府的宏观调控能力,促进缩小人均财政收入差距。

【依据中央与地方事权合理划分税收立法权】

中国是国土辽阔的大国,地区间经济发展很不平衡,经济资源包括税源存在着很大差别,只有全国统一的税法很难完全适合各地区的具体条件与情况。随着分税制改革的深入,有条件的适当给地方下放一些税收立法权,使地方可以实事求是地根据自己的特有的资源开征新的税种,增加地方的收入。这样即有利于地方因地制宜地发挥当地的经济优势,又有利于地方税体系的建立,同时,便于同国际税收惯例接轨。税收立法权的划分应由国家最高权力机关——全国人民代表大会及其常务委员会决定。根据中央及地方行政机构的设置和管理权限,税收立法权进行如下划分较为适宜:

* 全国性税种的立法权,即包括全部中央税和全国范围内征收的地方税税法的制定公布和税种的开征、停征权,属全国人民代表大会;

* 省级人民代表大会有根据本地区经济发展的具体情况和实际需要,在不违背国家统一

税法、不影响中央的财政收入、不妨碍全国统一市场形成的前提下,开征全国性税种以外的地方税立法权,所立税法在公布实施前需报全国人民代表大会常务委员会备案;

* 地区性地方税收立法权应只限于省级立法机关或经省级立法机关授权于同级政府,不能层层下放,所有税法和条例可在全省(自治区、直辖市)范围内执行,也可在部分地区执行。

参考文献

1. 晓曦,"我国宏观调控的重大进展",光明日报,1997年9月1日。
2. 胡鞍钢,"分税制:评价与建议",《战略与管理》,1996年第5期。
3. 辛向阳,《大国诸侯:中国中央与地方关系之结》,中国社会出版社,1995年11月。
4. 扬秀秦主编,《国家税收》,中国人民大学出版社,1995年4月。
5. 晓曦,"我国宏观调控的重大进展",光明日报,1997年9月1日。
6. 周富祥,"财政收入两个比重的态势分析",《宏观经济管理》,国家计划委员会主办,1997年第6期。
7. 王劲松,《中华人民共和国政府与政治》,中共中央党校出版社,1995年1月。
8. 胡鞍钢等,《中国地区差距报告》,辽宁出版社,1995年。
9. 宁学平,"评财税体制改革方案",《改革》,1994年第2期。
10. 何振一,"财税体制三大举措效果展望",《改革》,1994年第2期。
11. 汪洪洋,"分税制:还要在'分'上下功夫",《经济参考报》,1996年8月22日。
12. 刘溶沧,"重建中国政府间财政转移支付制度的总体构想",《管理世界》,1996年第4期。
13. 文武、王永主编,《九十年代中国财税制度转换要点》,中国统计出版社,1995年。
14. 《区域政策的理论与实践研究》课题组,"区域政策的理论与实践研究",中科院地理所打印稿,1996年。
15. 《中国区域发展政策的目标及"九五"区域政策类型区划分》课题组,"中国区域发展政策目标与类型区划",中科院地理所打印稿,1996年。
16. 区域经济政策课题组,"九十年代中国区域经济政策研究",《管理世界》,1991年,第1期。
17. 韦伟,《中国经济发展中的区域差异与区域协调》,安徽人民出版社,1995年。
18. 王青云,"国家区域政策研究",《经济问题》,1996年,第4期。
19. 杨伟民,"地区间收入差距变动的实证研究",《经济研究》,1992年,第1期。

后　　记

编制中国的区域发展报告,是我们的长期宿愿。多年来,我们为此作出了许多努力。

1995年中国科学院区域持续发展研究中心经过专家委员会讨论批准了这个项目的立项,1996年4月国家科委社会发展司批准对这个项目进行资助。接着,编制课题研究计划和组织课题组。1997年1月,召开了顾问和专家会议,对课题研究计划进行了论证。不久,该项研究工作得到了香港大学地理与地质学系同行们的响应,决定长期合作,编制《中国区域发展报告》。

编制《中国区域发展报告》的总体构思,包括目标、主要内容和编制要求等,以及《1997中国区域发展报告》的总体设计和组织均由陆大道承担,课题组副组长张家源、薛凤旋以及樊杰参与了总体设计和组织工作。陆大道和薛凤旋对初稿进行了修改,最后由陆大道定稿。

国家科委社会发展司和中国科学院资源与环境科学技术局对此项工作非常重视,刘燕华副司长和陆亚洲副局长对报告的主题思想提出了重要意见,并指导了组织协调工作。

在对稿件进行计算机编辑以及在联系出版和修改的过程中,金凤君作了大量工作。课题组成员杨朝光、杜平、刘虹、周宏春、黄晶等提供了许多观点、资料,参与了报告工作提纲和初稿的讨论。在初期的立项过程中,赵令勋作了卓有成效的工作。王志辉协助作了大量的文字处理。

陆　大　道

1997年9月29日

附录1

年份	GDP (亿元,当年价) 1990	1996	GDP 增长速度 1996	"八五"	第一产业 增长速度 "八五"	第二产业 增长速度 "八五"	第三产业 增长速度 "八五"
全国	18548	67795	9.7	11.46			
北京	500.8	1607	9.1	11.46	0.69	10.94	14.52
天津	311	1102	14.3	11.39	4.6	10.9	13.4
河北	896.3	3445	13.5	14.2	5.2	17.4	17.5
山西	429.3	1305	10.9	9.71	3.2	12.2	10.3
内蒙古	319.3	983	12.4	9.4	4.0	13.2	11.3
辽宁	1061.9	3149	8.5	9.93	5.2	10.9	11.4
吉林	425.3	1314	11.1	10.64	4.8	13.6	12.9
黑龙江	715.2	2310	10.6	7.72	4.4	8.9	9.0
上海	756.5	2878	13	12.65	1.4	13.9	12.5
江苏	1416.5	6002	12.1	17.59	5.4	20.3	19.2
浙江	898	4150	12.7	18.5	5.0	24.4	19.7
安徽	658	2320	13.2	13.63	4.1	21.2	14.2
福建	523.3	2601	14.8	18.75	10.1	28.5	16.0
江西	428.6	1465	13.4	13.38	4.3	23.0	14.4
山东	1511.2	5960	12.2	15.57	7.2	20.9	18.0
河南	934.7	3671	13.9	12.59	4.4	19.8	11.8
湖北	824.4	2970	13.2	12.55	4.90	17.6	14.6
湖南	744.4	2641	12.6	10.7	5.0	15.9	12.3
广东	1471.8	6097	11	18.69	4.5	27.9	15.5
广西	449	1885	10.6	16.16	9.9	27.3	13.6
海南	102.5	393	5.2	17.23	10.7	22.6	22.0
四川	1186.2	4215	9.8	10.8	3.6	16.6	10.9
贵州	260.1	708	8.8	8.33	4.4	10.9	11.2
云南	451.7	1470	10	9.91	3.0	14.1	13.3
西藏	27.7		9.65	2.8		23.6	12.3
陕西	374.1	1175	10.2	9.19	4.2	15.2	7.9
甘肃	242.8	674	11	9.37	5.0	10.9	11.6
青海	69.9	183	8.6	7.4	1.5	9.0	10.2
宁夏	64.8	192	10.5	7.89	1.6	10.0	10.4
新疆	274	979	9.1	11.42	7.5	14.4	12.3

附录2

	人均GDP (元,当年价)		产业结构 （%）					
			第一产业		第二产业		第三产业	
年份	1990	1996	1990	1995	1990	1995	1990	1995
全国	1638	5539	27.1		4.16		31.3	
北京	4611	12764	8.8	5.8	52.4	44.1	38.8	50.1
天津	3397	11624	8.8	6.9	57.7	54.5	33.5	38.6
河北	1331	5313	25.4	22.2	43.2	46.4	31.4	31.4
山西	1374	4197	18.8	15.4	48.9	49.9	32.3	34.7
内蒙古	1325	4261	35.3	31.2	32.1	37.8	32.6	31.0
辽宁	2432	7651	15.9	14.0	50.9	49.8	33.2	36.2
吉林	1617	5034	29.4	26.9	42.8	42.5	27.8	30.6
黑龙江	1792	6196	22.4	19.3	50.7	52.3	26.9	28.4
上海	5570	20282	4.3	2.5	63.8	57.3	31.9	40.2
江苏	1942	8442	25.1	16.4	48.9	52.7	26.0	30.9
浙江	2008	9556	25.1	15.9	45.4	52.0	29.5	32.1
安徽	1069	3822	37.4	29.0	38.2	46.9	24.4	24.1
福建	1534	7976	28.3	22.2	33.3	42.1	38.4	35.7
江西	1095	3569	41.0	31.1	31.2	37.4	27.8	31.5
山东	1569	6821	28.1	20.2	42.1	47.4	29.8	32.4
河南	1036	4002	34.9	25.4	35.5	47.3	29.6	27.3
湖北	1457	5099	35.1	25.9	38.0	43.1	26.9	31.0
湖南	1147	4109	37.5	31.2	33.6	37.2	28.9	31.6
广东	2319	8759	26.1	16.1	39.9	51.8	34.0	32.1
广西	926	4108	39.1	30.4	26.4	37.7	34.5	31.9
海南	1473	5354	44.9	35.9	19.6	21.6	35.5	42.5
四川	1061	3688	35.2	27.6	36.1	42.1	28.7	30.3
贵州	779	1992	38.5	36.0	35.7	37.2	24.1	26.8
云南	1061	3637	37.2	25.3	34.9	44.5	27.8	30.2
西藏	1127		50.9	41.9	12.9	23.8	36.2	34.3
陕西	1130	3316	28.2	22.7	42.0	40.6	29.8	36.7
甘肃	1039	2732	26.4	20.0	40.5	46.7	33.1	33.3
青海	1493	3750	25.3	23.5	38.4	39.6	36.3	36.9
宁夏	1299	3685	26.0	20.8	39.1	43.7	34.9	35.5
新疆	1647	5796	34.5	30.0	30.5	36.3	35.0	33.8

附录3

年份	固定资产投资总额(亿元) "八五"	国有经济投资额(亿元) "八五"	固定资产投资总额(亿元) 1995	预算内资金 "八五"	国内贷款 "八五"	利用外资 "八五"	自筹资金 "八五"	其它资金 "八五"
全国	63809.5	37651.9	20019.3	2321.6	14566.3	5745.5	32158.0	5904.1
北京	2358.6	1764.2	841.40	254.5	300.2	306.6	923.2	168.3
天津	1234.54	1024.85	393.2	45.34	270.63	217.34	419.98	116.58
河北	2764.95	1375.42	939.3	81.46	547.23	129.56	1649.89	356.81
山西	1160.03	901.82	295.6	69.67	337.82	39.23	587.86	125.44
内蒙古	991.35	794.39	273.1	77.04	233.39	98.66	505.56	76.70
辽宁	3246.0	2277.9	884.9	94.9	708.7	355.1	1609.8	454.6
吉林	1148.30	929.59	341.85	43.55	283.71	124.86	710.86	
黑龙江	1655.27	1384.31	487.52	76.84	306.34	97.31	732.63	433.41
上海	3994.67	2761.47	1601.8					
江苏	5307.18	1944.32	1600.17	102.33	1041.15	531.30	2954.61	677.79
浙江	3649.05	1692.66	1357.9	49.55	723.69	175.94	2042.78	657.09
安徽	1511.65	870.86	496.44	76.43	417.43	60.48	816.86	140.43
福建	1918.49	1265.31	681.17					
江西	923.56	631.00	284.18	31.52	179.25	48.10	225.93	48.20
山东	3922.88	1968.94	1320.98	70.17	536.39	215.30	1158.47	229.45
河南	2458.77	1613.16	805.03	111.89	574.91	189.17	1305.07	277.73
湖北	2211.67	1497.69	826.5	182.49	550.58	170.30	856.41	448.46
湖南	1655.60	1015.85	524.01	68.31	371.32	75.43	907.57	229.55
广东	7498.19	3872.50	2327.22					
广西	1314.72	726.53	423.37					
海南	706.74	647.91	198.06	20.68	164.68	117.90	326.82	76.66
四川	3015.13	1810.47	942.49					
贵州	451.86	304.38	173.66	29.83	158.75	21.60	303.64	44.12
云南	1192.71	840.45	380.57	67.63	279.01	45.57	800.50	
西藏	100.17	93.61	36.95					
陕西	1103.22	795.46	324.33	87.76	306.39	68.05	488.57	93.95
甘肃	629.52	506.28	194.67	46.75	174.35	23.73	285.32	99.38
青海	199.72	173.22	55.58	16.49	75.07	3.92	85.66	18.58
宁夏	250.67	196.06	70.12	23.65	80.10	7.54	101.76	36.92
新疆	1162.22	979.39	333.34	48.93	243.43	164.58	575.85	129.43

附录 4

	城镇居民年实际收入(元)	农村居民年纯收入(元)		城镇居民恩格尔系数		农村居民恩格尔系数	
年份	1996	1990	1996	1990	1995	1990	1995
全国	4844.78	686.31	1926.04	0.54	0.50	0.59	0.59
北京	7338.76	1297.00	3561.94	0.54	0.49	0.51	0.50
天津	5975.94	1069.67	2999.68	0.58	0.52	0.57	0.57
河北	4446.44	621.67	2054.95	0.51	0.46	0.51	0.56
山西	3706.22	603.50	1557.19	0.49	0.48	0.53	0.63
内蒙古	3446.44	647.00	1602.34	0.48	0.48	0.59	0.60
辽宁	4209.59	776.30	2149.98	0.55	0.52	0.50	0.56
吉林	3806.45	803.52	2125.56	0.52	0.51	0.60	0.56
黑龙江	3769.20	759.90	2181.86	0.51	0.48	0.57	0.55
上海	8191.41	1665.00	4846.13	0.57	0.53	0.46	0.44
江苏	5188.01	884.00	3029.32	0.55	0.52	0.52	0.55
浙江	6960.41	1099.04	3462.99	0.55	0.47	0.53	0.50
安徽	4515.48	539.00	1607.72	0.58	0.54	0.58	0.58
福建	5176.42	764.41	2492.49	0.64	0.61		0.73
江西	3782.33	670.00	1869.63	0.59	0.54	0.63	0.62
山东	4893.33	680.18	2086.31	0.52	0.45	0.54	0.56
河南	3756.78	526.95	1579.19	0.55	0.50	0.54	0.59
湖北	4367.00	670.80	1863.62	0.54	0.49	0.61	
湖南	5059.72	545.69	1792.25	0.56	0.49	0.57	0.60
广东	8166.13	1043.03	3183.46	0.57	0.48	0.58	0.54
广西	5045.14	639.00	1703.13	0.59	0.51	0.64	0.61
海南	4968.10	696.00	1746.08	0.61	0.59	0.63	0.68
四川	4484.80	558.00	1453.42	0.54	0.51	0.64	0.66
贵州	4225.77	435.14	1276.67	0.57	0.54	0.70	0.71
云南	4999.04	540.21	1229.28	0.53	0.52	0.63	0.61
西藏	6566.62	649.00	1350.82	0.66	0.58	0.73	0.74
陕西	3810.69	530.00	1165.10	0.52	0.47	0.57	0.57
甘肃	3354.52	431.00	1100.59	0.54	0.52	0.60	0.71
青海	3834.27	559.78	1173.80	0.56	0.51	0.59	0.65
宁夏	3616.14	594.00	1397.80	0.53	0.46	0.92	0.58
新疆	4689.08	684.00	1290.01	0.49	0.46	0.54	0.50

附录5

	财政收入(亿元)		财政收入占GDP的比重(%)		人均财政收入(元)		财政支出(亿元)		地方人均中央财政返还额(元)
年份	1990	1996	1990	1996	1990	1996	1990	1996	1996
全国总财政		7366.6		10.9%		601.85			NS
中央财政		3619.7		5.3%	NS	NS		2146	NS
北京	74.54	150.9	14.9	9.4	686.37	1198.57	67.15	187.4	289.91
天津	44.88	79	14.4	7.2	518.07	833.33	40.20	113.2	360.76
河北	81.15	151.8	9.1	4.4	131.76	234.11	87.29	231.9	123.53
山西	51.70	84.2	12.0	6.5	178.34	270.83	54.90	133.2	157.61
内蒙古	32.98	57.3	10.3	5.8	152.5	248.37	60.90	126.4	299.52
辽宁	129.30	211.7	12.2	6.7	329.91	514.33	122.20	314.8	250.46
吉林	50.68	76.4	11.9	5.8	207.69	292.72	71.67	145.5	264.75
黑龙江	76.58	126.9	10.7	5.5	216.14	340.4	92.71	208.9	219.96
上海	170.03	280.5	22.5	9.7	1324.84	1976.74	75.56	333.2	371.39
江苏	134.32	223.2	9.5	3.7	198.50	313.92	99.09	310.9	123.35
浙江	101.59	139.6	11.3	3.4	239.89	321.44	80.23	213.7	170.62
安徽	52.89	114.6	8.0	4.9	93.43	188.8	59.96	178.7	105.6
福建	57.06	142.1	10.9	5.5	190.21	435.76	68.45	200.3	178.47
江西	40.62	77.1	9.5	5.3	106.60	187.82	50.76	131.8	133.25
山东	109.11	241.7	7.2	4.1	128.47	276.61	123.85	359	134.24
河南	83.59	162.1	8.9	4.4	96.65	176.73	89.53	255.3	101.61
湖北	77.85	124.5	9.4	4.2	143.13	213.73	84.82	197.4	125.15
湖南	70.07	130.4	9.4	4.9	114.66	202.86	80.08	217.7	135.81
广东	131.02	479.4	8.9	7.9	205.88	688.69	150.69	601.2	174.97
广西	46.83	90.5	10.4	4.8	110.40	197.21	65.00	157	144.91
海南	7.39	30.7	7.2	7.8	112.69	418.26	17.42	45.2	197.55
四川	119.82	209	10.1	5.0	110.81	182.85	142.71	326.7	102.97
贵州	36.08	49.5	13.9	7.0	111.46	139.24	48.58	99.6	140.93
云南	77.43	130	17.1	8.8	207.55	321.62	90.76	270.4	347.35
西藏	0.18	2.4	0.6		8.26	98.36	12.92	36.8	1409.84
陕西	41.19	67.6	11.0	5.8	124.21	190.8	53.91	121.8	152.98
甘肃	34.21	43.4	14.1	6.4	151.71	175.92	45.94	91	192.95
青海	7.24	9.6	10.4	5.2	161.72	196.72	17.13	32.7	473.36
宁夏	6.23	12.7	9.6	6.6	133.69	243.76	14.47	29.5	322.46
新疆	21.58	48.3	7.9	4.9	141.14	285.97	47.62	114.9	394.32

附录6

	进出口总额（亿美元）	出口（亿美元）	进出口总额（亿美元）	出口（亿美元）	经济外向度（%）	经济外向度（%）	出口依赖度（%）
年份	1990	1990	1996	1996	1990	1996	1996
全国	1154.4		2899.1	1510.7	30	36	19
北京	17.47	13.23	149.3	50.7	17	77	26
天津	22.1	17.86	101.6	46.8	34	77	35
河北	19.52	17.37	42.2	23.9	10	10	6
山西	5.21	4.58	21.6	17.4	6	14	11
内蒙古	4.84	3.25	10.1	4.9	7	9	4
辽宁	63.18	56.06	135.7	73	29	36	19
吉林	9.53	7.52	24.8	10.9	11	16	7
黑龙江	14.92	10.87	43.2	30.3	10	16	11
上海	74.31	53.21	278.9	131.3	47	81	38
江苏	36.95	29.50	222.8	119.5	13	31	17
浙江	25.5	22.59	144.3	86.6	14	29	17
安徽	7.37	6.54	23.9	13.1	5	9	5
福建	31.71	22.38	158.8	84.5	29	51	27
江西	6.31	5.61	11.9	7.7	7	7	4
山东	41.92	34.97	180.9	99.9	13	25	14
河南	10.04	8.67	24.8	14.1	5	6	3
湖北	11.9	10.72	31	14.1	7	9	4
湖南	9.42	8.06	20	13.3	6	6	4
广东	163.09	105.60	1120.2	599.7	53	153	82
广西	8.98	7.29	24.1	13.8	10	11	6
海南	9.37	4.71	19.5	4	44	41	8
四川	13.63	11.16	39.2	18	6	8	4
贵州	2.17	1.53	6.1	3.8	4	7	4
云南	7.51	5.62	22	10.1	8	12	6
西藏	0.3	0.14	1.7	0.2	5		
陕西	5.77	4.61	18.3	9.9	7	13	7
甘肃	2.02	1.86	6.1	2.8	4	8	3
青海	0.7	0.68	2.1	1.1	5	10	5
宁夏	0.85	0.77	2.2	1.6	6	10	7
新疆	4.1	3.35	11.9	3.7	7	10	3

附录7

中国分省区市人均GDP(当年价)

	年份	全国平均	最大值	最小值	最大/最小	标准差	变异系数	可比价标准差	最大值*	最小值*
以下为	1952	104	584	55	10.66	102.84	0.99	102.84	208	55
国民收入	1953	122	781	59	13.28	142.54	1.17	136.00	238	59
	1954	126	767	64	11.98	138.15	1.10	131.80	260	64
	1955	129	793	66	12.07	141.07	1.09	136.00	254	66
	1956	142	916	80	11.38	160.88	1.13	158.10	284	80
	1957	142	922	85	10.83	163.21	1.15	162.80	298	85
	1958	171	1179	99	11.91	212.07	1.24	209.80	401	99
	1959	183	1165	104	13.69	221.75	1.21	217.00	504	104
	1960	183	1393	104	13.39	261.03	1.43	252.70	570	104
	1961	151	853	79	10.80	155.74	1.03	122.20	376	79
	1962	139	700	70	10.00	120.59	0.87	95.50	249	70
	1963	147	756	67	11.28	132.35	0.90	107.20	255	67
	1964	167	839	82	10.23	146.99	0.88	119.10	275	82
	1965	194	944	102	9.25	166.11	0.86	132.20	323	102
	1966	216	1040	113	9.20	183.44	0.85	149.40	366	113
	1967	197	899	106	8.48	154.20	0.78	124.10	343	106
	1968	183	1000	92	10.83	174.19	0.95	138.10	318	92
	1969	203	1185	87	13.57	213.95	1.05	176.60	352	87
	1970	235	1336	116	11.51	245.77	1.05	210.20	403	116
	1971	247	1411	129	10.91	255.87	1.04	216.70	433	129
	1972	248	1477	112	13.14	268.43	1.08	227.30	441	112
	1973	263	1579	105	15.05	213.25	0.81	180.60	488	105
	1974	261	1639	88	18.67	229.28	0.88	194.20	518	88
	1075	273	1723	109	15.78	325.23	1.19	278.80	554	109
	1976	261	1731	101	17.05	324.47	1.24	278.10	565	101
	1977	280	1914	126	15.24	351.41	1.26	298.10	557	126
以下为	1978	379	2484	174	14.31	459.58	1.21	459.58	658	174
国民生产	1979	410	2530	202	12.50	469.16	1.14	451.85	696	202
总值	1980	460	2720	217	12.53	511.36	1.11	474.00	763	217
	1981	477	2793	222	12.55	514.86	1.08	465.90	808	222
	1982	511	2855	276	10.34	526.17	1.03	475.20	840	276
	1983	565	2946	301	9.78	555.21	0.98	495.30	957	301
	1984	695	3244	369	8.78	621.86	0.89	526.50	1137	369
	1985	855	3836	418	9.19	730.39	0.85	557.80	1328	418
	1986	956	3983	464	8.58	746.86	0.78	542.50	1499	464
	1987	1103	4365	542	8.05	822.43	0.75	566.50	1756	542
	1988	1355	5135	663	7.74	976.14	0.72	595.90	2128	663
	1989	1512	5457	741	7.37	1040.34	0.69	580.30	2377	741
	1990	1638	5570	779	7.15	1049.03	0.64	552.10	2432	779
	1991	1882	6401	873	7.33	1271.61	0.68	628.40	2765	873
	1992	2288	8652	1009	8.57	1646.66	0.72	757.80	3575	1009
	1993	2933	11700	1034	11.32	2187.11	0.75	880.70	5015	1034
	1994	3904	14542	1507	9.65	2678.89	0.69	885.00	6354	1507
	1995	4754	17403	1796	9.69	3192.31	0.67	929.90	8161	1796
	1996	5539	20282	1992	10.18	3716.40	0.67	1003.20	9556	1992

* 不含京津沪

中国分省区市人均GDP(当年价)

(续表)

最大/最小*	标准差*	可比价标准差*	北京	天津	上海	河北	山西	内蒙古	辽宁	黑龙江
3.80	38.81	38.81	251	262	584	110	93	150	194	208
4.05	46.13	43.70	348.2	363	781	112	111	182	238	238
4.06	51.23	48.50	340.5	336	767	116	119	215	242	260
3.86	47.30	45.20	373	330	793	123	126	177	243	254
3.53	55.37	53.90	357.5	378	916	123	145	235	284	258
3.50	51.71	51.20	356.3	434	922	126	144	160	298	255
4.05	73.68	72.40	385.9	573	1179	151	190	241	401	358
4.85	92.09	89.70	487.1	696	1165	173	224	287	504	395
5.48	102.08	98.30	565.2	694	1393	172	223	254	570	397
4.76	63.76	50.30	375.2	437	853	128	147	178	258	228
3.56	45.38	36.10	302.7	351	700	111	140	177	249	230
3.81	50.84	41.30	314	392	756	100	142	201	248	255
3.35	53.59	43.50	348.2	446	839	125	161	218	275	275
3.17	57.02	45.40	387.5	533	944	157	179	229	323	314
3.24	63.84	52.00	436	568	1040	170	199	244	354	366
3.24	53.65	43.20	366	466	899	162	179	190	282	343
3.44	50.96	40.30	365.9	469	1000	162	143	192	254	318
4.03	58.10	48.00	498.7	601	1185	183	173	183	334	352
3.47	65.91	56.40	621.2	721	1336	203	212	230	403	378
3.35	67.20	56.90	590.7	773	1411	205	223	250	433	375
3.92	65.02	55.10	652.7	773	1477	193	213	201	441	356
4.65	73.20	62.00	697.8	816	1579	207	225	220	488	367
5.90	83.04	70.30	759	907	1639	217	214	206	518	384
5.07	87.46	75.20	855.5	926	1723	234	229	230	554	410
5.57	89.77	77.20	869.4	837	1731	234	205	228	565	406
4.44	85.00	72.20	922.2	863	1914	265	235	235	557	433
3.79	103.56	103.56	1280	1142	2484	362	363	307	658	554
3.44	107.43	103.50	1380	1258	2530	398	433	333	696	580
3.52	119.98	111.40	1571	1382	2720	424	435	347	763	681
3.63	124.35	112.80	1545	1421	2793	423	470	386	808	687
3.04	129.13	116.90	1688	1472	2855	469	537	451	840	737
3.18	148.49	132.90	1962	1572	2946	523	589	498	957	834
3.08	176.96	150.80	2292	1853	3244	605	738	585	1137	931
3.18	201.10	154.00	2684	2183	3836	715	805	716	1328	1005
3.23	230.74	169.00	2933	2389	3983	776	846	764	1499	1105
3.24	281.69	196.70	3308	2654	4365	914	906	859	1756	1285
3.21	355.48	221.70	4097	3095	5135	1139	1088	1124	2128	1521
3.21	398.13	277.90	4464	3326	5457	1305	1268	1212	2377	1701
3.12	405.24	219.00	4611	3397	5570	1331	1374	1325	2432	1792
3.17	484.25	245.50	5781	3944	6401	1544	1462	1469	2690	2047
3.54	639.94	302.60	6805	4696	8652	1843	1744	1712	3254	2433
4.88	1042.31	442.70	8240	6075	11700	2682	2352	2382	5015	2343
4.22	1411.48	502.00	9636	7755	14542	3362	2804	3017	6354	4408
4.54	1721.78	541.60	11150	9768	17403	4427	3550	3647	6826	5443
4.80	1951.55	567.60	12764	11624	20282	5313	4197	4261	7651	6196

中国分省区市人均GDP(当年价)

(续表)

吉林	江苏	浙江	安徽	福建	江西	山东	河南	湖南	湖北	广东	广西	四川	贵州
143	95	102	77	95	103	85	76	77	83	88	61	57	55
154	106	110	86	104	105	86	86	81	100	117	66	64	59
157	103	112	85	104	107	97	89	79	80	130	73	74	64
156	112	116	112	112	111	102	91	92	105	130	77	78	66
177	113	124	103	140	112	109	91	96	136	142	82	92	80
175	116	134	117	140	134	101	96	111	144	155	87	103	85
213	136	156	144	146	146	117	112	136	176	174	99	115	108
249	142	167	159	168	152	123	116	150	177	189	104	123	121
265	156	163	182	160	159	117	124	159	176	185	104	116	125
193	123	137	130	118	150	99	79	112	132	152	88	97	96
179	115	143	110	110	141	99	70	121	140	159	93	109	86
198	127	150	110	115	138	101	67	110	150	176	93	121	86
202	156	163	124	124	145	106	82	133	159	187	101	126	100
222	162	170	144	136	173	128	102	148	185	196	116	142	121
238	186	174	159	149	188	143	124	162	211	202	113	162	120
216	162	163	144	130	167	144	124	158	192	195	106	140	110
199	163	153	136	109	169	140	109	158	170	167	93	107	92
208	173	172	137	131	184	148	121	166	170	186	113	124	87
259	197	186	165	144	202	170	144	187	193	207	123	148	116
275	226	182	178	166	209	184	151	193	214	209	139	155	129
241	238	218	185	177	220	188	156	203	220	213	156	151	112
270	258	220	194	164	213	197	159	215	237	225	167	150	105
273	254	215	186	168	201	160	159	193	222	237	171	139	88
300	269	205	195	168	206	212	166	208	245	257	183	156	109
272	270	208	210	164	189	228	159	202	229	259	180	130	101
285	288	236	210	187	214	246	182	235	259	279	186	168	126
381	427	327	240	271	273	320	231	285	330	365	223	237	174
417	510	413	262	296	323	353	264	341	407	403	244	288	202
445	542	466	282	341	340	404	315	363	426	470	279	315	217
496	584	522	337	405	367	457	338	391	464	534	314	329	222
538	645	584	362	440	400	506	350	426	503	612	350.6	371	276
650	722	631	408	466	426	566	432	467	543	651	360.6	403	301
746	849	783	497	560	494	712	483	517	673	792	394.8	479	369
843	1049	1023	609	703	599	820	583	622	804	978	467	574	418
937	1199	1174	694	766	648	887	641	698	886	1111	522	608	464
1209	1407	1392	785	924	736	1042	765	812	1024	1385	607	704	542
1471	1758	1716	953	1235	885	1293	911	987	1212	1853	735	871	663
1509	1880	1876	1046	1432	993	1469	1004	1066	1339	2177	842	931	741
1617	1942	2008	1069	1534	1095	1569	1036	1147	1457	2319	926	1061	779
1718	2122	2341	1042	1812	1193	1830	1133	1266	1557	2765	1047.7	1179	873
2070	2858	2850	1253	2264	1439	2307	1377	1487	1827	3575	1306.6	1356	1009
2668	4308	4431	1672	3649	1835	3222	1867	2053	2565	4938	2031	1911	1034
3764	5779	6211	2500	5295	2570	4466	2436	2666	3285	6340	2764	2477	1507
4356	7296	8161	3332	6674	2966	5747	3300	3435	4143	7836	3535	3121	1796
5034	8442	9556	3822	7976	3569	6821	4002	4109	5099	8759	4108	3688	1992

中国分省区市人均GDP(当年价)

(续表)

云南	陕西	甘肃	青海	宁夏	新疆	海南	西藏
62	75	93	94	107	153		
77	96	97	103	96	160		
86	110	108	124	117	191		
91	109	111	149	116	212		
104	139	122	168	125	245		
107	125	120	167	120	246		
109	151	138	189	146	275		
120	170	153	226	179	315		
121	178	145	246	182	342		
108	144	87	201	155	376		
112	119	94	181	157	222		
114	116	113	197	150	239		
126	121	134	216	147	264		
140	149	165	228	164	280		
146	162	150	227	185	292		
134	144	131	237	182	235		
101	108	130	202	160	196		
127	155	152	216	178	189		
138	177	190	244	188	212		
151	210	200	267	226	229		
167	203	210	285	235	203		
178	204	222	290	227	198		
165	208	241	292	286	194		
169	215	277	304	292	214		
150	204	266	284	255	224		
166	226	271	292	271	239		
223	293	346	426	354	309		
245	338	356	450	382	355		
266	336	385	475	409	405		
292	357	365	517	429	444		
335	387	389	560	452	483		
360	422	460	610	505	577		
414	505	512	665	583	640		
483	604	605	808	702	809	712	890
513	660	680	924	802	889	769	838
600	755	759	1018	884	1041	915	851
747	962	898	1260	1093	1320	1203	955
865	1063	999	1365	1239	1493	1372	1012
1061	1130	1039	1493	1299	1647	1473	1127
1145	1281	1119	1592	1405	2005	1644	1351
1334	1458	1341	1821	1635	2458	2026	1486
2006	1950	1600	2337	2123	2980	3815	1642
2473	2432	1899	2916	2659	4128	4655	1941
3024	2847	2270	3437	3309	5025	5030	2333
3637	3316	2732	3750	3685	5796	5354	

附录 8

省区市居民消费水平

年份	全国平均	最大值	最小值	最大/最小	标准差	可比价标准差	变异系数	最大值*	最小值*
1952	76	219	49	4.47	37.56	37.56	0.49	137	49
1953	87	249	52.1	4.78	46.31	43.9	0.53	170	52.1
1954	89	227	54	4.20	42.18	40	0.47	166	54
1955	94	215	55	3.91	39.35	37.7	0.42	161	55
1956	99	232	63	3.68	43.78	42.8	0.44	168	63
1957	102	242	68	3.56	43.72	43.4	0.43	190	68
1958	105	246	72	3.42	44.45	43.6	0.42	196	72
1959	96	262	65	4.03	53.18	51.7	0.55	218	65
1960	102	258	64	4.03	54.31	52.1	0.53	215	64
1961	114	265	69	3.84	50.39	42.4	0.44	198	69
1962	117	254	72	3.53	45.07	38.2	0.39	202	72
1963	116	246	71	3.46	44.90	39	0.39	198	71
1964	120	254	69	3.68	43.65	37.9	0.36	200	69
1965	125	262	71	3.69	45.91	39.1	0.37	203	71
1966	132	280	75	3.73	48.81	42.6	0.37	198	75
1967	136	283	81	3.49	50.76	43.9	0.37	208	81
1968	132	276	78	3.54	49.95	42.5	0.38	188	78
1969	134	291	80	3.64	52.29	46.6	0.39	191	80
1970	140	286	85	3.36	50.63	47.1	0.36	206	85
1971	142	299	88	3.40	50.87	46.9	0.36	221	88
1972	147	315	92	3.42	52.66	48.6	0.36	200	92
1973	155	336	95	3.54	57.15	52.7	0.37	217	95
1974	155	357	97	3.68	60.36	55.7	0.39	215	97
1975	158	374	99	3.78	64.16	60.1	0.41	215	99
1976	161	384	103	3.73	66.87	62.6	0.42	229	103
1977	165	387	106	3.65	70.71	65.5	0.43	241	106
1978	175	416	125	3.33	73.64	73.64	0.42	252	125
1979	197	496	136	3.65	83.10	80.3	0.42	299	136
1980	227	544	153	3.56	95.14	88.7	0.42	343	153
1981	249	588	185	3.18	99.73	90.9	0.40	380	185
1982	267	593	193	3.07	98.35	89.5	0.37	392	193
1983	289	636	219	2.90	106.77	96	0.37	423	219
1984	329	729	244	2.99	123.04	105.5	0.38	488	244
1985	437	961	288	3.34	156.75	122.5	0.36	581	288
1986	485	1108	318	3.48	180.00	134.5	0.37	659	318
1987	550	1213	347	3.50	201.85	142.9	0.37	752	347
1988	693	1562	400	3.91	261.83	166.5	0.38	941	400
1989	762	1784	441	4.05	286.93	167.3	0.38	1065	441
1990	803	1908	445	4.29	307.14	168.5	0.38	1074	445
1991	896	2303	505	4.56	348.27	178.6	0.39	1192	505
1992	1070	2704	549	4.93	417.31	198.1	0.39	1420	549
1993	1331	4162	735	5.66	646.13	273.8	0.49	1973	735
1994	1781	5343	942	5.67	845.81	298.2	0.47	2699	942
1995	2311	6167	1162	5.31	973.30	301.40	0.42	3376	1162

* 不含京津沪

省区市居民消费水平

(续表)

最大/最小*	标准差*	可比价标准差*	北京	天津	上海	河北	山西	内蒙古
2.80	22.20	22.2	141	142	219	77	71.4	92
3.26	28.52	27.1	179	161	249	86	81.4	98
3.07	28.50	27.1	177	153	227	88	84.3	101
2.93	27.01	26	182	148	215	90	86.2	98
2.67	28.66	28.2	214	162	232	93	97.3	112
2.79	31.92	31.8	179	168	242	98	92.2	114
2.72	31.63	31.2	186	177	246	107	104.7	119
3.35	38.88	38	199	211	262	108	106.8	124
3.36	37.82	36.5	208	232	258	110	108.3	119
2.87	30.82	25.6	208	226	265	108	103.7	118
2.81	30.26	25.3	213	188	254	104	103.3	115
2.79	33.41	28.6	184	203	246	104	102.6	110
2.90	30.21	25.9	184	204	254	106	103.6	112
2.86	29.39	24.7	222	210	262	111	103.9	113
2.64	29.56	25.5	222	228	280	114	108.8	128
2.57	31.93	27.3	217	242	283	115	111.1	130
2.41	29.42	24.7	216	242	276	114	104.6	124
2.39	29.05	25.6	223	255	291	119	113.2	120
2.42	32.46	29.7	213	250	286	124	112.9	130
2.51	32.52	29.5	212	249	299	129	119.7	135
2.17	30.62	27.8	219	261	315	122	121.9	145
2.28	31.70	28.9	246	274	336	132	128.2	157
2.22	31.43	28.7	235	295	357	136	132	158
2.17	31.82	29.5	261	312	374	140	132.6	168
2.22	33.57	31.1	271	322	384	141	135	178
2.27	36.55	33.5	307	345	387	144	141.2	187
2.02	36.79	36.79	347	368	416	160	144.3	194
2.20	38.92	37.5	403	405	496	176	183.6	209
2.24	48.65	45.3	484	460	544	192	208.5	249
2.05	52.91	48.2	513	483	588	214	232.3	273
2.03	54.30	49.4	533	515	593	224	251	312
1.93	56.89	51.1	589	560	636	250	273.6	327
2.00	65.92	56.3	699	622	729	289	307.8	368
2.02	76.80	59.1	835	729	961	354	354.2	417
2.07	90.72	66.9	907	816	1108	397	373.9	441
2.17	107.69	75.6	1038	907	1213	474	411	487
2.35	140.41	88.4	1249	1135	1562	583	516	602
2.41	153.62	88.6	1284	1258	1784	635	571	679
2.41	150.75	81.9	1548	1310	1908	664	607	703
2.36	173.92	88.4	1348	1453	2303	715	636	779
2.59	222.96	105.5	1531	1634	2704	795	757	844
2.68	339.81	143.3	1977	2111	4162	1089	1112	1101
2.87	472.06	167.5	2505	2720	5343	1258	1250	1387
2.91	578.91	182.00	3001	3202	6167	1679	1581	1733

省区市居民消费水平

(续表)

辽宁	吉林	黑龙江	江苏	福建	江西	山东	河南	湖南	湖北	广东	四川	贵州
114	103	137	74	78	77	67.8	62	68	72	82	49.4	49
139	120	170	76	82	79	68.7	67	69	80	98	52.1	53
141	119	166	76	87	82	72.1	67	67	70	104	58.1	54
133	119	161	78	91	85	74.3	69	74	86	107	61.5	55
150	131	168	77	100	89	80.2	69	77	104	113	73.6	63
157	120	178	80	102	99	74.2	68	81	107	121	81.1	70
160	123	172	91	105	85	82	73	86	102	120	85.3	76
179	139	183	80	103	94	74.9	65	84	100	115	78.7	70
187	134	174	94	99	94	73.4	64	86	95	117	80.2	75
166	142	142	92	105	113	82.4	69	93	78	126	96.6	82
171	145	149	92	107	116	86.4	72	104	103	134	105.8	86
175	148	187	94	105	115	84.8	71	91	112	144	108.2	86
171	147	164	108	109	120	84	69	96	117	141	107.5	94
173	150	167	103	112	126	91.6	71	104	122	143	112	103
163	156	186	112	121	123	97	75	111	124	147	119.4	102
168	155	208	111	123	127	97	81	115	121	148	121.9	100
165	148	188	116	117	124	96	78	113	123	141	107.2	93
177	160	173	112	126	125	101.2	80	111	114	144	109.8	87
188	183	206	111	129	125	106	85	114	118	150	112.1	97
190	180	221	124	126	140	104.4	88	117	122	152	121.7	104
196	176	200	134	136	150	110.9	92	123	123	157	111.4	102
199	181	217	144	127	149	119.9	95	126	128	158	114.4	104
206	185	215	142	133	157	118	97	125	132	164	115	101
209	199	215	148	132	154	124.5	99	128	132	173	112.5	103
229	200	211	160	131	152	130.5	103	126	141	159	109.3	105
241	213	232	161	145	156	145.8	106	136	148	170	113.4	113
252	227	250	187	163	181	159.3	126	159	145	196	137.6	125
299	263	262	230	184	203	181	149	187	186	228	168.9	136
343	290	317	247	206	211	216.8	179	208	195	292	191.9	153
380	320	356	276	239	230	240.1	189	233	221	312	203.6	187
392	355	371	318	272	266	290.4	193	257	261	346	228	200
423	405	393	334	287	282	313.8	220	281	288	369	247	219
488	464	446	397	337	311	338.3	244	311	346	416	288	258
581	512	502	466	419	366	376.1	292	370	406	506	338	288
659	570	562	526	456	389	410.9	320	402	488	568	369	318
752	639	641	589	519	425	464.8	348	447	528	679	425	355
941	782	748	741	677	499	568.5	403	528	631	872	527	400
1065	847	836	812	794	565	626.6	456	556	736	957	570	441
1074	882	918	841	837	652	681	499	666	759	972	616	445
1192	950	918	909	937	685	756	534	717	780	1110	675	505
1402	1074	1126	1043	1124	752	841	571	810	848	1420	757	549
1921	1458	1748	1415	1688	887	1052	756	1135	1261	1973	953	735
2397	1872	2334	1926	2320	1182	1527	1034	1408	1527	2699	1261	942
2878	2261	2369	2447	2876	1500	1939	1377	1735	1945	3376	1595	1219

省区市居民消费水平

(续表)

云南	陕西	甘肃	宁夏	新疆	浙江	安徽	青海	广西	西藏	海南
51	72	61	82.2	122	85					
58	81	63	81.7	129	88					
64	89	74	100	144	90					
69	92	80	103	156	94					
76	97	91	101.3	166	97					
76	101	99	96.3	190	98					
72	103	81	105.2	196	95					
71	105	81	113.3	218	94					
70	103	81	103.3	215	94					
75	108	76	116.9	198	98					
84	113	84	134	202	110					
87	108	86	125.8	198	110					
89	102	93	123.5	200	112					
94	117	101	124.2	203	115					
98	114	95	131.5	198						
104	112	88	126.7	198						
100	99	85	125.7	188						
105	115	92	140.2	191						
109	119	108	143.1	189						
110	130	111	143.9	189						
114	130	113	149.7	195						
121	132	117	163.4	194						
129	138	121	161.9	188						
130	135	132	160.2	192	137					
132	140	126	170.7	198	143					
134	143	134	165.2	206	146		208			
141	155	143	185.3	215	173		226			
158	187	154	193.1	246	219		226		218	
173	205	177	226.7	286	238	181	270		276.3	
185	225	190	242.7	322	258	211.1	283		300.7	
226	241	205	265.6	337	293	225.9	301		319.5	
247	256	229	287.4	364	310	235.1	331		292.6	
269	297	249	322	410	365	286	368	265	358.7	
307	345	299	370	484	451	337	444	311	422.1	
323	374	350	420.7	536	539	384	500	339	437.8	
347	413	405	477.5	611	613	428	552	372	498.6	
417	494	484	572.4	746	795	520	673	460	543	615
501	587	561	608.4	853	860	574	731	525	647	649
628	614	552	634	904	912	588	786	576	735	708
665	642	588	699	1028	1002	559	852	652	839	836
748	712	689	764	1098	1159	667	966	709	903	1051
1069	945	837	1033	1365	1653	973	1158	960	931	1449
1261	1208	1007	1355	1649	2249	1254	1445	1314	1110	1814
1474	1432	1162	1634	2249	2862	1657	1693	1660	1172	2115

附录9

各时期增长速度排序

指标	NI年均增长速度	相对速度		NI年均增长速度	相对速度		GDP年均增长速度	相对速度	GDP增长速度	
时期	1952~1978	同期		1978~1990	同期		1990~1996	同期	1995	1996
上升型地区										
(1) 北京	12.54	1.99	(1) 浙江	11.94	1.42	(1) 福建	18.08	1.62	14.5	14.8
(2) 上海	8.66	1.37	(2) 广东	11.29	1.35	(2) 浙江	17.51	1.57	16.7	12.7
(3) 青海	7.74	1.23	(3) 江苏	11.06	1.32	(3) 广东	17.37	1.56	14.9	11
(4) 天津	7.36	1.17	(4) 福建	10.49	1.25	(4) 江苏	16.66	1.49	15.4	12.1
(5) 辽宁	7.29	1.15	(5) 山东	9.91	1.18	(5) 海南	15.43	1.38	4.3	5.2
(6) 陕西	6.98	1.11	(6) 新疆	9.88	1.18	(6) 广西	15.21	1.36	15.3	10.6
			(7) 云南	9.33	1.11	(7) 山东	15	1.34	14.2	12.2
						(8) 河北	14.08	1.26	13.9	13.5
						(9) 安徽	13.56	1.22	14.3	13.2
						(10) 江西	13.38	1.20	14.5	13.4
						(11) 河南	12.81	1.15	14.8	13.9
						(12) 上海	12.71	1.14	14.1	13
						(13) 湖北	12.66	1.13	14.6	13.2
较稳定地区										
(7) 黑龙江	6.33	1	(8) 河南	8.99	1.07	(14) 天津	11.87	1.06	14.9	14.3
(8) 宁夏	6.2	0.98	(9) 安徽	8.89	1.06	(15) 北京	11.06	1.00	12.4	9.1
(9) 云南	5.96	0.94	(10) 湖北	8.89	1.06	(16) 新疆	11.03	0.99	10.3	9.1
(10) 新疆	5.78	0.91	(11) 贵州	8.31	0.99	(17) 湖南	11.01	0.99	10.9	12.6
(11) 甘肃	5.77	0.91	(12) 宁夏	8.21	0.98	(18) 吉林	10.72	0.96	9.7	11.1
(12) 山东	5.73	0.91	(13) 北京	8.16	0.97	(19) 四川	10.63	0.95	10	9.8
(13) 浙江	5.72	0.91	(14) 吉林	8.14	0.97					
(14) 内蒙古	5.69	0.9	(15) 内蒙古	8.11	0.97					
			(16) 山西	8.09	0.97					
			(17) 江西	7.96	0.95					
			(18) 四川	7.87	0.94					
			(19) 河北	7.87	0.94					
			(20) 陕西	7.76	0.93					
下降型地区										
(15) 江苏	5.56	0.88	(21) 甘肃	7.45	0.89	(20) 云南	9.92	0.89	11.2	10
(16) 吉林	5.52	0.87	(22) 湖南	7.23	0.86	(21) 山西	9.91	0.89	11.1	10.9
(17) 福建	5.42	0.86	(23) 上海	7.16	0.85	(22) 内蒙古	9.89	0.89	9.1	12.4
(18) 河南	5.36	0.85	(24) 广西	7.16	0.85	(23) 辽宁	9.69	0.87	7.1	8.5
(19) 河北	5.33	0.84	(25) 辽宁	6.89	0.82	(24) 甘肃	9.64	0.86	9.9	11
(20) 广东	5.32	0.84	(26) 天津	6.86	0.82	(25) 陕西	9.36	0.84	9	10.2
(21) 湖南	5.19	0.82	(27) 黑龙江	6.23	0.74	(26) 贵州	8.41	0.75	7.5	8.8
(22) 山西	5.17	0.82	(28) 青海	5.9	0.7	(27) 宁夏	8.32	0.75	9	10.5
(23) 湖北	5.12	0.81				(28) 黑龙江	8.19	0.73	9.6	10.6
(24) 四川	5.01	0.79				(29) 青海	7.6	0.68	8	8.6
(25) 广西	4.99	0.79								
(26) 贵州	4.61	0.73								
(27) 江西	4.6	0.73								
(28) 安徽	3.56	0.56								
全国合计	6.32	1	全国合计	8.38	1	全国合计	11.16	1.00	10.5	9.7

附录10

省区市经济活力和竞争力评价

指标	经济增长活力评价	GDP增长速度	固定资产投资率评价	相对投资效果	工业经济效益指数	农业劳动生产率	外资占投资的比重	合同外资增减（竞争力变化）
年份	1995~1996	1995~1996	1990~1995	1995~1996	1994~1995	1995~1996	1995~1996	1995~1996
全国实际值		10.10%	11.46%	34.65%	1	85.83	6585	15.11%	0.80
指标值		R	R	R	R	R	R	R	R
权重		0.50		0.10	0.10	0.15	0.05	0.10	
超高收入组:									
上海	1.47	1.34	1.1	2.17	0.73	1.34	4.31	0.93	1.22
北京	1.19	1.06	1	1.91	0.59	1.01	3.80	0.72	0.82
天津	1.46	1.45	0.99	1.27	1.10	1.04	2.50	2.16	1.27
高收入组:									
浙江	1.23	1.45	1.61	1.00	1.20	1.08	1.20	0.61	1.20
广东	1.33	1.28	1.63	1.18	0.89	1.01	1.67	2.45	0.78
江苏	1.31	1.36	1.54	0.96	1.34	1.06	1.76	1.54	1.08
福建	1.52	1.45	1.64	0.87	1.54	1.06	1.56	3.16	0.92
辽宁	0.86	0.77	0.87	0.92	0.77	0.76	2.06	0.92	1.34
上中等组:									
山东	1.24	1.31	1.36	0.69	1.66	1.19	1.20	1.09	1.46
黑龙江	1.07	1.00	0.67	0.79	1.32	1.29	2.29	0.46	0.79
新疆	0.89	0.96	1	1.21	0.80	0.59	2.30	0.09	1.39
下中等组:									
海南	0.86	0.47	1.5	1.47	0.25	0.68	1.84	2.63	0.12
河北	1.17	1.36	1.24	0.85	1.51	1.07	1.04	0.41	1.15
湖北	1.18	1.38	1.09	0.98	1.51	0.99	1.14	0.40	1.11
吉林	0.96	1.03	0.93	0.87	1.16	0.68	1.47	0.63	0.99
低收入组:									
内蒙古	0.92	1.06	0.82	0.85	1.13	0.82	1.19	0.13	2.53
山西	0.96	1.09	0.85	0.74	1.35	0.98	0.76	0.18	6.64
广西	1.12	1.28	1.41	0.67	1.59	0.86	0.78	0.90	0.92
湖南	1.03	1.16	0.93	0.65	1.68	0.82	0.77	0.60	0.43
河南	1.20	1.42	1.1	0.77	1.87	1.06	0.77	0.31	1.65
安徽	1.18	1.36	1.19	0.66	1.89	0.97	0.80	0.56	0.52
青海	0.66	0.82	0.66	1.19	0.72	0.17	0.63	0.01	0.89
宁夏	0.83	0.97	0.69	1.13	0.79	0.79	0.70	0.03	1.77
四川	0.87	0.98	0.94	0.74	1.34	0.76	0.62	0.27	0.71
云南	1.11	1.05	0.87	0.90	1.14	2.34	0.46	0.11	0.68
江西	1.16	1.38	-1.17	0.61	1.92	0.74	0.90	0.57	0.91
陕西	0.84	0.95	0.8	0.86	1.06	0.58	0.58	0.55	1.78
超低收入组:									
西藏			0.85						
甘肃	0.91	1.03	0.82	0.88	1.28	0.79	0.68	0.22	0.98
贵州	0.83	0.97	0.73	0.77	1.25	0.75	0.40	0.14	1.57

附录 11

各省区市 1995 年废水废气排放总量和用于污染治理的资金

地区	废水排放总量（万吨）	废气排放总量（亿标立方米）	污染治理资金(万元) 使用总额	治理废水资金	治理废气资金
全国总计	3728508	122380	987376.2	455908.7	331560.2
北 京	96150	3360	22283.5	4039.3	12107.0
天 津	6500	1905	25375.3	10182.9	7906.1
河 北	122941	8085	43753.6	24324.0	16031.4
山 西	58361	6253	29136.1	12074.2	12093.0
内蒙古	41990	4080	19498.9	3614.2	9240.3
辽 宁	221022	9686	61688.8	19958.1	26024.5
吉 林	78884	4434	46200.6	23980.4	8916.9
黑龙江	128717	5451	41107.9	24784.1	9701.3
上 海	224515	5095	49081.0	17580.0	17653.0
江 苏	221575	6065	53359.6	32728.0	13320.1
浙 江	173589	3569	36317.7	19066.9	12031.0
安 徽	141032	4365	44947.6	25724.0	11598.8
福 建	104854	2545	34376.8	12662.7	12389.9
江 西	106124	2645	15527.0	7897.3	5277.8
山 东	158681	9176	82366.6	47016.1	23439.6
河 南	169312	7316	94676.3	55890.9	22534.3
湖 北	300598	4485	27433.1	12042.4	9163.8
湖 南	167553	3607	37656.1	14111.6	17480.3
广 东	348937	6636	30007.0	14233.0	10255.0
广 西	160135	2914	33191.1	17867.1	10183.7
海 南	20199	184	3036.0	1917.6	784.0
四 川	296840	7230	47354.9	12757.0	18061.1
贵 州	43608	2550	11838.7	4278.1	5209.7
云 南	86067	2107	21521.0	7368.1	10232.4
西 藏	4200	18	102.8	43.0	59.8
陕 西	76897	2819	16854.6	6672.9	6677.5
甘 肃	48094	2807	26369.7	7758.8	10530.2
青 海	9440	507	4295.9	589.9	3623.9
宁 夏	13366	1085	4083.7	1708.5	1922.5
新 疆	39827	2400	23934.3	13037.6	7111.3